《天妃顯聖錄》與媽祖信仰

蔡相煇———著

目錄

第一章：緒論

　　媽祖，宋朝以降朝廷累封為夫人、妃、天妃、天后，民間尊稱為天上聖母，是臺灣及世界上有華人的地區民間最主要信仰神祇之一，《天妃顯聖錄》是第一本有系統、全方位記載媽祖的書，記載媽祖生前、死後事蹟、神話及歷朝誥封為主要內容。本文為緒論，初步介紹《天妃顯聖錄》的綱目與內容架構、《天妃顯聖錄》的編印形成過程，及媽祖信仰如何根植民間，發揮穩定華人社會的各種功能，讓讀者在閱讀本文前，對全書先有一概略印象，得以循序漸進。

一、《天妃顯聖錄》的綱目

　　媽祖姓林名默，是五代末北宋初福建莆田人，死後鄉民建祠祀之，後屢顯靈異，歷代政府誥封為夫人、妃、天妃、天后，通稱天妃娘娘、天后聖母或天上聖母，在閩南、臺灣民間則通稱為媽祖。閩南語「媽」指祖母；「祖」指曾祖母，皆為父系女性尊親屬，皆為慈祥之象徵。意即閩南、臺灣居民視林默是一位仿如自己家中祖母、曾祖母般慈愛孫子的神。

　　媽祖生前生人福人，不以死與禍恐人，故人人敬事如母，死後鄉人建祠祀之。至今已流傳千年。媽祖靈異事蹟至明朝晚期才成型，而《天妃顯聖錄》則為其代表作，後世媽祖信徒對媽祖的認識與崇拜，都根據此書而來，其於媽祖信仰的重要性不言可喻。《天妃顯聖錄》的編修首經明朝天啟年間任職禮部尚書退職返鄉的林堯俞；崇禎朝進士曾任崇禎朝光祿寺丞、南京吏部考功司員外郎，並於清軍入關後參與復明運動，在隆武帝（唐王）朝任太僕寺少卿、僉都御史的林蘭友及清康熙朝後期被選為貢生的丘人龍等三人編輯完成，由湄洲天妃宮住持僧照乘於三藩抗清期間印行初版。

　　臺灣鄭克塽降清後，再由清康熙九年進士，任職中書舍人，於康熙二十二年奉命為冊封琉球副使的林麟焻加以增刪修訂，由天妃宮住

持僧普日（照乘徒弟）印行二版。康熙六十年臺灣朱一貴自立為王，清朝派軍平定後，再由天妃宮住持僧通峻（普日徒弟）增錄藍廷珍奏摺及雍正賜匾額等事蹟後刊行第三版。

目前流傳於世的《天妃顯聖錄》內容，全文為：

一：湄洲勝境圖。共三頁六面。

二：序文，三篇。

三：目次。

含子目：列朝誥敕、天妃誕降、窺井得符、機上救親、化草渡商、菜甲天成、掛蓆泛槎、鐵馬渡江、禱雨濟民、降伏二神、龍王來朝、收伏晏公、靈符回生、收高里鬼、奉旨鎖龍、斷橋觀風、收伏嘉應嘉祐、湄山飛昇、顯夢闢地、禱神起椗、枯槎顯聖、銅爐溯流、朱衣著靈、聖泉救疫、托夢建廟、溫台勦寇、救旱進爵、甌閩救潦、平大奚寇、一家榮封、紫金山助戰、助擒周六四、錢塘助隄、拯興泉饑、火燒陳長五、怒濤濟溺、神助漕運、擁浪濟舟、藥救呂德、廣州救太監鄭和、舊港戮寇、夢示陳指揮全勝、助戰破蠻、東海護內使張源、琉球救太監柴山、庇楊洪出使八國、師泉井記、燈光引護舟人、澎湖神助得捷、琉球陰護冊使。

四：歷朝顯聖褒封共二十四命。內含：

1. 宋朝十四則

徽宗宣和四年；高宗紹興二十五年、二十六年、二十七年（1157）；孝宗淳熙十年；光宗紹熙元年；寧宗慶元四年、六年、開禧元年、嘉定元年；理宗寶祐元年、三年、四年、開慶元年各一則。

2. 元朝五則

世祖至元十八年、二十六年（1289）；成宗大德三年；仁宗延祐元年；文宗天曆二年各一則。

3. 明朝三則

太祖洪武五年；成祖永樂七年；宣宗宣德五年各一則。

4. 清朝二則

康熙十九年、二十三年各一則。

五、歷朝褒封致祭詔誥。

此部分未再細分子目，依年代收錄誥封祭文含：

1. 宋光宗朝一則。

2. 元世祖朝二則；元成宗朝一則；元仁宗朝一則；元文宗朝一則，另錄文宗祭直沽等廟文十五篇。

3. 明太祖御製文一道；成祖祭文一道，（另差太監赴廟致祭記載六則）；宣宗朝祭文二則。

4. 康熙十九年詔一則，另康熙二十三年奉使琉球正使汪楫、副使林麟焻；福建水師提督施琅及雍正四年福建水師提督藍廷珍題本。

《天妃顯聖錄》是第一部有系統整理媽祖史料的書籍，全書以歷朝顯聖褒封為核心，發展出一套完整的媽祖靈應事蹟建立其在政府祀典體系的地位，是認識媽祖信仰最重要的一本書，值得大家研讀。

二、《天妃顯聖錄》的形成

《天妃顯聖錄》的故事內容是歷經幾百年鄉野流傳慢慢形成的。關於媽祖的故事，應是由莆田白塘李氏、白湖陳氏及信徒們一代代流傳下來，而有關媽祖的誥封事蹟，在南宋則有莆田人丁伯桂簡要的加以記錄下來。南宋理宗紹定二年（1229）丁伯桂任臨安府知府，在他的奔走下重修了臨安的順濟廟，在落成後撰寫了〈順濟聖妃廟記〉，是一篇簡述媽祖事蹟及靈蹟作品。謂：

> 神莆陽湄洲林氏女，少能言人禍福，歿，廟祀之，號通賢神女，或曰龍女也。莆寧海有堆。元祐丙寅，夜現光氣，環堆之人，一夕同夢，曰：「我湄洲神女也，宜館我。」于是有祠，曰：聖堆。

這篇文章讓後人知道媽祖是確有其人，也指出媽祖埋葬的地點及首座媽祖廟，如果不是丁伯桂，後人就不容易理直氣狀的說：媽祖確有其人了。

丁伯桂是什麼人呢？他是莆田人，而且是書香門第，他的曾祖父丁彥先，是宋仁宗朝的進士，曾在中央政府任秘書郎。丁伯桂是宋寧宗朝進士，曾任監察御史、秘書少監、中書舍人，吏部侍郎、給事中

等職，且都兼史官職。因為從事史書編修工作，所以他的作品才會在七百多年後受到重視。

到元朝，政府誥封媽祖時，也同時會頒贈金錢予家屬，會訪查媽祖家族後裔，所以元、明間就有《聖妃靈著錄》、《明著錄》、《顯聖錄》等描述媽祖靈應書編成。

明熹宗朝曾任禮部尚書的莆田人林堯俞返鄉，曾見到《顯聖錄》一書，以所錄不全而鼓勵湄洲天妃宮住持僧照乘編輯之。林堯俞，明萬曆十七年進士，曾八度擔任皇帝《起居注》官，任職史館，熹宗啟用為禮部尚書。崇禎朝魏忠賢當權，林堯俞不假辭色，卒遭構陷請辭返莆田。

林堯俞是曾與宦官魏忠賢鬥爭的名臣，是主張制裁宦官勢力的勇者，在辭官返鄉後擬藉神道鬼神因果報應之說以勸戒中官勿為惡，「托夢除奸」故事即為林俞堯撰以規戒中官者。但太監把持朝政，罵嚴嵩等同罵太監，書如果貿然刊行，可能會株連許多人，加上政局動盪，社會不安，故未刊行。

十餘年後，明朝亡，曾任南京湖廣道監察御史的仙遊縣人林蘭友逃歸唐王（隆武帝），任太僕寺少卿、升僉都御史，參與抗清活動，清軍入福建，隆武帝亡。林蘭友不願降清，奉老母挈妻、子遯入湄洲，披閱〈天妃世譜〉，僧照乘以《天妃顯聖錄》示之，林蘭友也先為作序以號召同志助刊。但是這本書一直拖到康熙十三年至十九年間，三藩抗清始由僧照乘從湄嶼至莆田請丘人龍為其編次後付梓刊行，前後費時五十年，其歷程也真坎坷。

三、媽祖信仰根植民間

媽祖信仰在宋代即得到政府承認為合法信仰，但要到清朝雍正年間才成為政府祀典神，也就是被政府列為施政項目，與文廟、武廟、城隍廟、忠孝節義祠等為官方春秋祭典廟宇，隨著政府建置，遍及中國沿海、沿江各省，也隨著華人移民傳至日本、琉球、安南（越南）、新加坡等國，其廟宇數不知凡幾。

華人社區的廟宇，依信徒結構形態分析，可分為村落廟〈角頭廟〉

與地區大廟二種類型，村落廟為單一部落或村里的信仰中心，廟宇為鄉人共同捐建；大廟則為整個市鎮的共同信仰中心，由地方士紳領導各行各業捐建。二個層級廟宇之間，雖未必有指揮系統，但彼此配合，似無庸置疑。廟宇信仰圈有大有小的情形亦見於福建的漢人社會。以湄洲嶼為例，湄洲祖廟為全島信仰中心，各村落又自有廟宇，各村落廟的主任委員由村落領袖出任，各村落廟的主任委員為湄洲宮的當然董事。早年村落廟有八廟，目前則增為：上英宮、上林宮、上興宮、寨山宮、蓮池宮、龍興宮、湖石宮、迴龍宮、進福宮、文興宮、白石宮、天利宮、麟開宮、麟山宮等十四廟。湄洲廟的公共事務各村落廟主委有權利參與，也有義務分擔責任。以元宵節媽祖出巡遶境為例，除行政事務外，十四宮媽祖分二列依序出巡，三、四宮合組一藝閣，分區遶行各境；同理，因朝聖帶來的經濟利益，各村落也同蒙其利，整個社會榮辱共享、禍福同擔。

媽祖廟因具海神性質且為官方祀典，普遍為百姓信仰，自然成為超越村落廟成為地區性大廟，為地方社經、文化活動的重心，更有少數廟宇因為特殊歷史因素成為全國或一個省區信徒朝拜重鎮，如湄洲天后宮、泉州天后宮、天津天后宮、北港朝天宮、台北關渡宮等都是望重一方的媽祖廟，終年信徒不絕於途。

分析媽祖廟宇的功能，有來自中國《禮記》的規範，也就是以儒家思想為核心，但是住持及有關宗教科儀卻由佛、道兩教法師主持，故能成為人民信仰中心所在，最後成為社區整合、社會教化、經濟促進之主要媒介，成為華人文化圈的一大特色。

四、媽祖信仰的社會功能

◎ 信仰功能

《禮記》祭法，規範人於天地山川、祖先之外，對於生時「法施於民、以死勤事、以勞定國、能捍大災、能禦大患」者，得建廟祀之；故廟宇祀神基本上均為有功德者，本身事蹟即具有教化後人的因素，再經官、民長期祠祀，自然轉化成為宗教信仰神。臺灣民間信仰諸神，如關聖帝君、保生大帝、媽祖、鄭成功等皆其類。媽祖信仰於諸

神中特別突出，因漢人移民臺灣需橫渡臺灣海峽，危險性高，且因臺灣為海島，資源不足，海外貿易成為臺灣經濟發展不可或缺的一環。媽祖因具海神功能，較易成為臺人的信仰，漢人聚落建構時，常以媽祖廟為聚落主要信仰，成為安定民心，凝聚社區意識的象徵。如明朝永曆二十八年（康熙十二年1673），閩籍漁人徐阿華出海捕魚，遭風漂至今高雄市旗津，發現當地適宜居住、捕魚，遂返原籍邀友朋十餘家，遷至旗后，建立村落，並於康熙三十年（1691）開始營建媽祖廟於聚落中心點，此即漁船移民聚落發展模式之一例。另如嘉慶十一年（1806）彰化縣東螺社因漳、泉械鬥遭焚毀，後又經洪水沖圮，居民集體遷至北斗重建街肆，規劃興建媽祖廟，取名奠安宮，以寓「奠定厥居，安集乎民」之意，由此二例可見廟宇之興建，為漢人社區經營的必要考慮因素。

廟宇之於社區的宗教功用，由清光緒年間雲林縣學訓導倪贊元曾撰〈天后顯靈事蹟〉即可見其端倪，倪氏謂：

> 昔先王之以神道設教也，蓋以功德及民與夫捍災禦患者，尊崇而奉祀之，所以崇德報功，彰善癉惡也。我朝歷聖相承，攸崇祀典。神亦顯靈效順，輔翼皇圖，每見奏報之中，筆難盡紀。然其威靈顯著、功德昭然者，惟關帝、天后為最著。
>
> 相傳后司東南七省水旱，故舟車所至，莫不廟貌巍峨；而商舶之來往海中者，尤加崇奉。北港實為海汉，通金、廈、南澳、日本、呂宋等處，商船萃薈，廟貌尤宏。神之威靈卓著，凡水旱、疾疫，禱無不應。

廟宇於社會中能扮演安定人心、輔助社會教化的功能，除廟宇及神靈的道德及宗教形象外，端賴執事者（地方耆老）、佛教僧侶、道教教士（司公）及平民兼任之小法人員（法師、乩童）之運作。這些人平常在廟宇中主持宗教祭祀事務外，尚擔任為信徒指點迷津，甚至提供方劑為民治病等工作（濟世），執事者類似基督教之長老，僧道及法師類似神父或牧師，於社區均具備相當社會地位。

僧侶及道士自有其培育課程，法師與乩童雖屬兼業性質，但仍有

其培育方式。年長法師經常在一段期間挑選一批兒童集訓，讓他們以數年期間學習廟宇主神相關歷史及宗教操作儀式、醫藥常識等，並於爾後宗教活動讓他們見習，並在結業以後逐漸獨當一面，主持小法會等。法師通常會於民眾有問題或迷惑提出請求時請神降臨指點迷津，而乩童即為神降臨時的附身，故其言談舉足，均需以神的動作與講話神態呈現。神由乩童口中講出的指示常人無法理解，而由法師轉譯，故法師與乩童在臺灣早期社會中扮演了相當重要的角色，甚至可直接或間接影響整個社區動向。

倪贊元〈天后顯靈事蹟〉曾載清朝同治元年（1862），戴萬生之亂，一股匪徒撲向北港。北港居民議戰、議避，莫衷一是；相率禱於朝天宮天后媽祖。卜戰，得吉筶，議遂定。謂：

> 北港實為海汊，通金、廈、南澳、日本、呂宋等處，商船萃薈，廟貌尤宏。神之威靈卓著，凡水旱、疾疫，禱無不應。所尤顯者，惟同治元年顯聖退賊事。先是，正月十五日居民迎神輿至廟廷，籤擔忽飛起，直立神桌上，大書「今夜子時速以黑布製旗二面，各長七尺二寸、闊三尺六寸，上書「金精、水精大將軍」字樣，立吾廟廷」。左右居民見神示異敬謹製備，然莫知何用也。及戴萬生反，圍嘉義，居民惶惶，聚議不決，乃相率禱於神；卜避不吉，卜戰吉。於是增壘浚濠，聚民習戰事。方集，而賊至，無所得旗，遂迎神命所立旗為前隊守禦；賊不戰退，我民亦不敢偪，恐有詐也。後賊焚新街，民激於義，爭相赴援，救出被難男婦並擒賊二人。詢以當日不戰故，賊云：「是日見黑旗下人馬甚眾，長大異常，疑是神兵，故不敢戰」。居民知神祐，相率詣廟叩謝，勇氣百倍。自是每戰以黑旗先，屢敗賊，擒斬數百人；相持二、三月，港民傷斃不及二十。七月，官軍至，義民導之復新街，解嘉義圍。

上述「籤擔忽飛起，直立神桌上，大書今夜子時速以黑布製旗二面，各長七尺二寸、闊三尺六寸，上書金精、水精大將軍字樣，立吾廟廷」，即為當時住持僧侶藉降乩指示信徒行事之例。神道設教之事，

雖因近代社會治安改良、教育普及，在公共事務上已無置喙空間，但民間至神壇祈神問事之風仍甚盛行，除信仰西方宗教家庭外，一般家庭正廳神案均會奉祀神像及祖先牌位，早晚上香祈求平安，逢年過節則赴廟宇朝拜，寺廟神安定人心之宗教功能於此可見。

廟宇通常會隨著社會的發展繁榮而擴建，媽祖廟也會把本土宗教、儒家文化的相關代表性神祇容納在祀神系統，一體奉祀，如北港朝天宮，正殿奉祀廟宇開基主神，媽祖因為是清朝的祀典神，代表官方體制，其殿宇單獨成殿，且高聳甲於各殿，春秋二祭舉行祭典及遶境時，都遵循官方規則有靜肅迴避牌及各種儀仗，表現對王權的尊重。第二進中間奉祀觀音，因史籍謂媽祖是龍女，其上位神為白衣大士，或謂是母親王氏夜夢服食觀音所賜丸藥而生，所以祀觀音於後主殿，以示不忘媽祖信仰的宗教本源。第二進龍邊三官殿，奉祀道教的天、地、水三官大帝，是對本土宗教道教的認同。第二進虎邊五文昌夫子殿，奉祀文昌帝君為主神，兼祀五文昌夫子，以宏揚儒家名教為宗旨，兼鼓勵讀書人參加科考，進入政府體系任職。第三進中殿聖父母殿，是同治年間配合清朝政府誥封媽祖父母而增闢，奉祀聖父母及兄姐神牌，弘揚媽祖信仰中的孝悌之道。左側開山廳，奉祀朝天宮歷代僧侶蓮座示不忘本。另兩側室仔，分祀註生娘、笨港境主公及土地公，建構出與歷史文化融合的祀神格局。在信仰中鼓勵士人宏揚儒學與名教，對中國本土宗教道教也充分尊重納為祀神，祀聖父母兄姐以教孝、教悌，把政治、宗教、傳統文化作完美整合，讓升斗小民都能受到不同宗教文化的薰陶。

◎ 社區整合功能

臺灣因開發歷史短，且屢經戰禍，故乏巨族，各地聚落多以多雜姓聚居為主。雜姓聚落無法透過血緣關係與宗族組織互相約束，而廟宇因具有神聖性且為地方公業，其管理組織常與社區結合。地方大廟的董事均由各角頭、各行各業的領袖組成，這些董事除了負責廟宇興建、維修、香燈經費的籌募外，也同時藉他們的名望凝聚社區居民向心。

以北港朝天宮為例，清朝隆四十年間其董事共九人，內含貢生

陳瑞玉一人，監生王希明、蔡大成二人，總約楊允廈，梅山蔡世國，行戶劉恒隆、鄭奇偉、張克昌、陳愧賢等人。貢生、監生都是學行優秀，未考上舉人的資深士人，陳瑞玉為清初曾捐助軍費土地，田產橫跨雲林、嘉義二縣大地主陳立勳的後裔；總約則由地方推舉報奉諸羅縣令核派之地方自治領袖；行戶則為經營兩岸貿易的巨商，即朝天宮組成分子包含地方士紳、地方自治領袖、商業領袖等，可謂網羅地方精英組成。因北港為進出口岸，北港溪上游山產為出口大宗，其董事會中復延攬梅山蔡世國出任董事；陳、蔡、楊復為地方巨族。這種組合，已將地方巨族、社區領袖、商業代表等網羅殆盡，擔任董事既是權力的分享也是責任的分擔。目前朝天宮董事已改為由境內居民戶長普選，但仍設有信徒代表，得列席董事會對廟務運作提供諮詢與建議；而北港鎮籍各級民意代表、各鋪戶領袖皆為當然成員，可知地方大廟的董事成員仍與地方精英仍有相當程度的重疊性，如果沒有派系對立，廟宇仍是地方整合的重要機構。

◎ 促進地方經濟發展

　　華人聚落形成時，寺廟也隨之建立，整個社區便以寺廟為中心向四周發展，寺廟不僅是聚落地理中心，民間交易也結集於寺廟四周，形成店鋪、攤販聚集的經濟活動中心。而伴隨祀神祭典而來的遶境、進香活動更直接帶動地方產業、商業發展。除廟宇的管理組織董事會外，尚有許多社團與廟宇唇齒相依，廟宇個別神明由信徒組成各種神明會，每年選出爐主、頭家承辦年度祀事，其外有各種社團，如南、北管等文藝社團；兼具地方自衛性質的龍團、獅團、宋江陣等武藝社團；另如走高蹺、雜耍等等。易言之，廟宇的組成實已將社區從上到下層層疊疊的結合在一起，牽一髮而動全身，而祭典、遶境、進香等活動即可促進地方經濟之活力。臺灣道徐宗幹於所撰《斯未信齋文集》〈壬癸後記〉提及咸豐二年（1852）府城迎媽祖事云：

　　　　壬子三月二十三日，為天后神誕。前期，台人循舊俗，迎嘉邑
　　　　北港廟中神像至郡城廟供奉，並巡歷城廂內外而回。焚香迎送
　　　　者，日千萬計。歷年或來、或否，來則年豐、民安；販賣藉此

營生，而為此語也。前任或密囑住持卜筊，假作神話，以為不來，愚民亦皆信之。省財、省力，地方不至生事，洵為善政。然祈報出於至誠，藉以贍小民之貿易者，亦未可弛而不張，且迎神期內，從未滋事，故聽之。十五日，同鎮軍謁廟，男婦蜂屯蟻聚，欲進門，非天后神轎夫執木板辟易之，不得前。

　　指出廟會活動，「販賣藉此營生」、「藉以贍小民之貿易」之事實，蓋廟會活動，社區全員參與，僅祭祀活動所需各種牲、醴、香、燭、金紙等即為大量消費，另隨進香人潮帶來的食、宿、消費，可為地方帶來莫大商機，直接繁榮地方，臺灣著名廟宇附近旅館、餐廳、土特產商店林立，即為其證。近年來各地廟宇更不斷推出與文化創意結合的文創產業，其目的即在爭取信徒，追求背後的經濟利益來創造人民就業機會與地方繁榮。

◈ 社會教化功能

　　中國古代政府採精英教育政策，訓練人才一則經考試管道進入政府官僚體系充管理階層，無法進入官場者則為地方士紳協助地方治理工作，故學校招收生員數額甚少，一個縣每年均只招收十餘名，一般民眾除少數得於私塾、義學就學外，均目不識丁，其為人處世之知識除來自家庭教育外均賴社會教育。而廟宇的廂房常被充當義塾，如新竹縣於同治九年（1870）增設義塾，即以南城外竹蓮寺、中港保天后宮為學堂。清朝政府也將廟宇當成教化百姓姓之據點。

　　清順治九年（1635）順治皇帝首頒六條諭令（六諭）於八旗及直隸各省，以臥石刻文立碑以教滿人；十六年（1659），准譯六諭為漢文，令五城各設公所，擇善講人員講解以廣教化。康熙九年（1670），聖祖玄燁將之增為十六條，其綱目為：「敦孝弟、篤宗族、和鄉黨、重農桑、尚節儉、隆學校、黜異端、講法律、明禮讓、務本業、訓子弟、息誣告、誡窩逃、完錢糧、聯保甲、解仇忿。」頒行全國通令遵行。雍正元年（1723），又將「聖諭」十六條擴為十六章，每章釋文約六七百字，共萬餘言，印為一書，取名《聖諭廣訓》，頒發全國令生童誦讀，每月朔、望，地方官聚集公所逐條宣講。

康熙二十八年（1689），臺灣始於府城天妃廟前庭闢地創立講約所宣講聖諭。雍正以後，更「選一鄉之秀者，於市鎮村莊人多處，宣講聖諭廣訓及古今善惡故事。」道光二十八年（1848），徐宗幹任分巡臺灣道時，更隆其儀、厚其賞、嚴其責。如此，官民均以廟宇為推行社會教化的處所，廟宇的教化功能日形重要。

道光後期，中英鴉片戰爭，英法列強侵略，臺灣對外貿易頗受影響；太平天國之亂也引發張丙等會黨作亂，人心不安。福建盛行的扶乩也傳入臺灣，寺廟執事藉神靈降乩，著為書篇，印成善書流傳宣講。如清末臺北行忠堂以關聖帝君降乩刊行之戒煙文云：

> 夫洋煙之貽害也，遍於中華矣，男女老幼見此而迷情，士農工商因斯而亡業，吁嗟痛哉！吾今下界鸞為降筆，願爾世人共相勸勉，此物貽害匪淺，有犯者，作速回頭醒。

同時廟宇執事也提供戒煙偏方供吸食鴉片者使用，據《臺灣慣習記事》之報導，謂明治三十四年（清光緒二十七年，1901），四月至十月，臺灣南部降筆會降乩勸人戒煙，致使申購鴉片者從765人降至446人，可反映古代神道設教所能發揮的社會教化功能。現代廟宇，更積極設置圖書館、文物館推動文化教育，也補助社區中小學購置教學設備，都是有助於社會正面能量的增生。

媽祖信仰，其與庶民生活息息相關如此，《天妃顯聖錄》又是媽祖信仰的根本，本書以《天妃顯聖錄》所載媽祖信仰為討論核心，對史傳記載有關媽祖出生、行道及相關人、事、物的記載，筆者親歷其地從事考察，對有史可稽者則秉持以經解經，以史解史的原則來還原媽祖信仰的始初面貌，全書分為三篇十二章：

第一章〈緒論〉，簡單介紹媽祖生前事蹟及《天妃顯聖錄》綱目、故事形成、流傳，成書，及社會文化功能。

上篇《天妃顯聖錄》的版本及編印，含：第二章〈《天妃顯聖錄》版本考訂〉、第三章〈《天妃顯聖錄》的刊行者僧照乘〉、第四章〈編撰《天妃顯聖錄》的林堯俞〉，第五章〈《天妃顯聖錄》的其他撰述者〉。本篇將《天妃顯聖錄》的始初面貌及編輯、刊印過程完整程現，

也可看出官場、政治、與人際關係的多面相，增進我們對歷史背景的瞭解。

中篇《天妃顯聖錄》媽祖事蹟的考察，含：第六章〈《天妃顯聖錄》的天妃事蹟〉、第七章〈天妃信仰起源的田野調查〉、第八章〈天妃信仰的上位神：白衣大士的開山僧伽〉、第九章〈莆田白塘李氏與媽祖信仰的奠立〉等四章。本篇以《天妃顯聖錄》的媽祖事蹟為核心，進行多面相的考察，包含媽祖生前有關人事物的田野考察，宗教淵源的白衣大士考察及創建首座媽祖廟推展媽祖信仰的李氏家族考察，筆者先從文獻找出考察目標，再至福建莆田媽祖故鄉從事田野調查，透過這些調查，讓我們更貼近媽祖信仰的始初面貌。

下篇《天妃顯聖錄》天妃靈應與流傳。本篇包含：第十章〈《天妃顯聖錄》歷朝褒封〉、第十一章〈《天妃顯聖錄》天妃信仰流傳〉及第十二章〈天妃信仰的宗教本質〉。宗教信仰的流傳要靠人來推動，人會信神則需要有靈應神蹟，《天妃顯聖錄》當然記錄了許多媽祖靈應故事，這些事蹟大多是信徒在戰亂時期配合政策保家衛民的故事，也因為參與保鄉護土戰爭，讓媽祖屢受政府誥封，媽祖信仰因而愈來愈受崇敬，卒成國家祀典。

篇末為三個附錄，附錄一為〈《天妃顯聖錄》史事年表〉，讀者可藉此掌握媽祖發展概況。附錄二〈《欽定大清會典事例》天妃（天后）誥封致祭史料〉，把《天妃顯聖錄》未曾載錄的清朝中期以後政府誥封情形臚列，與附錄一合觀，即可得歷朝誥封媽祖全貌。最後為一〈參考書目〉，是筆者從事媽祖研究曾翻閱、或引用過的書目，可供初學者作後續研究時省卻瀚海追索史料之苦。

上篇：《天妃顯聖錄》
版本及編訂

第二章：《天妃顯聖錄》版本考訂

　　媽祖是臺灣民間最主要的信仰，信仰人口超過 1000 萬，中國及世界各國華裔參拜媽祖的人口超過一億人，信仰者對媽祖的認識，主要來源是《天妃顯聖錄》。這本書刊行數年後，即因清朝水師挾媽祖信仰逼降明鄭臺灣政權立功，版本被抽換，增補官方平臺文牘及新傳神蹟，進行第一次增刪。康熙六十年，臺灣朱一貴在臺灣建立中興王國，清朝海軍復挾媽祖神威平定，《天妃顯聖錄》進行第二次增補，納入官方文牘與天妃神蹟。本章首先介紹《天妃顯聖錄》的版本，再刊出文本內容，讓讀者看到完整面貌。

一、《天妃顯聖錄》版本

◎《天妃顯聖錄》版本

　　本文據以考訂之《天妃顯聖錄》，為日據時期臺灣總督府博物館採購，後移總督府圖書館典藏，今典藏於台北國立中央圖書館台灣分館。全書不分卷，未署編者，無出版年代，書中記述年代最晚者為清雍正四年十二月，推斷為雍正年間刊本。民國四十九年台灣銀行經濟研究室據此本排版鉛印（以下簡稱台銀版），而略其圖，民國八十五

《天妃顯聖錄》

年又經台灣省政府文獻委員會轉印，兩岸開放交流後，鉛印本也回流福建等地，為研究媽祖信仰的重要書籍。

　　目前坊間流傳台銀版，除未附湄洲勝境圖外，因重排時編輯者曾就全書內容調整目次，增列有文無目者，又刪除冗贅，故本書目次不全、字體不一、抽版補梓痕蹟等均無法看出。經比對原本，豁見原書奉明朝正朔，入清後再經增刪補葺，謹先依原書編次，依序介紹主要內容並考訂其後增補情形。

　　（一）書題：《天妃顯聖錄》。按本書三篇序文，有兩篇直書「天妃顯聖錄序」，目次亦稱「敕封……天妃顯聖錄」可見《天妃顯聖錄》為原書題無誤。然第一篇林堯俞序文之後，中空貳行，後接一行大字「天后歷朝顯聖錄」，此句於本書為衍文，似為清朝增梓時擬用為書題而未用者，台銀版將此句刪除。

　　（二）圖版。湄洲勝境圖。共三頁六面，台銀版未錄。

湄洲勝境

湄洲勝境

（三）序文。共三篇。含：

1.「天妃顯聖錄序」，明體大字，每面四行。文末署：賜進士第榮祿大夫太子太保禮部尚書兼翰林院學士裔姪孫堯俞薰沐拜題。序文後跳空有一行字題「天后歷朝顯聖錄」。

2.「天妃顯聖錄序」，行書大字，每面四行。文末署：前賜進士第通議大夫禮部左侍郎兼翰林院侍讀學士黃起有薰沐題。

3.「序」。行書小字，每面八行。文末署：賜進士出身戶部江南清吏司主事前內閣撰文中書舍人加一級辛酉順天同考試官奉命冊封琉球賜蟒玉加正一品族孫麟焻盥沐拜識。

三篇序文，第一篇作者林堯俞為明朝禮部尚書，官銜署全銜，即其撰寫序文時尚為明朝，可知《天妃顯聖錄》初編於明代。第二篇序文撰者黃起有曾於崇禎朝任禮部左侍郎，但其官銜已加「前」字，可知撰序時明朝已亡，黃起有已自居為前朝官員，此序應撰於明清鼎革之際。第三篇序文作者林麟焻為清朝內閣中書舍人，於康熙二十二年以副使身分奉使琉球，且書中錄有其返國後奏請將天妃列入祀典摺，此序當作於康熙二十三年以後。

《天妃顯聖錄》雖只刊出三篇序文，但經查雍正年間改版《天后顯聖錄》，可發現在林堯俞序後有一篇林蘭友序，黃啟有序後有一篇林焞序，接著是林麟焻序，後面再接丘人龍及林有勝序。易言之，依《天后顯聖錄》序文排列順序看，《天妃顯聖錄》在進行再版時曾抽刪掉林蘭友、林焞二篇序文，丘人龍序雖排在林麟焻序後，但邱序提及是僧照乘請彼撰序，是其序也是在二版時被抽去。林有勝則應是《天后顯聖錄》的編輯者，其序文是新序。

（四）敕封護國庇民昭孝純正孚濟妙靈昭應弘仁普濟天妃顯聖錄目次。

目次之下首行署「住持僧照乘發心刊布」，第二、三行合署「徒普日，徒孫通峻，薰沐重脩」，可見此書最初由湄洲天妃宮住持僧照乘刊布，普日、通峻則進行第二、三次的重脩。

目次列有子目四十六則，分別為：列朝誥敕、天妃誕降、窺井得符、機上救親、化草渡商、菜甲天成、掛蓆泛槎、鐵馬渡江、禱雨濟民、降伏二神、龍王來朝、收伏晏公、靈符回生、收高里鬼、奉旨鎖

天妃顯聖錄目錄

龍、斷橋觀風、收伏嘉應嘉祐、湄山飛昇、顯夢闢地、禱神起椗、枯槎顯聖、銅爐溯流、朱衣著靈、聖泉救疫、托夢建廟、溫合（台）勦寇、救旱進爵、甌閩救潦、平大奚寇、一家榮封、紫金山助戰、助擒周六四、錢塘助隄、拯興泉饑、火燒陳長五、怒濤濟溺、神助漕運、擁浪濟舟、藥救呂德、廣州救太監鄭和、舊港戮寇、夢示陳指揮全勝、助戰破蠻、東海護內使張源、琉球救太監柴山、庇楊洪出使八國。

　　子目後空二行，接著二行刻「天妃功德崇隆，威靈煊赫，累代褒封，榮典綸音洊錫，自古神明顯著未有如」等字，似為二、三版間抽換條文時殘餘。同頁左半面復接子目四則，為：師泉井記、燈光引護舟人、澎湖神助得捷、琉球陰護冊使。前四十六子目為清朝以前故事，後子目四條為為康熙二十一至二十三年間事，可見「目次」曾於康熙二十三年或稍後增補。

　　目錄可稽者如上，經再以目錄核對內文，又發現有：托夢除奸、粧樓謝過、清朝助順加封、起蓋鐘鼓樓及山門、大闢宮殿、托夢護舟、湧泉給師等七則故事未見諸目次，即有文無目者七條，此恰可為《天妃顯聖錄》第三次梓行的證據。七則中〈托夢除奸〉為明嘉靖年事、〈粧樓謝過〉為明天啟年事、〈清朝助順加封〉為清康熙十九年事、〈起蓋鐘鼓樓及山門〉為康熙二十一年事、〈大闢宮殿〉、〈托夢護舟〉為康熙二十二年年事，俱為明末清初事，應非二版時漏補，似是《天妃顯聖錄》第三次梓行時編者為平衡施琅獨攬平台功績，刻意補入姚啟聖事蹟。

　　綜括本書目次與內文，可約略得知《天妃顯聖錄》第一次梓行時

仍奉明朝正朔，年代止於明宣德五年〈庇太監楊洪使諸番八國〉。第二版梓行則增列康熙二十年〈師泉井記〉等四條，末條〈琉球陰護冊使〉則為康熙二十二年事，可知第二版再梓行於鄭克塽降清後不久。第三次梓行時，書中增補有文無目者七篇，「歷朝褒封致祭詔誥」增補雍正四年十二月福建水師提督藍廷珍〈題請匾聯奏摺〉，此文年代最晚，與有文無目七篇應為雍正年間第三次重梓時補列。

二、《天妃顯聖錄》序文

◈ 林堯俞序

嘗聞天下名山大川之勝，每多精華發越之奇，蓋地靈所鐘，非生聖人以興道致治，而居君師之任，則生神人以理陽治陰，而弘天地之化，此理之常有必然者。吾莆之外島有湄洲，屹大海中一孤嶼也，浩浩瀚瀚，吞吐日月，山峯葵以浮青，石巉峨而映紫，而天妃薰修於其間，豈非山川之精華所發越者乎？

考諸譜載：天妃，吾宗都巡愿公之女也，誕降於有宋建隆元年。生而靈異。少而穎慧，長而神化，湄山上白日飛昇，相傳謂大士轉身。其救世利人，扶危濟險之靈，與慈航寶筏，度一切苦厄，均屬慈悲至性。得無大士之遞變遞現於人間乎？自宋興以來，威靈昭赫，有禱必應，歷世彌遠，聖德彌彰，而神功廣大，尤著於江淮河海之中，上為國家保衛轉輸，下為生民拯扶陷溺。於是外國之艤，上運之艇，賈舸朝泛，漁舟晚渡，凌海國而無波，泊天涯而若路。即有危瀑驚飆，顛連呼吸，舟人望空號祝，神妃閃忽遙臨，或香聞座次，或火耀檣頭，則萬疊狂濤，一葦飛渡，帖若安瀾。使東南澤國之以海為田者，得與中州沃壤之民，並較桑麻，同遊化日。神之功大矣、著矣！亙古今不可少矣！故累代錫命寵頒，褒封洊錫，湄山宮殿，皆奉天朝遣官創建，迄於今璇宮壯麗，寶樹披離，梳樓指旭日以迎曦，天閣干雲霄而直上。噫！異矣！

夫上古有功德在國家者皆登祀典，況天妃秉坤儀，司水德，輔國庇民之功，著於百世，則謂神之靈爽直與經天之日月、行地之江河、運乾坤而不息可也。余自京師歸，偶於案頭得顯聖錄一編，捧而讀之，

林堯俞撰〈天妃顯聖錄序〉

不覺悚然而起曰：天妃之英靈昭著，有如是乎！余忝列秩宗，三禮是
司，異日肇舉祀典，望秩山川，奉匕鬯以祝神庥，佐我國家億萬年無
疆之治，余將有厚望焉。惜乎顯聖一錄，尚多闕略。姑盥手而為之序，
以俟後之采輯而梓傳。

　　賜進士第榮祿大夫太子太保禮部尚書兼翰林院學士　裔姪孫堯俞
薰沐拜題。

◈ 黃起有序

　　湄洲天妃之神，自宋迄今，垂八百載，歷著靈蹟，應輯錄有書。
茲僧照乘刻而傳之。

　　夫書以傳信也，而神之信固不待書也。古來所傳紀實之書多矣，
其描寫詭誕傑特，令人讀之愕焉怪焉而且疑焉。疑者何？異之也。神
異蹟不一，吾以為無可疑。夫天下變怪莫過於海。今揚帆而來者，上
自朝紳。下至賈鬻，靡不瞻拜璇宮、齋心祇奉，以出入於蜑樓蠆穴
之間。即或陰風怒號。檣傾楫摧，寄命頃刻，雖上天濟物之意且幾乎
窮，而神靈所庇，如見其形，如聞其聲，百禱百應，遂能轉駭浪為安
流，凌汪溟若枕席，舉人世所詫異不經見之事，皆可恃之以為常。又
何疑乎？

　　雖然，福善禍淫，天固不爽，而善善惡惡之靈，神亦弗昧。今使
天下瞻拜之倫肅邀神貺，而違心悖義之輩復無指摘，則人將狃，狃則
玩，玩則邪僻之萌又不可遏息，則有時一二示警者正所以堅善信之心
耳。故至誠感神，理有必然，響應之靈，實不可度、不可射之妙，諸

黃啟有序

如呼吸可通、光風倐忽者誠有所攜，神機互出，驚愕意外，非他紀異之所為怪誕者比也。則是書之傳，又何疑焉？

前賜進士第通議大夫禮部左侍郎兼翰林院侍讀學士　黃起有薰沐題。

◈ 林麟焻序

湄州天妃，吾有林氏唐邵州刺史公九世女孫也。林族俱出自唐明經擢第太子詹事上柱國披公後，則妃之高曾，余諸祖也。際五季擾攘之秋，以曾祖棄官歸隱，厥後移居海之濱，妃自是誕焉。今世祀祖祠尚在，予過而瞻拜之。遷界後，梓里丘墟，廟宇圯壞，因遣工置木石整造之矣。粵聞神妃顯著，所傳軼事神奇，未有不令人駭聽而疑其說之誕耳。

近奉冊命而渡滄溟，南望煙波，茫無津畔。爾時夏汛已過，不便放舟，酒於怡山院諭祭。祝告甫畢，風颸忽而北轉，頗覺默有神助。遂決意解纜而行，乘風破浪，鼓棹中流，雲水低連，上下無際。置身蒼茫之中，竊以為風濤阻絕，屈指屆期，殆未可以日月計；且云水道極其艱虞。余素不諳臨深履險，縱一葦之所如，向不見殊礁怪砂之慮，瞬息千里，纔二、三晝夜，徑到其處。彼處臣人莫不以為長江天塹飛渡而下。斯蓋見佑於默默中而弗覺焉者乎！

逮夫典禮事竣，方圖返棹，而狂瀾洶湧，澎湃稽天，檣撼舟橫，桅楫為之斷裂，震盪滒滄，四無足峙，頃忽間十難一全之勢。舟中人咸謂惟禱神可以無咎。果爾，一祝而傾者少安，裂且不壞。然而淼淼

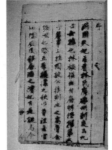

林麟焻撰序

巨浸，奔蹴卻迷天日，夜來帆影浮沉，幾不知所稅駕。

　　不意昏黑飄泊之頃，恍有二火，晶光熠熠檣艦之前，私幸有赫神靈，於昭於天，差可藉以無恙。因而隨波塑駛，輕舟已過萬重。異哉！其丕著如斯乎！奇感殊應，孰不稱神，孰不疑誕？苟非處身變現之景，安知英光之昭灼如是其離離也！又安信紀錄之傳載如是其歷歷弗誣也！八百載靈慈於今為烈，利濟詎不大哉！今者，奉俞旨榮貤，特隆春秋肆祀盛典，以答鴻庥，夫豈過舉？是而為之序。

　　賜進士出身、戶部江南清吏司主事、前內閣撰文中書舍人加一級、辛酉順天同試官、奉命冊封琉球、賜蟒玉、加正一品、族孫麟焻盥沐拜識。

◈ 被刪序文

（一）林蘭友序文

　　今天下公卿大夫以及士庶之家，莫不肅壇壝、潔豆祭，夙夜齋祓以奉神祇，蓋以神能福善禍淫，禦災捍患，變化而不可測，炟赫而不可掩者也。然世之好異者類多崇尚虛誕詭譎以為神奇，群而奉之，至於聰明正直之神，反多不敬，故有靈有不靈，或應或不應，遂有謂鬼神之說不足盡信矣。

　　迨余寓湄島，披閱《天妃世譜》，考其所載如神授符篆，現身救世諸事皆歷歷不誣，遂能感動天朝。自宋興以來累代褒崇、封爵，隆典洊錫，至今廟食春秋，凡薄海內外罔不瞻禮，其靈應洵顯且大矣。夫天妃陰精毓秀，水德儲靈，所司者海也。海之中，噓訒百川，風濤

萬狀，倏而霾曀潛消，天日晴霽，倏而陰風怒號，濁浪沸騰，彼貢獻之揚航而渡者，豈無傾檣裂楫之危乎！艅艎之鼓棹而出者，豈無飛沫怒濤之險乎！賈人漁子之解纜而往者，豈無屑沒於黿鼉之穴、輪轉於蛟之窟乎！乃當顛連危急之際，拜禱天妃，恍若自天而降，神光焜耀，異香氤氳，遂使溟涬之飛滂變為安瀾，瀚海之狂飆化為薰風，則是江淮河海中藉神之庇護豈淺鮮哉！

雖然天妃之英靈非獨著於江淮河海已也，上而國家之大事，下而草野之細故，凡竭誠致敬而禱者，如影之隨形，響之隨聲，靡不從其願而錫之福。其或不為神所佑者，必其元惡而自絕於天也，必其大憝而自殞其生也。否則，神必體上天好生之心，以保佑之矣！故於降災降祥之中，寓彰善癉惡之意，歷七百餘載代彌遠而功彌著，世愈久而德愈彰，其功德不在一方，而在天下，不在一時而在萬世，豈非能福善禍淫、禦災捍患變化而不可測，烜赫而不可掩者乎！

余一日登湄山，揖僧而進之，曰：「天妃之異蹟彰彰如是，曷不彙集成帙以傳於世？」僧曰唯唯：「昔大宗伯林公手授一編，將博採見聞以補其未備，願與同志者成之。」余於是先為之序，以為勸世之一助云爾。

（二）林嵋序文

閩人皆言吾林忠孝節義、理學文章為七建所自始，而獨不言神明感應之原，則猶之宋佑吾林也。林自晉安郡王祿公入閩，支衍派繁，雖瑰偉奇特之士代不乏人，抗節西川、挺覽作塚，稱南夫子者半天下，而慈柔靈淑之氣，間有特鍾，則唯吾天妃為尤著云。

天妃為都檢愿公六女，學道莆之湄洲，方其生也，地變而紫，香遠於室，及其昇化，燕集於舟，蜂翔於水，紫衣明燭，救世現身。由宋元迄今，代著顯異之績，金泥玉簡，先後襃封。則誠林氏之美談也哉。

余友三山胡獻卿靖，嘗使琉球，揚帆返棹，忽一日颶風大作，折柁凡幾十數，崇朝不息，舟人震恐。內有官校，得一奇楠，大可滿尺，高三尺餘，可值千金，眾舉捐出刻天妃聖像。俄而奇鳥集於檣杪，翠羽籠雲，宛若翔鸞，舟賴以濟。獻卿所見若斯，固不待遠考譜牒而已知神靈之烜赫矣。

禦災捍患之烈彰彰載在祀典，而況天妃之樹績東南，能令海若效順，萬里安瀾，凡薄海內外，固不瞻依，有感必應之機，捷如影響，又豈五嶽四瀆之所能及耶？

賜進士第奉直大夫禮部精膳司員外郎特簡吏科給事中族孫嵋薰沐拜識

（三）丘人龍序文

神之功用大矣哉！在天為日月風雷，在地為華嶽河海，以及秉聰明正直之姿，存忠孝節義之性，明而為人，幽而為神者，皆能參玄微之理，達變化之機，操福善禍淫之權，載在祀典，百世不刊，神之功用大矣哉！然江海之中，濟人利物、禦災捍患，上有功於國，下有德於民，則天妃之英靈為最著。天妃生於湄嶼，道成飛昇，屢顯神異，或曰龍女，或曰大士化身，此皆不可知。意者乾坤同運，陰陽並施，上天篤生聖妃，殆以坤道成乾道，以陰德佐陽德乎！夫天地間惟海最大，萬水之所會也，百物之所聚也，蛟龍黿鼉之所出沒也，而天妃實主之。向若東南水道等於朝市，王臣之出使，運槽之轉輸，小而釣艇賈艭，大而樓船貢舶，皆飄泊於波濤震撼之時，浮沉於風雨晦冥之際，茫茫巨浸，傾牆毀楫，葬於江魚之腹中者，往往而然，天下之艱危孰有過於海乎！乃自天妃降世，海若為之效靈，河伯為之助順，異香一聞，則怒濤不能災，寶光一現，則狂飆不能害。且不特此也，水旱不時，禱之則風雨和調；蓷符竊發，禱之則井里粹寧；瘟疫為殃，禱之則俗躋仁壽；邪魔為祟，禱之則人迪吉康；國有師旅，助戰而王師奏凱；郡有凶荒，拯饑而民困咸甦。天妃之有功於國，有德於民如此，可以使四海有安瀾之慶，可以使萬世有清晏之休，可以輔帝王之所不及，可以補天地之所不足，天妃之功用不更大哉！故自有宋建隆以來，歷今七百餘載，洊膺朝廷錫命，廟祀遍於海內，繼自今降福孔皆，降福孔夷，億萬年拜神之麻，尚未有艾也。人龍生長海濱，嘗從里中父老瞻禮於廟廊之下，自播遷後寄寓郡城，遙望故園宮闕在煙雲縹緲中，為之嗟嘆者久矣。適有僧照乘從湄嶼來，踵門而請曰：《天妃顯聖錄》秘而未傳，願求編輯以垂不朽。余謝之曰：天妃威靈昭著，赫赫在人耳目，奚以錄為？且聖德廣大難名，余不敏，固陋寡聞，安能闡揚而

播傳之乎！僧曰：神以孚知而顯，事以記載而傳。是錄也，雖聞見未備，而天妃輔國佑民之功彰彰可睹，茲欲重加增訂付之剞劂，俾天下後世咸思竭誠致敬以介景福，是有大造於人世也，不可以不傳，予奚辭焉。爰焚香淨几而為之編輯其大略云。朝陽丘人龍盥沐百拜謹識[1]

三、〈歷朝褒封致祭詔誥〉

◈ 歷朝顯聖褒封共二十四命

（一）宋

徽宗宣和四年（1122）賜順濟廟額。

高宗紹興二十五年（1155）封崇福夫人。

二十六年（1155）封靈惠夫人。

二十七年（1157）加封靈惠昭應夫人。

孝宗淳熙十年（1183）封靈慈慈昭應崇善福利夫人。

光宗紹熙元年（1190）進爵靈惠妃。

寧宗慶元四年（1198）加封助順。

六年（1200）追封一家。

開禧元年（1205）加封顯衛。

嘉定元年（1208）加封護國助順嘉應英烈妃。

歷朝顯聖褒封共二十四命

---

[1] 見楊浚編《湄洲嶼志略》卷四，藝文，丘人龍地位卑微，康熙二十三年重刊《天妃顯聖錄》被刪除。

理宗寶祐元年（1253）加封靈惠助順嘉應英烈協正妃。

三年（1255）加封靈惠助順嘉應慈濟妃。

四年（1256）加封靈惠協正嘉應善慶妃。

開慶元年（1259）進封顯濟妃。

（二）元

世祖至元十八年（1281）封護國明著天妃。

二十六年（1289）加封顯佑。

成宗大德三年（1299）加封輔聖庇民。

仁宗延祐元年（1314）加封廣濟。

文宗天曆二年（1329）加封護國輔聖庇民顯佑廣濟靈感助順福惠徽烈明著天妃。

（三）明

皇明太祖洪武五年（1372）封昭孝純正孚濟感應聖妃。

成祖永樂七年（1409）加封護國庇民妙靈昭應弘仁普濟天妃。

宣宗宣德五年（1430）、六年（1431）遣官赴湄致祭。

（四）清

皇清康熙十九年（1680）將軍萬以征剿廈門，得神陰助取捷，並

世祖至元 18 年封護國明著天妃

明太祖洪武 5 年封昭孝純正孚濟感應聖妃

清康熙 19 年封昭孝純正孚濟
感應聖妃

使遠遁。具本奏上。勅封：護國庇民妙靈昭應弘仁普濟天妃。

　　康熙二十三年（1684）琉球冊使汪以水道危險，荷神護佑，復命。
奏請春、秋祀典。又，將軍侯施，以澎湖得捷默叨神助，奏請加封。
俱差官賷香帛詔誥到湄褒嘉致祭。

◈ 歷朝褒封致祭詔誥

（一）宋

　　宋光宗紹熙元年（1190），加封「靈惠妃」詔：奉天承運皇帝詔曰：
古今崇祀岳瀆，懷柔百神，禮所不廢；至於有功國家、有裨民社者，報
當異數。靈慈福利夫人林氏，靈明丕著，惠澤宣敷，累有禦災捍患之勳，
今見救旱恤民之德，參贊既弘，爵寵應尊。茲特進封為「靈惠妃」。秩
視海嶽之崇，典敦春秋之重。尚其服茲徽命，以懋鴻麻於勿替。欽哉！

宋紹熙元年加封
昭靈惠妃詔

（二）元

世祖至元十八年（1281），封「護國明著天妃」詔：制曰：惟昔有國，祀為大事。自有虞望秩而下，海嶽之祀，日致崇極。朕恭承天休，奄有四海，粵若稽古，咸秩無文。惟爾有神，保護海道，舟師漕運，恃神為命，威靈赫濯，應驗昭彰。自混一以來，未遑封爵，有司奏請，禮亦宜之。今遣正奉大夫宣慰使左副都元帥兼福建道市舶提舉蒲師文冊爾為「護國明著天妃」。於戲！捍患禦災，功載祀典，輔相之功甚大，追崇之禮宜優，爾其服茲新命，以孚佑我黎民，陰相我國家，則神之享祀有榮，永世無極矣！

至元二十六年（1289），加封「顯佑」詔：制曰：惠澤調雨暘之序，鎮四海而保無虞；祥光映風浪之區，護歲漕而克有濟。忠貞衛國，慈惠寧民，先朝已著於綸褒，今日宜申其寵命，益旌徽號，允協僉言。元祀報功，獨超天極之貴；水行受職，永贊皇運之昌。祗服徽恩，懋弘寵眖，可嘉封「顯佑」。

成宗大德三年（1299），加封「輔聖庇民」詔：制曰：利涉洪波，顯造化難名之德；尊崇懿號，傳神明不朽之榮。錫寵章，亶為殊典。

仁宗延祐元年（1314），加封「廣濟」詔：制曰：愛人利物，仁克著於重溟；崇德報功，禮宜崇乎異數。肆頒綸命，用舉隆儀。護國明著天妃林氏，聰明通達，道心善利，當臨危履險之際，有轉禍為福之方。祥颷迓馭，曾聞瞬息；危檣出入，屢見神光。有感即通，無遠

世祖至元 18 年封護國明著天妃詔

弗居。顧東南之漕運，實左右之憑依。不有襃恩。曷彰聖蹟？於戲！爵以馭貴，宜宣懿號之加；海不揚波，尚冀太平之助。可加封「護國、庇民、廣濟、明著天妃」。

文宗天曆二年（1329）。加封「徽烈」詔：制曰：陰陽不測，惟神克盡燮理之道；河山永定，在國尤資轉運之功。故祀典所載，莫重於懷柔；聖蹟所彰，當加於崇奉。茲覽外廷之奏，允惟漕運之艱。不有護持，曷臻浮達？護國明著天妃，天地鍾靈，山川炳慧。風轉舵摧，屢救吾民之厄，火流水淨，常全藩舶之危。至於暵浸之失時，莫不禱祠而請命。其禦大災、捍大患焉若此，則德懋官、功懋賞也宜之。爰極徽稱，宣為異數。於戲！襃封二十字，鴻號聿隆，允有無窮之譽；廟食億萬年，龍光孔煥，尚其永孚于休。弘闡靈慈，益章寵貺。可封「護國、輔聖、庇民、顯祐、廣濟、靈感、助順、福惠、徽烈、明著天妃」。

天曆二年八月己丑朔日（按是年八月應為乙酉朔）祭直沽廟，文曰：國家以漕運為重事，海漕以神力為司命。今歲兩運，咸藉匡扶，江海無風濤之虞，朝野有盈寧之慶。帝用欽嘉，謹遣使者奉香，仰答靈貺；惟億萬年神永保之！

十六日甲辰（按十六日應為庚子）祭淮安廟。文曰：轉運資於溟海，積貯重乎京師。乘風駕浪，神明是司；裕國足民，朝廷攸賴。臣啣命請淮之廟，恭致御香，以報以祈；惟神鑒格，尚申佑之！

癸丑祭平江廟，文曰：至廣者海也；海之大，百川會焉。至正者神也；神之命，百靈聽焉。惟國之本資於食，而歲之運浮於海，既歷溟渤之中，常有風波之險。今茲運艎，接舳偕來，微神陰相，將奚致焉？謹潔牲醴、備樂舞以答明賜；惟神居歆，永保無斁！

乙卯（按自是日起皆不在八月）祭崑山廟，文曰：姑蘇之濱，太倉之口，運道所繇出也。浮江涉海，衝風而擊浪也。怒濤狂瀾，鯨吸而鰲擲也。萬里澎湃，險不可測也。巍巍聖妃，臨下有赫也。望洋不驚，風波以息也。春夏所輸，咸達於京，實靈貺也。奉命禋祀，報明德也。神之保之，長無極也！

丁巳祭露漕廟，文曰：三江控東南之會，春艎夏舶，雲集轉輸。聖神臨之，濟險拯危，實國家之所式憑，而官民之所仰賴也。今歲漕

運，風瀾恬然，護國之功，著於百世。謹奉香展牲，庸申昭謝，尚冀靈爽，垂休無極。

甲子祭杭州廟，文曰：杭為大藩，財賦所聚。國計之重，倚於東南。今茲兩運，咸利攸往。長江息浪，萬檣雲集，大海安瀾，永資粒食。神之相之，厥勳炳焉。景貺既渥，福祿是綏。巍巍廟庭，牲薦孔碩。用崇明典，與國咸休。

丁卯祭越廟，文曰：於越之域，外負大海，三江東注，運道所經。惟神眷佑，赫赫顯應。弘開慈惠，濟我糧漕，萬里一息，靜無風濤。徽烈茂昭，天地同功。何以報賜？恭獻瓊漿。自今伊始，歲其清宴，萬世無疆。

壬申祭慶元廟，文曰：浙水東郡，襟江帶海。漕道遠涉，萬里波濤。神妃降鑒，丕著弘功。息偃狂颶，迅掃妖氛。轉運咸利，國儲充盈。永頌明德，百世揚休。

己丑祭台州廟，文曰：洪惟天妃，自天降臨，功侔化育，德配玄穹。瀚海安瀾，風帆順飛，弗驚弗震，是憑是依。惟茲運道，實賴扶持。恭承帝命，報答靈威。佑我邦家，永膺多福。

甲午祭永嘉廟，文曰：國家積貯，海運為重。春秋轉輸，風波不測。乃凌大海而安瀾，涉長江而飛渡。神所以衛之者，厥功宏矣！特遣臣奉香禱祀，惟靈惟聖，其永敷慈惠，以勵相我國家。

辛丑祭延平廟，文曰：劍之水兮灂溇，渺長溪兮汪洋。峙靈宮兮在上，鎮海嶽兮瑤壇，繽紛兮羽旄，絪縕兮天香。海不揚波兮安流，飄祥飇兮引舟，徽大惠兮罔極，濟我漕兮無憂。望白雲兮天際，乘彩鸞兮悠悠，獻瓊觴兮式歌且舞，作神主兮永鎮千秋。

己巳祭閩宮，文曰：朝廷歲遣使奉香靈慈之廟，以答明賜。今春逮夏，漕舟安流，悉達京師，其護國之功，庇民之德，莫盛於此。是用瞻禮閩宮，吉蠲薦羞，惟神昭格，佑我皇運，以宏天休！

丁未祭莆田白湖廟，文曰：天開皇元，以海為漕。降神於莆，實司運道。顯相王家，弘濟兆民。盛烈休光，終古不滅。特遣臣虔修祀事，承茲休命，永錫嘉祉，於萬斯年，百祿是宜。

戊申祭湄洲廟，文曰：惟乾坤英淑之氣鬱積扶輿，以篤生大聖，炳靈於湄洲，為天地廣覆載之恩，為國家弘治平之化。特命臣恭詣溟

元文宗天曆二年祭湄洲廟文

島，虔修歲祀。秩視海岳，光揚今古。於戲休哉！

癸丑祭泉州廟，文曰：聖德秉坤極，閩南始發祥。飛昇騰玉輦，變現藹天香。海外風濤靜，寰中麟鳳翔。民生資保錫，帝室藉劻勷。萬載歌清宴，昭格殊未央。

（三）明

皇明太祖高皇帝洪武五年壬子（1372）正月，敕封「昭孝、純正、孚濟、感應聖妃」，遣官賜祭，御祭文曰：奉天承運皇帝制曰：國家崇報神功、郊社旅望而外，非有護國庇民、豐功峻德者弗登春秋之典。明著天妃林氏，毓秀陰精，鍾英水德，在歷紀既聞禦災捍患之靈，於今時尚懋出險持危之績，有裨朝野，應享明禋。朕臨御以來，未及褒獎，茲特遣官賜詔，封為「昭孝、純正、孚濟、感應聖妃」。其服斯徽命，宏佐休光，俾清宴式觀作睹之隆，康阜永著赫濯之賜。欽哉！

成祖永樂七年（1409）欽差太監鄭和往西洋，水途適遇狂颮，禱神求庇，遂得全安歸。奏上，奉旨差官致祭，賞其族孫寶鈔各五百貫。本年又差內官張悅、賀慶送渤泥國王回，舟中危急，禱神無恙；歸奏，奉旨差官致祭。本年又差內官尹璋往榜葛剌國公幹，水道多虞，祝禱各有顯應，回朝具奏。聖上以神功浩大，重禋國家，遣太監鄭和、太常寺卿朱焯馳傳詣湄山致祭，加封「護國、庇民、妙靈、昭應、弘仁、普濟天妃」。奉天承運皇帝制曰：惟昭孝純正聖妃林氏，粹和靈惠，

明太祖洪武五年敕封祭文

毓秀坤元，德配蒼穹，功參玄造。江海之大，惟神所司，佑國庇民，
夙彰顯應。自朕臨御以來，屢遣使諸番及餽運糧餉，經涉水道，賴神
之靈，保衛匡扶，飛颷翼送，神光導迎，欻忽感通，捷於影響，所以
往來之際，悉得安康。神之功德，著在天壤，必有褒崇，以答靈貺。
茲特加封「護國、庇民、妙靈、昭應、弘仁、普濟天妃」，仍建廟於
都城外，賜額曰「弘仁普濟天妃之宮」。爰遣人以牲醴庶羞致祭，惟
神其鑒之！

　　永樂十三年（1415），欽差內官甘泉送榜葛剌國王，海中危急，
禱祝獲安，詣廟致祭。

　　永樂十三年，欽差內官侯顯往榜葛剌國，往來危懼，祈禱屢助顯
應，奉旨詣廟致祭。十一月，委內官張源到廟御祭一壇。

　　永樂十五年（1417），欽差內官王貴通、莫信、周福率領千戶彭
祐、百戶韓翊並道士詣廟，修設開洋清醮。

　　永樂十六年（1418），又差內官張謙到廟御祭。著本府官員陪祭。

　　宣宗宣德五年（1430），欽差太監楊洪等出使諸外國；神功加佑，
風波無虞，特遣官祭告。制曰：惟妙靈昭應天妃林氏，嵩嶽孕靈，巽
坤合體，噓風吸雨，統江淮河海之宗，佑國庇民，濟天地東南之險，
適承水德乃亮玄工，海不揚波維爾嘉績，朕式欽焉。茲特虔脩牲醴、
遣官祭告，神其鑒臨！尚饗！

　　宣德六年（1431），欽差正使太監鄭和領興平二衛指揮千百戶，
並府縣官員，買辦木石修整廟宇，並御祭一壇。制曰：「茲遣鄭和等

道涉江海，往返諸番，惟神有靈，默加佑助，俾風波無虞、人船利涉，浮達之際，咸賴底綏。特以牲醴祭告，神其饗諸。」

（四）清

康熙十九年（1680）：神助萬將軍克敵廈門。奏上，欽差禮部員外郎辛保等賫香帛詔誥加封致祭。奉天承運皇帝制曰：國家懷柔百神，式隆祀典，海嶽之祭，固有弗虔；若乃明祇效靈示天心之助順，滄波協應表地紀之安流，聿弘震疊之威，克贊聲靈之渥，豈繄人力，實惟神庥，不有褒稱曷彰偉伐、維神鍾奇海徼，綏奠閩疆，有宋以來累昭靈異。頃者島氛不靖，天討用張，粵自禍牙以逮奏凱，歷波濤之重險，如枕席以過師，潮汐無虞，師徒競奮，風飈忽轉，士氣倍增，殲鯨鯢於崇朝，成貔貅之三捷・神威有赫，顯號宜加，特封爾為護國庇民妙靈昭應弘仁普濟天妃，載諸祀典。神其佑我兆民永著安瀾之績，眷茲景命益昭重潤之休！敬遣禮官往修祀事，維神鑒之。

琉球正使汪、林等題為聖德與神庥等事：臣等一介小儒，遭逢聖主，特允會推，遣使海外；臨軒天語如典如謨，臣等凜遵訓誨，恭捧御覽詔敕及諭祭文三道，星馳赴閩，於二十二年（1683）六月二十日諭祭海神天妃於怡山院。是時東風正猛，群言夏汛已過，未易開洋；乃行禮甫畢，風聲忽轉，柁樓旌旗盡皆北向。臣等知屬天妃示異，決計放舟。二十三日辰刻，遂出五虎門。過東沙山，一望茫茫，更無山影，日則雙魚引道，夜則萬鳥迴翔，助順效靈不可殫述。以海道考之。

清康熙 19 年敕封祭文

廿四日當過小琉球、花瓶嶼、雞籠、淡水諸山；而是日辰刻已過彭佳山，酉刻已過釣魚嶼，不知諸山何時飛越。廿五日應見黃尾嶼，不知何以遂踰赤嶼。廿六日夜見姑米山，又不知何以遂至馬齒山。此時琉球接封之陪臣唯恐突如出境，彼國無所措手，再拜懇求暫泊澳中，容其馳報。乃落篷而篷不得下、拋椗而椗不可留，瞬息已入琉球之那霸港，直達迎恩亭前矣；時方辰刻，距開洋三晝夜耳！臣等未經蹈險，視等尋常，而彼國臣民莫不相看咋舌，群言：「自古迄今未有神速如此者」，共稱聖人在上，海不揚波，則聖人在上，海可飛渡。遠人駭嘆如此，臣不敢不據實奏聞。至於貧瘠小邦，常苦風旱，乃者典禮既竣，甘雨如傾，颶風不作，群欣足食。凡此天澤之應，何非聖德之感！洵足流光史冊，焜燿千秋者也。臣等潔己勵眾，幸免怨尤，冬汛歸舟，還思利涉，而其時御筆詔敕盡留海邦，百神呵護不可復冀。風濤震撼，浪與天高，掀嵌無已，人皆顛覆。臣等當百死一生之際，惟有忠誠自信必無他虞；煙灶盡委逝波，無由得窺彼岸。於是肅將簡命，共籲天妃謂：神既受封聖朝，自應佑臣返節；如其獲濟，當為神乞春秋祀典，永載皇恩。虔禱方終，神應如響。於時，束椗之鐵箍已斷十三，而椗不散；繫篷之頂繩一斷不可復續，而篷不墮；椗前之金拴裂踰尺而船不壞。有此三異，可歎神功。伏乞敕下禮臣，議舉春秋二祭，著地方官敬肅奉行，則海疆盡沐神庥、履坦無非聖澤矣！伏乞睿鑒施行。奉旨：該部議奏。

靖海將軍侯福建提督施，為神靈顯助破逆，請乞皇恩榮加敕封事：竊照救民伐暴，示天威之震揚，輔德效靈，見神明之呵護。閩之湄洲島，有歷代敕封天妃，往來舟楫每遇風濤險阻，呼之獲安。前提督萬曾經題請敕封。臣奉命征剿臺灣，康熙二十一年（1682）十一月，師次平海澳。澳離湄洲水道二十里許，有天妃廟，緣遷界圮毀，僅遺數椽可蔽神像，臣因稍微整掃以妥神。廟左有一井，距海數武，纔止丈餘，蕪穢不治。臣駐師其間，時適天旱七月餘，該地方人民咸稱：往常雨順，井水已不能供百口，今際此愆陽，又何能資大師所需？臣遣人淘浚，泉忽大湧。自二十一年十一月至次年之三月，晝夜用汲不竭，供四萬眾裕如也。此皆皇上峻德格天，使神功利我行師也。臣乃立石

井旁，額之曰師泉，以誌萬古不朽，且率各鎮營弁捐俸重建廟宇。及康熙二十二年（1683）六月十六、廿二等日，臣在澎湖破敵，將士咸謂恍見天妃，如在其上，如在其左右。而平海之人，俱見天妃神像是日衣袍盡濕，與其左右二神將兩手起泡，觀者如市，知為天妃助戰致然也。又先於六月十八夜，臣標署左營千總劉春夢天妃告之曰：於二十一日必得澎湖，七月可得臺灣。果於二十二日澎湖克捷，七月初旬內臺灣遂傾島投誠，其應如響。且澎湖、八罩、虎井，在大海之中，井泉甚少，供水有限。自臣統師到彼，每於潮退就海次坡中扒開尺許，俱有淡水可餐，從未嘗有。及臣進師臺灣，彼地之淡水遂無矣，均由我皇上至仁上達昊蒼，故無往而不得神庥，俾臣克敵成功，非特賜顯號無以揚幽贊之美，彰有赫之靈。臣擬於班師敘功之日，一起題請加封。近接邸報，冊封琉球正使汪楫以聖德與神庥等事具題請封，因先以其靈異詳陳。伏乞皇上睿鑒敕封，並議加封。

奉旨：該部議奏。部題：遣官獻香帛讀文致祭·祭文由翰林院撰擬，香帛由太常寺備辦，臣部派出司官一員前往致祭。康熙二十三年（1684）八月廿四日奉旨：依議。欽差禮部郎中雅虎等賷香帛到湄廟致祭。

御祭文曰：國家茂膺景命，懷柔百神，祀典具陳，罔不祇肅。若乃天庥滋至，地紀為之效靈，國威用張，海若於焉助順，屬三軍之奏凱，當重譯之安瀾，神所憑依，禮宜昭報。惟神鍾靈海表，綏奠閩疆，昔藉明威，克襄偉績，業隆顯號，禋享有加。比者，慮窮島之未平，命大師之致討，時方憂旱，水澤為枯，神實降祥，泉源驟湧，因之軍聲雷動，直搗荒陬，艦陣風行，竟趨巨險。靈旗下颭，助成破竹之功，陰甲排空，遂壯橫戈之勢。至於中山殊域，冊使遙臨，伏波不興，片帆飛渡，允茲冥佑，豈曰人謀。用是遣官敬修祀事，溪毛可薦，黍稷惟馨。神其佑我家邦，永著朝崇之戴，眷茲億兆，益弘利賴之功。惟神有靈，尚克鑒之。

福建水師提督藍，以康熙六十年（1721）克復臺灣，叨神顯助，至雍正四年（1725），題請匾聯，文曰：題為神功顯著，仰懇睿鑒特加恩褒事：竊照顯靈效順，具見盛世之徵祥；申錫追封，彌彰聖朝之鉅典。閩省有湄洲，屹立大海島嶼中，建廟宇崇祀天妃寶像，其英靈

清康熙 22 年施琅奏請敕封摺

昭著，歷代褒封，昭然可考。迨我朝康熙十九年‧佐助前提督臣萬正
色克復金、廈兩島；二十二年，佑相前靖海將軍臣施琅奏捷澎、臺，
種種靈應，護國庇民，俱蒙聖祖仁皇帝覽奏敕封，欽差致祭，特隆祀
典。緣廈島、臺灣二處俱屬閩海要地，各有創建廟宇供奉天妃寶像，
仰賴神麻。六十年臺匪倡亂，臣同前任提臣施世驃，親統水陸官兵，
配駕商、哨船隻前往討逆。維時六月興師，各士卒感佩聖祖仁皇帝深
仁厚澤，踴躍用命，但恐頻發颱颶，因而致祝垂庇。果荷默相，波恬
浪息。且凡大師所到，各處井枯，甘泉倏爾騰沸，足供食用。再如六
月十六日午，臣等督師攻進鹿耳門，克復安平鎮，正及退潮之際，海
水加漲六尺，又有風伯効順，俾各舟師毋庸循照招路魚貫而行，群擠
直入。至十七、十九等日會師，在七崑身血戰殺賊，時值炎蒸酷暑，
其地處在海中，乃係鹽潮漲退之所，萬軍苦渴異常。臣復仰天祈禱，
適當潮退，各軍士遍就崑身坡中扒開尺許，俱有淡水可餐。官兵人等
無不駭異，咸稱：若非聖祖仁皇帝天威遠被，曷致有神靈効順若此。
竊擬分平臺灣南、北二路後，即欲繕疏題請追褒。不虞提臣施世驃身
歿軍前，臣時躬處海外，未由陳奏。幸於雍正三年十一月內趨赴闕
庭，叩觀天顏，面奏神功靈驗，請乞賜贈匾聯，以誌不朽。隨蒙聖主
諭臣於回任後繕疏題請。茲臣合就遵旨備敘情由具題，仰懇我皇上特
佈殊恩，賜給匾額聯章，俾臣製造懸掛湄洲、臺、廈三處廟宇。再天
妃靈神實水師之司命，仍請恩加敕部詳議追封先代。聖德彌彰而神功
愈顯，將見鯨鯢永遁，海宇共慶昇平，波浪長恬，商漁咸歌樂業矣。

臣謹繕疏題請，伏乞聖主睿鑒，賜給敕部詳議，追封施行。為此具本謹題請旨。雍正四年正月十七日。

謝恩疏文：題為恭報懸掛天妃神祠御書匾額日期事。雍正四年七月初三日承准禮部箚開：為頒發御書匾額事：祠祭清吏司案呈：雍正四年五月十一日，內閣交出天妃神祠匾額御書神昭海表四字，應將神昭海表四字交與福建提塘送往，並知照水師提督敬謹製造懸掛可也。為此合箚前去查照施行，等因到臣。承准此，續於本年九月十二日，據臣家人林世雄在京捧賫御書神昭海表四字到廈，臣即郊迎至署，恭設香案，望闕叩頭訖，隨敬謹恭摹，召匠繪成匾式，遵照原題應懸掛湄洲、廈門、臺灣三處天妃神祠，將恭摹字樣併繪成匾式，分送臺灣總兵臣林亮、海壇總兵臣朱文召匠製造，擇吉敬謹懸掛去後，所有廈門天妃神祠，臣遵即製造匾額，擇吉於本年十二月十一日敬謹懸掛。又於十二月十三日准臺灣總兵臣林亮諮稱：臺灣天妃神祠御書匾額遵即製造完竣，業經擇吉於本年十一月廿八日會同臺灣文武官員恭迎至祠敬謹懸掛，合將日期咨覆等因。續於十二月十七日又准海壇總兵臣朱文咨稱：湄洲天妃神祠御書匾額，遵即製造完竣，經擇吉於本年十二月十一日親率屬員恭迎至祠，敬謹懸掛，合將日期咨覆；等因，各到臣。准此，竊照神靈效順，允協盛世祥徵，宸翰特頒，彌明聖朝鉅典。閩省有天妃，英靈彰著，歷代襃封昭然可考。康熙六十年間，臺匪倡亂，臣同前任提臣施世驃親統官兵前往討逆。維時六月興師，各士卒感佩聖祖仁皇帝深仁厚澤，踴躍用命，但恐時值颱颶頻發之候，

清雍正 4 年藍廷珍奏請賜匾摺

臨行虔祝垂庇，果荷顯靈默相，處處効順。經臣面奏，請乞賜贈匾聯，以誌不朽。業蒙我皇上特頒御書神昭海表四字。臣奉到，隨即恭摹製造匾額，擇吉敬謹懸掛廈門天妃神祠。仍繪成匾式分送臺灣總兵臣林亮、海壇總兵臣朱文，循照召匠製造，擇吉敬謹懸掛臺灣、湄洲二處天妃神祠去後，茲准各咨報懸掛日期前來。具見宸翰輝煌、神功有赫，允垂億萬年盛典；行將鯨鯢永遁，海宇共慶昇平，波浪長恬，商漁咸歌樂業矣。所有敬謹懸掛天妃神祠御書匾額各日期，理合繕疏題報，伏乞皇上睿鑒施行。為此，具本謹具奏聞。雍正四年十二月二十日。

四、〈天妃誕降本傳〉

◎ 天妃誕降

　　天妃，莆林氏女也。始祖唐林披公，生子九，俱賢。當憲宗時，九人各授州刺史，號九牧。林氏曾祖保吉公，乃邵州刺史蘊公六世孫州牧圉公子也，五代周顯德中為統軍兵馬使。時劉崇自立為北漢，周世宗命都點檢趙匡胤戰於高平山，保吉與有功焉。棄官而歸，隱於莆之湄洲嶼。

　　子孚承襲世勳，為福建總管。孚子惟愨諱愿，為都巡官，即妃父也。娶王氏，生男一，名洪毅，女六，妃其第六乳也。二人陰行善，樂施濟，敬祀觀音大士。父年四旬餘，每念一子單弱，朝夕焚香祝天，願得哲胤為宗支慶。

　　歲己未（周世宗顯德六年、959）夏六月望日，齋戒慶讚大士，當空禱拜曰：「某夫婦兢兢自持，修德好施，非敢有妄求，惟冀上天鑒茲至誠，早錫佳兒，以光宗祧」！是夜王氏夢大士告之曰：「爾家世敦善行，上帝式佑」。乃出丸藥示之云：「服此當得慈濟之貺」。既寤，歆歆然如有所感，遂娠。二人私喜曰：「天必錫我賢嗣矣」！

　　越次年，宋太祖建隆元年庚申（960），三月二十三日方夕，見一道紅光從西北射室中，晶輝奪目，異香氤氳不散。俄而王氏腹震，即誕妃於寢室。里鄰咸以為異。父母大失所望，然因其生奇，甚愛之。自始生至彌月，不聞啼聲，因命名曰「默」。

　　幼而聰穎，不類諸女。甫八歲，從塾師訓讀，悉解文義。十歲餘，

喜淨几焚香，誦經禮佛，旦暮未嘗少懈。婉孌季女，儼然窈窕儀型。十三歲時，有老道士玄通者往來其家，妃樂捨之。道士曰：「若具佛性，應得渡人正果」。乃授妃玄微秘法。妃受之，悉悟諸要典。十六歲，窺井得符，遂靈通變化，驅邪救世，屢顯神異。常駕雲飛渡大海，眾號曰「通賢靈女」。越十三載，道成，白日飛昇；時宋雍熙四年丁亥（987）秋九月重九日也。

窺井得符

妃少時，與群女閒遊，照粧於井中，忽見神人捧銅符一雙，擁井而上，有神侍仙官一班，彷彿迎護狀。諸女駭奔，妃受之不疑。少頃，乘虛而化。眾報父母及里鄰，視銅符果出神授，莫不驚異。自此符咒徑可辟邪，法力日見玄通。常身在室中，神遊方外，談吉凶禍福，靡不奇中。

機上救親

秋九月，父與兄渡海北上。時西風正急，江上狂濤震起。妃方織，忽於機上閉睫遊神，顏色頓變，手持梭，足踏機軸，狀若有所挾而惟恐失者。母怪，急呼之，醒而梭墜，泣曰：「阿父無恙，兄沒矣」！頃而報至，果然。彼時父於怒濤中倉皇失措，幾溺者屢，隱似有住其舵與其兄身相近，無何，其兄之舵摧舟覆。蓋妃當閉睫時，足踏者父之舟，手持者兄舵也。

化草救商

嶼之西有鄉曰門夾，當港口出入之衝，磁礁錯雜。有商舟渡此遭風，舟衝礁侵水，舟人哀號求救。妃曰：「磁頭商舟將溺，可急拯」。眾見風濤震盪，不敢向前。妃乃擲草數根，化成大杉，排駕至前。舟因大木相附，得不沉。少頃，風漸平，浪漸息，舟中人相慶，皆以為天助。及閣岸整理舟楫，倏見大木瓢流，不知所向，詢鄉人方知化木附舟，悉神姑再造力。

菜甲天成

湄洲有小嶼，在旁流中。一日，妃遊至其地。適母遣人以菜子油遺之。妃傾之地上。遂抽芽解甲，燦然青黃，布滿山塍。不煩播種，四時不絕，自生自熟於荒煙斷沁之間。莖幹花葉，可以薦神供佛，名曰菜子嶼。鄉人采之為仙蔬神卉。至今猶野香鬱鬱；斥鹵之外，洵為

勝概。

掛席泛槎

妃時欲渡江，值舟中篷槳不備。舟子以風濤洶湧，不敢解纜。妃曰：「無事！此即草蓆代之」。令人懸於桅端。帆起舟駛，恍若鳧鷗之浮沫。白雲一葦，入水不濡，碧海孤帆，與波俱出。追狂颶而鼓棹，破巨浪而旋槎。觀者驚為飛渡。

鐵馬渡江

時漁民往北採捕，海岸乏舟。妃渡水無楫，取簷前所懸鐵馬，鞭而策之，跨江如奔電追風。人見青驄行水，天馬騰空，且怪且愕。及登岸，又不見解鞍嘶秣，尤為驚異。

禱雨濟民

妃年二十一歲時，莆大旱，山焦川涸，農民告困。通郡父老咸曰：「非神姑莫解此厄」！縣尹詣妃求禱。妃往祈焉。擬壬子申刻當雨。及期，日已午，烈燄麗空，片雲不翳。尹曰：「姑殆不足稱神乎」！未幾，陰霾四起，甘澍飄灑，平地水深三尺，西成反獲有秋。眾社賽日，咸懽呼頂禮，稱神姑功德不可思議！

降伏二神

先是西北方金水之精，一聰而善聽，號「順風耳」，一明而善視，號「千里眼」。二人以金水生天，出沒西北為祟，村民苦之，求治於妃。妃乃雜跡於女流採摘中，十餘日方與之遇。彼誤認為民間女子，將近前，妃叱之，遽騰躍而去，一道火光如車輪飛越，不可方物。妃手中絲帕一拂，霾障蔽空，飛揚卷地。彼仍持鐵斧疾視。妃曰：「敢擲若斧乎」？遂擲下，不可復起。因咋舌伏法。越兩載，復出為屬；幻生變態，乘濤騎沫，滾盪於浮沉蕩漾之中，巫覡莫能治。妃曰：「江河湖海，水德攸鍾，彼乘旺相之鄉，須木土方可克之」。至次年五、六月間，絡繹問治於妃。乃演起神咒，林木震號，沙石飛揚。二神躲閃無門，遂拜伏願皈正教。時妃年二十三。

龍王來朝

東海多神怪漁舟多溺。妃曰：「此必怪物為祟」。乃命舟鼓枻至中流，風日晴霽，頃望見水族轃集，錦鱗彩甲，跳躍煦沫，遠遠濤頭，擁一尊官類王子儀容，鞠躬嵩呼於前，水潮洶湧，舟人戰慄不已。妃

曰：「不須憂」。傳示免迎。突然水色澄清，海不揚波，始知龍王來朝。以後凡遇妃誕辰，水族會洲前慶賀。是日，漁者不敢施眾下釣。

收伏晏公

時有負海怪物曰「晏公」，每於水中趁江豚以噓風，鼓水妖以擊浪，翻溺舟楫，深為水途大患。妃遊至東溟，見一碧萬頃，水天涵泓，半晷間江心澎湃，舟子急呼曰：「桅舵搖撼矣」。妃令拋椗，見一神掀鬐突睛，金冠繡袖，隨潮升降，觸纜拂檣，形如電掃雷震。妃色不動，顯出靈變。忽旋風翻浪，逆湃倒澎。彼伏神威，叩謝盪舟而還。但一時為法力所制，終未心服。繼假逞色相，變一神龍，挾霧翼雲，委蛇奔騰。妃曰：「此妖不除，風波不息」！乃拋椗中流。龍左翻右滾，機破技窮，仍還本象，唯見整然衣冠，儼一尊人，駐椗不動。妃命投下緋繩，彼近前附攝，不覺隨攝隨粘，牢固難解，飄蕩浮於水上。始懼而伏罪。妃囑之曰：「東溟阻險，爾今統領水闕仙班，護民危厄」。由是永依法力，為部下總管。

靈符回生

歲祲疫氣盛行，黃縣尹闔家病篤。吏告以湄嶼神姑法力廣大，能起死回生，救災恤難。尹齋戒親詣請救。妃曰：「此係天數。何敢妄干」！尹哀懇曰：千里宦遊，全家客寓，生死懸於神姑，幸憫而救之」！妃念其素稱仁慈，代為懺悔。取菖蒲九節，並書符咒，令貼病者門首，煎蒲飲之，病者立瘥。尹喜再生之賜，舉家造門拜謝。自此神姑名徹寰宇矣。

伏高里鬼

高里鄉突有陰怪，含沙侵染百病。村人共詣神姑求治。妃知為山僻小木精作祟，取符咒貼病者牀頭。眾如命而行，聞屋瓦響處，一物如鳥，拚飛而去。妃跡其所之，掃穴除之。比至，遽幻作一小鳥匿樹抄，只見渺渺林端，突起一團黑氣。妃曰：「不可留此為桑梓憂」！追擒之。唯一鷦鷯唧唧。將符水一灑，鳥踏空而墜，並無形體，僅存一撮枯髮。舉火焚之，突見本相，兀兀一小鬼子，叩拜曰：「願皈臺下服役」；收之。

先是符咒未至之前，一宵，於民間忽語人曰：「我將別，當饗我」！主人具儀禮宴之。次晨，符咒至，即從屋上出去。蓋亦預知法

力難逃也。

奉旨鎖龍

妃二十六歲春正月，霪雨至夏，淋漓弗止，閩浙盡懼其災。省官奏聞，天子命所在祈禱。莆人詣請神姑。妃曰：「上下多獲戾於帝，故龍為災，亦數使然。今既奉天子命，當除厥禍，為我邑造福」。見白蚪奔躍衝突，又青、黃二龍洊溢於瀁蒼之表。妃焚靈符，忽有神龍面王冠荷戟而前曰：「奉帝罰此一方，何可逆命」？妃曰：「誠知玉旨降災，但生民遭困已極，下界天子為民請命，當奏上帝赦之」。遂鎖住白蚪，彼一青一黃尚騰波翻覆。妃乃焚香祭告。遽有金甲神人逐潮似追尋狀，天大霽，秋且告稔。有司特奏神姑鎖龍神功。奉旨致幣報謝。浙省水災亦漸平。

斷橋觀風

吉蓼城西有石橋跨海，當周道往來之津。一日，忽怪風掃地，霹靂如雷，橋柱盡折，人病涉水。相傳風伯為災。妃往觀焉。遙望一道黑氣，噴薄迷天，知二字為祟，因演出靈變，俾其遠遁；戒鄉人晦冥風雨，毋犯之。

收伏嘉應、嘉祐

時有二魔為祟，一曰嘉應，一曰嘉祐；或於荒丘中攝魄迷魂，或於巨浪中沉舟破艇。妃至，遂逃於雲天杳渺之外。適客舟至中流，風翻將沉，見赤面金裝當前鼓躍。妃立化一寶貨舟抬浮而遊。嘉祐即舍客舟乘潮而前。妃以咒壓之，擊刺落荒，遂懼而伏。妃又從山路獨行，嘉應不知以為民間美姝，將犯之。妃拂飛塵霾，彼遂幻變騰掀，終不越故處；若有限距而無門突出者，因悚然退避。但魔心未淨，歲餘復作蠱害。妃曰：「此物不歸正道，畢竟為妖為孽」。令人各焚香齋戒，奉符咒，自乘小艇象漁者遨遊煙波之中。嘉應見之，即衝潮登舟，坐於桅前，不覺舟駛到岸。妃佇立船頭，遽悔罪請宥，並收為將，列水闕仙班，共有一十八位。凡舟人值危厄時，披髮虔請求救，率得其默佑。

湄山飛昇

宋太宗雍熙四年丁亥（986），妃年二十九。秋九月八日，妃語家人曰：「心好清淨，塵寰所不樂居；明辰乃重陽日，適有登高之願，預告別期」。眾咸以為登臨遠眺，不知其將仙也。次晨焚香演經，偕

諸姊以行，謂之曰：「今日欲登山遠遊，以暢素懷，道門且長，諸姊不得同行，傷如之何」！諸人笑慰之曰：「遊則遊耳，此何足多慮」。妃遂徑上湄峰最高處，但見濃雲橫岫，白氣互天，恍聞空中絲管聲韻叶宮徵，直徹鈞天之奏，乘風翼靄，油油然翔翔於蒼旻皎日間。眾咸歆駭驚嘆，祇見星虹輝耀，從雲端透出重霄，遨遊而上，懸碧落以徘徊，俯視人世，若隱若現。忽彩雲布合，不可復見。嗣後屢呈靈異，鄉之人或見諸山巖水洞之旁，或得之升降趺坐之際，常示夢顯聖，降福於民。里人畏之敬之，相率立祠祀焉，號曰「通賢靈女」。時僅落落數椽，而祈禱報賽，殆無虛日。

◈ 身後神蹟

（一）宋

顯夢闢地

湄嶼初建廟宇，甚窄狹。有長者之子善信，居山之西，妃乃托之夢曰：「我廟宇卑隘，為我擴之，當昌爾後」。是夜夫婦協夢，清晨造廟拜答，願依神命。乃闢地購金，增厥式廓，廟貌啟而維新焉。

禱神起椗

季春有商三寶者，滿裝異貨，要通外國，舟泊洲前。臨發椗，膠弗起，舟人入水，見一怪坐椗不動。急報客，大驚。登岸詢洲人：「此方何神最靈」？或曰：「本山靈女極稱顯應」。遂詣祠拜禱。恍見神女優游椗上，鬼怪辟易，其椗立起。乃插香一瓣於祠前石間，祝曰：「神有靈，此香為證：願顯示徵應，俾水道安康，大獲貲利，歸即大立規模，以答神功」。迨泛舟海上，或遇風濤危急，拈香仰祝，咸昭然護庇。越三載，回航全安。復造祠，見前所插瓣香，悉盤根萌芽，化成三樹。正值三月二十三日神誕，枝葉叢茂，香氣鬱鬱繽紛。商人奇其感應，捐金創建廟宇，煥乎改觀。及宋仁宗天聖中，神光屢現，善信者復感靈異，廣大其地，廊廡益增巍峨。

枯楂顯聖

宋哲宗元祐元年丙寅（1086），莆海東有高墩，去湄百里許，常有光氣夜現。漁者疑為異寶，伺而視之，乃水漂一枯楂發燄，漁人拾置諸家。次晨視之，楂已自還故處。再試復然。當夕托夢於寧海墩鄉

人曰：「我湄洲神女，其枯楂實所憑也，宜祀我，當錫爾福」。父老異之，告於制幹李公。公曰：「此神所棲也。吾聞湄有神姑，顯跡久矣。今靈光發見昭格，必為吾鄉一方福。叩神之庇，其在斯乎」！遂募眾營基建廟，塑像崇祀，號曰「聖墩」，禱應如響。

銅爐溯流

宋哲宗元符初（元符凡三年，1098～1100），莆南六十里地名曰楓亭，其溪達海，係南北通津。戊寅，潮長時，水漂一銅爐，寶色燁然，溯流而至。鄉人觀者如堵，咸嘖嘖稱奇。眾下水取而藏之。是夕，楓人同得夢云：「我湄神也，欲為爾一鄉造福」。相傳異其事，爰備香花奉銅爐至錦屏山下，草構數椽祀焉。凡禱祝者無不應驗。里人林文可感神靈默祐，割田與眾募建以廣之。

朱衣著靈

宋徽宗宣和四年壬寅（1122），給事中允迪路公奉命使高麗，道東海，值大風震動，八舟溺七，獨公舟危蕩未覆。急祝天庇護，見一神女現檣竿，朱衣端坐。公叩頭求庇。倉皇間風波驟息，藉以安。及自高麗歸，語於眾。保義郎李振素及墩人備述神妃顯應。路公曰：「世間惟生我者恩固極，我等飄泊大江，身瀕於死，雖父母愛育至情，莫或助之，而神姑呼吸可通，則此日實再生之賜也」。復命於朝，奏神顯應。奉旨賜「順濟」為廟額，蠲祭田稅，立廟祀於江口。

聖泉救疫

宋高宗紹興二十五年（1155）春，郡大疫。神降於白湖旁居民李本家曰：「瘟氣流行，我為郡請命於帝；去湖丈許有甘泉，飲此疾可瘳」。境內羅拜神賜。但此地斥鹵，疑無清流，以神命鑿之，及深猶不見泉。咸云此系神賜，勉加數鋤，忽清泉沸出，人競取飲之，其冷若醴。汲者絡繹於路，至相爭攘。朝飲夕瘥，人皆騰躍拜謝曰：「清泉活人，何啻甘露，真有回生之功」！乃甃為井，號曰「聖泉」。郡使者奏於朝，詔封「崇福夫人」。

托夢建廟

紹興二十六年丙子（1156），以郊典特封為靈惠夫人。二十七年（1157），莆城東五里許有水市，諸舶所集曰「白湖」。歲之秋，神來相宅於茲。章氏、邵氏二族人共夢神指立廟之地。丞相俊卿陳公聞

之，驗其地果吉，因以奉神。歲戊寅（1158），廟成。三十年（1160），流寇劉巨興等嘯聚，直抵江口。居民虔禱於廟，忽狂風大震，煙浪滔天，晦冥不見，神靈現出空中。賊懼而退。既而復犯海口，神又示靈威，賊遂為官軍所獲。奏聞，天子詔加封「靈惠、昭應夫人」。

溫台剿寇

宋孝宗淳熙十年癸卯（1183），福建都巡檢羌特立奉命征剿溫州、台州二府草寇。官舟既集，賊船蟻水面，眾甚懼。方相持之際，咸祝曰：「海谷神靈，惟神女夫人威靈顯赫，乞垂庇護」。隱隱見神立雲端，軒蓋輝煌，旗幡飛颭，儼然閃電流虹。賊大駭。俄而我師乘風騰流，賊舟在右，急撥棹衝擊之，獲賊首，並擒其黨，餘綜四散奔潰，奏凱而歸。列神陰相之功，奏於朝，奉旨加封「靈慈、昭應、崇善、福利夫人」。

救旱進爵

宋光宗紹熙元年庚戌（1190）夏，大旱，萬姓號呼載道。神示夢於郡邑長曰：「旱魃為虐，我為君為民請命於天，某日甲子當雨」。及期，果銀竹紛飛，金颷噴澍，焦林起潤，暵谷生春。郡邑交章條奏，天子詔神福民殊勳，應襃封進爵，頒詔進封「靈惠妃」以彰聖靈。

甌閩救潦

宋寧宗慶元四年戊午（1198），甌閩苦雨，滂沱不止，漂屋蕩崖，春夏倉廩告匱，民不聊生。有司請蠲議賑。莆人虔禱於神。夜夢神示之曰：「人多不道，厥罰常陰，故上天困此一方人。今爾眾虔恭，我為爾奏於帝，帝矜之，越三日當大霽，且錫有秋之祝」。至期，果見扶桑破曉，暘谷春生，早禾得水而秌，西成大熟。省官奏聞，奉旨加封「助順」，以報厥功。

平大奚寇

戊午秋，大奚寇作亂，調發閩省舟師討之，舳艫相接，將士枕戈。島寇巨艦銜尾而至，銳不可當。眾懼，各請神香火以行。與賊遇於中流，彼居上風，難以取勝。眾禱於神曰：「願藉神力掃妖氛，上慰天子討叛之心，下救萬民蹂躪之苦」。頃刻間昏霧四塞，返風旋波，神光赫濯顯現。遂衝突無前，渠魁就擒，餘凶或溺或潰，掃蕩無遺。凱奏，具陳神陰佑大勳，奉旨詔神為國家討賊，其議加封號以答神庥。

一家榮封

慶元六年（1200），朝廷以神妃護國庇民，功參玄造，人本乎親，慶自先貽，於是頒詔封妃父為「積慶侯」，又改封「威靈侯」，又以顯赫有禪民社，加封為「靈感嘉祐侯」；母王氏封「顯慶夫人」；兄封「靈應仙官」；神姊封為「慈惠夫人」，佐神。

紫金山助戰

宋寧宗開禧改元乙丑（1205）冬，金人僕散揆從八疊灘潛渡淮，聚哨淮甸，王師啟行北伐，人心洶湧，求庇於神。至直隸安豐，戎馮戒嚴。神示夢於將領異再遇等曰：「金人犯順，北顧貽憂，若等銳志克敵，吾當助威以佐天子」。初戰於花黶鎮，神現靈雲端。眾望空中若有萬馬馳騁狀，知為神力呵護，賈勇向前，大砲碎其酋長；賊遂卻。又會戰於紫金山，賊甚猖獗。臨陣時，復見旌旗閃空，將領嚴令督戰，兵士擁楯而進，敵乃披靡，獲馬百餘匹，斬馘數百人。賊復大聚合肥，聞雲端鏘鏘有劍戟聲，賊益懼，且戰且退，遂解合肥之圍。全師返斾，人唱鐃歌。天子聞神兵陰助，有護國大功，加封「顯衛」，以答神麻。

助擒周六四

嘉定改元戊辰（1208）秋，草寇周六四哨聚犯境，舟艦不可勝計。時久旱後，人窮無賴者多，既困赤地，遂入綠林，乘亂劫掠，廬舍寥落。闔邑哀禱於神。神示之夢曰：「六四罪已貫盈，特釜中游魚耳；當為爾殲之」。越四日入境，喊聲動地，忽望空中有劍戟旗幟之形，各相驚疑，退下舟，遽衝礁閣淺。尉司駕艇追之，獲其首，餘凶悉就俘。寇平，境內悉安。奏上天子，奉旨加封「護國、助順、嘉應、英烈妃」。

錢塘助堤

宋理宗嘉熙元年（1237），浙省錢塘潮翻，江堤橫潰，大為都省患。波湧浩蕩，版築難施。都人號祝於神妃。忽望水波洶湧，時濤頭上艮山祠，若有所限拒而水勢倒流不前者，因之水不衝溢，堤障得成，永無氾圮之患。眾咸稱神力捍禦。有司特奏於朝，奉旨神功赫濯，大有禪於朝家，議加封號，以答靈感。

拯興泉饑

寶祐改元（1253），莆與泉大旱，穀值騰湧，饑困弗支，老幼朝

夕向祠前拜禱。夢神夜告曰：「若無憂，米艘即至矣」。初，廣地賈客擬裝米上浙越，偶一夜神示夢曰：「興泉苦饑，米貴，速往可得利」。客瘳而喜謂神示必獲利滋倍，遂載入興、入泉。南艘輻輳，民藉以不饑，米價反平。郡人頗矜天幸，商人快快，言神夢不驗。詢其得夢之由，方悟神為二郡拯饑。又思前夕米艘即至之夢，果屬不虛。咸嘆再造神功，焚香拜謝。天子聞之，詔褒封「助順、嘉應、英烈、協正妃」。三年（1255），又以顯靈加封「靈惠、助順、嘉應、慈濟妃」。四年丙辰（1256），以浙江堤岸告成，加封「靈惠、協正、嘉應、善慶妃」。

火燒陳長五

開慶改元，歲在己未（1259），陳長五兄弟縱橫海上，去來於興、泉、漳之間，殺掠逞凶，家無安堵，三郡困。請命於神。郡守徐公夢神示之曰：「當殄此賊，以靖地方」。徐公素敬信神妃，即率寨官石玉等勵兵備之。朝廷督王憲使鎔克期剿賊。越八月，賊三舟入湄島，將屠掠蓼禧，禱於神，弗允，解衣傴臥廊廡下，悖慢不敬。俄有火焚其身，肉綻皮爛，痛楚哀呼。賊大懼，退遁舟中。神起順風，誘之出港，忽天日晦冥，大雨驟至。及開霽，賊三舟已在沙埔上膠淺不動，憲使王鎔曰：「此神授也，逆賊當殲滅矣」！揮兵急擊，賊奔潰，先擒長五。郭敬叔等帥兵追至莆禧，擒長六。長七乘潮退遁，後追至福清，並俘之，磔於市，脅從者罔治。徐公具陳神妃庇助之功，憲使奏上天子，勒議典禮，進封「顯濟妃」，兩司捐萬楮助修宮殿，以報神貺。

（二）元

怒濤濟溺

天曆元年（1328）夏，備海道萬戶府分司運糧，至大海，遭颶風驟起，巨浪連天，七日夜不息，人困力疲，運艘幾於翻覆。舟人哀號，仰禱神妃求佑。會日暮，有形從空而下，掩映舟中，輝耀如晝，宛見神靈陟降。少頃，怒濤頓平。船上覺異香繽郁。自此水道無虞，徑抵直沽都省。奏聞，奉旨差翰林國史院學士普顏實理欽賚御香，馳驛致祭。

二年（1329，漕運復藉神妃默庇無失，加封「護國、輔聖、庇民、

顯祐、廣濟、靈感、助順、福惠、徽烈、明著天妃」，遣官黃份等馳傳具禮，專詣湄洲特祭，並致祭淮、浙、閩海等處各神廟，共祭一十八所。

神助漕運

至順元年庚午（1330）春，糧船七百八十隻，自太平江路太倉劉家港開洋，遇大風突起，波撼星辰，桅檣飄蕩，數千人戰慄哀號。官吏懇禱於神妃，言未已，倏陰雲掩靄，恍見空中有朱衣擁翠蓋，佇立舟前，旋有火照竿頭，晶光如虹。舟人且驚且喜。無何，風平浪息，七百餘艘飄流四散，正集合整理篷槳解纜而進，又聞空中有語云：「可向東南孤島暫泊」，眾郎撐舟依孤島旁。方拋椗，江上狂颶迅發，暴雨倒峽。舟人相慰曰：「非神靈指示，我等皆在黿宮蛟窟矣」！次日晴霽，遂達直沽交卸。中書奏神護相之功，奉旨賜額曰「靈慈」。

（三）明

擁浪濟舟

洪武七年甲寅（1374），泉州衛指揮周坐領戰船哨捕，忽遇颶風大作，衝泊閣礁。舟人環泣稽首，呼神妃求庇。黑夜間倏見神火懸空畢照，桅檣皆現。周喜曰：「吾聞海上危急時，得神火照耀，雖危亦安。神其佑我乎」！俄而巨浪躍起，將船蕩浮，從矼隙直踰磯北，順流駛至岸邊。時天欲曙，差認港跡，始得無恙。歸至泉，立廟奉祀。仍運木赴湄嶼，修整宮殿。其杉木未載者，浮水面自飄流到湄，木頭各有「天妃」二字，眾皆奇之。自是重建寢殿及香亭、鼓樓、山門，復塑聖像，製旗鼓，沿途鼓吹，送至祖廟。

時又有張指揮領兵出海，默祝神妃保佑，果得顯應，由泉裝載大料來湄洲，構一閣於正殿之左，名曰「朝天閣」。

藥救呂德

洪武十八年（1385），興化衛官呂德出海守鎮，得病甚危篤，求禱於神。夢寐間見一神女儼然降臨，命侍兒持丸藥，輝瑩若晶珀，示之曰：「服此當去二豎」。正接而吞之，遽寤，香氣猶藹藹未散。口渴甚，取湯飲，嘔出二塊物，頓覺神氣爽豁，宿病皆除，遂平復如初。是夕夢神云：「疇昔之夜，持藥而救爾者，乃慈悲觀音菩薩示現也，

當敬奉大士」。呂德感神靈赫奕，遂捐金創建觀音堂於湄嶼。

廣州救太監鄭和

永樂元年（1403），欽差太監鄭和等往暹邏國。至廣州大星洋遭風，舟將覆。舟工請禱於天妃。和祝曰：「和奉命出使外邦，忽遭風濤危險，身固不足惜，恐無以報天子，且數百人之命懸呼吸，望神妃救之」！俄聞喧然鼓吹聲，一陣香風颯颯飄來，宛見神妃立於桅端。自此風恬浪靜，往返無虞。歸朝復命，奏上，奉旨遣官整理祖廟。和自備寶鈔五百貫，親到湄嶼致祭。

舊港戡寇

永樂三年（1405），欽差太監等官往西洋，舟至舊港，遇崔符截劫，順流連艦而至，勢甚危急。眾望空羅拜，懇禱天妃。忽見空中旌旗旆旆雲巔，影耀滄溟，突而江流激浪，幟轉帆翻，賊艘逆潮不前。官兵忽蕩進上流，乘潮揮戈逐之，一擊而魁首就俘，再擊而餘孽遠潰。自此往返平靜。回京奏神功廣大，奉旨著福建守鎮官整蓋廟宇以答神庥。

夢示陳指揮全勝

永樂七年（1409），欽差太監統領指揮陳慶等往西洋，賊覘知，垂涎寶貨，率數十艘於中流截劫。正值上風，奔流如飛，我舟被困，眾俱股慄。陳慶曰：「奉君命到此，數百人在茫茫大海中，須決雌雄，尚可生還。騎虎之勢，安可中下？兵法謂置之死地而後生，正在今日」！眾曰：「不若拜禱天妃」。慶從之。是宵，陳慶夢神語曰：「今夜風急，可乘昏霧，溯流而上，翌日佐爾一帆風，殲此醜類」！慶以告內使，鼓棹向前。比曉，已居上流。賊逆風不得進。我舟離賊已遠。眾欲遠遁。慶復曰：「長江萬里，西國迢遙，回首不見家山。彼狡爾鯨鯤，豈能忘情於我？若飄泊偷安，恐賊黨出沒煙波，終入其網。今風信順便，殆神授也，急擊勿失」！遂勵兵奔衝而下。遠望神儼現空中，閃爍如虹如電。賊駭愕。風急舟騁，賊篷被官桅倒插破裂。陳慶揮刃越舟，賊首投水，鉤而俘之，餘悉就擒，獲貨物軍器無算。內使及陳指揮率眾叩謝神妃曰：「反敗為功，轉禍為福，再造之德，山高水深」。復命奏上，奉旨褒嘉，委官重置廟中器皿，親賞詣廟致祭。

助戰破蠻

永樂十八年（1420）正月，倭寇哨兵渡海，欽差都指揮張翯統領浙江定海衛水軍防禦，距海相持。日本慣習水戰，分舟師據海口。我師樵汲道絕，兵士困甚，同叩禱天妃，拜請水仙。忽波心撼激，賊舟蕩漾浪中，撐東湧西，我舟與賊船首尾相擊。半晷間，賊篷絆繩斷，我舟中一兵披髮跳躍大呼曰：「速越舟破賊」！翯發令曰：「此神所命，先登者重賞」！遂奮勇衝殺，擒獲甚多，其投水死者不計其數；全收破蠻之功。事聞於上，奉旨遣御史劉麟、內官孔用、唐貞詣廟致祭，送長生鹿二對。

東海護內使張源

永樂十九年（1421），欽差內使張源往榜葛剌國。於鎮東海洋中，官舟遭大風，掀翻欲溺。舟中喧泣。源急叩天妃求佑。言未畢，忽見狂風旋舞，中有赤斾飛揚。眾疑其不祥。須臾，風息浪平，舟人踴躍歡忻，皆曰：「頃赤斾飛揚，實神靈返颶之力」。及自外國還，特製袍幡詣廟拜謝。

本年，太監王貴通等又奉命往西洋，禱祝顯應。奏上，遣內官修整祖廟，備禮致祭。

琉球救太監柴山

洪熙元年（1425）四月，欽差內官柴山往琉球，載神香火以行。至外洋，一夕，雲霧晦冥，山方假寐，夢神撫其几曰：「若輩有水厄，當慎之！吾將為汝解」。及寤，不敢明言，只嚴戒舵工加謹。正揚帆而進，突陰霾蔽天，濤翻浪滾，咫尺不相辨，孤舟飄泊於洪波之中，桅檣顛倒，舟中墜水者數人。舵工急取大板亂擲水中，數人攀木而浮，隨波上下，呼天求救，哀聲震天。迨薄暮，見燈光自天而來，風倏靜，浪倏平，舵工亟撥棹力救，墮水者爭攀附登舟，感慶再生之賜。回京奏上，奉旨遣官致祭，拜答神功。

庇太監楊洪使諸番八國

宣德五年庚戌（1430）十二月，欽差太監楊洪統領指揮千百戶及隨從人等，駕船大小三十隻，裝載彩幣，賞賜阿丹、暹羅、爪哇、滿剌加、蘇門答剌、木骨都束、卜剌哇、竹步八國，虔恭奉祀神妃，朝夕拜禱保佑。一日，舟至中流，天日清霽，遠望大嶼橫崎海中，上

多怪石，錯生海物。眾曰：「舟中沉鬱已久，盍登岸少舒」。各奪磴而上。又見旁有小磯，一女子攜筐採螺蠶，競赴磯迫視之。洪恐其肆慢，趨前呵止。女子忽不見。回首大嶼已沒，方知前所登嶼，即巨鰲浮現，其美女乃天妃現身救此數十人也。各叩首謝。歸奏上，奉旨香致祭。

托夢除奸

嘉靖中，奸臣嚴嵩當權，殘害忠義。御史林公諱潤，擬附本糾之。夜間草未畢，乃曰：「似此必無兩靜，但含默非吾初志」。假寐几上，夢神妃語之曰：「權奸蠹國，公報主忠誠，必俞所奏，當不負厥梗直」。寤而嘆曰：「奸臣播虐忠良，神人共憤，天妃乃有除奸之靈！若此本得旨，當廟祀血食春秋」。果章奏而帝俞允，遂建廟於涵江東卓地面，以答英光。

妝樓謝過

天啟乙丑（五年，1625）、戊辰（崇禎元年，1628）間，崔符草寇李魁奇出沒南溟，結夥入吉了抄掠，復迤運到賢良港。港人擁神像江頭，示以神靈梓鄉，冀免擾害。神乃顯夢於酋長曰：「爾焚掠了城，為禍酷烈，今尚欲困吾父母之邦，若不速退，將殲爾類」！仍嘯聚弗去。俄而狂颷躍浪，蕩散其舟，大舡沉溺，餘者淪落波中。自是悔罪乞宥，風且不靜。願起蓋梳粧樓一座，並塑聖像以謝過，乃得風靖。遂移舟出港，備牲醴、香花到湄，買置木料，裝運前來建造，俯伏叩拜。

（四）清

清朝助順加封

康熙庚申年（1680）二月十九日，舟師征剿，駐崇武，與敵對壘。夜夢天妃告之曰：「吾佐一航北汛，上風取捷，隨使其遠遁」。次日，果得北風驟起，敵遂披靡，大敗而退。至二十六日舍廈門入臺灣。內地海宇，自是清寧。萬將軍大感神助，立即具本奏神保佑之力。聖上甚慰陰功，欽賜御香、御帛，差官齎詔到湄廟加封致祭。

起蓋鐘鼓樓及山門

大總督姚奉命征剿，以海道艱虞，風波險阻，不易報效，中心懸

摯，極力圖維，素信神靈赫濯，禱應如響，懇祈陰光默佑，協順破逆。於康熙二十一年（1682）差官到湄洲祖廟，就神前致祝許願，俾不負征剿上命，即重修宮殿，答謝鴻庥。乃於二十二年（1683）三月二十三日天妃悅旦，特委興化府正堂蘇到湄廟設醮致祭，隨帶各匠估置木料，擇吉起蓋鐘鼓二樓及山門一座；宮宇由是壯觀。

大闢宮殿

大總督姚時議征剿，雖不辭責重任大之艱，而逾塹越滄，不無風波飄蕩之慮。一片忠誠孚格，惟恃神靈默相。以故天威一震，寰服人心，於康熙二十二年七月初旬，臺灣果傾心向化，舉島輸誠。總督捧頒恩敕前至臺灣，因少西北正風，又恐逗留詔命，自福省放舟，於八月二十三日親到湄洲，詣廟具疏神前，虔祝順風，願大闢殿宇，以報神功。於是神前拈鬮。準將東邊朝天閣改為正殿。舟尚未開，二十五夜見船上放光，深感神明有赫，即捐金付興防廳張同、同知林昇估價置買木料，乃邊朝天閣另為起蓋。遂擇吉建造正殿，已經安基豎樑，緣興防廳張丁艱謝事。

總督祈禱疏文

福建總督姚啟聖謹抒愚衷、上請天妃主裁而言曰：四海廣闊，惟神是憑；風濤順逆，亦惟神是主。是神之權大、德尊，適足俾天地而並日月也。今者，荷神有靈，助除六十年猖狂之大寇，竟停五、六月颱颶之大風，除生靈之大害，立朝廷之殊功。啟聖得以安享太平，皆尊神之默佑也。今啟聖親總舟師，遴福寧州總兵黃大來、參政道劉仔捧頒恩敕前至臺灣，因尚少西北正風，是以越廟求神，冀借一帆，早到臺地。啟聖百叩稽首之下，見廟貌尚有未妥，寸心甚為不安；況正殿朝南，而朝天樓、山門各俱西向、亦非宜於神靈之所憑依也。今啟聖議以正殿既朝南，則朝天樓、鐘鼓樓、山門俱宜開闢朝南。此為一議。如神意定於朝西，則山門、鐘鼓樓止須蓋完，惟將朝天樓升高改為正殿，而以原廟為神寢宮。此又為一議。若神意不準二議，原欲仍舊向，啟聖亦惟神是聽，不敢有違。啟聖既經目擊，不敢吝惜，敬陳三議，分列三鬮，惟神裁定！

托夢護舟

隨征同知林昇同總兵官遊澎奉委往撫臺灣，於康熙二十二年九月

初五日由湄洲放洋，初六晚至臺灣。十五日自彼開駕，而十八夜夢天妃在船；有四人戴紅帽從水仙門而上，問其所來，答曰：「舟船有厄，將為爾護」。十九早，舟過柑桔嶼，舟次擱淺，舵折四尺，將溺，眾驚懼，投拜神前，懇求庇佑。倏見天妃現身降靈保護，乃得平穩。十九晚收進八罩，報復成功。總督慰甚。同知林昇到家虔誠答謝。

湧泉給師

靖海將軍侯施於康熙二十一年十月奉命征剿，大師雲屯於平海。此地斥鹵，樵汲維艱。只有神宮前小井一口，甚淺，當炎天旱候，尤為枯竭；數萬軍取給炊爨，弗繼。將軍侯乃祝諸神，以大師札住，願藉神力，俾源源可足軍需。禱畢，而泉水湧溢，真不異耿恭拜井之奇。因是千萬軍取用不竭。爰額之曰「師泉」，作師泉忘以著神庥。

師泉井記

今上御極之二十一載壬戌孟冬，予以奉命統率舟師，徂征臺灣。貔虎之校，犀甲之士，簡閱而從者三萬有餘。眾駐集平海之澳，俟長風，破巨浪，以靖掃鮫窟。爰際天時晹亢，泉流殫竭，軍中取汲之道，遙遙難致。而平澳遷徙之壤，介在海陬，昔之井廬，盡成堙廢。始得一井於天妃行宮之前，距海不盈數十武，漬鹵浸潤，厥味鹹苦。其始未達深源，其流亦復易罄。詢諸土人，咸稱是井曩僅可供百家之需，至隆冬澤愆水涸，用益不瞻。允若茲，則三軍之士所藉以朝饔夕餐者果奚恃歟？

予乃殫攄誠愫，祈籲神聰。拜禱之餘，不崇朝而泉流斯溢，味轉甘和。緪汲挹取之聲，晝夜靡間，歘湧滋滋，略不顯其虧盈之跡。凡三萬之眾，咸資飲沃，而無呼癸之慮焉。自非靈光幽贊，佐佑戎師，殄殄妖氛，翼衛王室，未有弘闡嘉祥，湛澤汪濊，若斯之渥者也。因鐫石紀異，名曰師泉，昭神貺也。

在易，地中有水曰師。師之行於天下，猶水之行於地中；既著容民畜眾之義，必協行險而順之和。是知師以眾正，乃克副大君討貳撫順、懷柔萬邦之命。而揚旌海外，發軔涯涘，神異初彰，閭惠覃布，誕惟聖天子赫濯之威，以致百靈效順，山海徵奇，亶其然乎！

昔貳師劍刺大宛之山，而流水溢出；耿恭拜禱疏勒之井，而清泉奔湧；並能拯軍士於渴乏，著萬里之奇功。乃今井養不窮，三軍獲福，

予之不敏，曷以答茲鴻嘉之賜哉！是用勒之貞珉，以誌不朽云。

燈光引護舟人

將軍侯施於康熙二十一年十月舟次平海。因謀進取，於十二月二十六夜開船。一宵一日，僅到烏坵洋，因無風不得行，令駕回平海。未到澳而大風倏起，浪湧滔天，戰艦上下，隨濤浮漾外洋，天水淼茫，十無一存之勢。次早風定，差船尋覓。及到湄洲澳中，見人船無恙。且喜且駭曰：「似此風波，安得兩全」？答曰：「昨夜波浪中，我意為魚腹中物矣！不意昏暗之中，恍見船頭有燈籠，火光晶晶，似人挽厥纜而徑流至此」。眾曰：「此皆天妃默佑」！即棹回報上。將軍侯因於康熙二十二年正月初四早，率各鎮營將領赴湄致謝，遍觀廟宇，捐金調各匠估價買料，重興梳妝樓、朝天閣，以顯靈惠。

澎湖神助得捷

康熙二十二年六月內，將軍侯奉命征剿臺灣。澎湖係臺灣中道之衝，萑苻竊踞，出沒要津，難以徑渡。侯於是整奮大師，嚴飭號令。士卒舟中，咸謂恍見神妃如在左右，遂皆賈勇前進。敵大發火砲，我舟中亦發大砲，喊聲震天，煙霧迷海。戰艦銜尾而進，左衝右突，凜凜神威震懾，一戰而殺傷彼眾，並淹沒者不計其數。其頭目尚踞別嶼，我舟放砲攻擊，遂伏小舟而遁。澎湖自是肅清。

先是，未克澎湖之時，署左營千總劉春夢天妃告之曰：「二十一日必得澎湖，七月可得臺灣」。果於二十二日澎湖克捷，其應如響。又是日方進戰之頃，平海鄉人入天妃宮，咸見天妃衣袍透濕，其左右二神將兩手起泡，觀者如市。及報是日澎湖得捷，方知此時即神靈陰中默助之功。將軍侯因大感神力默相，奏請敕封，並議加封。奉旨：神妃已經敕封，即差禮部郎中雅虎等齎御香、御帛到湄，詣廟致祭。時將軍侯到湄陪祭，見佛殿僧房尚未克竣，隨即捐金二百兩湊起。

琉球陰護冊使

康熙二十二年，欽差冊封琉球，賜蟒玉正一品汪、林等官時在福省，於六月二十日諭祭天妃於怡山院。是時東風正猛，不意行禮甫畢，旗幟忽皆北向，遂解纜而行。所有應歷水程，悉若飛渡而下，才二晝夜即到馬齒山，遽至那霸港，直達迎恩亭前。琉球之人皆謂從來封駕未有若此飛渡而來。迨夫典禮告竣，開駕而回，狂濤震撼，巨浪滔天。

舟中人皆顛覆，煙灶等物盡委逝波，茫無彼岸，誠萬難獲全。天使官肅將簡命，共籲神妃求佑：「返節無恙，當為奏請春秋祀典，永荷神庥」！虔禱方終，神應如響。黑夜中漂泊，眾見舟竿上有二燈籠光焰在前。時束桅鐵箍已斷十三，桅應散而尚全；繫篷之頂繩斷不可續，篷宜墮而猶懸；桅栓裂逾尺，桅應倒而仍柱。船不及壞，因急駛徑歸閩海港。中使官深叻神功，復命，奏請春秋祀典。朝廷即差官奉敕到湄致祭答謝。

第三章：《天妃顯聖錄》的刊行者僧照乘

　　僧照乘（1598 ?-1681）是明末清初福建莆田湄洲天妃宮的住持，一生經歷明末天啟、崇禎二朝社會的動盪、清軍入關與復明軍的政權爭奪戰，在動盪的時代刊印了《天妃顯聖錄》，記載下媽祖林默史傳及靈應事蹟，讓媽祖信仰推向歷史高峰。林堯俞約於明崇禎元年（1628）將《天妃顯聖錄》書稿交給僧照乘，但卻拖延50年至三藩抗清之際始印行。期間發生李自成陷北京、滿族入關，康熙年間三藩抗清等巨變，湄洲也曾為魯王與復明軍鎮會師之地。照乘在國破家亡流離期間一直保存書稿，直至復明軍控制興化城期間始以奉明朝正朔方式刊行《天妃顯聖錄》，顯示他信守承諾的表徵。《天妃顯聖錄》刊行後照乘在湄洲嶼留下天妃故居及昇天古蹟的摩崖刻石，將天妃林默與湄洲嶼綿密結合，鞏固了湄洲為天妃信仰勝地，貢獻頗巨。

一、僧照乘的出身背景

　　支硎大師有言：「佛法壽命，惟在常住，常住不存，我法安寄？」[1]，此言佛法能否像人類生命的綿延，決定於寺廟是否常久有僧侶住持為之弘法，如果沒有住持僧侶存在，佛法就無所寄託，這也是：「人能弘道，非道弘人」的意思。僧照乘約生於明朝萬曆二十六年，卒於清康熙二十年，從天啟年間即擔任福建莆田湄洲天妃宮的住持至去世而止，他就是一個弘揚媽祖信仰的住持僧人。媽祖信仰能在清初超脫眾神，成為中央政府祀典，走向歷史高峰，其關鍵因素是《天妃顯聖錄》的刊印，為媽祖信仰提供神學基礎及政教關係典範，讓媽祖信仰從世俗的廟宇脫穎而出，獨領祭壇風騷，而照乘即為《天妃顯聖錄》的刊印者。

---

[1] 支硎大師為東晉來華開創無錫支硎山道場的高僧支道林。此文引自季麒光，《蓉洲文稿選輯》，〈天妃宮僧田小引〉頁130-131。

僧照乘在天啟年間擔任湄洲天妃宮住持，適值莆田籍的林堯俞榮
膺禮部尚書返鄉祭祖，發心編印《天妃顯聖錄》。崇禎元年（1628）
林堯俞將書稿交給照乘，但當時照乘尚乏大願力刊行。順治元年
（1645）清兵入關，福建成為復明軍結集地與主要戰場。順治十年
（1653）魯王在湄洲嶼大會復明軍諸勳鎮，僧照乘躬逢其盛，以地主
之誼與諸勳鎮週旋，興化籍進士林蘭友、林嵋從照乘手中首度見到
《天妃顯聖錄》書稿，二人都撰序鼓勵刊行，[2] 但接續的復明軍事活
動與清軍反攻，《天妃顯聖錄》仍未得刊行。康熙十三年（1674）三
藩之役起，鄭經率兵入閩參與復明戰爭，再度佔領漳、泉、興化沿海
地區，康熙十五年（1676）十月鄭經攻佔興化府城，僧照乘在戰火紛
飛的艱困情況下捉住機會刊行《天妃顯聖錄》，保留書籍以明朝正朔
的型式刊行，[3] 完成林堯俞、林蘭友、林嵋等明朝臣子委請刊印《天
妃顯聖錄》的承諾。

　　《天妃顯聖錄》從成書到刊印，歷經 50 年之久，戰亂環境中僧
照乘也有充分理由不去刊印，但他仍在晚年完成此一使命，並赴興化
城請白衣丘人龍作最後編次撰序，刊本印行前請前明遺老太子老師黃
啟有撰序，應也有其隱含意義存在。《天妃顯聖錄》刊行後，照乘在
湄洲嶼上林村（今東蔡村）留下「天妃祖跡地名上林」、天妃宮後山
壁「昇天古跡」摩崖石刻，並署名為記，也留下他對媽祖林默歷史的
看法。

　　截至目前，學界並無專文探討僧照乘事蹟，2011 年蔣維錟、朱
合浦主編的《湄洲媽祖志》[4] 第九章人物傳略，照乘傳謂：「僧照乘
（1605-1675 年），明末清初湄洲祖廟住持僧人，主持編纂《天妃顯
聖錄》一書。」[5] 僅點出他住持湄洲天妃宮，編纂《天妃顯聖錄》二事，
這也是照乘一生對媽祖信仰的最大貢獻。

---

[2] 二篇序文於康熙二十三年重印時被刪除，光緒 14 年（1888）間楊浚編《湄洲嶼志
　略》收錄之，與林堯俞等文均題〈天后顯聖錄序〉。
[3] 僧照乘當時有徒弟、徒孫，且年齡已高，可不必親訪與《天妃顯聖錄》編撰無關
　者撰序。
[4] 《湄洲媽祖志》，蔣維錟、朱合浦主編，北京，方志出版社出版，2011 年 9 月。
[5] 見《湄洲媽祖志》第 9 章，人物傳略。

◈ 照乘生卒年

《湄洲媽祖志》照乘傳謂照乘生於西元 1605 年，明神宗萬曆三十三年，卒於西元 1675 年，清康熙十五年，但並未指出所據為何，所以照乘俗家姓名、真正生卒年月仍待考。

僧，是中國佛教出家人的稱呼，僧人出家後即與俗家切割，放棄自己原有姓名，由剃渡師依法派輩分另取僧號，死亡後由出家寺院辦理喪事，神主置於寺院中的祖堂，要探索一個僧人的身世背景，只能從他出家的寺院、法號去探索。基於此原因，要了解僧照乘生平事蹟，只能從湄洲天妃宮著手。然而湄洲嶼在國共軍事對峙期間被改為軍事基地，加上中共建政後破四舊、文化大革命，湄洲天妃宮遭到毀滅性的破壞，整個建築群了靠近平地的聖父母祠被改為放置魚網、漁具的儲置空間被保存外，所有建築均被夷為平地，神像不知所終，祖堂神位盪然無存。1980 年代中共為反獨促統，定調媽祖為兩岸和平女神，允許重建天妃宮，但原始文物皆已無法復原，2011 年 9 月雖有《湄洲媽祖志》的刊行，將 30 年來蒐羅海內外天妃信仰的史料匯為一巨冊，但關於湄洲天后宮住持僧侶的論述並不多。

《湄洲媽祖志》謂：「僧照乘（約 1605-1675 年）」所述照乘的生年，似有酌酌餘地。按，天啟三年（1623）林堯俞榮任禮部尚書返鄉祭祖，赴湄洲天妃宮時照乘已擔任住持，如《湄洲媽祖志》所述照乘出生於 1605 年（萬曆三十三年），則年齡未滿二十，以二十之齡住持名廟天妃宮且受林堯俞托以編書重任似乎稍嫌年輕，但照乘活至康熙二十年，其生年又不可能太早，故假設天啟三年時照乘二十五歲，則其生年約為萬曆二十八年（1600）。

《湄洲媽祖志》謂：「僧照乘（約 1605-1675 年）」，西元 1675 年為康熙十五年，所述照乘的卒年亦有誤，乾隆《莆田縣志》謂：「九峰寺，唐本寂祖師開山，明刑部員外郎林遷喬捐地，國朝康熙辛酉（二十年，1681）僧照乘重建大殿。」[6] 據此可知照乘康熙二十年仍在世，但照乘重建九峰寺不應僅建大殿即不管，此年也可能是照乘的卒年。[7]

---

[6]　見《莆田縣志》卷四寺觀，北洋〈九峰寺〉。
[7]　康熙十九年二月天妃庇佑清軍擊敗鄭經，鄭經水師副總督朱天貴率師降清，六月

據此，可推估照乘約生於明神宗萬曆二十八年，卒於清康熙二十年，世壽約八十二歲。

◈ 照乘出身法脈

　　湄洲嶼在國共對峙時期被共軍改為軍事要塞，天妃宮被夷為平地，文革時期破四舊，文物盪然無存，無法查到天妃宮住持系統淵源。然天妃宮畢竟是媽祖信仰重鎮，住持僧侶定有師承規矩，從《天妃顯聖錄》僧照乘及其徒弟、徒孫留下法號，仍可按圖索驥，追溯師承源流，以福建所見佛教觀察，所傳以華嚴、臨濟二宗為主流。佛教在東晉傳入福建，唐朝更盛，興化地區開創佛教的最主要人物是臨濟宗的智廣（807-886），湄洲天妃宮位處莆田縣，即智廣臨濟宗的主要傳教範圍。《僊遊縣志》謂：

> 智廣，陳姓，元和二年（807）生於邑之留坡，不茹葷，於日、月中行，有十二影及鐵缽、白犬隨身。咸通六年（865）卜廬於九座山之東。有巨蟒，廣至其所，蟒張口如屋，廣拄錫其中，蟒化為石，今蟒口巖是也。又於巖西立院，院之西有潭，每浴潭中水必煖，若有司其事者。王審知入閩，語之曰：騎馬來，騎馬去。果自光啟丙午據閩，終保大丙午。又嘗有讖曰：卯下田，力交連，井底坐，二十年。留從效據泉州如其言，世謂龍樹王化身，光啟二年（886）示寂年八十。乾寧中諡正覺禪師。[8]

　　上述記載顯示智廣在唐懿朝首創仙遊縣九座寺，是大乘佛教創始者龍樹王化身，據鳩摩羅什《龍樹菩薩傳》，略謂：

> 龍樹菩薩者，出南天竺梵志種也。天聰奇悟，事不再告。……弱冠馳名獨步諸國，天文地理圖緯祕讖及諸道術無不悉綜。契

清廷詔封天妃，遣禮部員外郎辛保赴湄洲致祭，此時湄洲天妃宮收受中央、地方官員許多捐獻，經濟狀況應甚佳，故照乘有餘力重建九峰寺，但只載照乘建大殿而未及全寺峻工，可能是照乘於此年去世，未完成後續工程。

[8] 《僊遊縣志》卷四5上，人物志13，仙釋，唐，智廣。

友三人……至術家求隱身法，四人得術縱意自在，常入王宮，宮中美人皆被侵凌。……王將力士數百人入宮，悉閉諸門，令諸力士揮刀空斬，三人即死……是時始悟欲為苦本，眾禍之根，敗德危身皆由此起。即自誓曰：「我若得脫，當詣沙門受出家法」，既出，入山詣一佛塔出家受戒，九十日中誦三藏盡，更求異經，都無得處。……大龍菩薩惜而愍之，接之入海，於宮殿中開七寶藏，發七寶華函，以諸方深奧經典無量妙法授之，龍樹受讀九十日中通解甚多。龍樹既得諸經一相，[9] 深入無生，二忍具足。龍還送出於南天竺，大弘佛法，摧伏外道，廣明摩訶衍。作《優波提舍》十萬偈，又作《莊嚴佛道論》五千偈，《大慈方便論》五千偈，《中論》五千偈，令摩訶衍教大行於天竺。[10]

龍樹菩薩生於 1、2 世紀間，所謂「摩訶衍」即禪宗的頓悟，將其學說傳入中國者即鳩摩羅什，智廣則開創了福建禪教。《仙遊縣志》雖將智廣視為宗師級高僧，但歷代高僧傳卻未錄其傳，僅福建地方史料敘及。1994 年 10 月 19 日北京社科院羅炤教授將其在福建省東山縣作天地會研究田野調查成果開始以《天地會探源》為題在《中華工商時報》連載，在 1995 年 10 月刊行的第 53 回引錄《香花僧秘典》[11]，〈溯源〉云：

興化清源九座寺，唐懿宗咸通年間，正覺禪師號曰智廣上人倡建，凡寺舍九座相連，故稱九座寺。時倡嚴整威儀，肅恭齋法，缽承南祖臨濟義玄禪師，廣傳臨濟正宗，寺僧五百餘眾，有南少林之譽。後開闢南山廣化，四眾立堂，講經說法，普利人天。[12]

9　印順法師《妙雲集》下篇之九，〈佛教史地考論〉謂為「一箱」，即《華嚴經》。
10　見《大藏經》史傳部，後秦秦鳩摩羅什譯《龍樹菩薩傳》。
11　按羅教授僅稱之為秘本，該書為法事規範，筆者姑名之為《香花僧科儀》。
12　羅炤，《天地會探源》，《中華工商時報》連載 53 回，羅炤取名為《香花僧秘典》。

這分史料提及智廣傳臨濟義玄衣鉢，除了仙遊九座寺外，智廣還開創莆田廣化寺，九座寺即有僧眾 500 餘人，南山廣化寺也是望重一方的大寺。1995 年 11 月刊行的第 55 回引錄《香花僧秘典》《九座法脈字輩》32 字：

> 智、慧、清、淨。道、德、圓、明。真、如、性、海。
> 寂、照、普、通。悟、本、正、覺。繼、祖、紹、宗。
> 廣、開、心、印。宏、定、寬、融。[13]

據此比對湄洲天妃宮住持照乘、普日、通峻三代，洽為臨濟宗智廣派下的第十四、十五、十六代，易言之，僧照乘出身福建臨濟宗，且字輩都遵循教門規定排序，嚴守規範，然湄洲天妃宮已無史料可印證此臨濟字輩表。1998 年筆者由蔣維錟陪同至莆田廣化寺參訪，希望可在該寺找到印證史料，惜該寺亦毀於文革，雖已復建殿宇，但未及於編撰志書，遂無從查證。2011 年筆者由漳州師大教授湯漳平教授陪同參訪了漳州臨濟宗喝雲派重鎮南山寺，獲贈新刊《南山寺志》一書，書中錄有民國初年妙燈和尚撰所撰：〈清末民初南山寺的衍化〉一文，提及該寺僧侶排輩字韻，與《香花僧秘典》所載字輩三十二字完全相同，[14] 可知智廣開創福建臨濟深入全省，而照乘、普日、通峻三代，為福建臨濟宗派下的第十四、十五、十六代，推而擴之，明末清初湄洲天妃宮的住持僧人出身臨濟法脈，但其法脈是僧人在天妃宮自行傳承或由其他寺院培育則仍待考。

二、僧照乘與《天妃顯聖錄》編印

《天妃顯聖錄》初刊於康熙十五年底，由照乘主持其事，康熙二

---

[13] 同上註，《中華工商時報》連載 55 回。其第四代為靜字，據《南山寺志》訂正。
[14] 見《南山寺志》，藝文，妙燈：〈清末民初南山寺的衍化〉。2010 年漳山寺編印。南山寺為唐朝太傅陳邕捨宅建。唯第 4 代「靜」字輩，南山寺派為「淨」字。南山寺為臨濟宗喝雲派，其派下另有外輩字表，依序為：雲、蒼、清、修。我、若、輝、慧。如、景、覺、非。悉、茂、端、有。佛、喜、轉、瑞。廣、傳、妙、法。普、化、無、為，共 28 世。

十三年清朝將臺灣納入版圖後由普日重新增訂，雍正四年朱一貴事件平定後通峻作第二次增訂，現今存世木雕版為雍正年間修訂版，書前目次印有：「住持僧照乘發心刊布，徒普日、徒孫通峻薰沐重修。」即顯示原書歷經僧照乘刊印，普日進行第一次修訂，通峻進行第三次修訂的歷程。這三次刊行過程中，共留下林堯俞等七篇序文，後人乃得藉之考訂《天妃顯聖錄》編印的歷程。而編書的發始者為天啟年間禮部尚書林堯俞。

◈ 林堯俞（1560-1628）發心編書

《天妃顯聖錄》首篇序文是林堯俞所撰，林堯俞序云：

> 夫上古有功德在國家者皆登祀典，況天妃秉坤儀司水德，輔國庇民之功著於百世，則謂神之靈爽，直與經天之日月，行地之江河，運乾坤而不息可也。余自京師歸，偶於案頭得《顯聖錄》一篇，捧而讀之，不覺悚然而起曰：「天妃之英靈昭著有如是乎！余忝列秩宗，三禮是司，異日肇舉祀典……麻佐我國家億萬年無疆之治，余將有厚望焉。惜乎顯聖一錄尚多闕略，姑盥手而為之序以俟後之采輯而梓傳。賜進士第榮祿大夫太子太保禮部尚書兼翰林院學士裔族孫堯俞薰沐拜題。

這篇序首先肯定天妃水神的地位及其對國家社會的貢獻，接著提及他偶然看到《顯聖錄》這篇文章，懾於天妃的靈應，有意以禮部宰官身分提升天妃為國家祀典；另惜於《顯聖錄》闕略尚多，遂有重新采錄刊印的想法。據序末落款，林堯俞撰序時為禮部尚書，序云：「三禮是司，異日肇舉祀典」，反映他尚未視事，應是天啟三年（1623）剛接勅命就任前返鄉祭祖時之作品。

林堯俞，字咨伯，莆田人。《莆田縣志》名臣傳云：

> 林堯俞，字咨伯，焬章子，萬曆己丑（十七年，1589）進士，改庶吉士讀書中秘，留心昭代典章故實，八直起居，教習內書堂，分校禮闈、冊封益藩，皆隨事庀職恪恭周慎。在史館十年

始量移宮坊贊善，隨請假省親，歸，連丁內、外艱，服闋，堅臥不出。以少宰楊止庵薦補原官，轉左諭德兼侍講。……熹宗改元，即家特起，以禮部右侍郎視祭酒事……旋以左侍郎還部，尋拜本部尚書，凡郊天、幸學、殿工、陵寢、冊號、選婚、實錄、貢舉諸大典，酌古準今次第肇舉，最稱明備。慶陵之役，相度獨勤，周行霜雪中，不憚勞勩。《光宗實錄》成，加太子太保。慶陵工成，敘錄加太子太保，予玉予廕。……時黨禍已成，魏廣微密揭入，兩魏謀合，雖聖眷倏屬，而泰交竟成釜鬵，堯俞亦恬不介懷，抵里門，與故人觴咏，築南谿草堂。所著有《谿堂詩集》四卷、《谿堂文》二卷，卒年六十有九。訃聞，贈少保，廕一子入監，謚文簡，賜祭九壇。[15]

　　林堯俞三十歲中進士，曾八度輪值擔任明神宗皇帝起居注編撰官，兼任內書堂教習，教授皇室貴胄子弟，後因父、母相繼去世，遵制返鄉守制。制滿，吏部侍郎楊時喬（止庵）推薦回補原官，繼升任太子左諭德兼神宗皇帝侍講官。為免捲入東林黨爭，林堯俞先請調南京太學祭酒，接著辭官返鄉，鄉居十四年，修《興化府志》、重建文廟，致力經世之學。天啟元年（1621）明熹宗朱由校即位，啟用林堯俞為禮部右侍郎兼國子祭酒，旋以禮部左侍郎回部任職，天啟三年升禮部尚書。[16]

　　林堯俞個性耿直，既不入東林黨，也不依附權貴宦官，堅持正義而得罪朝中權貴，如：代擬《光宗實錄》序文，點出光宗皇帝死因，得罪鄭貴妃及其黨羽；奉旨選閹，執意不讓魏忠賢主持；揭發懷沖太子誕生魏忠賢與熹宗乳母客氏合謀危及母后生命；郊天導駕阻攔中官逾位等。樹敵既多，司禮太監魏忠賢遂與魏廣微[17]合謀，詭稱林堯俞宅中私用宮廷樂舞有僭越之嫌。熹宗終於天啟五年（1625）八月免除

---

[15] 參見《莆田縣志》卷17人物志，名臣，林堯俞。
[16] 據《明史》六卿年表，林堯俞於天啟3年癸亥（1623）5月任禮部尚書。
[17] 魏廣微，河南南樂縣人，萬曆三十二年（1604）進士，父允貞，曾任山西巡撫，為一代名臣。魏廣微以同鄉同姓與魏忠賢交，天啟年間召拜為南京禮部尚書，天啟三年入閣，天啟四年十二月編縉紳錄，將縉紳分為邪黨（東林黨人百餘人）與正人（閹黨六十餘人），開啟黨獄之路。

林堯俞職務，接著被列入東林黨籍，削去宦籍。宦海浮沈，林堯俞落職後返鄉築南谿草堂，與老友吟咏其間，稿似也在此晚年完稿授予照乘保管。

　　林堯俞為《天妃顯聖錄》撰稿時明王朝尚存，故書中體例都以明朝正朔行文，全書分成二卷，第一卷題〈列朝誥敕〉，下分：1.〈宋朝〉：徽宗賜順濟廟額[18]、高宗、孝宗[19]、光、寧宗、理宗等朝誥封。2.〈元朝〉：世祖、成宗、仁宗、文宗等朝誥封。3.〈明朝〉：太祖、成祖誥封及宣宗遣官致祭。第二卷題〈誕降本傳〉，共四十八目，篇名依序為：〈天妃誕降〉、〈機上救親〉、〈化草渡商〉、〈菜甲天成〉、〈掛蓆泛槎〉、〈鐵馬渡江〉、〈禱雨濟民〉、〈降伏二神〉、〈龍王來朝〉、〈收伏晏公〉、〈靈符回生〉、〈收高里鬼〉、〈奉旨鎖龍〉、〈斷橋觀風〉、〈收伏嘉應嘉祐〉、〈湄山飛昇〉、〈顯夢闢地〉、〈禱神起椗〉、〈枯槎顯聖〉、〈銅爐溯流〉、〈朱衣著靈〉、〈聖泉救疫〉、〈托夢建廟〉、〈溫台勦寇〉、〈救旱進爵〉、〈甌閩救潦〉、〈平大奚寇〉、〈一家榮封〉、〈紫金山助戰〉、〈助擒周六四〉、〈錢塘助隄〉、〈拯興泉饑〉、〈火燒陳長五〉、〈怒濤濟溺〉、〈神助漕運〉、〈擁浪濟舟〉、〈藥救呂德〉、〈廣州救太監鄭和〉、〈舊港戮寇〉、〈夢示陳指揮全勝〉、〈助戰破蠻〉、〈東海護內使張源〉、〈琉球救太監柴山〉、〈庇楊洪出使諸番八國〉、〈托夢除奸〉、〈粧樓謝過〉。

　　推估林堯俞在完成《天妃顯聖錄》書稿後不久去世，僧照乘無力刊行，默默的保存書稿，二十五年後，魯王在湄洲嶼與諸勳鎮大會師時，因林蘭友、林嵋二人的關注，照乘始將《天妃顯聖錄》稿本供二人觀覽，締結二人為《天妃顯聖錄》撰序的因緣。

◎ 復明志士林蘭友、林嵋加持

　　明亡後，先有福王在南京建立弘光朝，但二年後敗亡，接著魯王在浙江宣佈監國、唐王在福建建號隆武分立，一年後唐王為清兵俘

---

[18]　《天后顯聖錄》於其下增「蠲祭田稅，立廟江口」。
[19]　《天后顯聖錄》增列孝宗朝一則誥封：「乾道二年興化疫以神降白湖得甘泉飲者立愈郡使奏聞詔封靈惠昭應崇福夫人」31 字。

攜，魯王一度赴福建整合復明勢力，讓湄洲天妃宮成為各方注目的焦點，也讓《天妃顯聖錄》留下林蘭友、林嵋二位林氏族裔序文見證此一史實。這二篇序文於康熙二十三年《天妃顯聖錄》重刊時被刪，光緒年間楊浚輯《湄洲嶼志略》重予收錄。林蘭友（1594-1659）[20]，他的序文云：

> 余寓湄島，披閱《天妃世譜》，考其所載如神授符篆，現身救世諸事皆歷歷不誣，遂能感動天朝。……余一日登湄山，揖僧而進之，曰：「天妃之異蹟彰彰如是，曷不彙集成帙以傳於世？」僧唯唯：「昔大宗伯林公手授一編，將博采見聞以補其未備，願與同志者成之。」余於是先為之序以為勸世一助云爾。[21]

「大宗伯」是春秋時代掌管禮樂的春官首長，為禮部尚書的雅稱，「大宗伯林公」是指禮部尚書林堯俞。由此序文可知林堯俞生前即已完成《天妃顯聖錄》稿的撰寫並交給僧照乘。推測林蘭友在洲嶼看到的《天妃世譜》與林堯俞在天啟三年看到的《顯聖錄》都是記載天妃神通故事的書。林蘭友是明崇禎朝進士，《明史》林蘭友傳云：

> 林蘭友字翰荃，仙遊人，崇禎四年（1631）進士，授知臨桂縣（河南省），擢南京御史。疏劾大學士張至發、薛國觀、吏部尚書田惟嘉等，因論（楊）嗣昌忠孝兩虧，貶浙江按察司照磨，與（何）楷及黃道周、劉同升、趙士春稱長安五諫，遷光祿寺丞。京師陷，薙髮自匿，為賊所執，拷掠備至。賊敗，南還。唐王用為太僕少卿，遷僉都御史。事敗，挈家遁海隅，十餘年卒。[22]

林蘭友明亡後矢志復明，為何到湄洲嶼居住，並意氣風發的鼓勵照乘印行《天妃顯聖錄》？此與林蘭友參與魯王的復明運動有關。《楓

---

[20] 據《楓亭志》卷3，田泹，〈林都御史墓誌銘〉，林蘭友生於萬曆22年，卒於順治16年。
[21] 見楊浚編《湄洲嶼志略》卷四，藝文。
[22] 見《明史》卷276。

亭志》載有林蘭友去世前在自己畫像的題詞云：

> 國家多難以來，吾黨為越（魯監國）死者，幾不可以數問，己
> 亥（順治十六年，1659）夏，余六十有六矣。以所在風鶴有警，
> 間渡海山，唯時耳目、手足、意氣、形骸冷然，……獨耿耿此
> 心，每於浩歌悲感之際，竟為唏噓哽咽不能自下者，鬱鬱遂成
> 痼疾，前後幾八十餘日，水粒不能入口，垂易簀，為留題二首
> 以自誌，歲己亥四月。[23]

　　林蘭友在明亡後先後參與唐王、魯王領導的復明運動，間渡海
山，並非僅消極避匿海外，他到湄洲嶼也是復明運動的一個環節。而
他支持魯王的原因則與其浙江籍的友人林性深有關。《楓亭志》林性
深傳云：

> 林性深，號若海，浙江鎮海人，當明季，挈家族由海船渡漳水，
> 聚眾結寨於北坑岩酒池之巔，與林蘭友、唐顯悅等遊。蘭友志
> 圖興復，性深以眾資焉。事不就，蘭友等挈家入海，性深復以
> 船與之。蘭友飄寓十五年，性深因削髮為僧，與蘭友、顯悅等
> 作方外遊，募建西明寺，諸公各書序勸贊。傳蘭友與性深同學，
> 從遊於莆之吉蓼，後蘭友由蓼而楓，性深雅相友善，又同志氣，
> 故蘭友與王忠孝等圖復興，而性深實贊其事。[24]

　　林性深為浙江鎮海[25]人，於明末遷居楓亭，將自己的武力交給林
蘭友從事復明運動，林蘭友入海，性深又提供船隻助之，另建西明寺，
與其徒黨隱身其間，復與唐顯悅[26]、徐孚遠等復明運動者相交友，唐

---

[23] 見《楓亭志》卷四，林蘭友題別小像。
[24] 同上引《楓亭志》卷三列傳。
[25] 鎮海為今寧波市鎮海區，寧波古稱明州，福建之福、泉、漳、汀、興化等州府海
商雲集，是中國沿海口岸貿易及中日間貿易重鎮。
[26] 唐顯悅字子安，天啟二年（1602）進士。歷任諸暨縣令、南京戶部主事、兵部主事、
襄陽知府、下江兵備副使、襄巡道參政、北海道副使、嶺南巡道等職。唐王建號
晉安，陞通政司右通政兵部右侍郎，以左侍郎監贊福廣軍，平定廣西靖江王之亂。
歸道惠州，留參將教柱收惠寇，為忌者訕，落職。歸隱於雲頂巖，自號雲納子，

顯悅也是鄭成功長子鄭經夫人唐氏的親祖父[27]。

魯監國赴湄洲的時間在順治九年（1652）底，據《張蒼水詩文集》，魯王於此年兵敗舟山，入閩安鎮，再移駐湄洲島大會前明諸勳鎮。張蒼水也隨魯王駐入湄洲並留下詩句，其壬辰年（順治九年）：登湄洲，云：

> 不盡滄浪興，孤洲眺晚暉，海翁稱地主，野父說天妃。
> 舴艋風前出，鐮鋤雨後歸，侏僑雖未解，一笑亦忘機。[28]

又，師次湄島諸勳鎮行長至禮，余以服制不預，志感一首，云：

> 棘人經歲解朝簪，憂國江湖一片心，太史徒然吹鳳律，諸侯空自哦鶯音。
> 風塵飄泊隨南北，雲物淒涼變古今，慰藉新陽來六管，朝霜朔雪不須侵。
> 陽回曙鼓動樓船，遙憶千官上壽年，漢殿徹侯原裂地，周廬亞相盡朝天。
> 香爐重傍疑難望，綵線初添喜復憐，猶恨身違冠帶會，心隨日影到虞淵。[29]

冠帶群集湄洲嶼，盛況空前當可想見，唯鄭成功當時在漳洲作戰未能與會，魯王因而在湄洲駐蹕至順治十年四月。湄洲嶼上的禪院就成為魯王及張蒼水等人寓居之所，張滄水復有〈壬辰除夕，寓湄洲禪院〉一首：

著有：《亭亭居》等集。事見《僊遊縣志》卷36，人物志4，仕蹟。

[27] 江日昇《臺灣外記》卷11，順治18年6月19日云：（鄭）經自監守各島，仁慈儉恤謙恭愛人，雖好學善射，但嚴毅果敢弗如厥父也。經聘唐顯悅長子之女為妻，端莊靜正而不相得。上海古籍出版社，影印求無不獲齋刊本。

[28] 張煌言《張蒼水詩文集》，含：北征得失紀略、冰槎集（附外編）、奇零草、采薇吟（附外編）等編。民國五十一年六月，臺北，臺灣銀行編印。

[29] 以下張蒼水詩作出處均同32。

浪蹟天涯又歲寒，強將枯影對辛盤，鄉思暗逐鯨波寫，世事明隨漁火看。

柏葉尊前催律呂，蓮花漏上換支干，江山百戰渾非舊，留得磻溪把釣竿。

順治十年（1653）正月初七及十四日又有〈人日立春客湄島〉二首：

勞生了不解宜春，梅笑重驚物候新，俗入奏餘疑近古，時從夏正識生寅。

土風薄似村醪惡，海錯鮮兼寒具陳，野草年年依舊發，王孫何許一沾巾。

海外行藏不計春，起看天地亦維新，鼓鼕往歲聞呼癸，斗柄今年說指寅。

讀禮每思箋大戴，授書尚擬續君陳，東風似為羇人至，煖氣偏吹白氎巾。

湄洲天妃宮位居湄嶼高處，且為規模較大廟宇，張滄水在順治十年春分陪魯王登臨參謁，留下〈登湄洲謁天妃宮〉一首：

蒼茫一曲帶烟霞，聞說飛仙此駐家，石髓沁香流乳酪，雲根溶霧想鉛華。

樓前縹緲凌波襪，檻外參差貫月槎，湘女雛妃多往蹟，曾無精爽徧天涯。

從張滄水詩文可知魯王駐蹕湄洲島約有四個月之久，但鄭成功一直忙於征戰，始終未來拜謁，魯王最後親赴廈門，但鄭成功堅持奉永曆正朔，魯王整合復明軍的行動遂告失敗，張蒼水扈衛魯王重返浙江舟山。全祖望《張蒼水年譜》有如下記載：

公復扈監國入閩，延平（鄭成功）不肯奉魯，但以廩餼供之而

已。時王（魯）去監國號，以海上諸臣皆受滇（永曆帝）命；
惟公於王（魯）不改節。[30]

林蘭友曾在唐王政權任官，唐王既亡，他似想整合閩省復明勢
力，但終歸失敗。

另一篇序文撰寫者為林嵋（1624-1661）[31]，序云：

> 閩人皆言吾林忠孝節義、理學文章為七建所自始，而獨不言神
> 明感應之原，則猶之未知吾林也。林自晉安郡王祿公入閩，支
> 衍派繁……慈柔靈淑之氣間有特鐘，則惟吾天妃為尤著云。天
> 妃為都檢愿公六女，學道莆之湄洲，方其生也，地變而紫，香
> 繞於室，及其昇化，燕集於舟，蜂翔於水，紫衣明燭、救世現
> 身，由宋迄今代著顯異之績，金泥玉簡先後褒封，則誠林氏之
> 美談也哉！……禦災捍患之烈，彰彰載在祀典而況天妃之樹績
> 東南，能令海若效順萬里安瀾，凡薄海內外罔不瞻依，有感必
> 應之機如影響又豈五嶽四瀆之所能及耶！賜進士第奉直大夫禮
> 部精膳司員外郎特簡吏科給事中族孫嵋薰沐拜識。

此篇文章開宗明義即闡明莆田九牧林氏雖以理學名家，但林家也
信神明感應之事，接著大談天妃為林愿之六女，自宋迄今靈異昭著，
迭受朝廷誥封，認定天妃是九牧林後裔。根據林嵋語氣，他已看過
《天妃顯聖錄》稿，且具體說出書中歷朝誥封、天妃為林愿六女的內
容，文末林嵋署「賜進士第奉直大夫禮部精膳司員外郎特簡吏科給
事中族孫嵋薰沐拜識」。即林嵋撰文時任禮部精膳司員外郎特簡吏科給
事中，與《明史》所述林嵋官職同，應是唐王所任官職。

林嵋在明亡後追隨同鄉大學士朱繼祚從事復興工作，《明史》朱
繼祚傳云：

---

[30] 全祖望編的《張蒼水年譜》順治九年。收錄於《張蒼水詩文集》附錄一。
[31] 林嵋生卒年據《莆田縣志》林嵋傳弱冠中崇禎十六年進士推測，而蔣維錟則以其
卒年推測為1618-1655年。

朱繼祚，莆田人，萬曆四十七年（1619）進士……起南京禮部尚書，又以人言罷去。福王時起居故官，未赴。南都失，唐王召為東閣大學士，從至汀州，王被擒，繼祚奔還其鄉。魯王監國，繼祚起兵應王，攻取興化城。既而大清兵至，城復破。繼祚及參政湯芬、給事中林嵋、知縣都廷諫並死之。

傳末附林嵋傳，云：

（林）嵋，字小眉，繼祚同邑人，由進士為吳江知縣。蘇州失，歸仕唐王，至是自縊死。[32]

林嵋與朱繼祚始終支持復明運動，《莆田縣志》對林嵋去世有不同說法，云：

林嵋，字小眉，廷陞曾孫……弱冠登崇禎癸未（十六年）進士，所作制舉業，相國謂其僊蹤佛蹟隱見人間，傳誦海內。詩原本漢魏，於唐獨宗李白，外此，夷然不屑也。甲申，李自成犯闕，嵋不屈賊廷，微服毀形，間道渡江，上書樞部史可法，首言賊中事，甚悉。可法奏留用之，嵋磊落負奇節，既登第，方欲得一官以自表見；會時事已非，益大肆力於詩，時時著作，多悲憤語，每念及國亡主死，輒流涕哽咽。忌者竟藉是中之。難作，憤益甚，草絕命詞三章，嘔血，數月卒，年三十八。嵋以詩文殉君父，以性命殉詩文，其沒也，聞者莫不悼惜之。所著《蠮螉集》十二卷。[33]

謂林嵋二十歲中進士，年餘明亡，投宏光朝未見任用，詩作多國亡主死悲憤之語，清領後為忌者告發死於獄，年三十八。

---

[32]　《明史》卷二百七十六，朱繼祚傳附。
[33]　《莆田縣志》卷二十二，人物，文苑。

◈ 丘人龍、黃啟有（1598-1680）撰序

　　戰爭一直延宕僧照乘刊印的工作，加上《天妃顯聖錄》是以明朝的體例編撰，在清朝已控制中國半壁江山後要找人雕版已不容易，直至康熙十三年（1674）三藩之役，控制福建的耿精忠標榜復明，並引鄭經入福建，照乘始得藉機刊印。刊印前照乘還特別從湄洲持稿至莆田請丘人龍編次撰序。丘人龍序云：

> 神之功用大矣哉！在天為日月風雷，在地為華嶽河海，以及秉
> 聰明正直之姿，存忠孝節義之性，明而為人，幽而為神者，皆
> 能參玄微之理，達變化之機，操福善禍淫之權，載在祀典，百
> 世不刊，神之功用大矣哉！然江海之中，濟人利物、禦災捍患，
> 上有功於國，下有德於民，則天妃之英靈為最著。天妃生於湄
> 嶼，道成飛昇，屢顯神異，或曰龍女，或曰大士化身，此皆不
> 可知。意者乾坤同運，陰陽並施，上天篤生聖妃，殆以坤道成
> 乾道，以陰德佐陽德乎！……天妃之有功於國，有德於民如
> 此，可以使四海有安瀾之慶，可以使萬世有清晏之休，可以輔
> 帝王之所不及，可以補天地之所不足，天妃之功用不更大哉！
> 故自有宋建隆以來，歷今七百餘載，沛膺朝廷錫命，廟祀遍於
> 海內。……人龍生長海濱，嘗從里中父老瞻禮於廟廊之下，自
> 播遷後寄寓郡城，遙望故園宮闕在煙雲縹緲中，為之嗟嘆者久
> 矣。適有僧照乘從湄嶼來，踵門而請曰：《天妃顯聖錄》秘而
> 未傳，願求編輯以垂不朽。余謝之曰：天妃威靈昭著，赫赫在
> 人耳目，奚以錄為？且聖德廣大難名，余不敏，固陋寡聞，安
> 能闡揚而播傳之乎！僧曰：神以孚知而顯，事以記載而傳。是
> 錄也，雖聞見未備，而天妃輔國佑民之功彰彰可睹，茲欲重加
> 增訂付之剞劂，俾天下後世咸思竭誠致敬以介景福，是有大造
> 於人世也，不可以不傳，予奚辭焉。爰焚香淨几而為之編輯其
> 大略云。朝陽丘人龍盥沐百拜謹識 [34]

---

[34] 見楊浚編《湄洲嶼志略》卷四，藝文，丘人龍地位卑微，康熙二十三年重刊《天妃顯聖錄》被刪除。

序文中具見照乘一再懇請而得丘人龍為文，序文顯現作者於
《禮》、《易》造詣甚深；序文又與林蘭友、林嶠序同於再版時被刪。
丘序透露幼年曾隨父老瞻禮於廟廊之下，家復有故園宮闕，似亦為官
宦人家，然僅署名朝陽丘人龍，並無官爵銜。文末未署年月，但從「播
遷後寄寓郡城……僧照乘從湄嶼來」一語推測撰於康熙十五、十六年
間。按播遷，是指從順治十八年鄭成功入臺至康熙二十年鄭經去世二
十年間（1661-1681）清廷下令沿海不准民眾居住以防接濟鄭軍的時
期。《莆田縣志》祥異志云：

> 順治十八年（1661）冬，徙沿海居民於內地。康熙八年（1669）
> 詔界外附近地各展五里，許民築室耕種。十三年（1674）三月
> 十五日，耿精忠叛逆，據省城。十五年（1676）九月，耿精忠
> 投誠，十月，海寇逼據府城。十六年（1677）正月二十九日大
> 師至，二月朔大敗海寇於太平山，殺二千餘人，寇退守城中，
> 夜半棄城遁。二十一年（1681），盡復界外居民開墾耕種，民
> 皆樂業。[35]

　　播遷期間，僧照乘得進出湄洲、莆田，拜訪丘人龍的時期僅康熙
十五年十月至十六年二月海寇（鄭經）佔領興化府城時。在明、清劇
烈戰事進行下復明軍控制莆田興化城的數月間，照乘專程由湄嶼赴莆
田請丘人龍撰序，丘的身分更顯特殊。
　　丘序長七百餘字，是各篇序文字數最多者，且語氣宏大，似輩分
甚高。查《莆田縣志》〈選舉志〉，興化府學洽有一名貢生丘人龍，
排康熙朝出貢第 86 名。清例，貢生每科出貢 2 人，出貢年齡介於 30
至 45 歲間，康熙 43 年貢生於康熙 15 年時未滿二十歲。莆仙地區文
風鼎盛，人才輩出，如林嶠二十歲中進士，所列貢生丘人龍除姓名
外，年齡、地位似仍不符《天妃顯聖錄》撰序者身分，其背景仍待深
考[36]。
　　《天妃顯聖錄》雕版完成後，照乘又特別找到曾任崇禎皇帝太子

---

[35]　《莆田縣志》卷三十四，祥異志，國朝。
[36]　筆者於拙著《媽祖信仰研究》推估丘人龍或為林蘭友子侄輩人物，但仍值深考。

業師的黃啟有撰序，似乎是在為明朝留下最後的歷史見證，黃序云：

> 湄洲天妃之神，自宋迄今垂八百載，歷著靈蹟，應輯錄有書。
> 茲僧照乘刻而傳之。夫書以傳信也，而神之信固不待書也。古
> 來所傳紀異之書多矣……天下變怪莫過於海，今揚帆而來者，
> 上自朝紳，下至賈鬻，靡不瞻拜璇宮、齋心祇奉以出入於蜃樓
> 鼉穴之間，即或陰風怒號，檣傾楫摧，寄命頃刻，雖上天濟物
> 之意且幾乎窮，而神靈所庇，如見其形，如聞其聲，百禱百應，
> 遂能轉駭浪為安流，凌汪溟若枕席……福善禍淫天固不爽，而
> 善善惡惡之靈神亦弗昧，今使天下瞻拜之倫肅邀神貺，而違心
> 悖義之輩復無指摘，則人將狃，狃則玩，玩則邪辟之萌又不可
> 遏息，則有時一二示警者正所以堅善信之心耳。至誠感神理有
> 必然……則是書之傳又何疑焉。前賜進士第通議大夫禮部左侍
> 郎兼翰林院侍讀學士黃起有薰沐題。[37]

黃序謂「僧照乘刻而傳之」，可知黃啟有所見《天妃顯聖錄》已
經刻印完成，

黃序是最後一篇序文。黃序雖肯定天妃水神的靈應，但卻不認同
齊一式的有求必應，仍認為違心悖義者應得報應。黃序末署：「前賜
進士第通議大夫禮部左侍郎兼翰林院侍讀學士」是黃起有在崇禎朝最後
的官職，似黃在明亡後未參與弘光朝及唐王、魯王領導的復明運動。

黃啟有莆田人，《莆田縣志》有傳，云：

> 黃啟有字應似，希韶曾孫，崇禎戊辰（元年，1628）科進士，
> 選庶吉士，授編修，直《起居注》。丁丑（崇禎十年，1637）
> 分校禮闈，陞國子司業，……歷左中允、左諭德，侍經筵日講，
> 掌制誥。時國步方艱，當政銳於求治，廷臣議論曰：繁無禪實
> 用。起有處繢扆近地，調劑委曲，入代絲綸，簡質嚴重，動中
> 機宜，中外韙之。己卯（崇禎十二年，1639），典試順天，所

---

[37] 見楊浚編《湄洲嶼志略》卷四，藝文；《天后顯聖錄》黃序。

78 《天妃顯聖錄》與媽祖信仰

得士後多躋公輔，如成相國克鞏，杜相國立德，其最著也。陞
左庶子，奉使江右，過長洲，聞闖賊陷京，以母老遂歸。母歿，
時起有年迫七十，猶為孺子哭。平居登臨贈答皆貧交故舊，無
一語及朝右顯榮者。著有《慵山詩集》若干卷。善草書，蒼秀
軒翔，絕得古人筆法，世爭珍之，年八十三卒。[38]

　　黃啟有進士及第後選為庶吉士，先於史館直起居注，陞國子司
業，太子詹事府左中允、左諭德、左庶子、經筵講官、掌制誥，長期
在中央政府參與機要。崇禎十七年（1644）國事危急時更奉命使江西，
至長洲（今江蘇吳縣）李自成陷北京，以母老歸鄉奉養不再出，八十
三歲卒，黃啟有崇禎元年成進士時約三十歲，[39] 則出生於明萬曆二十
六年（1598），卒於清康熙十九年（1680），生存時間與照乘相當。

　　黃啟有在崇禎朝參與朝廷事務甚深，崇禎十七年明亡時四十七
歲，且曾任太子業師，最具參與復明運動條件，但傳中無一語及之，
推測或與弘光朝的真假太子案有關。

　　崇禎十七年三月北京陷，崇禎自縊，太子朱慈烺及其弟定王朱慈
煥、永王朱慈炤下落不明。四月，南京大臣在馬士英主導下擁立避難
南京的福王朱常洵（明神宗孫）監國；五月行告天禮、為崇禎帝舉哀，
上諡號，壬寅即皇帝位，以明年為弘光元年[40]。

　　新皇朝建立，為防阻前明皇帝嫡裔出現爭權，都察院右僉都御史
山東巡撫王燮[41] 於六月奏報：皇太子、定王、永王俱遇害。九月，三
法司奏定「從逆六等條例」規定：「凡內閣重臣及部院寺三品以上，
詹事翰林五品以上，即不從賊，偷生潛逃者。[42]」處死、斬決、絞、
流等刑，以赫阻北京高官南下分享政權。至十一月，刑部尚書解學龍
等奏報處分：從賊諸臣宋企郊等十一人凌遲，光時亨等四人斬，陳名

38　見《莆田縣志》卷22，人物，文苑。
39　同4，蔣維錟編《天妃文獻資料》第68-69頁。
40　見顧炎武《聖安皇帝本紀》，卷上，崇禎17年6月壬戌。臺北，文海出版社，《明
　　清史料彙編》第二輯。
41　《聖安皇帝本紀》，卷上，崇禎17年6月壬午。王燮原任巡按淮揚御史，被連升
　　三級為都察院右僉都御史管理軍務巡撫。
42　《聖安皇帝本紀》，卷上。崇禎17年9月丁丑。

夏等七人絞，王孫蕙等十五人充軍，宋學顯等十人徒。[43]表面上看「從逆六等條例」是在考覈大臣對國家的忠誠，但執行時「逆案多枉」[44]，變成消滅政敵的工具。是月，「狂僧大悲至京，自稱齊王，又稱潞王，下錦衣衛訊」[45]，三個月後棄市，首開殺戮王室先例。黃啟有如到南京，會被流放充軍。

弘光元年（1645）二月，朝廷「諡太子曰獻愍，定王曰哀，永王曰悼。」[46]將太子及其二弟宣告死亡，月底，鴻臚寺少卿高夢箕奏報：「先帝皇太子自北來，今往杭州。」[47]朝廷立即派遣太監往尋，三月一日抵京，送錦衣衛後軍都督同知馮可宗邸舍看管。次日，弘光帝命六部卿科道等官審視、詰問，最後判為假太子，下兵馬司獄。但卻有不少大臣認為太子是真的，江北四鎮之一的廣昌伯劉良佐上疏，謂：「上為群臣所欺，將使天倫絕滅。」寧南侯左良玉謂：「大臣蔽主，危害皇儲」，中軍都督府右都督左夢庚且以：「奉太子密旨，誅姦臣馬士英」為名自南昌舉兵」[48]，弘光朝陷於內戰。五月，清兵攻陷鎮江，弘光帝逃往太平，八月被執，九月送北京處死。太子則由保國公朱鎮遠及駙馬顧齊等送至清豫王營，轉送北京處死。[49]

真假太子案導致弘光朝分裂、覆亡，黃啟有目睹政局的荒誕發展，《莆田縣志》謂其：「平居登臨贈答皆貧交故舊，無一語及朝右顯榮者。」顯見其對南明流亡政權重私利眛公義的失望，故《天妃顯聖錄》序所云：「今使天下瞻拜之倫肅邀神貺，而違心悖義之輩復無指摘，則人將狃，狃則玩，玩則邪辟之萌又不可遏息，則有時一二示警者正所以堅善信之心耳。」應是期望天道福善禍淫的肺腑之言，而照乘必欲請這位真正的明朝遺老撰序，或許是在表達個人內心對明朝的認同吧！

43　同上註。
44　《聖安皇帝本紀》，卷上，崇禎 17 年 11 月，通政司通政使楊維垣上疏。
45　《聖安皇帝本紀》，卷上。崇禎 17 年 11 月。
46　《聖安皇帝本紀》，卷上，宏光元年 2 月甲子。
47　同上註。
48　《聖安皇帝本紀》，卷上，宏光元年 3 月己酉。
49　同上註。

三、摩崖立碑為天妃史蹟存證

《天妃顯聖錄》於康熙十六年初刊行，距照乘去世尚有四年，這段期間照乘仍有所作為，計在湄洲嶼立石「天妃祖跡地名上林」石碑，湄洲嶼天妃廟寢殿後岩石，留下「昇天古蹟」摩崖石刻，在康熙二十年（1681）去世前重建九峰寺正殿，為天妃留下生、死及宗教淵源的印記，也是照乘在為天妃歷史留下自己的見解。

◈「天妃祖跡地名上林」石碑

上林是福建省莆田縣秀嶼區東蔡村的古名，相傳是天妃的出生地，該村有一巨石，上書「天妃故里」四字楷書，每字長、寬約有 50 公分大小，未署作者姓名，不知出自何人之手。另有一「天妃祖跡地名上林」石碑立於該村，石高約 70 公分，寬約 30 公分，落款「僧照乘和南立」，是湄洲天妃宮住持僧照乘留下史蹟，筆者在 1995 年曾親往參觀見證。從字義解釋，即上林這個村落是天妃祖先居住處，也是天妃誕生的地點。照乘如此立石，一則可紀念當地降生了一位上人，或許也感受到天妃未來能受萬民景仰朝拜，遂為立碑作為歷史見證。

天妃林默為湄洲林氏女的說法從宋代即傳述下來，宋高宗紹興二十年（1150）廖鵬飛〈聖墩祖廟重建順濟廟記〉謂：

> 世傳通天神女也，姓林氏，湄洲嶼人，初以巫祝為事，能預知
> 人禍福。既沒（歿），眾為立廟於本嶼。[50]

南宋理宗紹定二年（1229）臨安知府丁伯桂撰〈順濟聖妃廟記〉謂：

> 神莆陽湄洲林氏女，少能言人禍福，歿，廟祀之，號通賢神女，
> 或曰龍女也。莆寧海有堆。元祐丙寅，夜現光氣，環堆之人，

---

[50] 《白塘李氏宗譜》廖鵬飛〈聖墩祖廟重建順濟廟記〉，手抄本。另蔣維錟《媽祖文獻資料》亦收錄此文。

一夕同夢，曰：「我湄洲神女也，宜館我。」于是有祠，曰：聖堆。[51]

　　廖鵬飛出身南宋特記名進士，為創建天妃聖墩祖廟李富門人，丁伯桂為莆田世家出身的進士高官，二文皆謂天妃是莆田縣轄下湄洲林氏女，無一語提及天妃為某特定林氏家族人。但林堯俞在《天妃顯聖錄》〈天妃誕降本傳〉中所述天妃，已是莆田縣望族九牧林的後裔而非湄洲林氏女了，云：

　　天妃。莆林氏女也，始祖唐林披公，生子九，俱賢。當憲宗時，九人各授州刺史，號九牧。林氏曾祖保吉公乃邵州刺史蘊公六世孫州牧圉公子也。五代周顯德中為統軍兵馬使。時劉崇自立為北漢，周世宗命都點檢趙匡胤戰于高平山，保吉與有功焉。棄官而歸，隱於莆之湄洲嶼。子孚，承襲世勳，為福建總管。孚子惟愨，為都巡官，即妃父也。娶王氏，生男一，名洪毅；女六，妃其第六乳也。

　　〈天妃誕降本傳〉所述天妃祖父輩任北周與宋朝高官與史實不符。高平山之役發生於周世宗即位後，北漢出兵來攻，周世宗率師防禦，戰於高平，甚危急，指揮樊愛能逃遁，趙匡胤與所部衝其鋒，漢兵遂大潰。還，陞趙匡胤殿前都虞候，領嚴州刺史。據《莆田縣志》沿革志，當時福建歸北漢管轄，至太平興國四年（979）留從效降宋始為宋朝領地，故明代張燮《東西洋考》：「天妃，世居莆之湄洲嶼。五代閩王時都巡檢林愿之第六女也，母王氏。」[52]、何喬遠《閩書》：「妃林姓，唐閩王時統軍兵馬使愿之女，上人也。」[53] 都直指天妃是五代閩王時林愿的第六女，與〈天妃誕降本傳〉出入甚多。另林嵋撰序時也有：「閩人皆言吾林忠孝節義、理學文章為七建所自始，而獨

---

[51] 潛曰友《咸淳臨安志》卷 73，丁伯桂〈順濟聖妃廟記〉。民國 69 年台北大化書局印行。
[52] 張燮《東西洋考》卷 9，〈祭祀〉。四庫全書，史部，地理類，外紀。
[53] 何喬遠《閩書》，卷 24，方域志，〈湄洲嶼〉。1994 年福建人民出版社發行。

不言神明感應之原，則猶之未知吾林也。林自晉安郡王祿公入閩，支衍派繁……慈柔靈淑之氣間有特鐘，則惟吾天妃為尤著云。」的說法。基於尊重作者的說法，照乘將《天妃顯聖錄》原文照刊，但事後在天妃故里立碑刻石紀念，或許是避免天妃被家族化而在湄洲嶼留下的印記。

◇「昇天古蹟」摩崖石刻

「昇天古蹟」摩崖石刻位於湄洲天妃宮右後側峭立岩壁上，字幅高約 160 公分，寬約 50 公分，每字長約 40 公分，寬約 40 公分，其左落款署「住持僧照乘和尚叩立」等字，筆者在 1995 年前往參觀時尚得見原貌，2000 年後再前往，「昇天古蹟」四字石刻已被當成神蹟，於字蹟上方嵌入歇山式屋頂建築，下置案桌及香爐當作祭拜對象矣。

生、死可簡單代表人的一生，「天妃故里」、「天妃祖跡地名上林」石碑象徵天妃出生於上林聚落。昇天則代表死亡，天妃既是林氏女，是人當然就會有死亡，而且自宋代即有記載。廖鵬飛〈聖墩祖廟重建順濟廟記〉謂：「通天神女也，姓林氏，湄洲嶼人，初以巫祝為事，能預知人禍福。既沒，眾為立廟於本嶼。」

丁伯桂〈順濟聖妃廟記〉謂：「林氏女，少能言人禍福，歿，廟祀之，號通賢神女，或曰龍女也。莆寧海有堆……曰聖堆。」可知早期莆田先賢敬事天妃，但知道她是個人，也與人一樣有出生、有死亡，丁伯桂還指出天妃的墳墓在寧海稱為「聖堆」的地方。

但天妃不是個普通人，是李丑父所說「生人、福人，不以死與禍恐之」的宗教家，是何喬遠所說德、行俱尊的「上人也」。儒家思想講今世不講來生，講行仁不講因果及怪力亂神，但福建自五代即稱佛國，佛、道神學薰染早已深入民心，林堯俞《天妃顯聖錄》也將天妃的去世過程宗教化、神蹟化在〈天妃誕降本傳〉云：

> 宋太宗雍熙四年丁亥，妃年二十九。秋九月八日，妃語家人曰：「心好清淨，塵寰所不樂居，明辰乃重陽日，適有登高之願，預告別期。」眾咸以為登臨遠眺，不知其將仙也。次晨，焚香演經，偕諸姊以行，謂之曰：「今日欲登山遠遊以暢素懷，道

門且長，諸姊不得同行，傷如之何。」諸人笑慰之曰：「遊則遊耳，此何足多慮。」妃遂徑上湄峰最高處，但見濃雲橫岫，白氣互天。恍聞空中絲管聲韻叶宮徵，直徹鈞天之奏，乘風翼靄，油油然翔翔于蒼旻皎日間。眾咸欷歔驚嘆，祗見屋虹輝耀，從雲端透出雲重霄，遨遊而上，懸碧落以徘徊，俯視人世，若隱若現。忽彩雲布合，不可復見。嗣後屢呈靈異，鄉之人或見諸山岩水洞之旁，或得之升降趺坐之際，常示夢顯聖，降福於民。里人畏之敬之，相率立祠祀焉，號曰通賢靈女。

照乘在湄洲嶼的最高處摩崖石刻留下「昇天古蹟」四字，象徵天妃一生永遠與湄洲在一起。

四、照乘晚年

《天妃顯聖錄》的刊印是照乘懸在心上的石頭，康熙十六年初刊行時照乘已近八十高齡，但此後至他去世，湄洲嶼卻天翻地覆，成為萬方矚目的焦點。第一是復明勢力逐漸被清兵擊潰，包含福建的耿精忠、廣西的尚可喜、雲南的吳三桂，控制福建沿海的鄭經也在康熙十九年（1680）撤回臺灣。康熙十九年初，明鄭與清軍海戰，明鄭軍隊最初小勝，然在林陞與萬正色崇武之戰時突發北風，明鄭軍遂趨下風。清軍指揮官萬正色並將之歸功為媽祖之顯靈庇佑，奏請清廷誥封、致祭。天妃庇佑清軍訊息傳開，對復明軍信奉媽祖的莆田籍官兵發生莫大影響，水師副總督朱天貴家族是天妃的信仰者，因而於鄭經軍隊撤回臺灣時率所部水師眾二萬人，戰船三百餘艘降清。《清史》朱天貴傳云：

> 朱天貴，福建莆田人，初為鄭經將。康熙十九年，師下海壇，以所部二萬人，舟三百來降。授平陽總兵官。[54]

---

[54] 見張其昀纂，《清史》，卷 261，朱天貴傳。民國 60 年，臺北，成文出版社印行。

天妃庇佑清軍，清廷也立即給予優厚回報，勅封天妃并遣官致祭。《清聖祖康熙皇帝實錄》卷九十一，康熙十九年（1680）六月癸亥云：「遣官齎往福建，封天妃為護國庇民、妙靈昭應、弘仁普濟天妃。」[55]誥文云：

> 國家懷柔百神，式隆祀典，海嶽之祭，固有弗虔。若乃明祇效順，亦天心之助順；滄波協應，表地紀之安流。聿弘震疊之威，克贊聲靈之渥，豈繫人力，實惟神庥。不有襃稱，曷彰偉伐？維神鍾奇海徹，綏奠閩疆，有宋以來，累昭靈異，頃者島氛不靖，天討用張。粵自禍牙，以逮奏凱，歷波濤之重險，如枕席以過師，潮汐無虞，師徒競奮，風颭忽轉，士氣倍增，殲鯨鯢於崇朝，成貔貅之三捷，神威有赫，顯號宜加。特封爾為護國庇民、妙靈昭應、弘仁普濟天妃。載諸祀典，神其佑我兆民，永著安瀾之績，眷茲景命，益昭重潤之庥。敬遣禮官，往修祀事，維神鑒之。[56]

　　莆田文風鼎盛，在朝為官者眾，明亡後從事復明運動者也多，湄洲也一度為復明力量集結點，不意清廷勅封天妃後成為清軍將領爭相拉攏的對象，湄洲天妃宮大興土木，反成平定臺灣的象徵。

　　明清政權更迭之際，也有許多莆田人熱衷功名，千里奔波支持清方，林麟焻即為之走關山，《莆田縣志》謂：

> 甲寅（康熙十三年，1674）閩變將作，建谿、仙霞諸處道路已梗，麟焻方在籍，愀然憂之，乃潛由邵武出杉關，甫抵南昌，聞耿逆猖獗，亟冒險入燕，與少陵踉蹡走間道無異，一時人士咸稱其有先機之哲，亦不悉忠貞之志。[57]

---

[55] 馬齊等纂，《大清聖祖仁康熙皇帝實錄》卷91，康熙十九年6月癸亥條·民國53年，臺北，華文書局印行。

[56] 《天妃顯聖錄》，歷朝襃封致祭詔誥，康熙十九年神助萬將軍克敵廈門，奏上，差禮部員外郎辛保等齎香帛詔誥加封致祭。

[57] 《莆田縣志》卷28，人物志，林麟焻。

鄭經撤離福建後，這些「不忝忠貞」之士也會提供參與復明人士資料給清方，導致林嵋被下獄死亡的案例。照乘在順治九、十年間曾參與魯王在湄洲嶼會師並在《天妃顯聖錄》留下林蘭友、林嵋二篇序文的行為可能也會成為黑資料，讓照乘積蓄錢財轉用於重建莆田九峰寺。《莆田縣志》云：

> 九峰寺，唐本寂祖師開山，明刑部員外郎林遷喬捐地，國朝康熙辛酉年（二十年，1681）僧照乘重建大殿。[58]

九峰寺位於莆田縣北洋延壽里山區，照乘於康熙二十年從湄洲嶼跑到延壽里重建九峰寺大殿動機為何？為何只重建正殿？可能是照乘自知時不我予，準備退離天妃宮住持位置，而九峰寺應與照乘有深厚淵源，或許為出家的祖寺。何僅建正殿，或許高齡八十三歲的照乘即卒於此年，[59] 與 1970 年代北港朝天宮住持僧眼淨捐建台南竹溪寺之例相似。[60] 九峰寺也大有來歷，是唐末曹洞宗開山祖師本寂[61]（840-901）所創，明武宗朝刑部員外郎林遷喬捐寺地重興。[62] 筆者於 2006 年往訪九峰寺，地甚偏僻，遭文革破壞，僅一排重建木構立於遺存石基上，未見有廊室、祖堂、香積廚等，有一尼師看管，卻對此前九峰寺、本寂、照乘等事一無所知，照乘晚年大略如此。

《天妃顯聖錄》全書不分卷，其一〈天妃誕降本傳〉記載天妃媽祖身世、宗教淵源、神蹟，其二〈歷朝誥封〉記載宋、元、明三朝政府祀典，為天妃媽祖建立神學理論基礎，是天妃能從百千種中國民間信仰中脫穎成為政府祀典的要素，原書編撰者是林堯俞，刊刻者為湄

---

[58] 見《莆田縣志》卷四寺觀，北洋〈九峰寺〉。
[59] 康熙二十三年《天妃顯聖錄》重刊時已由其徒善日署名。
[60] 臺灣也有此例，1960 年代北港朝天宮住持僧眼淨年老，以住持北港朝天宮任累積個人存款重建其出家寺院臺南竹溪寺，亦於正殿竣工後去世。
[61] 本寂（840-901）俗姓黃，名元證，又名崇精，莆田縣人，囊山慈壽寺開山祖師妙應之弟，九峰寺與慈壽寺同在延壽里。
[62] 《莆田縣志》卷 13 選舉志云：「林遷喬，刑部員外郎，諫南巡，廷杖歸。累薦不起。」林遷喬是正德十二年（1517）進士，十四年（1519），寧王宸濠在江西舉兵，武宗以御駕親征為名，巡遊江南，林遷喬諫南巡被廷杖，從此絕意仕途，返鄉蓋九峰寺。

洲天妃宮住持僧照乘。

　　照乘莆田人，約生於明神宗萬曆二十八年，卒於清康熙二十年，世壽約八十二歲，二十餘歲出任湄洲天妃宮住持，天啟三年林堯俞赴湄洲，勉勵照乘編輯《天妃顯聖錄》，並於崇禎元年將書稿交予照乘，但迄明亡一直未刊行。明亡後湄洲嶼一度為復明軍會師地，至康熙十五、十六年間鄭經佔領莆田，照乘始以明朝正朔的形式刊行。《天妃顯聖錄》刊行後，照乘也在天妃祖蹟地上林及湄嶼最高峰刻石立碑，將林默與湄洲嶼綿密結合，確立了湄洲為天妃林默祖家與昇天地，鞏固湄洲為天妃信仰勝境的地位，照乘對天妃信仰貢獻甚巨。

僧照乘時的湄洲天妃宮。

第四章：編撰《天妃顯聖錄》的林堯俞

　　《天妃顯聖錄》是記載天妃（媽祖）林默家世、事蹟、靈蹟及宋朝以後歷朝誥封的志書，是中國傳統祠祀神較早被理論化並建立神學體系及與政府互動的一本書，這本書建立了天妃媽祖信仰的理論基礎，讓媽祖信仰廣泛傳播至中國各地，對媽祖信仰的推擴貢獻甚巨。《天妃顯聖錄》是在明清政權更迭之際由湄洲天妃宮住持僧照乘刊行，但提出編輯構想及初稿的撰稿者為明熹宗朝禮部尚書林堯俞。本文以國家圖書館臺灣分館典藏《天妃顯聖錄》木雕版為討論對象，介紹天妃史傳編輯的背景、林堯俞事蹟、林堯俞與天妃顯聖的創編、《天妃顯聖錄》的主要綱目及林堯俞形塑的天妃。

一、天妃史傳編輯的背景

　　天妃是元朝至清初中國官方誥封林默的封號。林默是五代末北宋前期的人，生前從事宗教活動[1]，生人福人，不以死與禍恐人，故人人敬事如母[2]，死後鄉人祀之。巫祝是基層社會的靈媒，或為神靈附身代為指點迷津，為小民治病，與國家政經軍事扯不上關係，死後也不會被政府立傳，因此天妃的真正家世、父母、生卒年月等均未被記錄下來。林默是個好巫祝，死後事蹟即在鄉里間流傳，接著被建祠奉祀。北宋宣和四年（西元 1122 年）林默開始顯現靈蹟庇佑使節船，次年朝廷賜予「順濟」廟額，成為可以公開信仰的合法祠廟。至金兵攻宋，政府南遷，因庇佑水師抗金、平定草寇，靈蹟屢屢顯應，受朝廷多次誥封，其廟宇隨神蹟顯現，在長江以南宋政府管轄區域不斷增建。每當新廟宇落成，天妃靈應事蹟及朝廷誥封的資料就被鏤刻在石碑上，為天妃信仰留下甚多珍貴史料。元朝時，有人開始將之編輯成

---

[1]　宋代儒家學者如莆田進士黃公度即以巫媼視之。
[2]　元代莆田籍太學博士李丑父語。

《明著錄》及《聖妃靈著錄》，惜今都已失傳。至明永樂年間三保太監鄭和奉明成祖朱棣之命率艦隊七下西洋，航程中有遭遇颶風天妃靈應助順之事，鄭和返航後奏請成祖褒封，成祖親撰《御製弘仁普濟天妃宮之碑》建廟於南京。萬曆年間國勢積弱，西北有瓦剌進逼，東南有日本倭寇侵凌，激發章回小說家羅懋登參考《星槎勝覽》、《瀛涯勝覽》和明成祖朱棣撰《御製弘仁普濟天妃宮之碑》《靜海禪寺重修記》等資料撰成《三寶太監西洋記通俗演義》[3]於萬曆二十五年刊行以弘揚國威，書中第二十二回，〈天妃宮夜助天燈，張西塘先排陣勢〉即為天妃靈顯助風之事，但對天妃描述仍未具體。同時期另有福建小說家吳還初撰《天妃娘媽傳》[4]描述天妃助其兄林二郎協助國家平定西北弱水國入寇及天妃在福建平妖濟民故事。書中雖以天妃及其兄二郎為主角，但所述多神怪，惟可反映閩人對天妃神蹟有更多的傳述與期盼，至明末遂有林堯俞《天妃顯聖錄》的編撰。

二、林堯俞事蹟

林堯俞（1560-1628），字咨伯，莆田人，明熹宗朝禮部尚書，但東林黨獄時被列入黨籍，被削籍，《明史》遂無其傳。清乾隆版《莆田縣志》卷十七人物志名臣傳錄其事蹟云：

> 林堯俞，字咨伯，烴章子，萬曆己丑（十七年，1589）進士，改庶吉士，讀書中秘，留心昭代典章故實，八直起居，教習內書堂，分校禮闈、冊封益藩，皆隨事厄職恪恭周慎。在史館十年始量移宮坊贊善，隨請假省覲，歸，連丁內、外艱，服闋，堅臥不出。以少宰楊止庵薦補原官，轉左諭德兼侍講。……熹宗改元，即家特起，以禮部右侍郎視祭酒事……旋以左侍郎還部，尋拜本部尚書，凡郊天、幸學、殿工、陵寢、冊號、選婚、

---

[3] 羅懋登《三寶太監西洋記通俗演義》，萬曆25年二南里人序刊本，上海古籍出版社，古本小說集成編委會編。
[4] 吳還初《天妃娘媽傳》，萬曆新春，忠正堂刊本，上海古籍出版社，古本小說集成編委會編。

實錄、貢舉諸大典,酌古準今次第肇舉,最稱明備。慶陵之役,相度獨勤,周行霜雪中,不憚勞勩。《光宗實錄》成,加太子太保。慶陵工成,敕錄加太子太保,予玉予廳。……時黨禍已成,魏廣微密揭入,兩魏謀合,雖聖眷倏屬,而泰交竟成釜騫,堯俞亦恬不介懷,抵里門,與故人觴咏,築南谿草堂。所著有《谿堂詩集》四卷、《谿堂文》二卷,卒年六十有九。訃聞,贈少保,廳一子入監,諡文簡,賜祭九壇。[5]

　　林堯俞出生於莆田顯宦家族九牧林氏,其祖父林應采曾任廣西南寧府同知,父林燦章,曾任湖廣僉事。林堯俞三十歲中進士,因錄取在二榜,依例被授為庶吉士,留在禮部擔任史官,曾八度輪值擔任明神宗皇帝起居注編撰官,期間曾兼任內書堂教習,教授皇室貴胄子弟,並為禮部辦理進士考試襄閱官。接著升任太子詹事府教職。不久即因父、母病,請假返鄉省親,銷假後父、母相繼去世,遵制返鄉守喪後即杜門不出。後因吏部侍郎楊時喬(止庵)推薦,回補原官,並升任太子左諭德、兼任神宗皇帝侍講官。但當時顧憲成等清流學者在東林寺講學,對朝政頗多批評,形成朝、野對立。林堯俞為避免捲入爭端,上章自請為南京太學祭酒以離開北京是非之地。但東林學者仍極力拉攏,林堯俞知其前輩與東林學者唱和者多無善果,遂連續上章請免官返鄉。辭官後林堯俞返回莆田,曾纂修《興化府志》,重修文廟,並致力經世之學,鄉居十四年間為避免是非,不曾有片紙隻字致北京師友請託。

　　天啟元年(1621)明熹宗朱由校即位有心改革,特別啟用當時已六十二歲鄉居的林堯俞為禮部右侍郎兼國子祭酒。林堯俞雖上摺請辭,然熹宗不准。林堯俞只好上路,在往北京途中再度婉轉請辭,熹宗還是溫言要他上任,最後林堯俞以禮部左侍郎回部任職。據《明史》六卿年表,[6] 林堯俞於天啟三年癸亥(1623)五月任禮部尚書,即林堯俞於天啟元年(1621)任禮部左侍郎三年後升禮部尚書。

　　林堯俞是帝師,也是皇帝親自拔擢復出政壇,主管全國教育、考

5　參見《莆田縣志》卷 17 人物志,名臣,林堯俞。
6　《明史》卷 112,六卿年表,臺灣印書館據百衲百影印本。

試、典禮、陵工等大政，上任後也接辦新皇帝即位後的郊天大典、巡幸太學、宮殿修築工程、先皇帝陵寢、冊立皇帝年號、為皇帝選婚、編修前皇帝《神宗實錄》、《光宗實錄》、貢舉考試諸大典等。

林堯俞用力較深的事，一為《光宗實錄》的纂修，因光宗朱常洛是熹宗父，即位僅一個月即去世，事蹟少，篇幅較短。天啟元年（1621）三月熹宗下詔修《光宗實錄》，監修官為少師兼太子太師英國公張維賢；總裁官為少師兼太子太師吏部尚書大學士葉向高，天啟三年（1623）六月修成，共八卷，而《光宗實錄》的「御製序文」即由林堯俞擬進。林堯俞在《光宗實錄》完成的天啟三年五月升任禮部尚書，並加太子太保銜。

另一林堯俞用力較深的是慶陵陵工。慶陵是明光宗朱常洛與皇后郭氏、王氏、劉氏的合葬墓。朱常洛是明神宗長子，萬曆十年（1582）生，二十九年十月被立為皇太子，四十八年八月一日即位，九月一日駕崩于乾清宮，諡號：崇天契道英睿恭純憲文景武淵仁懿孝貞皇帝，享年三十九歲。朱常洛的生母是宮女，明神宗因而不喜歡他，想另立鄭貴妃子福王為太子，但大臣以違制力爭，經長達十五年的「立本之爭」才被立為太子。朱常洛當太子時發生有人持棒入太子宮圖謀不軌的「挺擊案」，當上皇帝後因病服用鄭貴妃提供的紅色丸藥後去世。因光宗即位不久驟逝，未預築陵寢，遂以廢棄百餘年的明代宗朱祁鈺修建未使用的陵園為陵寢。[7] 林堯俞傳說：「慶陵之役，相度獨勤，周行霜雪中，不憚勞勤。」熹宗是光宗長子，看到林堯俞在修建光宗陵寢的表現，天啟五年（1625）陵工峻工後敘錄太子太保銜，賜玉並蔭一子為官，可知熹宗對堯俞的倚重。但明朝政治制度的設計，讓太監可以掌控皇帝，正直而不聽太監擺佈的大臣無法長久在朝廷立足。

明太祖朱元璋廢宰相，皇帝獨攬大權，六部公文均彙送皇帝裁決；皇帝一人體力心力無法裁決所有公事，遂產生公文由皇帝口頭指示，太監將裁定事項批在公文的情形。明成祖以後太監掌控皇室安全的錦衣衛及特務單位東、西廠，錦衣衛又擁有司法裁判權，國家軍、政大

7　土木之變，明英宗被俘，弟弟朱祁鈺被立為皇帝，號代宗。一年後，英宗被釋回，代宗尊為太上皇。景泰八年，代宗病，武清侯石亨等人發動奪門之變，重立英宗為帝。代宗憂憤而亡，英宗廢朱祁鈺為王，將其已經開始施工的陵寢廢棄。

權遂由太監全盤掌控。明熹宗，啟用林堯俞，但政治現實仍無法擺脫太監包圍，任魏忠賢為司禮監秉筆太監兼東廠總督太監，除替皇帝代筆外，還兼特務機關首腦。林堯俞擔任禮部尚書也必需與太監週旋。

魏忠賢最初也想拉攏林堯俞，請林為宅邸書匾，但被拒絕。魏忠賢為展現實力，遂請旨由皇帝令林堯俞書寫。林不得已之下寫了「畏天堂」三字。魏忠賢不悅，說：「宗伯豈無意繪扉一席地，何遽張拳相向」，正式宣告與林堯俞決裂，也斷絕林堯俞出任閣揆的路。

林堯俞與朝中權貴衝突有數事：一為代擬《光宗實錄》序文時將光宗死因點出，得罪鄭貴妃及其黨羽；二為奉旨選閣，故意不讓魏忠賢主持其事，三為揭發懷沖太子誕生，魏忠賢與熹宗乳母客氏合謀危及母后生命問題，四為郊天導駕，阻攔中官逾位問題。林堯俞樹敵日多，敵對者也欲去之為快，魏忠賢遂與魏廣微[8]合謀，詭稱林堯俞宅中私用宮廷樂舞南樂，有僭越之嫌。天啟五年（1625）八月，熹宗同意林堯俞去職，接著閹黨也將林堯俞列為東林黨人，削去一切官方職務。熹宗對林堯俞的態度轉變，林堯俞感受甚深，返鄉後築南谿草堂，與老友吟咏其間，至崇禎元年（1628）去世。

三、林堯俞編撰《天妃顯聖錄》

靖難之役惠帝失蹤，明成祖懷疑惠帝出走海外，遣太監鄭和率艦隊下西洋訪查並宣揚國威，鄭和雖為回族，但出使諸舶多從閩省長樂、莆田徵募而來，船員崇信天妃者眾，出航時例至浙、閩天妃廟祭拜；航海過程中也屢屢傳出天妃靈佑神蹟，返國後官員依例奏請朝廷敕封，遣官致祭、修建廟宇。天妃靈應事蹟如此，永樂年間《道藏》重修，即增造〈太上老君說天妃救苦靈驗經〉一篇，將天妃納入道教神仙譜系。鄭和下西洋時，朝廷派太監及道士至莆田舉辦開洋清醮，卻發現臨濟宗系僧侶已掌控天妃廟，遂放棄對媽祖信仰的經營，故明

8　魏廣微，河南南樂縣人，萬曆三十二年（1604）進士，父允貞，曾任山西巡撫，為一代名臣。魏廣微以同鄉同姓與魏忠賢交，天啟年間召拜為南京禮部尚書，天啟三年入閣，天啟四年十二月編縉紳錄，將縉紳分為邪黨（東林黨人百餘人）與正人（閹黨六十餘人），開啟黨獄之路。

朝統治二百七十六年間僅在洪武五年及永樂七年誥封天妃二次，天妃信仰在明朝未受應有重視。

　　從儒家觀點來看，《天妃顯聖錄》天妃靈異事蹟不脫「怪力亂神」之嫌，有違孔子及理學家的宗旨。林堯俞是一位儒學的篤行者，鄉居時曾發起重建文廟，任官又重經世致用之學，若非他為《天妃顯聖錄》撰序及僧照乘提及《天妃顯聖錄》稿是由林堯俞提供，後人無法推知他是《天妃顯聖錄》初稿的編撰者。林堯俞在《天妃顯聖錄》序中說：

> 夫上古有功德在國家者皆登祀典，況天妃秉坤儀司水德，輔國庇民之功著於百世，則謂神之靈爽，直與經天之日月，行地之江河，運乾坤而不息可也。余自京師歸，偶於案頭得《顯聖錄》一篇，捧而讀之，不覺悚然而起曰：「天妃之英靈昭著有如是乎！余忝列秩宗，三禮是司，異日肇舉祀典……麻佐我國家億萬年無疆之治，余將有厚望焉。惜乎顯聖一錄尚多闕略，姑盥手而為之序以俟後之采輯而梓傳。

　　序末落款為：「賜進士第榮祿大夫太子太保禮部尚書兼翰林院學士」[9]。據《明史》六卿年表[10]，記載，林堯俞於天啟三年癸亥（1623）五月任禮部尚書，五年（1625）二月加太子少保，八月致仕。從落款「太子太保」爵銜來看，這篇文章是天啟五年二月以後的作品，但觀序文字裏行間充滿想將家鄉天妃信仰推入國家祀典的雄心壯志，應是林堯俞接任禮部尚書返鄉祭祖時的作品。林堯俞在莆田家中看到《顯聖錄》一篇，看到天妃英靈昭著的傳說，因他職司國家三禮，希望將天妃列為國家祀典，但《顯聖錄》的天妃事蹟尚未符《禮記》祭義規範，所以他鼓勵湄洲天妃宮住持僧照乘去補輯闕略，並預為《天妃顯聖錄》撰序。

　　林堯俞任政府史官多年，博覽國家史館典籍，居鄉時曾主修《興化府志》，總纂《光宗皇帝起居注》，不論史學造詣或編纂典籍都有一定水準與經驗，且特別重視典章制度的研究，他所指《顯聖錄》的

---

[9]　《莆田縣志》林堯俞傳：「《光宗實錄》成，加太子少保，慶陵工成，敘錄加太子太保」。

[10]　《明史》卷112，六卿年表，臺灣印書館據百衲百影印本。

缺漏，應是政府官方檔案中關於天妃的誥封等記載。林堯俞接任禮部尚書後，參與慶陵修建、《光宗實錄》纂修等大事，一時之間恐無暇著手《顯聖錄》補輯闕略的工作，但他以主管官員之便，仍可取得這些官方記錄。檢驗《天妃顯聖錄》書中有官方檔案為史源的是〈歷朝顯聖褒封〉及〈歷朝褒封致祭詔誥〉二部分，這些史料應非僧照乘及其他參與天妃顯聖錄編輯人員可取得，這二部分史料可能是林堯俞從官方檔案取得。

天啟五年（1625）元月慶陵竣工[11]後，林堯俞因被魏忠賢、魏廣微合謀去職並被列入東林黨籍[12]，但他有皇帝老師身分，雖無殺身之禍，但已讓他心灰意冷趕忙返鄉。離開政壇，林堯俞親自參與《顯聖錄》的補輯闕略工作，並在原已撰就的《天妃顯聖錄》序文落款：「賜進士第榮祿大夫太子太保禮部尚書兼翰林院學士」[13]。

《天妃顯聖錄》是以《顯聖錄》為底本加以增刪修訂而來，敘述天妃事蹟有一定風格，被天妃懲罰者多為盜匪，罕見譏諷政治人物。但〈托夢除奸〉[14]描寫明朝嘉靖年間嚴嵩當權，殘害忠良，御史林潤夢天妃鼓勵上本糾彈，並獲明世宗俞允，所述與歷史記載相符，可能為林堯俞新撰內容。

林潤也是九牧林後裔，於嘉靖年間任監察御史，其事蹟風範應會在莆田林氏家族間流傳，林潤卒時林堯俞已十三歲，景賢之心必然有之，故任官後居官也風骨凜然，對太監專擅朝政頗不以為然。明朝太監雖大權在握，但卻多迷信，「堯俞向一、二中涓曉以古今順逆報應，中官遂安。」[15]〈托夢除奸〉故事以神道設教，利用鬼神因果報應說勸戒世人，也表彰莆田先賢風骨，振奮士大夫節操為國除奸，實即林

---

[11] 《明史》卷22，本紀第22，熹宗，5年春正月。

[12] 林堯俞致仕後次年被列名東林黨，被削籍（撤消官員資歷），《明史》遂無其傳。

[13] 《莆田縣志》林堯俞傳：「《光宗實錄》成，加太子少保，慶陵工成，敘錄加太子太保」。

[14] 參見《明史》卷210林潤、《莆田縣志》卷17，名臣，林潤。林潤是莆田人，字若雨，明嘉靖35年（1556）進士，除臨川知縣，後擢南京東道御史。曾論嚴嵩子嚴世蕃大逆狀，御史鄒應龍聲援之，世宗震怒，戍嚴世蕃於雷州。嚴世蕃到戍所二日後即在官員放縱下陰行返家，居鄉里仍多行不法，林潤上疏論之，嚴世蕃終遭伏誅，籍其家，並究其黨羽。林潤隨被擢升南京通政司參議，轉任太常寺少卿，隆慶元年（1567）以右僉都御史巡撫應天諸府，居官三年卒，年四十。

[15] 同註8。

堯俞主張裁抑宦官勢力並與宦官魏忠賢鬥爭的寫照。

天妃信仰的宗教本質為何，是困擾後世學者的問題，而林堯俞在《天妃顯聖錄》序中即點出林默的宗教屬性，他說：

> 天妃吾宗都巡愿公之女也，誕降於有宋建隆元年，生而靈異，少而穎慧，長而神化，湄山上白日飛昇。相傳謂大士轉身，其救世利人，扶危濟險之靈與慈航寶筏度一切苦厄，均屬慈悲至性，得無大士之遞變遞現於人間乎！[16]

明白指出林默是白衣大士的轉世，其救世利人，渡一切苦厄都是大士慈悲至性的展現，在〈天妃誕降本傳〉也詳述林默誕生與觀音大士的因緣。

《天妃顯聖錄》記載明朝天妃靈應事蹟的最後年限是崇禎元年〈粧樓謝過〉故事，敘述明天啟乙丑至戊辰間（天啟五年至崇禎元年，1625-1628）海盜李魁奇入侵莆田濱海的吉了寨抄掠後船隊蔓延至賢良港，當地天妃信徒擁神像於海岸示以此地為天妃故里不可侵犯，而天妃也示夢於賊酋。然李魁奇船隊仍不離去，天妃遂起巨浪翻覆李魁奇船隊，李魁奇認錯，許願重興天妃宮粧樓後風浪始平。李魁奇是福建惠安人，於天啟至崇禎初年橫行閩海，當時閩海巨盜還有劉香老、鄭芝龍等股，但以李魁奇勢力最大，這個故事真實性很高，林堯俞之所以將之收錄，可能是暗喻盜亦有道，海盜不應騷擾海神天妃林默的家鄉。戊辰年（崇禎元年）是《天妃顯聖錄》內容紀年的最後年代，也是林堯俞去世之年，可印證林堯俞在此年將《天妃顯聖錄》稿交給僧照乘。

林堯俞在崇禎元年（1628）完成了《天妃顯聖錄》稿，並將之交給湄洲天妃宮住持僧照乘。但當時閩海已經是荷蘭、西班牙東印度公司國際海權競逐的場域及華籍海盜出沒的場所，僧照乘無力刊行，二十多年後仙遊籍先賢林蘭友還在湄洲天妃宮看到林堯俞的稿本。林蘭友說：

---

[16] 詳細內容請參考「天妃誕降本傳」原文。

余一日登湄山，揖僧而進之曰：天妃之異蹟彰彰如是，曷不彙集成帙以傳於世？僧曰：唯唯，昔大宗伯林公手授一編，將博采見聞以補其未備，願與同志者成之。

「大宗伯」是春秋時代掌管禮樂的春官首長，僧照乘以之為禮部尚書的雅稱，「大宗伯林公」是指原任禮部尚書的林堯俞，由此可知林蘭友看到的《天妃顯聖錄》是林堯俞交給僧照乘保管的原稿。崇禎元年（1628）林堯俞將《天妃顯聖錄》手稿交給僧照乘後不久即去世，《天妃顯聖錄》並未刊印成書。此後中國內部有李自成張獻忠的農民運動，東北有滿洲人的入侵，福建則海盜四起，又有荷蘭東印度公司船隊入侵，迄明朝滅亡，僧照乘一直未能將書付梓。滿清入關後，福建成為南明政權的最後據點，順治九、十年間湄洲嶼一度成為魯王整合復明勢力的聚會點，僧照乘也見證了魯王與諸勳鎮的會面，民族的情感讓照乘不斷延宕《天妃顯聖錄》的刊行，一直到康熙十四至十八年（1675-16）前後標榜復明的三藩之役鄭經控制閩南、莆田地區，僧照乘始將《天妃顯聖錄》付梓刊行，距林堯俞完成初稿已約五十年。

四、林堯俞形塑的天妃

林堯俞用了許多時間編輯《天妃顯聖錄》，自有其深刻意涵與目的，試析如下：

◈ 將天妃納入莆田九牧林譜系

宋代文獻即記載天妃為莆田湄洲林氏女，但其父系家族、家世及個人生卒年月從未被詳細記載，且多異說，如明代何喬遠所編《閩書》，即謂天妃為來閩貿易的賈胡之女，所述天妃〈機上救親〉的故事為救護遠往中東貿易船上的父親。元朝天妃被視為南海女神以後，朝廷賜祭各廟時依例會賞賜諸神後裔，為家族的榮耀，所以林堯俞會將天妃林默納入莆田九牧林譜系，但詳細檢視〈誕降本傳〉天妃先世祖先生卒年代即可看出其矛盾。

誕降本傳，謂林默曾祖父林保吉為後周顯德年間（954-959）統

軍兵馬使，與宋太祖趙匡胤（927-976）為同僚，推估其年齡與趙匡胤應都是三十歲上下的青年軍官。顯德六年周世宗（921-959）以三十九歲英年早逝，次年（960）陳橋兵變，趙匡胤受禪建立宋朝。周世宗去世或許可解釋為林保吉辭官歸隱湄洲嶼的原因，但其時距建隆元年僅一年。一年間，林家卻經歷了：林保吉退隱湄洲、林保吉子林孚承世勳為福建總管、林孚子林惟愨任都巡官、林惟愨歸隱湄嶼，年四十餘生女林默。假設林保吉、林孚二人都二十歲生子，到林惟愨四十餘生林默，最少要四十五年。更何況林默出生前後十年福建均為獨立王國，非後周或宋朝版圖，林保吉可能不會在後周朝任官，林孚也不可能承父蔭出任福建總管。所以，天妃林默出生的年月及其曾、祖、父的官職都是林堯俞編造出來榮耀天妃，也把天妃與林家緊緊綁在一起。

◈ 將天妃納入國家祀典系統

自唐代開始，中國即已有道、佛二教的爭論，互有輸贏，帝王則各有偏好，如唐朝皇帝家族姓李，故推尊道教教主老子，但歷代皇帝似多偏好佛教，以僧為師，如唐中宗師事僧伽，武則天用法藏。宋朝則喜道教，如真宗、徽宗，徽宗朝還曾一度強制將佛教道教化。元朝則以蒙古人傳統信仰密教為國教，明朝則又以道教為尊，從明太祖建國、成祖靖難都用道士為軍師，但整個國家祀典卻還是以儒家《禮記》祭義、祭法為依歸，並在政府職官中設置道籙、僧綱二司管理道、佛二教神職人員。易言之，不論是僧、道的神如何崇高，其性質還是一宗一教的神，但政府祀典神卻是有功於國家社稷、生民百姓的神，如文廟奉祀代表國家文化思想的賢哲，武廟奉祀代表國防軍事思想的名將，這些神為全民所共同敬信，其地位崇高，這也是林堯俞在其序言中說明禮部尚書任內想達成的目標。

為了此目標，林堯俞首先將天妃林默家世及誕生的各種傳說加以整合，創造出宋太祖建隆元年（960）三月二十三日出生，宋太宗太平興國四年九月九日白日昇天的說法，並將宋太祖出生的神異現象移植在林默誕生的場景以突顯其非凡性。其次，將林默十三歲師事老道玄通者的過程描述成華嚴宗初祖杜順選擇二祖惠嚴為徒的類似故事，強化林默從事宗教活動的宿命。接著三年後林默學成道法開始濟世，

並在此後十餘年間逐漸收伏西、北方的金、水二精，統領水族的宴公及水族仙班，建構成龐大的海上救護團隊，最後還可透過人間官僚體系帝王的授權，奏請玉皇上帝後擒拿違命降雨的龍王，均顯示天妃神的特殊性與超越性。

　　形朔天妃完美的神格與形象後，林堯俞以宮廷檔案為基礎，整理出〈歷朝顯聖褒封〉及〈歷朝褒封致祭詔誥〉的內容，讓天妃的神蹟與歷朝政府完美的結合在一起，讓政府官員、儒家學者、知識分子、社會各階層都能接受，擴大天妃信仰的社會基礎。

◈ 將天妃顯聖故事提升至宗教文學層次

　　林堯俞在家鄉看到《顯聖錄》，促成他編《天妃顯聖錄》的動機，《顯聖錄》的原始內容已無從考證，但考察萬曆年間流傳的章回小說，如吳還初在《天妃娘媽傳》中即錄有多則天妃顯聖靈應故事，如十六回〈林二郎鐵馬渡江〉[17]，二十七回〈天妃媽子江救護〉[18]，二十八回〈天妃媽莆田扶產〉[19]，二十九回〈天妃媽收伏白雞〉[20]，三十回〈天妃媽湄洲救護〉[21]，三十一回〈天妃媽收伏鱷精〉皆是。但這些故事都是神怪，閱後即知為虛妄。

　　吳還初在處理天妃收伏妖精時常出現幻想、暴力的寫法，如用劍劈開巨石為二半；斬殺妖精的血腥畫面觸目可見。林堯俞在撰《天妃顯聖錄》時，也收錄了《天妃娘媽傳》類似的故事：〈鐵馬渡江〉、〈靈符回生〉、〈化草渡商〉等，但林堯俞卻把屠殺的血腥場面轉變為有戰鬥，無屠殺的場景，讓天妃以高強的法術擊敗妖精，讓妖精鬥法失敗後心悅誠服，皈依天妃為部下，協助救護眾生。這種描述手法的改變，讓《天妃顯聖錄》的格局由神怪小說提升到宗教文學的境界，讓讀書人及政府官員能接受天妃，對清朝以後天妃信仰的快速擴張有很大助益。

---

[17] 描述天妃兄林二郎到湄洲學法，天妃贈以鐵馬（實為廟前泥馬）），林二郎騎以渡江並平西疆故事。

[18] 描述天妃在揚子江斬蛇、鱔二精，救護商船，商人並於湄嶼建廟答謝故事。

[19] 描述天妃在莆田救護縣令夫人產子，縣令以幣、帛牲醴設壇致祭故事。

[20] 描述天妃在胡公山斬殺欲加害縣令夫人的白雞精故事。

[21] 描述天妃在湄洲海域收伏各種水族救護商舟、漁民故事。

◈ 保留天妃信仰發展線索

林堯俞在萬曆年間請假鄉居時，曾編修《興化府志》，對莆仙歷史、人物知之甚詳，因此在《天妃顯聖錄》裡，也將建立、推動天妃信仰有關的家族、人物收錄在故事中，如莆田白塘李氏家族始建聖墩祖廟，宣和五年（1122）路允迪奏請朝廷賜順濟廟額，莆田白湖陳俊卿家族建白湖順濟廟，透過這些人物留下的線索，後人從文獻深入稽考，即可理出媽祖信仰發展的關鍵家族、人物及媽祖信仰早期傳播的路逕，這是一般民間宗教變文或善書所無法達到的水準。

此外，《天妃顯聖錄》也收錄天妃在鄭和下西洋時庇佑航海、與蠻邦戰鬥、治癒官員疾病等靈蹟，也記錄天啟年間橫行閩海的李魁奇受天妃懲罰的故事，讓神話小說與歷史人物結合為一體，讀者可稽可考，似實又虛，似虛又實，除了可讀性，還有可信性，讓這本書由章回小說層級提升為媽祖廟宇的典藏。

除了嚴謹的編輯手法外，林堯俞也有意將天妃的宗教屬性加以保留，如他在序言中即謂：「相傳謂大士轉身」，在〈誕降本傳〉中提及天妃父母「二人敬祀觀音大士」、「齋戒慶讚大士」，王氏夢大士告之曰：「當得慈濟之貺」等，從林家世奉觀音大士、大士賜丸藥降生林默，將天妃信仰與佛教觀音大士信仰連結起來。此一宗教意函最不容易解開，尤其觀音有三十六應化，又有報身、應身、化身及現在、過去、未來的三界，直到今天，學界還只能從宗教文獻中獲得模糊的概念。

《天妃顯聖錄》是一本記載天妃林默事蹟、靈蹟及歷代褒封的志書，也是將天妃信仰推向歷史舞臺，成為國家祀典的一部重要書籍，但因原創者未署名於書中，故後世僅知刊刻者為湄洲天妃宮住持僧照乘，而不知原稿創作者為林堯俞。

《天妃顯聖錄》內容精湛，開創了廟宇祀神志書的格局，故後世迭加增補，如康熙二十三年、雍正五年二度予以修訂重梓，雍正五年更配合天后新封號增補易名《天后顯聖錄》梓行，乾隆四十年代更新編為《勒封天后志》及《天后昭應錄》，此後各種因應地區特色的類似版本廣泛流傳，《天妃顯聖錄》是媽祖信仰的宗教經典，這都是林堯俞精心巧思撰寫出的成果，林堯俞對宏揚天妃信仰有無比的貢獻。

第五章：《天妃顯聖錄》
其他參與刊行者

　　《天妃顯聖錄》初版由僧照乘刊佈，因照乘在政治立場上支持明朝，故刊行時雖在康熙年間，但照乘仍奉明正朔，所錄五篇序文，作者分別為：林堯俞、林蘭友、林嵋、黃啟有與丘人龍五人，前四人分別為明朝官員及復明運動者，第五人則為出版的見證者。二版於康熙二十三、四年間由照乘徒弟普日刊行，當時鄭克塽已經降清，海內外已無強大復明勢力，為表彰天妃庇佑海疆功績，遂重刊《天妃顯聖錄》，抽除林蘭友、林嵋、丘人龍三篇序文，加入林麟焻序，總計《天妃顯聖錄》二種版本，共有六篇序文。林堯俞事蹟已見前章，本章將逐一介紹其他參與者，以見證《天妃顯聖錄》與大時代政局、人心轉變的情形。

一、林蘭友

　　林蘭友（1594-1659）[1]字翰荃，號自芳，興化府仙遊縣人，《明史》卷二百七十六有傳，謂：

> 林蘭友字翰荃，仙遊人，崇禎四年（1631）進士，授知臨桂縣（河南省），擢南京御史。疏劾大學士張至發、薛國觀，吏部尚書田惟嘉等，因論（楊）嗣昌忠孝兩虧，貶浙江按察司照磨，與（何）楷及黃道周、劉同升、趙士春稱長安五諫，遷光祿寺丞。京師陷，薙髮自匿，為賊所執，拷掠備至。賊敗，南還。唐王用為太僕少卿，遷僉都御史。事敗，挈家遁海隅，十餘年卒。

---

[1] 據《楓亭志》卷3，田泹，林都御史墓誌銘。林蘭友生於萬曆甲午二十二年，卒於順治己亥十六年。

因林蘭友曾參與南明政府的抗清活動，清朝修的《明史》只有簡略記載其仕履及忠貞不二的志節。乾隆三十五年（1770）陳興祚修的《僊遊縣志》卷三十五上林蘭友傳謂：

> 林蘭友字翰荃，號自芳，天啟七年（1627）舉人，崇禎四年（1631）成進士，授知臨桂縣，桂故多宗室，狡猾難治。……欽取赴京臨軒召對，授南京湖廣道監察御史。陛辭，疏論輔臣（大學士）張至發、薛國觀，冢臣（吏部尚書）田惟嘉，樞臣（兵部尚書）楊嗣昌負國之罪。忤旨。連三上，留中，禍且不測。宮詹黃道周，翰林劉同升、趙士春，給諫何楷文交章論救。謫浙江按察散員，直聲震京師。既而荊襄師潰，……特旨賜環，起為光祿寺丞，轉南京吏部考功員外郎。值闖賊狂躪北都失守（崇禎十七年，1644李自成陷北京），賊抄迫群臣，樹青紅二幟，令降者立紅幟，不降者立青幟。蘭友徑立青幟下，賊怒，縛晒之，幾死。有道士乘閒以濡帕投噀之，得不死。拷挾備至，蘭友終不屈。……賊遁，脫歸唐王，建號晉安，起為太僕寺少卿山西道監察御史兼巡按督學江西。甫就道，旋奉命撤回，陛兵部尚書右副都御史總理撫討軍務糧餉督師漳、泉。蘭友嘆曰：此臣子疆場致命日也。丙戌（順治三年，隆武二年，1646）九月，國朝大師至，天下一統，蘭友奉老親，挈妻、子遯入海中，羈窮漂泊凡十五載，薪鹽時不給，每掀髯抵掌口稱萬死臣。……至期端坐而卒，年六十有六。竹床葦蓆桐棺布被，寄櫬海澨，知縣田浥召其令孫繼昌扶葬於本里龍潭山，且為之誌，著有《迷迷草》等集。[2]

另《楓亭志》林蘭友傳則對其別號及家世稍有介紹，謂：「林蘭友字翰荃，號自芳，猗齋、砥菴，其別號也。祖大鶚，贈太僕寺少卿，父日章，庠生，封太僕寺少卿。」林家是從林蘭友之父林日章開始以儒為業，至林蘭友始進入官僚體系任官。

---

[2] 見《僊遊縣志》三十五上，人物志三，忠烈。乾隆35年（1770）陳興祚修，同治12年（1873）署僊遊縣事吳森重刊本。

林蘭友進士及第後大部分時間在臨桂縣任知縣，因釐平宗藩擬自立案，被皇帝召見，升任南京湖廣道監察御史，但陛辭時即疏論輔臣張至發等閣員，忤逆皇帝旨意，未上任即被謫江西按察散員。及李自成陷荊襄，崇禎始憶林蘭友遠見，再起用為光祿寺丞，轉南京考功員外郎。林蘭友在《天妃顯聖錄》序署名「賜進士第河南監察御史巡按江西等處裔孫蘭友」，此官銜並非他在崇禎朝的官銜，也就是說這篇序文是明朝亡後林蘭友南下投效唐王以後的作品。查明朝政府建立後，在中央政府置都察院，設監察御史八人，分監察御史為：浙江、河南、山東、北平、山西、陝西、湖廣、福建、江西、廣東、廣西、四川等十二道，各道印篆相同，為：「某道監察御史印」，其巡按印為：「巡按某處監察御史印」[3]，前者是官銜，後者是在執行巡按時的職章。林蘭友時任河南監察御史，並兼巡按江西等處。但這個職務卻與《僊遊縣志》林蘭友傳所載唐王起用為「太僕寺少卿山西道監察御史兼巡按督學江西」職務不同。據《楓亭志》[4]卷三列傳林蘭友傳，記載崇禎皇帝亡後林蘭友的事略謂：

　　乙酉（順治二年，1645）唐王策立福州，建號隆武，次年丙戌（順治三年，1646）二月，起公為太僕寺少卿山西道監察御史兼巡按督學江西。慨然就道，歎曰：此孰非我臣子疆場賭命日耶！遄就道，旋中旨撤回，斥以狂言鐫級。至七月二十一日始復原官，命與興、漳、泉、汀諸郡催繳糧餉。不數日，陞兵部尚書右副都御史總理撫討軍務糧餉督師漳、泉。勅已具，未書月日，行下，而唐王奔汀州，以八月壬午昧爽國朝大師入麗春門，唐王被執，其跋扈臣鄭芝龍降，子成功遁入南澳。蘭友極意再圖興復，事皆不就，則奉老親，挈家遯海，羈窮漂泊凡十五載。歲己亥三月，臥病月餘，夜見吏役來迎，與之戒期，晨興，顧影留題，時流寓海壇舟中也。……五月朔日逝。雍正年間邑人祀公縣學之忠義祠，乾隆戊申（五十三年，1788）奉旨賜帑建祠，有司春秋致祭。……咸豐十年（1860），楓人奉公

3　參見《明史》卷七十三，職官二，都察院，監察區後略有調整。
4　《楓亭志》，手稿本，清同治 5 年林朗如撰，仙遊縣圖書館藏。

暨宋蔡公襄，陸公秀夫立祠，祠於錦屏山，曰：三賢祠。

　　此傳詳細記載隆武帝在福州建立政權的第二年（晉安二年，順治三年）二月始起用林蘭友為山西道監察御史，卻因蘭友出言不當撤回任命，至七月始復原官，再陞兵部尚書右副都御史總理撫討軍務糧餉督師漳泉的職務；但派任程序尚未完成，隆武帝因親自往汀州督師防守清軍，在汀州兵敗被執殺，總計林蘭友在隆武朝參與復明工作僅約一個月。

　　隆武亡後，廣西永明王朱由榔自立，稱永曆帝，駐蹕浙江的魯王朱以海在張蒼水等人支持下以監國名號連絡義軍。鄭成功則以隆武帝勅封的招討大將軍名號在南澳募兵，並接收其叔鄭鴻逵軍隊，以金門、廈門為根據地，逐步控制福建省沿海漳、泉、興化與廣東省潮州等地區，成為福建最大復明力量。《僊遊縣志》雖提及林蘭友致力興復明朝，並無詳細內容，田沺〈林都御史墓志銘〉則有：「迨脫禍歸家，祝髮逃禪，超然塵外，憔悴海隅凡十五載。」的記載，林蘭友曾出家為僧。《楓亭志》卷三有〈林蘭友削髮詩〉二首，云：

　　生憂辱國死憂親，祝髮聊當化外民，天地一時亡其主，乾坤何處立孤臣，誓能殺賊甘為屬，端不從人自失身，長恨卑官垂雪憤，搔頭涕泗欲沾巾。刦運生逢數獨奇，皈依般若問沙彌，此身父在應准許，藐爾孤存總未知。義不共天慚載覆，情同一死捐縻絲，絲絲斷處腸先斷，顧影終難慰屬離。[5]

林蘭友於詩前引言云：

　　寇陷都城，逼淩大小臣工，挾以臕仕，余因削髮見志，時三月二十日。

　　據此，林蘭友削髮是在崇禎十七年三月二十日李自成陷北京崇禎皇帝自殺次日。削髮為僧不只是消極逃禪，從事復明活動時還可免連

5　同上引《楓亭志》卷三題贊。

累家人。《僊遊縣志》也留下林蘭友父林日章捨地建承天寺，其侄林炅在清朝初重建的記錄，云：

> 承天寺，在香田里，建自前明，封侍御史林日章捨地，國初姪孫炅重建，僧慈焰住持。[6]

《僊遊縣志》並無林日章任官或科舉記錄，侍御史官位是因林蘭友被隆武帝任命為太僕寺少卿山西道監察御史，推恩封贈而來。林炅是林日章姪孫，就是林日章兄弟之孫，林蘭友之姪，《僊遊縣志》有傳，謂：

> 林炅，字孟炅，都御史蘭友姪，博極群書，從不與試，親老家貧，課徒以養，病醫未效，繼以割股。嘗曰：山林吾樂也，乃願足矣。有問及御史當時事，輒悲涕亦不為置對焉，因自號曰：默齋。卒葬於本里西明寺龍岡之上。[7]

明、清科舉制度，需具府、州、縣學生員身分始得參與考試，可知林炅具仙遊縣、或興化府學生員身分，雖博極群書，但從不參加科舉考試，以教授生徒收入維生。但提及林蘭友事，他就悲泣不已，應是認同林蘭友的立場。可知林蘭友家族也經營寺院，暗藏宗教結社從事光復運動的意味。《楓亭志》林性深傳即可看到運作痕蹟。林性深傳云：

> 林性深，號若海，浙江鎮海人，當明季，挈家族由海船渡漳水，聚眾結寨於北坑岩酒池之巔，與林蘭友、唐顯悅等遊。蘭友志圖興復，性深以眾資焉。事不就，蘭友等挈家入海，性深復以船與之。蘭友飄寓十五年，性深因削髮為僧，與蘭友、顯悅等作方外遊，募建西明寺，諸公各書序勸贊。傳蘭友與性深同學，從遊於莆之吉蓼，後蘭友由蓼而楓，性深雅相友善，又

---

[6] 《僊遊縣志》卷十七，建置志九，寺觀，承天寺。
[7] 《僊遊縣志》卷四十二，人物志十，隱逸。並參照《楓亭志》林炅傳校正。

同志氣，故蘭友與王忠孝等圖復興，而性深實贊其事，性深既脫身於禪，其眾或散，去或為僧，皆莫辨，而性深之族屬則至今猶有居楓亭者，稱性深為西明開山祖云。[8]

　　林性深為浙江鎮海人[9]，於明末遷居楓亭，曾在楓亭北坑岩建立山寨聚眾自保。林蘭友在福建從事復明工作時，林性深將自己的武力交給林蘭友運作。林蘭友入海，性深又提供船隻予之，並重建西明寺，隱身空門。西明寺建於順治八年（1651），貢生鄭傳來碑記[10]云：

> 若海南渡漳水，結茅酒池之巔，啟闢其地……而楓人士後先從師遊，大司馬唐公泊庵，侍御林公砥菴，大行徐公尊賅與師作方外交，各書序勸贊。

　　記載順治八年西明寺重建時唐顯悅、林蘭友、徐孚遠等復明志士為其撰序勸助，可見順治三年清兵佔領福建後，林蘭友並非只消極逃避在海隅過著孤獨窮苦自閉的日子，而是與林性深、唐顯悅、徐孚遠等人在仙遊山區建立西明寺，以僧人的身分從事復明運動。林蘭友、林性深傳提到參與復興運動的還有一位唐顯悅，其身分頗特殊：

> 唐顯悅字子安，大章仲子也，萬曆四十六年（1618）以禮經舉於鄉，天啟二年（1602）進士。授諸暨縣，有賢聲。有巨犯託勢豪求解，不納，因忤當道，改湖州教授轉國子助教，陞南京戶部主事，管揚州鈔關，顯悅減船稅什之一，往來德之，調南京兵部主事，陞員外郎，出補襄陽知府，……陝賊渡河突入襄陽，顯悅防守策應兩閱月，賊不敢犯，事聞遷下江兵備副使，駐蘄州。時鳳陽既破，流賊蠍子塊等千餘入楚，圍麻城，麻係全楚咽喉，麻城舉則湖南北勢如瓦解，乃檄顯悅移鎮。至則守

8　同上引《楓亭志》卷三列傳。
9　見《僊遊縣志》卷十七，建置志九，寺觀，西明寺。鎮海為今寧波市鎮海區，寧波古稱明州，福建之福、泉、漳、汀、興化等州府海商雲集，是中國沿海口岸貿易及中日間貿易重鎮。
10　同註24，西明寺。

禦備至，賊往來七次不得近，陞襄巡道參政，并署監軍。有奉召滇軍八千道荊州，大被擾害，顯悅奉檄單騎諭定之。尋被劾歸。起補蒼梧道，奉勅會勦湖廣藍臨猺賊陳朝龍等，迫賊巢而軍，斬獲甚眾，救回難民七百餘，凡三閱月而賊平，陞北海道副使，開屯田千餘畝，轉清軍驛傳嶺南巡道，內艱歸。未幾，寇陷京師，懷宗死社稷，唐王建號晉安，陞通政司右通政兵部右侍郎。靖江王叛，奉命以左侍郎監贊福廣軍往平之。歸道惠州，留參將敖柱收惠寇，為忌者訕，落職。閣臣何吾騶申救，致仕。歸隱於雲頂巖，自號雲納子，以壽終，著有：《亭亭居》等集。[11]

　　唐家是仙遊世家，唐顯悅從天啟二年出仕後，一直擔任繁劇職務，多次平定寇亂，十分幹練，隆武帝朝任兵部右侍郎，參與平定廣西靖江王之亂後，因事前未先報准讓手下參將敖柱收惠州寇，被隆武帝免職。隆武帝亡後，唐顯悅不再參與復明軍事活動，但唐顯悅是鄭成功長子鄭經夫人唐氏的親祖父[12]，鄭成功是復明運動的主力，其友多繼續支持鄭成功，如王忠孝等皆隨鄭成功至臺灣。

　　綜上，可見林蘭友在順治三年至十六年（1646-1659間應非全無作為，他去湄洲嶼見天妃宮住持僧照乘應非偶然。蔣維錟在《天妃顯聖錄》校記中說：

　　　蘭友到湄洲的時間可能是順治九年（1652）。據《張蒼水詩文集》等考之，魯王監國於本年兵敗舟山，再次入閩，自閩安鎮移駐湄洲島，圖與鄭成功合作。但鄭已奉永曆為正朔，故合作的前提是魯王必須放棄監國名號。而蘭友與魯、鄭雙方均有關係（他先是響應魯王起兵，失敗後投奔鄭成功），故很可能參與這次合作談判。[13]

---

[11] 見《僊遊縣志》卷三十六，人物志四，仕蹟。

[12] 江日昇《臺灣外記》卷十一，順治十八年六月十九日云：（鄭）經自監守各島，仁慈儉恤謙恭愛人，雖好學善射，但嚴毅殺果敢弗如厥父也。經聘唐顯悅長子之女為妻，端莊靜正而不相得。上海古籍出版社，影印求無不獲齋刊本。

[13] 見蔣維錟：《天妃顯聖錄》校記，收《媽祖文獻史料匯編》第二輯著錄卷（上）《天

其實林蘭友的政治立場是支持魯王的，《楓亭志》收錄〈林蘭友題別小像〉引言云：

> 國家多難以來，吾黨為越（魯監國）死者，幾不可以數問，己
> 亥（順治十六年，1659）夏，余六十有六矣。以所在風鶴有警，
> 間渡海山，唯時耳目、手足、意氣、形骸冷然，……獨耿耿此
> 心，每於浩歌悲感之際，竟為唏噓哽咽不能自下者，鬱鬱遂成
> 痼疾，前後幾八十餘日，水粒不能入口，垂易簀，為留題二首
> 以自誌，歲己亥四月。[14]

從林蘭友自述及浙江籍林性深以人、船支持林蘭友復明二事，可
知林蘭友在唐王去世後，已是魯監國朱以海的支持者，當魯王南下福
建湄洲整合復明勢力，林蘭友當會參與其事。而扈衛魯王南下的張蒼
水遺作中也留下許多與湄洲有關記錄，其《奇零草一》，有「登湄洲」
一首，作於壬辰年（順治九年），云：

> 不盡滄浪興，孤洲眺晚暉，海翁稱地主，野父說天妃。舴艋風
> 前出，鐮鋤雨後歸，侏儷雖未解，一笑亦忘機。[15]

述說張蒼水在順治九年抵達湄洲島，聽到當地父老訴說天妃的故
事。魯王駐蹕湄洲嶼時，福建明朝遺老及各勳鎮均來參謁，盛況空
前。張蒼水有「師次湄島，諸勳鎮行長至禮，余以服制不預，志感」
一首，云：

> 棘人經歲解朝簪，憂國江湖一片心，太史徒然吹鳳律，諸侯空
> 自喊鸞音。風塵飄泊隨南北，雲物淒涼變古今，慰藉新陽來六
> 管，朝霜朔雪不須侵。陽回曙鼓動樓船，遙憶千官上壽年，漢

妃顯聖錄》。
[14] 見《楓亭志》卷四，林蘭友題別小像。
[15] 張煌言《張蒼水詩文集》，含：北征得失紀略、冰槎集（附外編）、奇零草、采
薇吟（附外編）等編。民國五十一年六月，臺北，臺灣銀行編印。

殿徹侯原裂地，周廬亞相盡朝天。香爐重傍疑難望，綵線初添喜復憐，猶恨身達冠帶會，心隨日影到虞淵。[16]

　　順治九年是魯王能否領導復明勢力的關鍵年，福建省大部分地區均在復明軍控制下，魯監國的目的是想爭取復明軍及鄭成功的支持。按鄭成功募兵是以隆武帝誥封的招討大將軍印理兵事，隆武歿後未改變，隆武三年（順治四年，1647）年底鄭成功知永曆帝駐蹕廣西肇慶，遣光綠寺卿陳士京入朝。次年陳士京返福建，攜回永曆誥封鄭成功為漳國公[17]的誥勅，鄭成功才改奉永曆年號，以隆武四年為永曆三年，但仍用招討大將軍印。順治九年（1652）魯王至湄洲嶼大會群雄時，鄭成功並未前往，所以魯王繼續在湄洲駐蹕至順治十年四月始移駕廈門。張蒼水留下湄洲詩作數篇，順治九年有〈壬辰除夕，寓湄洲禪院〉一首：

　　浪蹟天涯又歲寒，強將枯影對辛盤，鄉思暗逐鯨波寫，世事明隨漁火看。柏葉尊前催律呂，蓮花漏上換支干，江山百戰渾非舊，留得磻溪把釣竿。

　　順治十年（1653）正月初七及十四日立春又有〈人日、立春客湄島二首〉：

　　勞生了不解宜春，梅笑重驚物候新，俗入奏餘疑近古，時從夏正識生寅。土風薄似村醪惡，海錯鮮兼寒具陳，野草年年依舊發，王孫何許一沾巾。海外行藏不計春，起看天地亦維新，鼓聲往歲聞呼癸，斗柄今年說指寅。讀禮每思箋大戴，授書尚擬續君陳，東風似為羈人至，煖氣偏吹白甄中。

　　順治十年春分以後有〈登湄洲謁天妃宮〉一首：

16 以下張蒼水詩作出處均同 32。
17 見黃宗羲《賜姓始末》，封成功為延平王。而及夏琳《閩海紀要》則載永曆三年七月封成功為漳國公。應以《閩海紀要》為正確。

蒼茫一曲帶烟霞，聞說飛仙此駐家，石髓沁香流乳酪，雲根瀣
霧想鉛華。樓前縹緲凌波襪，檻外參差貫月槎，湘女雛妃多往
蹟，曾無精爽徧天涯。

可知魯王駐蹕湄洲島至少有四個月，當時鄭成功手下正發動攻
打漳州城的戰爭故未往謁。魯王遂進而移駐廈門島，但鄭成功並未
因魯王往訪而轉變立場支持之。全祖望《張蒼水年譜》順治九年有如
下記載：

> 公復扈監國入閩，延平（鄭成功）不肯奉魯，但以廩餼供之而
> 已。時王（魯）去監國號，以海上諸臣皆受滇（永曆帝）命；
> 惟公於王（魯）不改節。[18]

時勢已無可挽回，張蒼水乃扈魯王重返浙江舟山。

順治十年五月，鄭成功軍於海澄擊敗清將固山金礦，永曆遣兵部
主事賫敕晉封鄭成功為延平王並許其便宜委用，武職許至一品，文銜
許設六部主事（七品官）[19]。十一年二月，清廷遣官議撫，擬以海澄
公印封鄭成功，被拒。十一月鄭成功攻陷漳州城，泉州屬縣望風被靡。
順治十二年（永曆九年）初，永曆帝詔許鄭成功設立六官，秩比行在
侍郎，設五軍協理各一員，左、右都事各二員，又設儲賢館、育冑館，
代行天子職權。此後數年鄭成功率師北伐，佔領浙江，進逼南京。魯
王的湄洲行整合閩省復明勢力雖未成功，但卻讓天妃宮及天妃成為各
方注目的焦點，也因遺老們對天妃林默的不瞭解，林蘭友、林嵋等林
氏後裔遂積極鼓勵照乘編印《天妃顯聖錄》。林蘭友說：

> 余寓湄島，披閱《天妃世譜》，考其所載如神授符篆，
> 現身救世諸事皆歷歷不誣，遂能感動天朝。……余一日

---

18 全祖望編的《張蒼水年譜》順治九年。收錄於《張蒼水詩文集》附錄一。
19 永曆許鄭成功便宜委用，武職許至一品，文銜許設六部主事之事，各書皆未載明
    其年月，推估應為鄭成功晉陞王爵後始授予此權。

登湄山，揖僧而進之，曰：「天妃之異蹟彰彰如是，曷
不彙集成帙以傳於世？」僧唯唯：「昔大宗伯林公手授
一編，將博采見聞以補其未備，願與同志者成之。」余
於是先為之序以為勸世一助云爾。

林蘭友撰序時住在湄洲嶼，且意氣風發、充滿自信的勉勵照乘，
其時間點應是復明情勢大好的順治十年春魯王會見諸勳鎮後不久[20]。
　　林蘭友序文署名：「賜進士第河南監察御史巡按江西等處裔孫蘭
友識」，所署官銜與林蘭友崇禎朝任官職銜並不相符。按林蘭友崇禎
四年時官銜為：「南京吏部考功司員外郎」；至南明隆武帝時，先授
予：太僕寺少卿山西道監察御史兼巡按督學江西，再授予：兵部尚書
右副都御史總理撫討軍務糧餉督師漳泉。蔣維錟推測「河南監察御史
巡按江西等處」的官銜可能是永曆帝所任命[21]。但以順治十年復明形
勢大好的時機，永曆帝極力拉攏福建明朝遺臣致力復明大業，似不可
能以低於隆武帝所授兵部尚書右副都御史二品官的標準任用林蘭友。
另《楓亭志》載林蘭友家尚保有隆武頒授任官誥勅，卻未見提及有永
曆帝或魯監國誥勅，可知林蘭友所署官銜仍為隆武帝時期所授。至於
官銜不一的原因可能是雍正三年《天后顯聖錄》重刊時誤植，將「山
西道監察御史」誤為「河南道監察御史」所致。
　　順治十一年（1654）至十六年（1659）是復明軍勢力最盛的時
期，十一年張蒼水與定西侯張名振會師進入浙江，軍勢復振，十四年
（1657）鄭成功北伐軍入浙江，十一月永曆帝遣漳平伯周金湯晉封鄭
成功為潮王，十五年（1658）五月，鄭成功舉大兵北伐，張蒼水與會
師，十六年（1659）圍南京。但林蘭友年事已高，並未參與鄭成功的
北伐戰役，於是年五月一日病逝海壇的平壇島享年六十六歲。康熙四
十一年（1702）署仙遊縣令田浥為撰〈林都御史墓誌銘〉[22]謂：林蘭
友為故儒士日章之嫡長子，一子，名熊生，孫二，名繼昌、繼祖，曾

[20]　蔣維錟則謂在清順治九年（1652）。
[21]　同註27。
[22]　同註18，田浥，林都御史墓誌銘。

孫四人。胞姪煜生（炅）[23]，姪孫竹。熊生、繼昌均已逝，繼祖以糧累逃徙他鄉，林蘭友靈柩也停放海濱荒郊四十年未曾下葬，在田湜協助下歸葬故里。[24]

二、林嵋

林嵋（1624-1661）[25]莆田人，字小眉，明崇禎十六年（1643）進士，曾為《天妃顯聖錄》撰序，但原文在《天妃顯聖錄》再版時被刪除，至雍正三年《天后顯聖錄》新刊時再被收錄。《莆田縣志》有傳，云：

> 林嵋，字小眉，廷陞曾孫，少隨父長茂宦鎮江，與兄簡以文詣金沙張明弼，一見傾倒，有聖童之譽。弱冠，登崇禎癸未（十六年，1643）進士，所作制舉業，相國謂其儒蹤佛蹟隱見人間，傳誦海內。詩原本漢魏，於唐獨宗李白，外此，夷然不屑也。甲申，李自成犯闕，嵋不屈賊廷，微服毀形，間道渡江，上書樞部史可法，首言賊中事，甚悉。可法奏留用之，嵋磊落負奇節，既登第，方欲得一官以自表見；會時事已非，益大肆力於詩，時時著作，多悲憤語，每念及國亡主死，輒流涕哽咽。忌者竟藉是中之。難作，憤益甚，草絕命詞三章，嘔血，數月卒，年三十八。嵋以詩文殉君父，以性命殉詩文，其沒也，聞者莫不悼惜之。所著《蠛蜢集》十二卷。[26]

林嵋家學淵源，天資聰穎，二十歲中進士，為宰相黃景昉所賞識，但黃景昉在崇禎十六年（1641）九月，因案被思宗責問致仕歸鄉，林

---

[23] 田湜，〈林都御史墓誌銘〉謂其姪煜生，而《僊遊縣志》所載林蘭友姪則為林炅。「炅」字，據《正字通》解釋，謂：「人身元陽，無形真火也……從日從火，大明在上，火微不見其形，故取以況其火。」煜則為明亮義，與炅通，炅或為名，煜生則為字。

[24] 同上註，田湜，〈林都御史墓誌銘〉。

[25] 林嵋生卒年據《莆田縣志》林嵋傳弱冠中崇禎十六年進士推測，而蔣維錟則以其卒年推測為1618-1655年。

[26] 《莆田縣志》卷二十二，人物，文苑。

嵋並未被特別拔擢，也不知他出任何官職。但從次年李自成陷北京，林嵋微服毀形間道渡江來看，他原似在北京當官，南下後上書史可法言賊中事甚悉，遂被留用。至明亡，清朝統一後，又因故國情懷被人檢舉，最後被捕，悲憤吐血而死。《莆田縣志》所述林嵋事蹟特重其詩作，而《明史》林嵋傳則載其仕歷，云：

> （林）嵋，字小眉，繼祚同邑人，由進士為吳江知縣。蘇州失，歸仕唐王，至是自縊死。[27]

林嵋在明亡後追隨同鄉大學士朱繼祚從事復興工作，《明史》朱繼祚傳云：

> 朱繼祚，莆田人，萬曆四十七年（1619）進士……起南京禮部尚書，又以人言罷去。福王時起居故官，未赴。南都失，唐王召為東閣大學士，從至汀州，王被擒，繼祚奔還其鄉。魯王監國，繼祚起兵應王，攻取興化城。既而大清兵至，城復破。繼祚及參政湯芬、給事中林嵋、知縣都廷諫並死之。

據此，林嵋從事的復興運動時間甚長，歷經宏光、唐王及永曆時期鄭成功北伐期間。《明史》所謂：「魯王監國，繼祚起兵應王，攻取興化城。既而大清兵至，城復破。」，未述明年月，經查《莆田縣志》朱繼祚傳，但傳文僅至崇禎朝即結束，云：

> 後晉禮部尚書，隨引疾歸，甲申聞闖賊陷京，仰天痛哭，每歎身為大臣，遭國多難，矢死靡他，是吾職也。[28]

因《莆田縣志》修於清乾隆年間文字獄尚在的年代，對那些曾經參與復明運動的官員事蹟尚有忌諱，朱繼祚傳未記載其抗清詳情，致無法找出與林嵋精確的死亡時間。《明史》雖提及二人於興化城破後

---

[27] 《明史》卷二百七十六，朱繼祚傳附。
[28] 《莆田縣志》卷二十三，人物，列卿。

自殺，但也未提時間點。據《莆田縣志》興地志、建置志，載明洪武二年改興化路為興化府，轄莆田、仙遊二縣，府署設於莆田縣城。明史所謂興化城即莆田縣城，《莆田縣志》祥異志載清朝順治年間興化城被攻記錄如下：

> 順治五年（1648）正月，寇復合，郡城被圍三月，城陷，七月十二日大師至始定。十年（1653）十一月海寇又至，札黃石，沿鄉索餉。十二年（1655）正月初五日，海寇陷仙遊，十八日移兵圍郡城，越日去。十四年（1657）七月十二日，海寇大至，舟泊三江口，賊上涵江、黃石等處放火殺人，大掠六七日，掘東角珠浪長堤，運米穀財帛以去。十七年（1660）七月十三日，海寇又至，大掠黃石等處三日去。十八年（1661）冬，徙沿海居民於內地。[29]

《僊遊縣志》摭遺志，載清朝順治十二年事，云：

> 順治十二年乙未春正月，鄭成功遣其將林勝等陷城，知縣陳有虞、典史沈有卿、都司王家禎死之，……夏四月，大飢，斗米百五十錢，民城陷死及病死餓死殆盡。[30]

所指攻城者為鄭成功所部將領林勝，兩相對照，可知《莆田縣志》所指之寇為鄭成功，而興化城被攻陷時間為順治五年（1648）春，清軍收復興化城的時間為同年七月，林嵋追隨朱繼祚參與攻打興化城應指此次戰役。但此後直至順治十七年，鄭成功軍隊進出興化府如無人之地，魯王也曾於順治十年至十一年間駐紮湄洲、廈門等地，林嵋並曾恭逢其盛，所以林嵋死亡的時間非在順治五年防守興化城戰爭中死亡，而是在順治十八年（1661）鄭成功撤離福建，清朝完全控制福建，實施遷界後被人舉發其曾參與攻打興化府城，被逮捕下獄悲憤而死，所以林嵋死亡的時間應以順治十八年較合情理。

---

29 《莆田縣志》卷三十四，祥異志，國朝。
30 《僊遊縣志》卷五十二，摭遺志，卷上，清朝。

林㠀在《天妃顯聖錄》序末所署官職為：「賜進士第奉直大夫禮部精膳司員外郎特簡吏科給事中」，應是唐王自立為隆武帝時所授。因為林㠀從事復明運動的後期是追隨朱繼祚響應魯王而起兵佔領興化城，而魯王曾在順治九、十年（1652-1653）間駐蹕湄洲島，當時復明勢力集結於湄洲嶼，群賢畢至晉見魯王，林㠀、林蘭友與朱繼祚都可能參與此次盛會，故這篇序文撰寫的時間可能與林蘭友差不多，即在順治十年三月稍後，兩人可能於同時間從僧照乘手中看到《天妃顯聖錄》原稿。也因為當時復明形勢大好，林㠀以林默族裔的身分為《天妃顯聖錄》撰序，也因為看到天妃林默在民間信仰的崇高地位，所以推崇林默是福建九牧林氏家族於理學、文章之外最有成就的人。

三、丘人龍

　　為《天妃顯聖錄》撰序者都為林姓族人，第一位以異姓獲撰序者為丘人龍。丘人龍的序文在《天妃顯聖錄》再版時，與林蘭友、林湄等人序文同時被刪除，至雍正三年《天后顯聖錄》新刊時再被收錄。丘人龍在序文落款時署：「朝陽丘人龍盥沐百拜謹識」，反映出他的身分是平民，與前述撰序諸先賢不同。光緒年間楊浚輯《湄洲嶼志略》也收錄丘序，並於文末註「按人龍潮陽人」[31] 等字。按潮陽即清代之潮州府，屬廣東省，與丘人龍身分不盡相符，楊浚之謂丘人龍為潮陽人，不知所據為何，可能是將丘人龍落款「朝陽」，當成地望潮陽。丘人龍以平民身分與林堯俞、林蘭友、林㠀等進士出身的官同受僧照乘青睞請託撰序，讓人十分好奇。

　　丘人龍在撰序時雖為平民，但《莆田縣志》選舉志，歲貢，卻錄有邱人龍一名，為康熙年間貢生，不知是否同一人？邱與丘雖異字同音，但兩姓相通。雍正八年前後，為推尊孔子，通令避諱孔子的名「丘」字，改丘姓為邱。《天后顯聖錄》刊於雍正三年避諱改姓之前，仍用丘字，而《莆田縣志》修於乾隆年間避諱改字之後，丘字須改為

---

[31] 楊浚《湄洲嶼志略》卷四，藝文，邱人龍，天后顯聖錄序，冠悔堂募刊本。

邱字，所以邱人龍與丘人龍是相通的。

丘人龍是康熙年貢生，據《莆田縣志》選舉志歲貢制度，載：

> 明制，府、州、縣貢生員，由本學推舉年例已及者二人送提學
> 道考選一人充貢到禮部，彙奏送翰林院考試。中選者送國子監
> 讀書，或願授教職者，聽。正統、天順間則有四十歲、四十五
> 歲例充貢者，嘉靖間有選貢例行，二、三年朝罷。隆慶、萬曆
> 初年又有登極恩貢例及限年六十以下三十以上屢經科舉者，六
> 人歲選取一人充貢，年老力衰者授與冠帶。……國朝歲貢如明
> 初例，康熙三年罷，八年復，二十六年始免赴京廷試，止依提
> 學官考選名次授以教職。[32]

貢生是府、州、縣學生員年齡三十（或四十）歲以上六十歲以下
屢經參加舉人考試未被錄取者經本學報送提學官考選後授以教職者。
《莆田縣志》雖未記載邱人龍出貢年度，但康熙六十一年間，扣除康
熙三年至七年（1664-1668）停辦，共有五十六年有貢生，加上康熙
六十大壽之年增加恩貢生，共有貢生一百十六名，大約每年有二名貢
生。丘人龍排於八十六名，約為康熙四十八年（1709）前後出貢的貢
生。《莆田縣志》對貢生出任教職或其後升任他職有傳者皆會附註，
但丘人龍名字之下僅載「府學」二字，即他並未出仕，可能為六十歲
以下年老力衰授予冠帶而未任教職者。假設康熙四十八年丘人龍出貢
時為六十歲，則其出生年在順治七年（1650）前後，當時福建尚處於
清軍與復明軍交戰期。丘人龍在其序文中云：

> 人龍生長海濱，嘗從里中父老瞻禮於廟廊之下，自播遷後寄寓
> 郡城，遙望故園宮闕在煙雲縹緲中，為之嗟嘆者久矣。適有僧
> 照乘從湄嶼來，踵門而請曰：《天妃顯聖錄》秘而未傳，願求
> 編輯以垂不朽。

32　《莆田縣志》卷十四選舉志，歲貢，國朝，康熙元年壬寅至六十一年壬寅。

所述生長海濱，可能即指湄洲嶼。至於其撰序時間則在「播遷後寄寓郡城」之時。所謂「播遷」，又稱為遷界，是指清朝為防範漢人接濟復明軍，下令遷沿海十里內及各離島居民於內地，片板不准入海，違者視同通敵，可處死刑。據《莆田縣志》祥異志載：

> 順治十八年（1661）冬，徙沿海居民於內地。康熙八年（1669）詔界外附近地各展五里，許民築室耕種。十三年（1674）三月十五日，耿精忠叛逆，據省城。十五年（1676）九月，耿精忠投誠，十月，海寇逼據府城。十六年（1677）正月二十九日大師至，二月朔大敗海寇於太平山，殺二千餘人，寇退守城中，夜半棄城遁。二十一年（1681），盡復界外居民開墾耕種，民皆樂業。[33]

　　所指「播遷後」指清朝下遷界令之後，時間為順治十八年冬至康熙二十一年間，前後長達二十一年。

　　丘人龍序云：「適有僧照乘從湄嶼來，踵門而請曰：《天妃顯聖錄》秘而未傳，願求編輯以垂不朽。」敘述僧照乘在遷界期間從湄洲持《天妃顯聖錄》稿來請他編次。此反映出乘照當時住在遷徙之地的湄洲嶼。因遷界令是軍律，且沿海有軍隊駐防，僧照乘能自由往返湄洲、莆田縣城必需是遷界令未被執行的時期，即耿精忠據福建至鄭經撤回臺灣的康熙十三年至十九年（1674-1680）間。尤其康熙十五年至十九年三藩之役，興化、泉州、漳州等郡皆為鄭經佔領區，僧照乘曾與眾多復明志士往來，應得自由往來湄洲與莆田的時期，丘人龍撰序的時間也在此時期。

　　僧照乘於明天啟六年（1626）即曾接待過禮部尚書林堯俞，至康熙十五年（1676）請丘人龍編次時已經過了五十年，假設明天啟六年時照乘年三十歲，康熙十五年已是八十歲的老人了。以其高齡親自持《天妃顯聖錄》稿渡海請一位二十七歲左右，無顯赫家世或功名的青年丘人龍為其編次，殊不合常理，僧照乘的目的可能是要丘人龍見證

---

[33] 《莆田縣志》卷三十四，祥異志，國朝。

他已將《天妃顯聖錄》刊行，而丘人龍則是當事人的子姪。丘人龍在序文中云：

> 人龍生長海濱，嘗從里中父老瞻禮於廟廊之下。

丘人龍生長的海濱，應指湄洲嶼。順治五年至順治十八年遷界止，湄洲嶼是復明軍的據點，戰爭期間人煙稀少，不可能舉辦大祭典，較有可能的是順治十年（1653）三月二十三日天妃的誕辰，當時魯王尚駐蹕湄洲嶼，有可能舉辦祭典。《張蒼水詩文集》癸巳年（順治十年）三、四月間詩作「登湄洲謁天妃宮」[34]，即其證。當時張蒼水陪侍魯王，明朝遺老多往湄洲晉謁，其盛況可想而知，而丘人龍雖尚年幼，但於旁觀禮，可知其父老若非當地望族則為復明分子。

丘姓雖在東晉永嘉年間入居莆田，至宋皇祐年間分支入粵，僅部分族人留居莆田地區。[35] 然查《莆田縣志》卷十三選舉志，明嘉靖元年至清康熙二十二年間（1522-1683）邱姓中進士者僅嘉靖二十六年（1547）邱預達（官至貴州布政使）一人，舉人有：嘉靖元年（1522）邱愈（武定同知）、嘉靖十六年（1537）邱預達、萬曆十三年（1585）邱憲周、崇禎六年（1633）邱士陶（府學教諭）、崇禎九年（1636）邱孔元（府學教諭）、崇禎十二年（1639）邱夢斗（平海衛學），雖不無簪纓，但均非顯宦。上述諸人中《莆田縣志》僅謂邱憲周「文章行誼見重於時，而厥施未竟，人咸惜之。」[36] 邱憲周雖見重於時卻早逝而未登進士第，且其年代距康熙十三年已九十年。而《仙遊縣志》卷十三選舉志所錄明清間舉人、進士題名錄更無丘、邱姓者。

丘人龍自謂：「生長海濱，嘗從里中父老瞻禮於廟廊之下。自播遷後寄寓郡城，遙望故園宮闕在煙雲縹緲中。」具備：生長在湄洲、父老與天妃宮有因緣、曾瞻禮於天妃宮、遷界後居住莆田等條件的人，較有可能的是曾參與或鼓勵照乘編印《天妃顯聖錄》者的親人。

---

[34] 張煌言《張蒼水詩文集》，奇零草一。
[35] 《臺灣省通志》卷二人民志，氏族篇，邱姓。民國五十八年，臺灣省文獻委員會印行。
[36] 《莆田縣志》卷十九人物志，風節傳。

最早參與者林堯俞，禮部尚書致仕，其子林銘鼎也是進士及第，官至南京光祿寺少卿，但未見有後續參與編書行動。林嶒及其兄林簡[37]皆年輕即卒，並無子嗣，應非丘人龍父老。

林蘭友則不然，其先祖曾居莆田忠門西亭，後遷往仙遊縣楓亭，與莆田有深厚淵源。任御史直聲震天下，被闖賊拷挾備至而不降，抗清失敗遁居海島，至死不與清朝共戴天，其志節特為後人景仰，雍正年間仙遊人祀於縣學之忠義祠，乾隆五十三年（1788）奉旨賜帑建祠春秋致祭，咸豐十年（1860）楓亭人於錦屏山建三賢祠，奉林蘭友及宋代名宦蔡襄、陸秀夫，其受鄉人崇敬若此。僧照乘請其後人見證《天妃顯聖錄》的編印，了卻心願也是合理。

據〈林都御史墓誌銘〉的記載，林蘭友育一子，名熊生，二孫，名繼昌、繼祖。康熙四十年署仙遊縣令田浥訪查林蘭友後裔時，其子與長孫繼昌已去世，二孫繼祖則潦倒逃離故鄉，四孫則年齡太小，與丘人龍條件不符。而林蘭友入海是奉老親及家人偕往，林蘭友有一弟，名荊友，相傳長期居住湄洲島，死後葬在湄洲塔林村[38]，可能也隨林蘭友從事復明運動，其子林炅十分孝順嘗割股為親治病，對林蘭友也有特殊感情，《楓亭志》謂：

> 林炅，字孟炅，都御史蘭友姪，博極群書，從不與試，親老家貧，課徒以養，病醫未效，繼以割股。嘗曰：山林吾樂也，乃願足矣。有問及御史當時事，輒悲涕亦不為置對焉，因自號曰：默齋。卒葬於本里西明寺龍岡之上。[39]

康熙四十年田浥訪查林蘭友後裔時林炅為生員，並在〈林都御史墓誌銘〉中留下「嘗聞先賢吉德，其後必昌，眼前子孫又何必歎衣褐負薪乎。」的話，指林蘭友家人感嘆為平民百姓，似乎有請求田浥協助之意。老生員出路僅有出貢一途，而其最初決定權又在縣令，與丘

---

[37] 《莆田縣志》林簡事蹟附於林嶒傳末，林簡為莆田縣生員，年三十卒。
[38] 〈林都御史墓誌銘〉雖提及林蘭友姪林煜生及姪孫竹，卻未提及其弟名諱，此據《百度百科》〈林蘭友〉條內文。林荊友事蹟不詳，可能為林煜生之父，
[39] 《僊遊縣志》卷四十二，人物志十，隱逸。並參照《楓亭志》林炅傳校正。

人龍老貢生身分也相符。諸多條件吻合，但其姓名如何轉化？畢竟無法解釋，只有俟之他日。

四、黃啟有

黃啟有也是莆田人，字應似，明崇禎元年（1628）戊辰科進士，《莆田縣志》[40]卷二十二人物文苑傳云：

> 黃啟有字應似，希韶曾孫，崇禎戊辰（元年，1628）科進士，選庶吉士，授編修，直《起居注》。丁丑（崇禎十年，1637）分校禮闈，陞國子司業，……歷左中允、左諭德，侍經筵日講，掌制誥。時國步方艱，當政銳於求治，廷臣議論曰：繁無裨實用。起有處綸扉近地，調劑委曲，入代絲綸，簡質嚴重，動中機宜，中外韙之。己卯（崇禎十二年，1639），典試順天，所得士後多躋公輔，如成相國克鞏，杜相國立德，其最著也。陞左庶子，奉使江右，過長洲，聞闖賊陷京，以母老遂歸。母歿，時起有年迫七十，猶為孺子哭。平居登臨贈答皆貧交故舊，無一語及朝右顯榮者。著有《慵山詩集》若干卷。善草書，蒼秀軒翔，絕得古人筆法，世爭珍之，年八十三卒。

觀察黃啟有的仕履，中進士後即被選為庶吉士，在中央政府的史館、禮部、國子監等部門工作，歷任國子監司業（正六品），再轉至詹事府任左中允（正六品）、左諭德（從五品）、左庶子（正五品）等官，長期陪侍太子，參與機要。崇禎十七年（1644）奉命出使江西，當時中原板蕩，李自成勢力方熾，黃起有可能從北京取道天津走水路南下，至長洲（今江蘇吳縣）聽到李自成攻陷北京，遂以母老歸鄉奉養，迨其母去世，雖已年近七十，仍為孺子哭，鄉居至八十三歲卒。

黃啟有傳中特別值得注意的是崇禎十七年奉使江西事，傳中雖未提及為何事南下江西，但據《明史》卷二十四莊烈帝本紀，崇禎十

---

[40] 見《莆田縣志》卷二十二，人物，文苑。

七年二月，李自成等連陷汾州、懷慶、太原、潞安，並代州、固關，進逼河北南部，朝廷正式討論京師城守禦問題，崇禎正式下詔天下勤王，命廷臣上戰守事宜。左都御史李邦華、右庶子李明睿請南遷及太子撫軍江南，三月，李建泰疏請南遷，都不許。[41] 三月十九日北京陷，崇禎自縊煤山。江西位居長江上游，控扼南京城，為兵家必爭之地，當北京危急時，黃啟有奉命出使江西，可能與連絡勤王師有關。但行到長洲縣，李自成已陷北京，崇禎自縊，出使的任務遂未繼續進行。

崇禎亡後，明朝宗室官員紛紛南逃，擁立福王朱由崧於南京，稱弘光。據蔣維鍈的推測，黃啟有崇禎元年成進士時約三十歲[42]，崇禎十七年也只約四十七歲，其母尚未至風燭殘年（距其母去世尚十餘年），長洲縣距離南京也不遠，他曾參與機要，但未繼續參與弘光朝及以後的唐王、魯王與桂王的復明運動頗不可思議。

據顧炎武的《聖安皇帝本紀》[43] 記載，崇禎十七年三月北京陷，崇禎自縊，太子朱慈烺及另二位王子定王朱慈煥、永王朱慈燦下落不明，三人皆尚未成年。四月消息傳至南京，南京諸臣即開始討論立新君，在馬士英等掌控兵權大臣合謀下擁立避難至淮上的明神宗之孫福王朱常洵監國；五月行告天禮，為崇禎帝舉哀，上諡號：紹天繹道剛明恪儉揆文奮武敦仁懋孝烈皇帝，壬寅即皇帝位，以明年為弘光元年[44]，有功諸臣都封官進爵。六月，都察院右僉都御史贊理軍務巡撫山東的王燮[45]奏：皇太子、定王、永王俱遇害。九月，三法司奏定「從逆六等條例」含大逆凌遲處死五條，斬決不待時三條，絞六條，流二條，以處分南逃文武封疆大吏。以黃啟有為例，他是詹事府正五品左中允，符合「流」的標準：「凡內閣重臣及部院寺三品以上，詹事翰林五品以上，即不從賊，偷生潛逃者。[46]」所以黃啟有如果到南京，

[41] 參見《明史》卷二十四莊烈帝本紀，崇禎十七年。百納本二十四史。臺灣商務印書館印行。
[42] 同4，蔣維鍈編《天妃文獻資料》第68-69頁。
[43] 顧炎武《聖安皇帝本紀》，二卷，收入臺北，文海出版社，《明清史料彙編》第二輯。
[44] 見顧炎武《聖安皇帝本紀》，卷上，崇禎十七年，六月，壬戌。
[45] 同34《聖安皇帝本紀》，卷上，崇禎十七年，六月，壬午。王燮原任巡按淮揚御史，為正七品官，都察院右僉都御史贊理軍務巡撫為正七品官。
[46] 同34《聖安皇帝本紀》，卷上。崇禎十七年，九月丁丑。

也可能會被流放邊疆。

十一月刑部尚書解學龍等奏從賊諸臣宋企郊等十一人凌遲，光時亨等四人斬，秋後處決；陳名夏等七人絞，王孫蕙等十五人充軍，宋學顯等十人徒。[47] 因其處罰非常嚴酷，表面上看似在考覈大臣對國家的忠誠，但執行時「逆案多枉」[48]，變成內部鬥爭且用為赫阻北京皇族高官南下分享政權的法律。是月，果有「狂僧大悲至京，自稱齊王又稱潞王，下錦衣衛訊」[49]，並在三個月後將大悲棄市的案例出現。

弘光元年（1645）二月，朝廷更進一步「諡太子曰獻愍，定王曰哀，永王曰悼。」[50] 將太子朱慈烺及其二位弟弟定位為已死亡，以防範未來皇帝繼承權的爭奪。但是失踪的太子還是在三月到了杭州。二月底，鴻臚寺少卿高夢箕奏：「先帝皇太子自北來，今往杭州。」[51] 宏光帝朱常洵得到高夢箕陳報太子行踪，立即派遣太監往尋，至錢塘江上得之，三月一日甲申抵京，立送特務首腦錦衣衛後軍都督同知馮可宗邸舍看管。

次日，宏光帝命六部卿科道及左春坊左中允劉正宗，右春坊右中允李景廉，前詹事府少詹事方拱乾等審視。劉正宗等人都是前東宮講官，方拱乾上前時，太子說：方先生。但卻不識劉正宗，接著群臣交相詰問，最後太子供其姓名為王之明，是故駙馬王昺之姪孫，因曾入侍太子，故識方拱乾。

第三天，宏光帝將假太子下於城兵馬司獄，六日後命百官於午門外會審。三法司以「王之明獄」上，宏光帝謂：「此必姦人密謀授意，圖為不軌，非高夢箕一人可辦，法司其嚴行究訊兩月以來往來踪蹟及主使之人。」[52] 一場屠殺大獄勢將興起。但江北四鎮之一的廣昌伯劉良佐卻上疏，謂：「上為群臣所欺，將使天倫絕滅。」寧南侯左良玉上疏，謂：「大臣蔽主，危害皇儲」，其子平賊將軍總兵官中軍都督府右都督左夢庚遂以：「奉太子密旨，誅姦臣馬士英為名舉兵反，兵

---

[47] 同 34《聖安皇帝本紀》，卷上。崇禎十七年，十一月，丁丑。
[48] 同 34《聖安皇帝本紀》，卷上，崇禎十七年，十一月，通政司通政使楊維垣上疏。
[49] 同 34《聖安皇帝本紀》，卷上。崇禎十七年，十一月。
[50] 同 34《聖安皇帝本紀》，卷上，宏光元年二月甲子。
[51] 同 39。
[52] 同 39，宏光元年三月戊戌。

自南昌而下，所至禁掠。」[53] 這場戰爭從四月一日開打，雙方打的如火如荼。五月，清兵攻陷鎮江，弘光逃往太平，城兵馬司獄官奉太子入宮，十二日午後太子傳示告示，云：

> 胡天不弔，慘莊奇禍 ……. 先帝之哀，奔投南都，實欲哭陳大義，不意巨奸蔽障，致攖桎梏。…… 今者聞兵遠避 …… 予小子將歷請勳舊文武諸先生念予高皇帝三百年之鴻烈，先皇帝十七載之舊恩，助予振旅扶此顛沛。……予負重冤，豈稱尊面南之日乎！[54]

十四日，清軍至欣城，保國公朱鎮遠及駙馬顧齊等出城與清豫王議進城事。十五日朱鎮遠送太子至豫王營，豫王以：「太子真假不能辨，須帶歸于北以明之。」[55] 八月弘光被執，九月送北京處死。

真假太子案不只是弘光朝的大案，也是導致弘光朝內部分裂互相開戰的大案，弘光朝也因此敗亡。這個大案卻與黃啟有有關，第一，黃啟有在太子詹事府任官多年，也是太子的老師，他是可以辨識真假太子的人。第二，江西九江是李自成攻北京前黃起有奉命出使的目的地，而起兵力挺太子的左良玉即駐守江西。以黃啟有長期在詹事府任官的特殊身分，只要崇禎太子尚在，他大概不會到任何新政權去當官的。

了解上述南明政局的發展，再看《莆田縣志》說黃啟有：「平居登臨贈答皆貧交故舊，無一語及朝右顯榮者。」恰可顯現黃啟有在南明新政權建立後不與新朝新貴交往，也不去談論這些新貴的是非，與汲汲營營於新朝為官者，更顯品格清高。但他不滿的心情還是在《天妃顯聖錄》序文中顯現，他看盡政治上的權謀與殺戮，對為非作歹者的無奈，因此期望上天有因果報應，以堅定善信之心。他說：

> 福善禍淫天固不爽，而善善惡惡之靈神亦弗昧，今使天下瞻拜

---

[53] 同 39，宏光元年三月已西。
[54] 見闕名，《江南聞見錄》，《明清史料彙編》第二輯，1967，台北，文海出版社。
[55] 同 47。

之倫肅邀神貺，而違心悖義之輩復無指摘，則人將狃，狃則玩，
玩則邪辟之萌又不可遏息，則有時一二示警者正所以堅善信之
心耳。

至於黃啟有撰序的時間，序文云：

> 湄洲天妃之神，自宋迄今垂八百載，歷著靈蹟，應輯錄有書。
> 茲僧照乘刻而傳之。夫書以傳信也，而神之信固不待書也。

可知他已經看到僧照乘刊刻完成《天妃顯聖錄》，而《天妃顯聖
錄》刻成的時間約在三藩抗清期間的後期，所署官銜：「前賜進士第
通議大夫禮部左侍郎兼翰林院侍讀學士」，就是黃起有在崇禎朝最後
的職務。

五、林麟焻

《天妃顯聖錄》原始序文只有前述五篇，至康熙二十三、四年間
再度增訂，增訂者為僧普日，增錄林麟焻序文一篇，刪除林蘭友、
林嵋、邱人龍三篇序文。林麟焻，字石來，莆田人，《莆田縣志》有
傳，云：

> 林麟焻，字石來，康熙庚戌（九年，1670）進士，授中書舍人。
> 辛酉（康熙二十年，1681）分校京闈，識拔皆知名士。奉命冊
> 封琉球，副翰林檢討汪楫以往。至，則冰蘗自矢，卻宴金、草
> 廩費、口糧，中山人德之。使還，召對瀛臺，詢水程，條奏甚
> 悉。上悅，陞戶部江南司主事，監督京太平倉，別鰲奸蠹，宿
> 弊一清，晉本部廣西司員外郎。丁卯（二十六年，1687）典試
> 四川，拔劉鵬翥等四十人，遷禮部主客、祠祭、儀制三司郎中。
> 甲戌（康熙三十三年，1694）擢貴州提學僉事，嚴絕請託，甄
> 拔單寒，請廣鄉額，得旨允行，……督、撫會薦，稱其清若秋
> 霜，明若懸鏡。擬授布政司參議。需次旋里，修葺先世北村別

業，日與親舊觴咏其中，未嘗一預外事。甲申（康熙四十三年，1704）巡撫梅鋗檄修邑志，請為總裁，考證品隲必詳必慎，無謝德挾刀之嫌，時論推服。麟焻少以詩名，其在都中官閒曡暇，偕二三同志倡酬忘倦，而又睠顧宗邦，凡拂鬱困頓之致，憫時傷亂之懷，舉於詩發之，積有歲月篇什遂多，……所著有《玉巖詩集》、《續集》、《星槎草》、《中山竹枝詞》、《郊居集》、《竹香詞》，皆梓行。又有纂輯《列朝外紀》若干卷，藏於家。[56]

　　林麟焻出身莆田望族九牧林，其六世祖林煥章曾任明萬曆朝湖廣按察司僉事，五世叔祖曾林堯俞曾任天啟朝禮部尚書，並為《天妃顯聖錄》撰稿。曾祖父林銘几為崇禎元年戊辰科進士（與黃啟有同榜），崇禎朝曾任中書舍人，湖廣道道監察御史，崇禎八年（1635）督辦兩浙鹽務，捐羨餘銀六千三百餘兩助兵餉。崇禎九年（1636）巡按江西，忌者用鄉里族人事中傷之，調山東按察副使，辭歸，建北村別墅，購書數萬卷，南明政府屢召出仕，堅臥不出，林居十餘年。《莆田縣志》〈林銘几傳〉載其晚年事謂：

　　　接（山東按察副使）篆數日即請疾勇退，歸構北村別墅，初衣自適，未嘗片字於有司。購書數萬卷，名畫、法書參錯其間，著述甚富，如自記家園十六景……逮後南遷，時屢環召西臺，堅臥不出，蓋知大廈將傾非一夫所能支耳。自是殷憂積痾，遂以戊子（順治五年，1648）六月長嘆而逝。子濟芳，邑庠生，……丙子（崇禎九年，1636）闈中房考文德翼首薦擬魁，俄得復失，德翼深婉惜之。孫佳棟，增廣生，以子麟焻貴，封中書舍人。[57]

　　林銘几是林家家道中興的關鍵人物，他為林家畜積不少家財，致於崇禎九年被人檢舉辭官，其子林濟芳參加舉人考試原被列為榜首，

[56] 同註8，卷28，人物志，林麟焻。
[57] 同註8，卷22，人物志，林銘几。

最後卻被撤銷錄取，可能與林銘几被檢舉有關。林麟焻父林佳棟也是秀才，因林麟焻貴，被追封為中書舍人，林家可謂書香不斷。

《天妃顯聖錄》林序文末署：「賜進士出身戶部江南清吏司主事前內閣撰文中書舍人加一級辛酉順天同考試官奉命冊封琉球賜蟒玉加正一品族裔麟焻盥沐拜識」，所署本職為戶部江南清吏司主事，也就是康熙二十二年（1683）六月奉使琉球返國後所陞職務。康熙二十二年八月臺灣鄭克塽降清，二十三年四月清朝將臺灣納入版圖設一府三縣，康熙二十四年（1685）施琅將其攻打臺灣相關奏疏編為《靖海紀事》出版，林麟焻亦為撰序，《天妃顯聖錄》增錄施琅平定臺灣及使琉球正使汪楫、副使林麟焻奏請、誥封、致祭天妃疏文，可知林麟焻撰文於康熙二十三年左右，距初版梓行僅五、六年。林麟焻在《天妃顯聖錄》重梓時，將參與復明運動的林蘭友、林嵋、丘人龍序文抽除，保留林堯俞及黃啟有二篇序文，增錄清朝攻打臺灣天妃靈應事蹟及官員修建天妃宮等事，消除復明軍在湄洲活動痕蹟，讓天妃媽祖成為清軍的守護神。

古代雕板印書手續繁瑣，重梓不易，觀林麟焻序文主旨有三：一敘述天妃林默為林披後裔與其同族；二敘述遷界後賢良港梓里丘墟廟宇圮壞，復界後林麟焻遣工置木石整造祖祠；三敘其奉使琉球天妃靈祐，返國後朝廷諭祭以答神庥事。此三事皆在自我表揚，反映出他的急功好利性格。宮兆麟《莆田縣志》林麟焻傳有一段記載謂：

> 先是，甲寅（康熙十三年，1674）閩變將作，建谿、仙霞諸處道路已梗，麟焻方在籍，愀然憂之，乃潛由邵武出杉關，甫抵南昌，聞耿逆猖獗，亟冒險入燕，與少陵踉蹌走間道無異，一時人士咸稱其有先機之哲，亦不泯忠貞之志已。[58]

這段話用杜甫（少陵）在安祿山之亂冒險走間道出關投奔唐肅宗參與對抗叛軍比喻林麟焻在三藩反清時冒險奔北京，表彰其洞濁機先忠於朝廷，但如果從漢、胡的民族立場來看，林麟焻是在保功名而無

---

58 同註8，卷28，人物志，林麟焻。

民族大義在，《莆田縣志》編者宮兆麟是藉此反諷林麟焴。林麟焴的忠，清王朝也在事後給予回饋，康熙二十二年派遣為冊封琉球副使。還，陞戶部江南司主事，監督京太平倉[59]，晉戶部廣西司員外郎。康熙二十六年（1687）典試四川，遷禮部主客、祠祭、儀制三司郎中。康熙三十三年（1694）擢貴州提學僉事，督、撫會薦，擬授布政司參議。但不知何因，未補官即返鄉修葺祖業北村別墅，從此退出政壇。康熙四十三年（1704）受巡撫梅鋗檄書主修《莆田縣志》，鄉居三十餘年卒。

六、結語

　　《天妃顯聖錄》的編印，歷經林堯俞、林蘭有、林嵋、丘人龍、黃啟有及湄洲天妃宮住持僧照乘等人經半甲子努力完成，六篇序文的作者洽好反映出明末莆田士風的轉變。林堯俞代表天啟以前莆田士人的耿介性格，進退有節，不屈於名利、權勢。林蘭有與林嵋則為民族大義及國家政權的維護者，為了維繫南明政權他們勇敢犧牲，至死不與清朝共戴天日，志節為鄉人崇敬，並立祠祀之。前述三人皆主動為《天妃顯聖錄》撰序，丘人龍、黃啟有則是僧照乘主動請求撰序，二人皆見證了南明政府的滅亡過程，尤其黃啟有曾為太子師，目睹南明諸王爭權奪利，甚至出賣太子，將太子交給清軍以換取私人利益，所以其序文充滿憤世嫉俗、因果報應的言詞。

　　《天妃顯聖錄》印行不久，三藩兵敗，鄭經退回臺灣過程中，麾下莆田籍朱天貴在萬正色策反下帶領水師戰艦三百餘艘，兵二萬餘人降清，二年後清廷再遣施琅帶領這支水師攻打臺灣。康熙二十二年（1683）六月鄭克塽降清。康熙二十三年（1684）僧普日重新梓行，而主其事者為林麟焴，林麟焴增補冊封琉球、施琅率水師平台事蹟等故事，刪除林蘭友、林嵋、丘人龍等復明志士序文，讓《天妃顯聖錄》更貼進滿族的角度。

---

[59] 監督京太平倉算是戶部肥缺，但仍不如其曾祖父林銘几督辦兩浙鹽務優渥。

總而言之，從參與《天妃顯聖錄》編輯出版的人物背景，剛好反映出五十年間莆田士習的轉變，由剛直耿介、維護民族權利，一變為憤世嫉俗、有所不為，最後轉變為以追逐私人利益至上的習氣，天妃信仰也就成為執政者利用的工具了。

中篇：《天妃顯聖錄》 天妃事蹟的田野考察

第六章：《天妃顯聖錄》
天妃事蹟

　　林默，宋朝以降朝廷累封為夫人、妃、天妃、天后，民間尊稱為天上聖母，是臺灣及世界上有華人的地區民間最主要信仰神祇之一，《天妃顯聖錄》是第一本有系統、全方位記載媽祖的書，其〈天妃誕降本傳〉則以記載林默生前、死後事蹟、神話為主要內容。本文就其中所述媽祖家世及生前事蹟加以考證，分析其史源、內容、意義，並訂正其與史實不符處，以補《天妃顯聖錄》之不足。

一、天妃身世

　　天妃生前是什麼樣的人？為什麼影響後世如此之大？在元朝以後即引起許多人好奇；甚至有人認為是虛構的人物。是否有其人？有二種不同之說法。第一種以宋代興化軍莆田縣湄洲嶼林氏女，死後為人崇拜而成神。此一說法，在宋代莆田籍士大夫文集、碑記中就已存在，至元代，始有「神父林願，母王氏。」的種說法產生。

　　第二種說法則認為未必真有其人，所謂天妃、天后皆為水神之本號。持其說者有：元末台州路總管劉基，於其〈台州路重建天妃廟碑〉，即說：

> 太極散為萬彙，惟天為最大，故其神謂之帝。地次於天，其祇后也。其次最大者莫如海，而水又為陰類，故海之神降于后，曰妃。而加以天，尊之也。[1]

　　柳貫，於〈敕賜天妃廟新祭器記〉有：「海神之貴祀曰天妃，天

---

[1] 見劉基，〈台州路重建天妃廟碑〉，轉引自李獻璋《媽祖信仰研究》，民國 68 年，日本東京泰山文物社印行。

妃有事於海者之司命也。」之說法。[2]

趙翼《陔餘叢考》亦云：

> 竊意神（媽祖）之功效如此，豈林氏一女子所能。蓋水為陰類，
> 其象維女，地媼配天則曰后，水陰次之則曰妃，天妃之名即謂
> 水神之本號可，林氏女之說不必泥也。[3]

劉基等人有此看法，肇因於無史可據，且筆記小說記載之媽祖傳
說，多為海上救難等靈異事蹟，儒家不語怪力亂神，故會懷疑天妃是
否真有其人。為了解答世人疑惑，林堯俞在撰寫《天妃顯聖錄》，特
別有〈天妃誕降本傳〉一篇，記錄媽祖誕降及生前事蹟，內含：天妃
誕降、窺井得符、機上救親、化草渡商、菜甲天成、掛蓆泛槎、鐵馬
渡江、禱雨濟民、降伏二神、龍王來朝、收伏晏公、靈符回生、收高
里鬼、奉旨鎖龍、斷橋觀風、收伏嘉應嘉祐、湄山飛昇等，共十七目
建構林默完整的一生。

《天妃顯聖錄》記載天妃誕降云：

> 天妃。莆林氏女也，始祖唐林披公，生子九，俱賢。當憲宗時，
> 九人各授州刺史，號九牧。林氏曾祖保吉公乃邵州刺史蘊公六
> 世孫州牧圉公子也。五代周顯德中為統軍兵馬使。時劉崇自立
> 為北漢，周世宗命都點檢趙匡胤戰于高平山，保吉與有功焉。
> 棄官而歸，隱於莆之湄洲嶼。子孚，承襲世勳，為福建總管。
> 孚子惟愨，為都巡官，即妃父也。娶王氏，生男一，名洪毅；
> 女六，妃其第六乳也。

在《天妃顯聖錄》中，〈天妃誕降本傳〉，算是比較長的一篇文

---

2 見柳貫，《柳侍制集》卷十四，〈敕賜天妃廟新祭器記〉。轉引自蔣維錟《媽祖
  文獻資料》。1990 年福建人民出版社發行。
3 見趙翼《陔餘叢考》卷三十五，天妃。清乾隆八年刊本，民國 64 年，台北，華世
  出版社印行。

章，內容概略描述了媽祖一生事蹟，包含祖先世系、家世及學習、成道、死亡過程等，茲依文章內容次序，分段引述考訂如下。

最早記載媽祖的文獻為宋高宗紹興八年（1138）莆田籍狀元黃公度的〈題順濟廟〉，詩云：

> 枯木肇靈滄海東，參差宮殿崒晴空，平生不厭混巫媼，已死猶能效國功。萬戶牲醪無水旱，四時歌舞走兒童，傳聞利澤至今在，千里梯檣一信風。[4]

黃詩描述順濟廟狀況及鄉民崇敬之情形，透露出天妃〈平生不厭混巫媼〉的職業特性。約與黃公度同時撰文的廖鵬飛，於紹興二十年（1150）撰〈聖墩祖廟重建順濟廟記〉也提及媽祖姓林，湄洲嶼人，以巫祝為事。謂：

> 世傳通天神女也，姓林氏，湄洲嶼人，初以巫祝為事，能預知人禍福。既沒（歿），眾為立廟於本嶼。[5]

至南宋理宗紹定二年（1229）臨安知府丁伯桂撰〈順濟聖妃廟記〉，謂：

> 神莆陽湄洲林氏女，少能言人禍福，歿，廟祀之，號通賢神女，或曰龍女也。莆寧海有堆。元祐丙寅，夜現光氣，環堆之人，一夕同夢，曰：「我湄洲神女也，宜館我。」于是有祠，曰：聖堆。[6]

黃公度等三人均為莆田出身士人，廖鵬飛更為創建聖墩祖廟的李富門人，三篇文章足可證明天妃真有其人，是湄洲林氏女，以巫祝為

4　見黃公度，《知稼翁集》卷上，〈題順濟廟〉。《欽定四庫全書》，集部。
5　見《白塘李氏宗譜》廖鵬飛（聖墩祖廟重建順濟廟記），手抄本。另蔣維錟《媽祖文獻資料》亦收錄此文。
6　見潛日友《咸淳臨安志》卷73，丁伯桂〈順濟聖妃廟記〉。民國69年台北大化書局印行。

業，其餘家世則未敘及。

首先提及天妃家世者為元朝至順年間（1330-1332）程端學撰《福惠明著天妃廟記》，謂：「神姓林氏，興化莆田都巡君之季女，生而神異，能力拯人患難，室居未三十而卒。」[7]明朝萬曆年間王圻所修《續文獻通考》所錄至正九年（1349）元朝加封媽祖父母，始提出「天妃父積慶侯林孚，母顯慶夫人王氏。」[8]之說法。《天妃顯聖錄》編輯者，九牧林氏後裔的禮部尚書林堯俞與王圻共事一朝，或曾見其史料，遂參酌林氏家乘予以排序，天妃遂為九牧林氏成員。

〈天妃誕降本傳〉謂天妃曾祖父林保吉為後周的統軍兵馬使，祖父林孚為福建總管，父親為都巡官，均屬福建軍政高官。但這個說法從年代推算卻頗不合理。〈天妃誕降本傳〉謂媽祖「曾祖保吉……公五代周顯德中為統軍兵馬使，……隱於莆之湄洲嶼。子孚承襲世勳為福建總管。孚子惟愨諱愿，為都巡官。」顯德為周世宗年號，共六年（954-959），次年即宋太祖建隆元年（960），也就是天妃降生之年。林氏一家從林保吉隱居湄洲，二、三年間即傳衍至第四代，且媽祖誕生時其父已四十餘歲，假設林孚幼時隨祖父入湄洲，至少亦需三十年始至四十餘歲。

另據《莆田縣志》〈沿革志〉的記載，五代十國的階段，閩王王審知（梁封為閩王）、王延政（建國號大閩）父子統治的階段從西元909年至945年，滅於南唐，其後陳洪進、留從效割據。南唐於宋太宗開寶八年（975）降宋；劉崇（旻）自立為北漢之年為西元951年，於宋太宗太平興國四年（979）降宋。天妃曾祖林保吉既世為莆田人，跑至長江北岸的後周任統軍兵馬使，參與討伐別國戰事的可能性不大。

張燮《東西洋考》云：

> 天妃，世居莆之湄洲嶼。五代閩王時都巡檢林愿之第六女也，母王氏。[9]

---

[7] 見王元恭，《四明續志》卷九，祠祀，神廟，程端學《靈慈廟記》。至正二年刊本，民國69年台北大化書局印行。
[8] 見王圻《續文獻通考》〈天妃林氏父母加封制〉。轉引自蔣維錟《媽祖文獻資料》。
[9] 見張燮《東西洋考》卷九，〈祭祀〉。四庫全書，史部，地理類，外紀。

明指天妃是五代閩王時林愿的第六女。明朝何喬遠《閩書》〈湄洲嶼〉也謂：

> 妃林姓，唐閩王時統軍兵馬使愿之女，上人也。[10]

所指唐閩王的唐，是五代徐知誥（李昇）所建的唐（南唐），因閩當時奉南唐年號，故稱唐閩王。又乾隆《莆田縣志》〈天后傳〉謂：

> 天后林姓，世居莆之湄洲嶼，五代閩王時都巡檢林愿之第六女也，母王氏。[11]

綜上所述，持媽祖父親林願（愿）為五代時閩王管下統軍兵馬使或都巡檢者較多，《天妃顯聖錄》所謂媽祖「曾祖保吉……公五代周顯德中為統軍兵馬使」的說法與前人說法不同。

〈天妃誕降本傳〉接著敘述天妃誕降的宗教因緣，謂：

> 二人陰行善、樂施濟，敬祀觀音大士。父年四旬餘，每念一子單弱，朝夕焚香祝天，願得哲胤為宗支慶。歲己未夏六月望日，齋戒慶讚大士，當空禱拜曰：「某夫婦兢兢自持，修德好施，非敢有妄求，惟冀上天鑒茲至誠，早錫佳兒以光宗祧。」是夜，王氏夢大士告之曰：「爾家世敦善行，上帝式佑。」乃出丸藥示之云：「服此，當得慈濟之貺。」既寤，歆歆然如有所感，遂娠。二人私喜曰：「天必錫我賢嗣矣。」

〈天妃誕降本傳〉的作者林堯俞為媽祖信仰點出宗教淵源——觀音大士，讓媽祖與觀音結合為一，謂媽祖是觀音化身，既能順利開展媽祖信仰，後世媽祖廟於後殿奉祀觀音大士，也鞏固了觀音信仰在民間的地位。

---

[10] 見何喬遠《閩書》，卷二十四，方域志，〈湄洲嶼〉。1994 年福建人民出版社發行。
[11] 見宮兆麟修《莆田縣志》卷三十二（仙釋），天后傳。乾隆四十三年輯，民國 76 年台北市莆仙同鄉會影刊本。

觀音信仰是湄洲嶼上林村林姓族人的傳統信仰，在媽祖家鄉，媽祖與觀音信仰的關係已存在不知多少年。《天妃顯聖錄》〈湄洲勝境〉圖，在上林聚落上方繪有一座觀音堂，可見媽祖與觀音的信仰長久為村人所信奉。此座觀音堂的創建，據《天妃顯聖錄》的記載，係洪武十八年（1385）由鎮守興化衛的呂德所創建，〈藥救呂德〉條云：

> 洪武十八年，興化衛官呂德出海守鎮，得病甚危篤，求禱於神。夢寐間，見一神女儼然降臨，命侍兒持丸藥，輝瑩若晶珀，示之曰：「服此，當去二豎。」正接而吞之，遂寤，香氣猶藹藹未散。口渴甚，取湯飲，嘔出二塊物，頓覺神氣爽豁，宿疴皆除，遂平復如初。是夕，夢神云：「疇昔之夜，持藥而救爾者，乃慈悲觀音菩薩示現也，當敬奉大士。」呂德感神靈赫奕，遂捐金創建觀音堂於湄嶼。

　　可見至遲在明洪武年間湄洲嶼已有奉祀觀音的觀音堂，將媽祖與觀音的信仰結合在一起。

　　觀音，是《法華經》、《大方廣佛華嚴經》中的菩薩，唐朝泗州普光王寺大聖僧伽死後被指為觀音大士的化身。《宋高僧傳》卷第十八，〈唐泗州普光王寺僧伽傳〉謂僧伽死後，「帝（唐中宗）問萬迴（國師）『僧伽大師是何人？』對曰：『是觀音化身也。』」並引《法華經》〈普門品〉云：「應以比丘、比丘尼等身得渡者，即皆現之而為說法，此即是也。」[12] 宋人蔣之奇撰〈大悲成道傳〉，把觀音寫成是妙莊王的三女妙音，[13] 故宋代以後觀音遂有男女二種形象，近世更以女像為主。

　　僧伽信仰在唐末傳入莆田，《莆田縣志》云：

> 華嚴寺，本玉澗之北巖，唐大中六年（852）刺史薛凝題為華嚴，以僧行標能講《華嚴大乘經》也。……有泗洲像，舊經云：

---

[12] 見贊寧《宋高僧傳》卷第十八〈唐泗州普光王寺僧伽傳〉。大正新脩《大藏經》。民國82年，台北，新文豐出版公司印行。
[13] 見《兩浙金石志》卷七，〈宋重立大悲成道傳〉。《續修四庫全書》，史部，金石類。

「僧行標於泗州請大聖真像，會溪流暴漲，得樟木一根於水中，遂刻焉。」[14]

　　北宋時，莆田興修木蘭陂水利工程，迭成迭壞，眾心狐疑，卒在僧伽塔下卜筊釋惑，眾志始定，可見僧伽為莆田重要信仰。《閩書》卷二十四云：

　　　雞足峰……唐為玉澗寺，華嚴院師行標者居之。……宋李長者宏，欲作木蘭陂，南陂成，累壞，是後眾心狐疑。宏詣僧伽塔下百擲筊杯，上下如一，眾心不惑，遂以成陂。[15]

　　僧伽被定位為觀音大士化身，宋朝以後的莆田也感受到觀音大士的女性訊息，婦女信仰者日增。明代《八閩通志》所載奉祀僧伽的寺院，已有許多尼庵，稱為泗洲庵，或觀音院、觀音尼院、觀音庵等專祀觀音的佛宇。湄洲嶼上的觀音堂，雖創自洪武間，但媽祖與大士、僧伽的信仰是密不可分的。

　　林默家世是後世逐漸增補完成，誕生年分也可能是附會。因宋太祖建隆元年（960）時，福建尚為陳洪進割據，要至太平興國三年（978）始內屬，也就是媽祖出生時福建尚非宋朝領土，〈天妃誕降本傳〉卻以宋朝為正朔、紀年謂：

　　　越次年，太祖建隆元年庚申三月二十三日方夕，見一道紅光從西北射室中，晶輝奪目，異香氤氳不散。俄而王氏腹震，即誕妃於寢室，里鄰咸以為異。父母大失所望。然因其生奇，甚愛之。自始生至彌月不聞啼聲，因命名曰默。

　　林堯俞將媽祖出生年定為宋太祖建國之年，主要目的是要將宋太祖誕生異象加到林默身上。

　　《宋史》太祖本紀記載宋太祖誕生過程，謂：

---

[14] 見《莆田縣志》卷四，建置，寺觀，〈華嚴寺〉。
[15] 見《閩書》卷二十四，方域志，興化府，山。1994 年，福建人民出版社排印本。

太祖，宣祖仲子也。母杜氏，後唐天成二年生於洛陽夾馬營，
赤光繞室，異香經宿不散，體有金色，三日不變。[16]

宋太祖生時赤光繞室，異香經宿不散的異象，幾乎全被抄襲，謂
林默誕生時紅光射入室中，異香不散；至於宋太祖體有金色，三日不
變，則被轉為媽祖的彌月不啼，並被取名為默的原因。

宋太祖建國是篡奪北周政權而來，從道德層面看，不無欺負孤
兒寡婦的嫌疑，宋朝史官為合理化趙匡胤奪權的行為，故創作誕生異
象，讓趙匡胤為開創宋朝的真命天子地位不受質疑。〈天妃誕降本傳〉
原編者似讀過《宋史》太祖本紀，才會援引將太祖降生異象移植至媽
祖身上。不同於宋太祖者，林默並無奪人政權之事，但卻為開創宗派
的宗教人物。

因媽祖信仰是由白衣大士僧伽（泗洲文佛）轉化而來，而媽祖生
存時期的宋太宗皇帝十分重視僧伽信仰，是僧伽信仰的興盛時期。宋
太宗重視僧伽是因僧伽於北周出兵攻取淮南時，僧伽託夢泗州官民勿
啟戰端，保全一郡生靈所致。《宋高僧傳》之〈唐泗州普光王寺僧伽
傳〉云：

> 洎周世宗有事江南，先攻泗上，伽寄夢於州民，言不宜輕敵。
> 如是，達于州牧，皆未之信。自爾，家家夢，同告之。遂降。
> 全一郡生民，賴伽之庇矣。天下凡造精廬必立伽真相，牓曰：
> 「大聖」，有所乞願，多遂人心。……今上（宋太宗）御宇也
> 留心于此。其年三月有尼遊五臺山，迺因見伽於塔頂作嬰孩相，
> 遂登剎柱捨身命供養。太平興國七年敕高品、白承睿重蓋其塔，
> 務從高敞，加其累層。八年，遣使別送舍利寶貨同葬下基。……
> 近宣索僧伽實錄，上覽已敕還。題其額曰：「普照王寺」矣。[17]

泗州大聖僧伽信仰在周世宗攻打淮南時間接促成泗州政權和平轉
移，宋太宗即位後謀取福建，對僧伽信仰大加宣揚，弦外之音不言而

[16] 見《宋史》本紀第一，〈太祖一〉。民國 60 年，台北，新文豐出版公司印行。
[17] 見贊寧《宋高僧傳》〈唐泗州普光王寺僧伽傳〉。

喻，〈天妃誕降本傳〉將媽祖的誕生與宋太祖建國之年結合為一，不啻讓林默誕生取得一個最有歷史紀念性的年份，真是高明。

林默因其父母祈求觀音大士而懷孕誕生，注定其一生需在宗教上綻放異彩。然而宗教也非可無師自通，故有一番學習的過程。〈天妃誕降本傳〉接著描述媽祖成長過程云：

> 幼而聰穎，不類諸女。甫八歲，從塾師訓讀，悉解文義。十餘歲，喜淨几焚香誦經禮佛，旦暮未嘗稍懈，婉孌季女，儼然窈窕儀型。十三歲時，有老道士玄通者往來其家，妃樂捨之。道士曰：「若具佛性，應得渡人正果。」乃授妃玄微秘法，妃受之，悉悟諸要典。十六歲窺井得符，遂靈通變化，驅邪救世，屢顯神異，常駕雲飛渡大海，眾號曰通賢靈女。

這則故事，則以華嚴宗二祖智儼的事蹟為底本。《華嚴經傳記》〈唐終南山至相寺釋智儼〉傳云：

> 釋智儼，姓趙氏，天水人也。高祖弘，高尚其志。父景，申州錄事參軍。母初夢梵僧執錫而謂曰：「速宜齊戒淨爾身心。」遂驚覺，又聞異香有娠焉。及儼生數歲，卓異凡童，或累塊為塔，或緝華成蓋，或率同輩為聽眾，而自作法師。生智宿殖皆此類也。年十二，有神僧杜順，無何而輒入其舍，撫儼頂，謂景曰：「此我兒，可還我來。」父母知其有道，欣然不吝。順即以儼付上足達法師，令其順誨。曉夜誦持，曾無再問。後屬二梵僧來遊至相，見儼精爽非常，遂授以梵文，不日便熟。梵僧謂諸僧曰：「此童子當為弘法之匠也。」年甫十四，即預緇衣。[18]

智儼是甘肅人，唐時當地胡漢雜居，其母夢梵僧（中亞僧）而生，十餘歲即自扮法師角色，似林默幼時不類諸女，喜淨几焚香誦經禮

---

[18] 見法藏集《華嚴經傳記》卷三，〈唐終南山至相寺釋智儼〉。大正新脩《大藏經》。民國八十三年，台北，新文豐出版公司印行修訂版。

佛。而二人學習過程亦異曲同工。智儼年十二，神僧杜順，無何而輒入其舍，徵得其父母同意，將智儼引入佛教境界，再由二位梵僧授以梵文經典；二年後，梵僧即期許為弘法之匠。而林默十三歲時，有玄通的老道士往來其家，授玄微秘法，也謂媽祖若具佛性得渡人正果，三年後道成。兩位傳主幼學的傳奇過程如出一轍。唯一差別者，授智儼梵文者為外國人，而天妃因是名門後裔，官宦子女，故需先從塾師訓讀經書，以象徵天妃信仰包含儒家道統在內。

　　經過一番學習後，智儼成為華嚴一代宗師，受帝王禮重；而媽祖學成後並未往宗教學術發展，而進入世俗界，靈通變化，扮演驅邪救世的神女，顯然〈天妃誕降本傳〉的創意部分來自《華嚴經傳記》。

二、天妃靈異事蹟

　　林默本身具有靈異體質，經過塾師啟蒙，老道三年教導後，學通各種法術操演後，即顯現救世能力，《天妃顯聖錄》記載了下列事蹟：

◈ 窺井得符

> 妃少時，與群女閒遊，照粧于井中，忽見神人捧銅符一雙擁井而上，有神侍仙官一班仿佛迎護狀。諸女駭奔，妃受之不疑。少頃，乘虛而化。眾報父母及里鄰，視銅符果出神授，莫不驚異。自此符咒徑可辟邪，法力日漸玄通，常身在室中，神遊方外，談吉凶禍福靡不奇中。

　　從八歲到十三歲，是林默接受中國經書的訓讀教育的階段。十三歲時有修練玄通境界的老道士往來其家，見林默有渡化眾生的特質，授予玄微秘法；林默對老道所授要典都能領悟。十六歲，也就是受老道指導三年之後，林默成學了。

　　〈窺井得符〉描述神侍仙官從鼓井中捧神符授予林默的故事。符有二種，一種為政治上長官與部屬互執契勘的信物，由竹符轉衍成今日的官印。第二種為宗教上使用的符，是法師祈神、召神作法使用之符。這種符有由法師以毛筆書寫於紙上使用，另一種則刻於金石木

竹，再印於紙上使用。會用符，表示林默已具操作法術（靈通變化）、從事神職（驅邪救世）的能力。但因林默的神聖性來自上天，故仙官親送神符，暗示林默神力得自上天授予，非常人所及。

機上救親

《天妃顯聖錄》云：

> 秋九月，父與兄渡海北上。時西風正急，江上狂濤震起。妃后方織，忽于機上閉睫，顏色頓變，手持梭、足踏機軸，狀若有所挾而惟恐失者。母怪，急呼之醒，而梭墜。泣曰：「阿父無恙，兄沒矣。」頃而報至，果然。彼時父於怒濤中，倉皇失措，幾溺者屢。隱似有住其舵，與其兄舟相近。無何，其兄之舵摧舟覆。妃當閉睫時，足踏者父之舟，手持者兄舵也。

〈機上救親〉描述林默第一次顯神通救人事蹟，而所救的是與其血緣最近的父兄，顯示作者以儒家孝弟置於先；而救父兄一成一敗，一示孝重於弟，再示宗教救人，亦有其極限，縱使至親亦無緣救活，即神力之外尚有天意在焉，不可強求。

〈機上救親〉故事的來源似為何喬遠《閩書》天妃救父故事，《閩書》謂：

> 或謂妃父為賈胡，泛海舟溺，妃方織，現夢往救，據機而寐者終日。其母問之，曰：「父方溺舟，子救父也。」宋雍熙四年，昇化在室，三十年矣。[19]

《閩書》所述為天妃機上救父而未提及其兄，但所述天妃父親或謂為賈胡，即為中亞地區來華經商者。如此說法成立，則林默非華人而是中亞人，此與前人所說莆田林氏女差異太大，而何喬遠文中也未提佐證。林堯俞重編〈機上救親〉時，其故事細節卻留下一些讓後人

---

[19] 見《閩書》卷二十四，方域志，興化府，山，〈湄洲嶼〉。

思考的問題，如林默父兄為何需於西風正急狂濤震起時出海北上？又父子二人何需分搭二船？在怒海危急的狀況下，訊息怎得頃刻報至？雖此，但情節卻符中國倫理，不只讓信徒感受林默的孝悌心，也讓不語怪力亂神的儒者能接受。

◈ 化草救商

《天妃顯聖錄》云：

> 嶼之西，有鄉曰門夾，當港口出入之衝，矽礁錯雜。有商舟渡此遭風，舟衝礁浸水，舟人號哀求救。妃謂人曰：「矽頭商舟將溺，可急拯。」眾見風濤震盪不敢向前。妃乃擲草數根化成大杉，排駕至前；舟因大木相附，得不沉。少頃，風平浪息，舟中人相慶，皆以為天助。及到岸整理舟楫，倏見大木飄流不知方所。詢鄉人，方知化木附舟，悉神姑再造力。

門夾，又名文甲，為莆田往湄嶼渡口。《閩書》謂：

> 門夾山，近莆禧城。兩山相夾如門，亦名文甲也。[20]

因媽祖承襲觀音菩薩以保護海商起信，故將〈化草救商〉神蹟列為靈蹟第二則，把媽祖的靈力從海上救親進一步提升至拯救商船，以吸引海商信仰。

◈ 菜甲天成

《天妃顯聖錄》云：

> 湄洲有小嶼，在旁流中。一日妃遊至其地，適母遣人以菜子油遺之。妃傾之地上，遂抽芽解甲，燦然青黃布滿山塇不煩播種，四時不絕，自生自熟於荒煙斷沁之間。莖幹花葉可以薦神

供佛，名曰菜子嶼。鄉人采之，為仙葩神卉，至今猶野香郁郁，斥鹵之外，泃為勝概。

菜嶼長青的神話，把媽祖林默的靈力從海上救親、護商，拉回到湄洲嶼，在湄洲嶼隨手留下一片菜園，讓鄉人能隨時采擷食用，莖幹花葉也可以用來供奉神佛。這一則故事顯示媽祖除了神通救人之外，也同時照顧鄉人實際生活，讓油菜生生不息，小民也可以得其惠。但菜子油畢竟是菜子經火蒸石搾而來，已非種子，欲其發芽較不合情理，故林清標重編《勅封天后志》時將菜子油改為菜子。

◇ 掛蓆泛槎

《天妃顯聖錄》云：

> 妃時欲渡江，值舟篷槳不備，舟子以風濤洶湧，不敢解纜。妃曰：無事，此即草蓆代之。令人懸於桅端。帆起舟駛，恍若鳬鷗之浮沫，白雲一葦，入水不濡，碧海孤帆，與波俱出，追狂颷而鼓棹，破巨浪而旋槎，觀者驚為飛渡。

這則故事顯示媽祖的海上神通，其靈感似來自達摩的一葦渡江故事；卓絕的海上行舟能力，無疑是海上救難的最佳保障。但這故事林清標重編《勅封天后志》時加以刪除。

◇ 鐵馬渡江

《天妃顯聖錄》云：

> 時漁民往北採捕，海岸乏舟，妃渡水無楫，取簷前所懸鐵馬鞭而策之，跨江如奔電追風。人見青驄行水，天馬騰空，且怪且愕。及登岸，又不見解鞍嘶秣，尤為驚異。

這則故事與〈掛蓆泛槎〉相同，在顯示媽祖在海上快速行動的能力，其靈感來自宋高宗泥馬渡江的故事。《金陵新志》載泥馬渡江云：

宋高宗為康王時，靖康初，避金兵，走甚急。忽有白馬莫知從來，康王乘馳千里，夜宿村市馬不復見，黎明復來。越數日康王渡海，自明越海之杭，渡錢塘江，甫登岸，馬復在前。王策之，至晚不見，遍尋之，乃土地廟所塑白馬，尚復微暖流汗。康王即位，行下臨安建白馬廟，歲差官祭之。[21]

　　宋高宗渡錢塘江故事也流傳於莆田，但主題不在泥馬渡江，而是媽祖與朱默庇佑高宗安渡錢塘江。莆田《琳井朱氏族譜》「朱氏群仙書社記」云：

東廳祀總管大夫使君（朱默），至建炎四年（1130），高宗渡江，幸新安里，□經之船邊，風波拍天，天顏憂悸，經瞻拜懇禱，遂見順濟娘娘及朱總管旗現，既而風波果靜。高宗至臨安，首封順濟聖妃，又封大夫使君為彰烈嘉祐侯。其年寶祐四年（1256）□丙辰歲也。[22]

　　高宗渡江懼怕風浪之事，畢竟不能張揚，而且泥馬之所以會渡江，是為保護真命天子宋高宗。《天妃顯聖錄》原作者將泥馬渡江改為鐵馬渡江，但故事一無旨趣，也不精彩，後來林清標重編《勅封天后志》即加以刪除。

◇ 禱雨濟民

《天妃顯聖錄》云：

妃年二十一歲時，莆大旱，山焦川涸，農民告困。通郡父老咸曰：「非神姑莫解此厄。」縣尹詣妃求禱，妃往祈焉。云：「壬子申刻當雨。」及期，日已午，烈燄麗空，片雲不翳。尹曰：「姑殆不足稱神乎。」未幾，陰霾四起，甘澍飄灑，平地水深

21　見張鉉輯《金陵新志》卷十四，撫遺，〈宋高宗〉。至正四年刊，民國69年台北大化書局印行。
22　見《琳井朱氏族譜》，「朱氏群仙書社記」。莆田朱氏家藏手抄本。

三尺,西成反獲有秋。眾社賽日,咸歡呼頂禮,稱神姑功德,不可思議。

此則故事謂天妃二十一歲,即宋太宗太平興國五年(980)事,據《莆田縣志》職官志,宋太平興國五年(980)始設興化軍,莆田縣知縣事一員,主簿一員,尉一員。首任知縣為黃禹錫。禱雨濟民本為父母官所當為,但因《天妃顯聖錄》故事多為後代附會,致未將縣令名點出。

中國古代以農業社會為主,社會構成基礎最多數的是農民。農民耕作最需要的就是風調雨順,故歷史上官員請高僧祈雨之例甚多,例如華嚴三祖法藏即多次被請祈雨。林默雖非高僧,但既與高僧同樣受過明師教導,當然也具備祈雨能力,始能照顧農民,在農民最需要的時候降雨,免除乾旱之苦。這一則故事把媽祖照顧的範圍從漁民、海商擴及農民,讓媽祖信仰得以轉向內陸農業社區發展。

◈ 降伏二神

《天妃顯聖錄》云:

> 先是,西北方金水之精,一聰而善聽,號順風耳,一明而善視,號千里眼,二人以金水生天,出沒西北為祟。村民苦之,求治于妃。妃乃雜跡于女流採摘中,十餘日,方與之遇。彼誤認為民間女子,將近前。妃叱之,遽騰躍而去,一道火光如車輪飛越不可物。妃手中絲帕一拂,霾障蔽空,飛飆卷地,彼仍持鐵斧疾視。妃曰:「敢擲若斧乎!」遂擲下,不可復起,因咋舌伏法。越兩載,復出為厲,幻生變態,乘濤騎沫滾盪於浮沉蕩漾之中,巫覡莫能治。妃曰:「江河湖海,水德攸鍾,彼乘旺相之鄉,須木土方可克之。」至次年五、六月間,絡繹問治于妃。乃演起神咒。林木震號,沙石飛揚,二神躲閃無門,遂拜伏願皈正教。時妃年二十三。

此則故事謂妃年二十三歲,即宋太宗太平興國七年(982)事。

前面幾則神話屬於比較單純的施法救人，這一則神話則轉至收伏金水之精，將之轉為天妃後日濟世的主要助手，讓媽祖在海上救難時不必事必躬親，後世各媽祖廟均奉祀此二神，天妃出巡遶境在神輿前開道的也是此二神。

千里眼、順風耳的概念，似來自《大方廣佛華嚴經》中菩薩的六種神通。《華嚴經》〈離世間品〉謂：

> 菩薩摩訶薩有十種道，……六通是菩薩道。所謂天眼，悉見一切世界所有眾色，知諸眾生死此生彼故；天耳，悉聞諸佛說法，受持憶念，廣為眾生隨根演暢故。[23]

菩薩的六種神通是天眼、天耳、他心智、宿命念、神足通、漏盡智等，是修至菩薩道者必具能力。《天妃顯聖錄》編者將《華嚴經》菩薩道的神通移至媽祖身上，進一步將天眼、天耳二種神通轉化為金、水之精，再予擬人化，讓媽祖加以收伏，成為悉見一切世眾生生死相的千里眼，聞聲救苦的順風耳，來強化媽祖救護眾生的形象。而千里眼、順風耳之轉變為媽祖最主要的二個護衛軍則與道教關。永樂年間，鄭和下西洋，屢奏媽祖海上顯佑之功，朝廷因而誥封為「護國庇民妙靈昭應弘仁普濟天妃」。當時道教正興，遂有人編撰《太上老君說天妃救苦靈驗經》，由太上老君命妙行玉女降生，以救護海上眾生為主職，謂：

> 老君聞天妃誓言，乃敕玄妙玉女（林默），錫以「無極輔斗助政普濟天妃」之號。賜珠冠雲履，玉珮寶珪，緋衣青綬，龍車鳳輦，佩劍持印。前後導從，部衛精嚴：黃蜂兵帥，白馬將軍，丁壬使者，檀香大聖，晏公大神。有千里眼之察奸，順風耳之報事；青衣童子、水部判官，佐助威靈，顯揚正化。[24]

為方便救護眾生，老君還配給黃蜂兵帥等護衛及千里眼以察奸、

---

[23] 見《大方廣佛華嚴經》卷五十七，〈離世間品〉第三十八之五。
[24] 見《太上老君說天妃救苦靈驗經》，《道藏》洞神部。明正統刊印本。

順風耳以報事。當今各媽祖廟通常將金、水二精與千里眼、順風耳混而為一。

◈ 龍王來朝

《天妃顯聖錄》云：

> 東海多神怪，漁舟多溺，妃曰，此必怪物為殃，乃命鼓舟枻至中流，風日晴霽，頃望見水族轇集，錦鱗彩甲，跳躍煦沫，遠遠濤頭，擁一尊官類王子儀容，鞠躬嵩呼於前，水潮洶湧，舟人戰慄不已。妃曰：不須憂，傳示免迎。突然水色澄清，海不揚波，始知龍王來朝。以後凡遇妃誕辰，水族會洲前慶賀。是日，漁者不敢施罘下釣。

在《華嚴經》中，龍也是非常重要的族群，龍王會興雲作雨，人間苦旱時需龍降雨；諸佛境界中各種嚴飾均由各種寶幢雲為之，佛世界到處充滿各種光明雲；海底龍宮是眾寶保藏的地方，摩尼珠、珍珠、瑪瑙、硨磲、均來自龍宮，甚至《華嚴經》出世前也在龍宮藏了五、六百年始由龍樹菩薩取出的說法，龍的重要性由此可知。媽祖既然是觀音轉世，當然也要具有高於龍王的身分，始能指揮龍王興雲作雨，甚至保障海上航行安全。《天妃顯聖錄》創作〈龍王來朝〉神蹟，有其深意在。然而龍在中國，是皇帝的象徵，在帝王專制的朝代難免觸犯忌諱，故林清標重編《勅封天后志》時加以刪除。

◈ 收伏晏公

《天妃顯聖錄》云：

> 時有負海怪物曰晏公，每於水中趁江豚以噓風，鼓水妖以擊浪，翻溺舟楫，深為水途大患。妃遊至東溟，見一碧萬頃，水天涵泓。半晷間，江心澎湃。舟子急呼曰：「桅舵搖撼矣。」妃令拋椗。見一神掀鬐突睛，金冠繡袖，隨潮升降，觸纜拂檣，形如電掃雷震。妃色不動，顯出靈變。忽旋風翻浪，逆湃倒澎，

彼伏神威，叩謝，盪舟而還。但一時為法力所制，終未心服。
繼假逞色相，變一神龍，挾霧翼雲，委蛇奔騰。妃曰：「此妖
不除，風波不息。」乃拋椗中流。龍左翻右滾，機破技窮，乃
還本象。唯見整然衣冠，儼一尊神，駐椗不動。妃命投下緋繩。
彼近前附攝，不覺隨攝隨粘，牢固難解，飄蕩浮于水上，始懼
而伏罪。妃囑之曰：「東溟阻險，爾今統領水闕仙班，護民危
厄。」由是永依法力，為部下總管。

按晏公在明代即以總管江河湖海水神著稱，《繪圖三教源流搜神
大全》有傳，題〈晏公爺爺〉，云：

公姓晏，名戍仔，江西臨江府清江鎮人也。濃眉虬髯，面如黑
漆，平生疾惡如探湯，人少有不善，必曰：晏公得無知乎！其
為人敬憚如此。大元初，以人才應選入官，為文錦局堂長，因
病歸，登舟即奄然而逝，從人欲具一如禮。未抵家，里人先見
其揚駟導於曠野之間，衣冠如故，咸重稱之。月餘，以死至，
且駭且愕，語見之日則即其死之日也。啟棺視之，一無所有，
蓋屍解云。父老知其為神，立廟祀之。有靈顯于江河湖海，凡
遇風波洶濤，商賈叩投，即見水途安妥，舟航穩載，繩纜堅牢，
風恬浪靜，所謀順遂也。皇明洪武初，詔封顯應平浪侯。[25]

據《繪圖三教源流搜神大全》的記載，晏公是元朝人，死後為神，
在明洪武年間被誥封成為保護舟航的全方位水神。而首先將晏公列為
媽祖護衛仙班的是道教編撰之《太上老君說天妃救苦靈驗經》，稱為
晏公大神。《天妃顯聖錄》編者更進一步創出媽祖〈收伏晏公〉故事，
將晏公提升為協助管理水闕仙班的總管，讓海上航船平安，不必勞煩
媽祖事必躬親，也讓媽祖神格再度提升。此則故事既取材自明朝洪武
年產生之典故，也足以證明《天妃顯聖錄》形成於明朝。

---

[25] 見《繪圖三教源流搜神大全》，〈晏公爺爺〉。宣統三年葉德輝序刊本，民國69
年，台北，聯經出版公司印行。

◇ 靈符回生

《天妃顯聖錄》記載云：

> 歲祲，疫氣盛行。黃縣尹闔家病篤，吏告以湄嶼神姑法力廣大，
> 能起死回生，救災恤難。尹齋戒親詣請救。妃曰：「此係天數，
> 何敢妄干。」尹哀懇曰：「千里宦遊，全家客寓，生死懸于神
> 姑，幸憫而救之。」妃念其素稱仁慈，代為懺悔。取菖蒲九節，
> 並書符咒，令貼病者門首，煎蒲飲之。病者立瘥。尹喜再生之
> 賜，舉家造門拜謝。自此神姑名徹寰宇矣。

這一則神話談的是林默能迴轉天意救治好官員的事。天意本來是
不可違背的，但因為黃縣尹為官仁慈，林默乃代為懺悔救之。查《莆
田縣志》，北宋前期莆田知縣黃姓者為太平興國年間首任知縣黃禹
錫，《莆田縣志》將黃禹錫列為名宦，云：

> 字仲元，惠安人。初為留從效別駕，後歸宋，以檢校水部郎中
> 攝縣事。會游洋人林居裔據險倡亂，函書諷禹錫為援。禹錫叱
> 之曰：「吾欲剚刃若腹，乃附若邪！」潛使長子觀，乞兵于漕
> 使楊克讓。居裔聞之，以計臮禹錫與其次子，置帳下，詰以乞
> 兵故。欲殺之。會觀兵至，居裔惶急未敢輒刃。已而力詘，泥
> 首請降。詔嘉禹錫忠。尋請老，以疾終。[26]

黃禹錫傳全未提及媽祖事，〈靈符回生〉的故事也是附會，旨
在鼓勵擔任官職者，只要做好官，不幸遇到瘟疫疾病之災，媽祖也會
旋乾轉坤救你。黃禹錫傳適足以反映太平興國年間，莆田因政權的轉
變，社會人心尚浮動不安的狀況。但黃禹錫是一個有原則的人，既已
追隨故主留從效降宋，即不再心懷二志圖謀反叛；一個為了社會安寧
不顧身家姓命安危的人，應該也不會是個貪官污吏。

---

[26] 見宮兆麟《莆田縣志》，卷八，職官志，名宦，黃禹錫。

◈ 伏高里鬼

《天妃顯聖錄》記載云：

> 高里鄉突有陰怪，含沙侵染百病。村人共詣神姑求治。妃知為
> 山僻小木精作祟，取符咒貼病者床頭，眾如命而行。聞屋瓦響
> 處，一物如鳥，拼飛而去。妃跡其所之，掃穴除之。比至，遽
> 幻作一小鳥，匿樹抄。只見渺渺林端，炎起一團黑氣。妃曰：
> 「不可留此為桑梓憂。」追擒之，唯一鷦鷯唧唧。將符水一灑，
> 鳥踏空而墜，并無形體，僅存一撮枯髮。舉火焚之，突現本相，
> 兀兀一小鬼子。叩拜曰：「願畈臺下服役。」收之。先是符咒
> 未至之前一宵，于民間忽語人曰：「我將別，當饗我。」主人
> 具儀宴之。次晨符咒至，即從屋上出去。蓋亦預知法力難逃也。

　　高里鄉在《莆田縣志》中並未有此行政區名，可能為小地名，今
莆田市濱海有「北高鎮」，湄洲嶼有「高朱」村，不知有關否。前面
幾則神話，媽祖已收伏金水之精千里眼遍照察奸、順風耳聞聲救苦，
又有晏公總管江河湖海水族協助救濟水難，已經建構一個可靈活運作
的宗教救難體制。本則故事媽祖另闢蹊徑，收伏幻化為小鳥的木精為
隸役，作者實另有深意，旨在完成補救措施，讓那些媽祖救護網未觀
照耳聞的受難者，可以透過媽祖神像分身來做補救。按古代神像雕
塑，均有法式可循，神像材質有金、木、泥之分，雕塑完成之後均需
置七寶及靈物於其內，經過開光點眼後始具靈力。以筆者所見清代雕
造媽祖神像內所置靈物多以鷦鷯為之，可證鷦鷯已為信徒遇急難請求
時，飛向媽祖報告的神媒。

◈ 奉旨鎖龍

《天妃顯聖錄》記載云：

> 妃年二十六歲春正月，霪雨至夏，淋漓弗止，閩浙盡罹其災。
> 省官奏聞。天子命所在祈禱。莆人詣請神姑。妃曰：「上下多

獲戻於帝，故龍為災，亦數使然。今既奉天子命，當除厥禍，為我邑造福。」見白虬奔躍衝突，又青黃二龍洊溢於滿蒼之表。妃焚靈符，忽有神龍面王冠荷戟而前曰：「奉帝罰此一方，何可逆命？」妃曰：「誠知玉旨降災，但生民遭困已極，下界天子為民請命，當奏上帝赦之。」遂鎖住白虬。彼一青一黃，尚波騰翻覆。妃乃焚香祭告。遽有金甲神人逐潮似追逐狀，天大霽，秋且告稔。有司特奏神姑鎮龍神功。奉旨，致幣報謝。浙省水災漸平。

　　這則故事謂為媽祖二十六歲事，即發生於宋太宗雍熙二年（985）。經查《莆田縣志》卷三十四祥異志，並無北宋期間淫雨成災之事，僅稍早之太平興國八年（983）八月曾有颶風，壞民舍千八十區，[27] 故本故事亦為附會。

　　故事雖為附會，但內容卻觸及天理與人情的衝突。人類行為不善獲罪於上帝，故天降淫雨為懲罰。淫雨三月，百姓已無法忍受。人間皇帝為恤民命，令所在祈禱。媽祖在莆人請求下，演法鎖龍，再請上帝派金甲神押龍返回天庭。

　　一般宗教均會有行為與報應的因果關係論，強調善有善報，惡有惡報。但在此故事中，媽祖卻違返福善禍淫的原則，以法力阻撓龍王執法，甚至加以鎖住。從宗教層面說，媽祖出發點是為出百姓於苦難，所憑藉的是人間皇帝的間接授權。從程序上說，媽祖應禱請上帝停止派龍王降雨，但媽祖卻反其道而行，先鎖龍，再禱請上帝善後。這個故事，可藉由媽祖對百姓的慈愛心增進信徒的信仰，但從法律層次論，媽祖所為已妨礙龍王執行公務，鎖龍更是擅自拘押執法人員，均屬違法，故林清標重編《勅封天后志》時，大幅度加以刪改，將演法鎖龍，上帝派金甲神押龍返回天庭等情節刪除。

◇ **斷橋觀風**

　　《天妃顯聖錄》記載云：

27　見宮兆麟《莆田縣志》，卷三十四，祥異志，宋。

吉蓼城西，有石橋跨海，當周道往來之津。一日，忽怪風掃地，
霹靂如雷，橋柱盡折，人病涉水，相傳風伯為災，妃往觀焉。
遙望一道黑氣，噴薄迷天。知二字為祟，因演出靈變，俾其遠
遁。戒鄉人晦冥風雨，毋犯之。

吉蓼又稱吉了，在莆田縣城東南八十里華胥山下，屬新安里十一
村之一，《閩書》〈華胥山〉云：

在吉了，亦名極了，謂莆地至此而極，復崛起為此山。然宋又
名擊蓼也。山與湄洲嶼隔海相望。蜃樓隱見，時類仙鄉。下有
東西二澳，闤市輻輳，吉了巡司南日山水寨在焉。[28]

吉了在明朝萬曆年間闤市輻輳，居民甚多。吉了城乃明洪武年間
為防倭患，而建築的城寨。《莆田縣志》云：

吉了寨城，在縣東南新安里，今廢。下註：以上五城皆周德興
命呂謙同時并□建，其制度大略相同。[29]

吉了寨城是洪武初年周德興奉明太祖令巡視沿海，為防倭而建，
是莆田地區較次要的小城寨，至明末清初始廢。因媽祖生存的北宋初
期吉了城寨尚未建，從〈斷橋觀風〉故事提及吉了城，可知此故事成
於明朝，又謂「橋柱盡折，人病涉水」，適反映明末清初吉了城寨已
廢，居民稀少無力復建之窘境。《天妃顯聖錄》創造這則故事應是為
了吉了居民的安全，以二字為祟「怪風掃地」，而媽祖未加收伏，以
戒鄉人至其地時小心防範發生意外。

◎ 收伏嘉應、嘉祐

《天妃顯聖錄》云：

---

[28] 見《閩書》卷二十三，方域志，興化府，莆田縣一，〈華胥山〉。
[29] 見《莆田縣志》卷三建置志，城池。

時有嘉應、嘉祐，或于荒丘中攝魄迷魂，或于巨浪中沉舟破艇。適客舟至中流，風翻將沉。妃見之，立化一貨舟拍浮而遊。嘉祐即舍客舟，乘潮而前。妃以咒壓之，擊刺落荒，遂懼而伏。妃又從山路獨行，嘉應不知以為民間美妹，將犯之。妃持麈一拂，彼遂幻變退避。歲餘復作祟。妃曰：「此物不歸正道，必擾害人間。」令人各焚香齋戒，奉符咒。自乘小艇，象漁者遨遊烟波之中。嘉應見之，即衝潮登舟，坐于桅前，不覺舟駛到岸，妃佇立船頭。遂悔罪請宥。並收之，列水闕仙班，共有一十八位。凡舟人值危厄時，披髮虔請求救，悉得其默佑。

收伏嘉應、嘉祐故事，是媽祖生前最後的一則神蹟，同時也是編得最勉強的一則故事，嘉應、嘉祐惡蹟包羅萬象，到底二者是妖魔？是鬼怪？是水族？是精靈？從故事中根本無法予以歸類。事實上嘉應、嘉祐原為莆田人，是血食於天妃廟最早的陪祀神，卻被當作媽祖收伏的妖怪。

宋末，莆田籍太學博士李丑父撰〈鎮江靈惠妃廟記〉，始透露出嘉應、嘉祐與媽祖的關係，云：

> 妃林氏，生于莆之海上湄洲，洲之土皆紫色。咸曰：必出異人。.... 東廡魁星有祠，青衣師、朱衣吏左右焉；西則奉龍王，而威靈嘉祐朱侯兄弟綴位焉。二朱亦鄉人，生而能神，揚靈宣威，血食于妃宮最舊。[30]

碑文談到西廡陪祀神嘉祐朱侯兄弟是莆田人，生前為媽祖揚靈宣威，死後被奉祀於媽祖廟內。《莆田縣志》載有詳細的嘉祐侯朱氏事蹟，云：

> 神姓朱，名默，黃石人，唐古田令璣後，生有靈異，年十七，喟然語同舍曰：丈夫當大立功名，終身講空名何益；今兩陲用

---

[30] 見《至順鎮江志》卷八，神廟，丹徒縣〈天妃廟〉。民國六十九年台北大化書局印行。

朱默

兵，朝廷開幕府，使吾得十人將之，可以鞭笞遠彝。屢造穀城
古廟，祈立功名。....年三十二，不疾而卒....建炎四年，詔封
默為威靈嘉祐侯。....默弟默諗，女弟六十娘，亦皆生而神靈，
並祀祔食。[31]

《莆田縣志》並無唐古田令朱璣傳記，選舉志亦無其題名資料，
但朱氏一家確為書香門第。《莆田縣志》〈朱大夫墓〉條云：

在黃石北辰堂右，宋觀察判官朱高葬其父漢，遇異人，指示此
處，後高亦祔焉。四世孫默生而神異，歿後封侯，默與弟妹葬
斯者十有八人，墓皆□覽形製相似，俗呼十八佳城。[32]

朱默這一代兄妹三人卻轉為宗教人物。朱默本人似學校生員，但
以外患交逼，未沈迷功名而希望在軍事上捍衛國家，從「今兩陸用兵，
朝廷開幕府」句推測朱默生存年代，約在北宋慶曆元年（1041）西夏
入侵，朝廷派范仲淹、韓琦募兵往禦之時。

黃石顯濟廟在文革時被燬，朱氏族人尚居莆田黃石井舖，居民多
朱姓，在當地一小學校亦見顯濟書社與顯濟廟。

顯濟書社工程初竣於 1994 年，單間式建築，中一磚塊水泥構建
神案，中間供奉「尊主明王后土夫人」，左側供奉「五路將軍、司馬

---

[31] 見宮兆麟《莆田縣志》卷四建置志，寺觀，〈顯濟廟〉。
[32] 見《莆田縣志》卷四建置，墓域，〈朱大夫墓〉。

聖王」，右側供奉「嘉祐聖侯、臨水夫人」，朱默像為文官像，四壁皆白堊，無丹楹雕琢。顯濟廟為五間起一條龍式的建築，規模較宏，內部尚在整修，祭器都尚不完整，隔成三小間，中為朱默坐像，匾題「朱大夫公」、「威靈護庇」，另有對聯二幅，為「天相朱門荷棟梁之重任。地雄黃石恢世代之宏規」、「功著熙寧橋古往今來人共仰。名垂顯濟廟春祈秋報歲常豐」。當地朱氏族人保存《朱氏族譜》，中有朱默的記載。

　　族譜第十一頁題為「朱氏群仙書社記」，撰於咸淳甲戌（南宋度宗十年，1274），描述朱氏五世祖創立該社延聘名師訓育子弟、人才輩出及後來改書社為顯濟廟之事，其與朱默有關者如下：

　　　　東廳祀總管大夫使君（朱默），至建炎四年（1130），高宗渡江，幸新安里，□經之船邊，風波拍天，天顏憂悸，經瞻拜懇禱，遂見順濟娘娘及朱總管旗現，既而風波果靜。高宗至臨安，首封順濟聖妃，又封大夫使君為彰烈嘉祐侯。其年實祐四年（1256）□丙辰歲也，于時族人見其恩寵褒光一時盛事，乃去群仙書社之號，扁金額曰「敕賜顯濟廟」，其於祖廟亦如之。其後子孫環居眾多，分為上下廟，仍祀五穀之神以禱雨暘，又為春祈秋報，祠堂則仍其舊。[33]

　　族譜十三頁題為〈敕賜侯封〉，全篇描述朱默事蹟，云：

　　　　公諱默，十二月初八日誕晨（辰），四月十三日諱晨（辰）。生之日紅光遶室，舉家驚異，及長，丰姿俊穎，魁偉奇梧，賦質由於天縱，倜儻自異常人，偶一日之間出沒變化人莫測其機密，皆稱公為神，三十有二不疾而亡。精靈在天，任護國庇民之責，隨處顯應，操作福作威之權。時高宗南渡，波浪兼天，舟楫傾危，籲天求救，公挺然神兵護駕，遂迴風息浪，保駕無虞。高宗即製誥敕封公彰烈嘉祐侯，建廟塑像，坐于水

---

[33] 見《琳井朱氏族譜》，〈朱氏群仙書社記〉。

南龜嶼山，至今舊宇尚存，莆四方多祀之。

公之妹朱聖女，生亦神異，敕封臨水夫人，廟在太湖，咫尺之間兩廟巍然鎮于一方，豈非偶哉。……宋高宗差主事楊名督廟並賜聯「天相朱門荷棟梁之重任。地雄黃石恢世代之弘規」。丞相陳俊卿贈句「功著熙寧橋古往今來人共仰。名垂顯濟廟春祈秋報歲常豐」。[34]

本文內容頗詳，尤其朱六十娘被封為臨水夫人更是一般文獻所未見。臨水夫人常見為媽祖陪祀神，但臺灣學者常指為唐季五代時福州陳昌的女兒陳靖姑。但陳靖姑年代早於媽祖，從倫理上看不宜為陪祀神。《朱氏族譜》此記載應可訂正臺灣學者說法。

朱默為琳井朱氏第八代，通譜載其兄弟二人，云：

> 默，強長子，字感通，年二十二無病沒，高宗南渡出神兵助順。建炎四年詔封靈感顯福彰烈侯。點，強公次子，字次曾，特奏名，補邵武軍建寧縣主簿。[35]

《朱氏族譜》還記載了朱默諸弟，云：

> 黙公，強公次子，行卅五，神□副總管，無子。
> 點公，字次曾，行卅七，強公三子，補迪功郎，建寧縣主簿。[36]

原來朱默兄弟三人，朱默、朱黙早卒，朱點特奏名出身，曾任建寧縣主簿，而《莆田縣志》將「點」誤植為「諗」。

嘉祐侯朱氏兄弟原本是媽祖的信徒與宣揚者，並為媽祖陪祀神，但為何被講成妖邪呢？此似因宋末理學發達，嚴男女之防所致。宋末莆人劉克莊即因質疑莆人將木蘭陂錢夫人與林世長等男性合祀一廟而改變當地祠祀習慣。劉克莊〈協應錢夫人廟記〉云：

---

34 見《琳井朱氏族譜》，〈敕賜侯封〉。
35 見《琳井朱氏族譜》，〈強公房〉。
36 見《琳井朱氏族譜》，〈強公房〉。

今廟前祀夫人，白湖妃于殿後，列三士者于堂，若合位置矣，
余猶以同門異室為疑。□□雙廟必如娥、英，巡、遠而後可，
夫人潔於姬姜，三士賢於魯男子，使之並栖合食，雖築百堵，
割萬羊，其不願歆也決矣。[37]

劉克莊並進一步建議將錢夫人與李、林、黎三人分為二廟奉祀，
奏請各加封爵。〈協應錢夫人廟記〉云：

余獨哀夫人志義之高古，惠利之及遠，而聲跡乃未赫然暴於天
下後世；又有重不幸焉，古廟惟像夫人，西陂之廟，乃與李、
林、黎三士合祠。詩刺□禮，春秋惡逆祀，其鄙野不經至此，
與□生侑后土，小姑嫁彭郎何異？或曰：然則如之何而可？余
曰：析為東西二廟可乎？奏請各加封爵可乎？或曰：以待君
子。[38]

為男女之防，分建二廟奉祀錢夫人與林世長，這種情形也可能發
生在媽祖與朱默信仰上。嘉祐兄弟從人生面看，他們宣揚媽祖威靈有
功因而血食於天妃廟；但從理學觀點說，嘉祐兄弟是男性，不宜為
媽祖女性之陪祀神。因此元朝以後再不見有嘉祐兄弟血食於天妃廟
的記載；但是莆人也知朱默兄弟於媽祖信仰之功，故創出朱侯兄弟為
虐地方被媽祖收伏為水闕仙班的神話，讓朱默兄弟可以勉強血食於天
妃廟。

◎ 湄山飛昇

《天妃顯聖錄》云：

宋太宗雍熙四年丁亥，妃年二十九。秋九月八日，妃語家人曰：
「心好清淨，塵寰所不樂居，明辰乃重陽日，適有登高之願，
預告別期。」眾咸以為登臨遠眺，不知其將仙也。次晨，焚香

---

[37] 見劉克莊《後村先生大全集》卷九十一，〈風亭新建妃廟〉，四部叢刊集部。
[38] 見劉克莊《後村先生大全集》卷九十一，〈風亭新建妃廟〉。

演經，偕諸姊以行，謂之曰：「今日欲登山遠遊以暢素懷，道門且長，諸姊不得同行，傷如之何。」諸人笑慰之曰：「遊則遊耳，此何足多慮。」妃遂徑上湄峰最高處，但見濃雲橫岫，白氣互天。恍聞空中絲管聲韻叶宮徵，直徹鈞天之奏，乘風翼靄，油油然翔翔于蒼旻皓日間。眾咸欷歔驚嘆，祇見屋虹輝耀，從雲端透出雲重霄，遨遊而上，懸碧落以徘徊，俯視人世，若隱若現。忽彩雲布合，不可復見。嗣後屢呈靈異，鄉之人或見諸山岩水洞之旁，或得之升降趺座之際，常示夢顯聖，降福於民。里人畏之敬之，相率立祠祀焉，號曰通賢靈女。

林默十六歲成學後，在家鄉驅邪救世，獲得崇高聲望，同時逐步收伏金水之精順風耳、千里眼，妖邪鷦鷯、晏公及水闕十八仙班為部眾，龍王也聽號令，將之建構成嚴整的救人護航體系；十二年後凡間任務已告完成，回歸神的世界。

《天妃顯聖錄》謂林默於雍熙四年去世，年二十九。按林默生於建隆元年，為西元九六○年，雍熙四年為九八七年，實際僅二十八歲。林默既為觀音轉世，於人間復功德圓滿，自有異於常人的去世方式。因為太年輕，又不能有人間的感傷，故《天妃顯聖錄》為安排至湄嶼最高處升天；升天時，空中有管弦樂奏，卒至不見。去世前一日預期告別、升天，空中有管弦樂奏等事，其創意似仍來自《華嚴經傳記》華嚴二祖智儼去世情節，云：

> 總章元年（668）夢當寺般若台傾倒，門人慧曉又夢上高幢上侵雲漢，幢首寶珠明如曉日，漸漸移來，入京便倒。儼自覺遷神之候，告門人曰：吾此幻軀從緣無性，今當暫往淨方，後遊蓮花藏世界，汝等隨我，亦同此志。俄至十月二十九日夜，神色如常，右脇而臥，終於清淨寺焉。春秋六十七矣！時有業淨方者，其夜聞空中香蘂從西方而來，須臾還返，以為大福德人也。[39]

---

[39] 見法藏集《華嚴經傳記》卷第三，講解下，釋智儼。

《天妃顯聖錄》〈天妃誕降傳〉謂天妃在二十九歲之年，功德圓滿修成正果白日飛升。但丁伯桂〈順濟聖妃廟記〉卻謂：

> 殁，廟祀之…莆寧海有堆（墳墓）。

何喬遠《閩書》也謂媽祖：

> 宋雍熙四年，昇化在室，三十年矣。[40]

二文皆謂媽祖與常人相同，有死亡的過程，而《閩書》將媽祖在家去世改用比較高雅的詞彙「昇化」代替而已，非如《天妃顯聖錄》所描述的白日飛昇而去。

三、〈天妃誕降本傳〉林默事蹟的檢討

《天妃顯聖錄》所載林默出生至飛昇，共計有故事十七則，作者透過一則則故事，給媽祖最好的家世及普受信仰的觀音當宗教淵源。媽祖成長的過程中，先接受儒學教育，再學宗教法術，內外兼修；成學後逐步收伏精怪妖魔為部眾，建構其宗教救護體系，在宗教信仰上具有無限法力，就宗教信仰角度看，是一個很成功的作品。

〈天妃誕降本傳〉所述媽祖史事，有年代可考者，大都無法從史書中得到印證，然所取材史料來源甚廣，且多為宋、元、明間的作品，如《宋史》、《三教搜神大全》、《閩書》、《續文獻通考》等都是。而從林默之學習與去世過程看，似師法《華嚴經傳記》的〈釋智儼〉傳。華嚴宗與泗洲文佛信仰在唐朝傳入莆田，並普受敬信，〈天妃誕降本傳〉作者於華嚴典籍也有相當涉獵。綜覈上述史料並對照《莆田縣志》城池規制沿革，〈天妃誕降本傳〉應該是明朝中葉以後的作品，與林堯俞年代相符。

〈天妃誕降本傳〉文筆簡潔，堪稱佳構，但亦有內容錯誤或情節

---

[40] 見《閩書》卷二十四，方域志，興化府，山，湄洲嶼。

不合理處，如〈機上救親〉、〈奉旨鎖龍〉、〈收伏嘉祐嘉應〉等均
是，尤其將生前為媽祖揚靈宣威的朱默兄弟當作妖邪收為水闕仙班，
於人情實有未妥。

◈ 媽祖的出生地究竟在湄洲嶼或莆田本土的賢良港？

前引各種文獻均謂湄洲，但乾隆年間九牧林後裔的林清標重刊
《勅封天后志》卻謂媽祖生於賢良港而至湄洲嶼飛昇。《勅封天后
志》謂：

> 曾祖保吉公乃邵州刺史薀公孫，州牧圉公子也。五代周顯德中
> 為統軍兵馬使，時劉崇自立為北漢，周世宗命都檢點趙匡胤督
> 戰于高平山，保吉與有功焉。棄官而歸隱于莆之賢良港。子孚，
> 承襲世勳，為福建總管。孚子惟慤，為都巡官，即妃父也。娶
> 王氏。……十三載，道成，別家人，到湄洲嶼白日飛昇。[41]

林清標並寫了〈天后本支世系考〉證之，謂：

> 保吉棄官隱於賢良港。保吉公生子孚，為福建總管。孚公生惟
> 慤，為都巡官。惟慤公生洪毅及六女，后其第六女也。洪毅公
> 生一子，傳數世而成巨族，皆居於港。現分為六房，其祖祠所
> 奉，乃本支之先代也。所修家乘，昭穆亦復秩然。有以后尊榮，
> 奄為己房所出，將其先代而改易之。[42]

又同書〈賢良港祖祠考〉謂：

> 港之祖祠，前代已有建立，明永樂十九年，上以天后屢著靈
> 異，聞祖祠圮壞，特命內官赴港修整，及嘉靖時倭寇擾攘，民
> 居盡被燬，獨祠不壞，內供奉始祖唐邵州刺史公暨后之高曾祖

---

[41] 見林清標輯《勅封天后志》卷上，〈傳〉。民國 76 年，台北市莆仙同鄉會湄洲天
后宮印行。
[42] 見林清標《勅封天后志》卷下，〈天后本支世系考〉。

父兄。[43]

林清標以天后祖祠在賢良港，且有永樂年間修建記載為證。何喬遠《閩書》有一段記載，謂：

> 洪武初，內徙島虛，今居墾如故。[44]

直指明洪武初為防倭寇，將島民遷徙至內地的事實，至何喬遠撰《閩書》的萬曆年間，湄洲嶼百姓已居墾如故。賢良港與湄洲嶼隔海相望，《南渚林氏族譜》〈靈女〉條則與《閩書》相呼應，直指居住賢良港的林氏族人是洪武年間被徙回本土的湄洲嶼林氏後裔，謂：

> 妃父僑居湄洲嶼，為署都巡檢日也。妃生嶼上，土盡渥丹。兄鎮，子孫衍嶼上。妃之舍基、祖廟猶存。明洪武初，詔遷過岸，今新安里賢良港后林是其后也。[45]

從這二條史料若學術界能認同，則媽祖生於湄洲嶼或賢良港的爭議就顯得無意義了。

◇ 媽祖的生卒年究竟何時？

第一種說法謂生於宋太祖建隆元年（960），卒於雍熙四年（987）年。最早提及生於建隆元年者為宋末元初的莆田文學家劉克莊，劉氏所撰〈風亭新建妃廟〉，謂：

> 妃以一女子，與建隆真人同時奮興，去而為神，香火布天下，與國家祚運相為無窮。

後人據之。如《天妃顯聖錄》、《敕封天后志》、徐葆光《中山

---

[43] 見林清標輯《勅封天后志》卷下，〈賢良港祖祠考〉。
[44] 見《閩書》卷二十四，方域志，興化府，山，湄洲嶼。
[45] 轉引自蔣維錟《媽祖文獻資料》，《南渚林氏族譜》，無名氏〈靈女〉。

傳信錄》、周煌《琉球國志略》等書均採此說，而《天妃顯聖錄》進一步寫出誕生日為三月二十三日，雍熙四年（987）九月九日於湄洲嶼飛昇。此說已相沿成俗，清代以降各地廟宇舉行媽祖祭典均於此二日為之。

第二種說法謂生於唐天寶元年（742）三月二十三日，卒年不詳。明萬曆年間編印的《三教源流搜神大全》卷四〈天妃娘娘〉條謂：

> 母陳氏，嘗夢南海觀音與以優鉢花吞之。已而孕，十四月始克娩身得妃，以唐天寶元年三月二十三日誕。……及笄誓不適人，即父母亦不敢強其醮，居無何儼然端坐而逝。

李獻章氏在所撰〈以三教搜神大全與天妃娘媽傳為中心來考察媽祖傳說〉[46]，曾考證《三教源流搜神大全》編者撰寫天妃娘娘傳時係以生於唐大曆元年臨水夫人傳為基本資料，致將唐天寶元年當作天妃出生年，故此說亦無根據。

第三種說法謂生於宋哲宗元祐八年（1093）三月二十三日，卒於雍熙四年（987）二月十九日。乾隆《莆田縣志》卷三十二人物志，仙釋，〈天后〉條即持此說，但在出生年又加註：「一云太平興國四年。」太平興國四年為西元九七九年。乾隆《仙游縣志》亦持此說。但此說明顯有誤，若生於元祐八年卒於雍熙四年，則生年晚於卒年，前後顛倒；若生於太平興國四年卒於雍熙四年則卒時年僅九歲，也不合理。

第四種說法謂生於宋太宗太平興國四年三月二十三日，卒於大中祥符元年（979-1008）十月十日。《南渚林氏族譜》〈靈女〉即持此說，謂：

> 宋太平興國己卯三月二十三日辰時降生，大中祥符元年戊申十月初十日騰空而去。宋封靈惠助順英烈夫人，元至元十八年封

---

46 見李獻章李獻璋《媽祖信仰研究》，〈以三教搜神大全與天妃娘媽傳為中心來考察媽祖傳說〉。另民國69年台北聯經出版事業公司印行《繪圖三教源流搜神大全》亦收此文。

興化路明著天妃，大德三年加封護國安民庇物明著天妃。[47]

《南渚林氏族譜》修於明朝英宗正統年間，其後數度重修；開房祖為九牧林藻六世孫林杭。《南渚林氏族譜》成書於明朝中葉，早於《天妃顯聖錄》編輯年代，其可信度也不低，僅因其流傳不廣，致學者罕引述之。

上述四種說法，第一種謂生於建隆元年，係據劉克莊〈風亭新建妃廟〉而來，劉文本在歌頌媽祖生在宋朝，死後保國佑民與國祚相依長存，本不足為林默生於建隆元年之據；且建隆元年莆田尚處割據時期，未歸宋朝統治，且林默曾祖父於周顯德年間隱居湄洲嶼，二、三年後其第七個曾孫即誕生，不合情理。第二種生於唐朝說雖出自《三教源流搜神大全》，但與現存宋元史料記載無一相符，故後世無人認同其說。第三種生於宋元祐八年之說，比對廖鵬飛、丁伯桂兩人所撰廟記均有元祐丙寅（元年，1086）媽祖託夢聖墩建廟之事，可知其年分太晚。

第四種太平興國四年生的說法，出自《南渚林氏族譜》。福建有些傳衍千年的家族均建祠堂、修族譜，南渚林氏、琳井朱氏、白塘李氏均為其例。這些族譜因未付梓流傳，故學界不易見及引用。1990年蔣維錟《媽祖文獻資料》引錄《南渚林氏族譜》靈女條，海外始知其內容。南渚林氏開房祖為九牧林藻六世孫林杭，據《天妃顯聖錄》林麟焻序的說法，林默為邵州刺史（林蘊）九世孫，[48]雖有房分不同之異，與南渚林氏系出同源，史料可信度較高。且所說林默生於太平興國四年，卒於大中祥符元年之說，正好三十歲，與《閩書》說法一致。是敘述林默生卒年較有依據的說法。

其次太平興國四年為宋朝將莆田正式納入版圖置興化縣之年，是莆田人民的新紀元，劉克莊歌〈風亭新建妃廟〉謂「妃以一女子與建隆真人同時奮興，去而為神」，以莆田政治觀點看，宋太祖為宋朝象徵，置縣之年即莆田奮興之年。其因有二，一者莆田地區五代時為閩王王審知家族統治，及審知子延政為南唐所滅，莆田為陳洪進、留從

---

[47] 轉引自蔣維錟《媽祖文獻資料》。無名氏〈靈女〉。
[48] 林清標重刊《勅封天后志》將林麟焻序媽祖為為邵州刺史九世孫改為七世孫。

162　《天妃顯聖錄》與媽祖信仰

效所據。宋太祖建隆元年時，江南、閩尚未併入版圖，迨宋太宗即位後銳意南征，太平興國三年（978）陳洪進納土內屬，莆田人得免軍備苛捐雜稅之苦，不啻新生，《天妃顯聖錄》以宋太祖開國之年當天妃生年，讓天妃生年上推十九年，其說法較劉克莊的比喻式說法更明確。

第七章：天妃信仰起源的
田野考察

　　筆者在民國七十四年六月出版的《高雄文獻》二十二、三期合刊號發表過〈媽祖信仰起源考〉，從歷史文獻考證媽祖林默娘生前事蹟及其信仰發展的過程。雖然當時中共已採開放政策，但資訊及相關條件不足，無法前往大陸福建媽祖生長地區研究。三十餘年來，閩臺宗教及學術交流順暢，福建學者也紛紛投入媽祖信仰的研究，不僅發表論文，編印史料，還規劃媽祖文物來臺展示，期間還有二岸宗教的交流，媽祖研究風靡一時。由於機緣成熟，筆者當年無法前往莆田實地考查的遺憾，在福建省莆田市媽祖研究會林理事長文豪的協助下，終於得到彌補。一九九九年二月下旬至三月上旬，筆者親赴莆田地區從事田野調查。調查期間，除了林文豪、林金榜二位的支持外，蔣維錟、朱合浦、林文伯、周金錟、柯鳳梅等人[1]分別協助連繫拜訪對象或陪同前往相關地點考察，非常感謝。

　　此次田野調查，考察的重點當然環繞在天妃信仰起源的相關問題。馳騁在天妃生長、行化的田野，親身體會莆仙的自然、人文與宗教氣息，對媽祖文化相信有更深刻的體會。

一、最早記載天妃事蹟的文獻

　　西元一九八九年蔣維錟編校出版的《媽祖文獻資料》推出一篇最早，且前所未見的天妃史料。這篇文章題為〈聖墩祖廟重建順濟廟記〉作者為特奏名進士廖鵬飛，撰於紹興二十年（1150），編者在按語中說是取自莆田望族《白塘李氏族譜》。今既得與原編校者蔣維錟面晤，

---

[1] 筆者此次田野調查的口語翻譯工伯全賴諸先生協助，蔣維錟現任媽祖研究會副會長，文革期間任中共莆田縣文化局長，搶救不少古文物，後轉任中共黨史工作。朱合浦任職莆田市政協、林文伯原在福建省臺辦任職，現任莆田日報總編輯。柯鳳梅為當地縣圖書館館長。

自當請教，並請引余前往白塘李氏家參閱族譜。

三月一日，余與蔣維錟等驅車至白塘郊外，參觀數處有關李氏史蹟後欲往訪保管族譜的李氏族人。行至半途，以路狹汔車不能通行，余建議徒步前往，蔣以徒步較遠，且李氏族譜已有抄印本，彼有一部可借余參閱。

次日，蔣維錟攜族譜來，其正式名稱為《李氏宗譜》，為鋼版抄印本，分忠、孝、節、義等數部，忠部書首為「李公制幹肖像」，首頁為「宋李綱書上制幹公起兵」，次頁為「制幹公復宋丞相李綱書」，再次為「殿前統制司幹辦李公墓誌銘」，撰文者署「奉議郎權通判賀州軍事門人王進之撰」，接著為「宋殿前統制司幹辦李公墓碑銘」落款為「朝散大夫權吏部侍郎給事中兼史職賜金紫袋後學丁伯桂元暉書」，「跋制幹公墓銘」落款為「嗣孫長源謹記」等文。

在書中三十九頁以後收錄了數篇與天妃有關的文章。在三十九至四十頁間，錄有「重興浮嶼天后宮序」落款為「乾隆四十六年歲次辛丑重陽梧郊里人敬撰」。浮嶼天后宮位於白塘，現存，廟地原為李家產業，與李家淵源甚深。五十六至五十八頁為「聖墩祖廟重建順濟廟記」，其下注「載聖妃靈著錄」，落款為「宋紹興二十年庚午正月十一日特奏名進士廖鵬飛謹記」，這篇文章即為蔣維錟編校出版的《媽祖文獻資料》所錄「聖墩祖廟重建順濟廟記」的原稿。按聖墩原在寧海，白塘與黃石鎮即以寧海橋相接，或許聖墩即在今白塘區。其次有「朱衣著靈記」，其下注《載天妃顯聖錄》。再次為五十九至六十一頁的「聖墩順濟祖廟新建蕃釐記」，落款為「東里四如黃淵撰」，六十一頁還有「枯楂顯聖記」等篇，這些文章從宋代到清代都有，作者均非李氏家族人，似為李氏家人將歷代與聖墩媽祖有關的資料收集而成。

白塘李氏，望出隴西，為唐朝皇室遊擊將軍李尚靈後裔，武則天時徙泉州同安，再徙游洋浦，遂居之。沿木蘭溪至三江口一帶土地多為李家所有。宋高宗建炎初，女真粘罕犯順，李富募兵三千隸韓世忠麾下，助守淮河。時莆人王晞亮任給事中，舉李寶於偏裨中為水軍統制，焚敵萬艘，終阻擋女真南下，朝廷授李富承信郎；宣使張淵聞富材略，辟充殿前統制司幹官，不就，辭歸。李富於莆田地區造橋樑三

十四座，二亭，助修郡庠，修海堤，捐宅第為佛寺，洵為善人。[2]

「聖墩祖廟重建順濟廟記」撰者廖鵬飛，蔣維錟在《媽祖文獻資料》中介紹云：「生卒年未詳，福建仙遊人，紹興十二年（1142）特奏名進士。經查《仙遊縣志》卷二十九科第，特奏名項下確有廖鵬飛之名，唯其名下並無任何註記，其前者陳維楫為紹興八年戊午，其後三名陳維持為紹興十二年壬戌，其年代應與蔣維錟推斷相近。宗譜文字與《媽祖文獻資料》刊出者大體相同，僅少數文字可能筆誤或語意不清，由蔣氏逕予改正，如「夫豈通為僭越」改為「夫豈過為僭越」；「非無以彰其威靈也」改為「非是列以彰其威靈也」等，皆未影響文意判讀。

茲以「聖墩祖廟重建順濟廟記」比對主要文獻。廖鵬飛廟記首段云：

> 里有社，通天下祀之，閩人尤崇。恢閎祠宇，嚴飾像貌，歸然南面，取肖王侯。夫豈通為僭越以示美觀？蓋神有德於民，有功於國，蒙被爵號，非無以彰其威靈也。郡城東，寧海之旁山川環秀，為一方勝景，而聖墩祠在焉。墩上之神，有尊而嚴者曰王，皙（晢）而少者曰郎，不知始自何代，獨為女神人壯者尤靈。

這段記載彷彿是在描述當地社廟的尊主明王及其陪侍神，而天妃只是社廟諸神之一，完全看不出是在描寫天妃祖廟，與同時代莆田狀元黃公度[3]〈題順濟廟〉詩：「枯木肇靈滄海東，參差宮殿崒晴空，平生不厭混巫媼，已死猶能效國功。萬戶牲醪無水旱，四時歌舞走兒童，傳聞利澤至今在，千里梳檣一信風。」描繪媽祖被人崇祀的氣勢與廟宇雄偉的情形相去不可以道里計。另提及「里有社，通天下祀之」，指的應該是朱元璋統一中國以後規定以百戶為里，每里設一社，祀五土五穀之神的里社制度，與廖鵬飛所處紹興偏安局面似不甚

---

[2]　參見宮兆麟《興化府莆田縣志》卷 27 人物志，鄉行傳，〈李富〉；卷 19 人物志，風節傳，〈王晞亮〉。
[3]　見黃公度，《知稼翁集》，四庫全書，集部，別集。

相符。「聖墩祖廟重建順濟廟記」接著說：

> 世傳通天神女也，姓林氏，湄洲嶼人，初以巫祝為事，能預知人禍福。既沒（歿），眾為立廟於本嶼。聖墩去嶼幾百里，元祐丙寅歲（1086）墩上常有光氣夜現，鄉人莫知為何祥。有漁者就視，乃枯槎，置其家，翼（翌）日自還故處。當夕偏夢墩傍之民曰：「我湄洲神女，其枯槎實所憑，宜館我於墩上。」父老異之，因為立廟，號為聖墩。

　　這段文字在描述天妃生前事蹟及聖墩建立廟的原因，說天妃為湄洲嶼人，生前以巫祝為事，死後，眾為立廟於本嶼，聖墩則是第二座媽祖廟。聖墩建廟的原因則為枯槎顯靈託夢所致。此記載與上一段記載即有矛盾處，上一段講的是里社神，且天妃並非主神，此段又說聖墩廟是由枯槎顯聖建廟，不知何者為是？此外，本段記載又與丁伯桂所撰〈順濟聖妃廟記〉有相當出入。按丁伯桂是莆田人，世代書香，其曾祖父丁彥先為宋仁宗寶元元年（1038）進士，官秘書郎。丁伯桂為宋寧宗嘉泰二年（1202）進士，歷任樞密院編修官、監察御史、秘書少監、中書舍人權吏部侍郎、給事中等職，為聖墩建廟的李富死後墓碑碑銘「宋殿前統制司幹辦李公墓碑銘」即為丁伯桂所撰寫，丁伯桂與李家關係密切，對聖墩祖廟歷史的記載應有相當根據。丁伯桂〈順濟聖妃廟記〉描述媽祖云：

> 神莆陽湄洲林氏女，少能言人禍福，歿，廟祀之，號「通賢（玄，避唐玄宗諱）神女」，或曰「龍女」也。莆寧海有堆，元祐丙寅，夜現光氣，環堆之人，一夕同夢，曰：「我湄洲神女也，宜館我。」于是有祠，曰「聖堆」。[4]

　　碑記記載天妃為湄洲林氏女，從事巫祝活動與廖鵬飛文相同，最大差異在丁伯桂廟記說「莆寧海有堆（墳墓）」，也就是說林默死

---

[4]　見潛日友《咸淳臨安志》卷73，丁伯桂〈順濟聖妃廟記〉。

後埋葬在寧海，至於建廟原因則是元祐丙寅（1086）林默墳墓出現光氣，附近居民一夜同夢林默託夢指示建廟，與廖鵬飛文所說枯槎顯靈不同。

宋代學者之所以會以聖墩廟為天妃祖廟而不以湄洲廟為祖廟，其理由似以聖墩是林默葬身之地，聖墩廟是第一座媽祖廟，聖墩之名也是建廟之後取的。聖墩在天妃信仰上有其不可取代的意義，聖墩與湄洲嶼，一個是媽祖誕降之地，一個是長眠之地，都是天妃信仰的聖地。

廖鵬飛文接著記錄建廟後靈應事蹟云：

> 歲水旱則禱之，癘疫崇（祟）降則禱之，海寇盤互則禱之，其應如響，故商舶尤藉以指南，得吉卜而濟，雖怒濤洶湧舟亦無恙。寧江人洪伯通嘗泛舟以行，中途遇風，舟幾覆沒，伯通號呼祝之，言未出口而風息。既還其家，高大其像，則築一靈於舊廟西以妥之，壬寅歲也。

廖文接著記載聖墩祖廟重建順濟廟的原因云：

> 越明年癸卯（宣和五年，1123），給事中路公允迪使高麗，道東海，值風浪震蕩，舳艫相衝者八而覆溺者七，獨公所乘舟有女神登檣竿為旋無（舞）狀，俄獲安濟，因詰于眾，時同事者李保義郎李振素崇奉聖墩之神，具道其詳。還奏諸朝，詔以順濟為廟額。於戲，女郎廟之靈古雖有之，不過巫山為雲洛浦凌波，曹娥抱尸浮江，帝女唧不（木）填海，猶立石當時，血食千載，要其德被於民，功及於國，蔑如也。今神居其邦，功德顯在人耳目，而祠宮褊迫，畫像形暗人心安在乎？承信郎李富居常好善，首建其義，捐錢七萬，移前而後，增卑而（高），戒功於中秋踰年月告畢，正殿中修廊翼，嚴祀有堂，齊（齋）庖有廬甓割削之工，蒼黃赭堊之飾，凡斯廟之器用殆無遺功。李侯以鵬飛久遊門下，遂命記之。

所述原因謂宣和五年給事中路允迪使高麗，舳艫遭風，使節船八

舟覆溺者七,獨主舟因聖墩神護佑獲安濟,返國後奏上,朝廷詔以順濟為廟額。李富以媽祖功德在人耳目而祠宮褊迫,畫像彤暗故捐貲倡建。根據《李氏宗譜》,朝廷賜廟額的關鍵人物李振亦為白塘李氏族人,同書丁伯桂所撰「宋殿前統制司幹辦李公墓碑銘」,載李富生於元豐八年(1085),聖墩祖廟建於元祐元年(1086),即祖廟建於李富出生次年。宣和五年李富時年三十九歲,正值盛年,對這座李家全力護持的廟宇發起重建是可以理解的。廖鵬飛記載著調整聖墩廟神排序的文字云:

> 或曰舊尊聖墩者居中,晢(皙)而少者居左,神女則西偏也,新廟或遷於正殿中,右者左之,左者右之,牲醴乞靈於祠下者寧不少疑。鵬飛曰:神女生於湄洲,至顯靈跡實自此墩始,安於正殿宜矣。昔泰伯廟在蘇臺西,延陵季子像設東面,識者以為乖禮遂命改之。鵬飛謂李侯之作是廟,不惟答神庥,亦以正序位云,於是樂書其事,繼以迎送二章,使鄉人歌而祀之。(下歌詞略)

本文所描述的聖墩廟,原來似乎是社廟,其主神稱為王[5],天妃與另一位「郎」僅是社廟中的陪祀神,且媽祖位於西偏,地位尚次於郎,李富因媽祖顯靈蹟始自聖墩,乃以之為聖墩廟主尊。且說「李侯之作是廟,不惟答神庥,亦以正序位」。

因為聖墩廟的創建是因媽祖顯靈而建,何以會冒出「王」、「郎」?又聖墩創建至宣和五年只有三十八年,尚為新廟,且李氏家族長期參與,為何有如此轉變讓人不解。文末落款為「宋紹興二十年(1150)庚午正月十一日特奏名進士廖鵬飛謹記。」,廟既建於北宋宣和五年,何以廟記撰於二十七年之後?且《李氏宗譜》所錄文章大多只署年代,將朝代名稱署上者僅此一件,是否《李氏宗譜》在刻版時錯簡,真值得再檢查。

---

[5]　今莆田地區每社尚有社廟,祀一男一女,俗稱社公社婆,而神龕橫幅則書「尊主明王」等字。其來源筆者認為應是朱元璋在明朝建國後通令全國百戶設里,每里立社,於社中奉祀的社神。「尊主明王」實即明教的主神明王或明尊。

因為聖墩在寧海，寧海在白塘，筆者在蔣維錟等人陪同下探訪當地的天妃廟，找到了《李氏宗譜》「重興浮嶼天后宮序」所記的天后宮，天后宮環湖而建，歷史亦久，廟地與湖為李家產業，所見廟宇也不甚宏偉，與廟記描述聖墩的情境似不同。另在衙口找到當地社廟，廟額為「鰲江西社」主神為天妃，但其規模更小，其餘則無天妃廟蹤跡，彷彿聖墩祖廟已從寧海消失。

二、來臺展出的石雕媽祖元始金身

海峽兩岸開放宗教交流以來，福建曾有二尊石雕神像被當作媽祖金身迎來臺灣展示或供奉，第一尊石雕神像在民國八十三年臺南鹿耳門「媽祖文物展」展出，說明謂是宋代媽祖神像，這尊石像高約二十五公分，似男像，頭戴軟帽，穿寬袍（似僧袍）趺坐，袍左上有一環扣，神像原奉祀於莆田林氏九牧祠堂。第二尊石雕神像是民國八十六年一月，福建湄洲媽祖來臺灣進行為期一百天的宗教交流活動，主辦單位展出的「具八百多年歷史的元朝石雕媽祖元始金身」，這尊神像：

> 高二十九釐米，寬二十二釐米，青石質，圓雕，型制古樸，碩巾帕首，大襟廣袖，垂拱趺坐，頰頰豐實，具有唐宋婦女典型風格。它是八〇年代初祖廟寢殿修復時出土的，同時出土的還有一些宋代陶筒瓦、瓦當、青瓷片、石避邪等。……湄洲媽祖元始金身是元朝石雕，迄今已逾八百年歷史，大陸列為國家保護級文物。[6]

媽祖究竟是千年前的人物，其長相如何現代人自不易找到原始圖片加以證實。九牧祠的宋代媽祖像因看似男像，參觀者看了雖不相信，但也不會覺得需要加以辯駁。但是湄洲來的元始金身，卻是女像，相信者不少。同一個媽祖但卻有迥然不同的石雕造型，已值得深入加以探索。

---

[6] 見《湄洲媽祖遊臺灣紀念專刊》，未載刊印年月，發行人陳適庸，編者陳春木，全書48頁。

林氏九牧祠堂位於莆田市西天尾鎮龍山村，其原始創建年代不詳，最近修建的年代在西元 1991 年，祠堂原址已經廢圮，基址尚留有殘壁，可以看出原建築是土埆建成，略成方形。新祠堂在廢墟後方約 10 公尺處，為一長條形平房建築，分為二間，右側為林氏祖祠，左側為天后聖母祠，二祠中間前方立一塊同治二年（1863）重修祖祠石碑。

經向時年八十二歲的林氏族人林世華請教有關林氏祠堂重建及發現石像的經過。林世華謂：建築物是參酌早年格式重建，分為二間，一邊為林氏祠堂，奉祀「九牧林」始祖林披以下歷代祖先；另一邊名為「玉寶堂」，奉祀在莆田創立三一教的本族祖先林龍江[7]，石像即為林龍江。媽祖雖姓林，但並非九牧林派下，故不在祠堂中奉祀媽祖林默娘。至於將「玉寶堂」改為「天后聖母祠」，則因政府特別重視媽祖，1991 年重建祠堂時，恐政府不批准，及以建「天后聖母祠」為由向政府提出申請，祠堂竣工後即以天后聖母祠奉祀媽祖，原來奉祀的三一教主林龍江石像乃移至祖祠左側神龕奉祀。但這尊被林家後裔視為林龍江的石像，被福建博物館當局視為「宋代媽祖」，來臺灣展示，筆者在泉州天后宮也曾看到極為相似的石像，但泉州人卻認為是泗洲文佛。[8]

概略了解「宋代媽祖」的背景後，筆者再度造訪湄洲祖廟探索「元朝湄洲媽祖元始金身石雕」發現的過程，得知石像是在 1980 年代初，湄洲媽祖廟寢殿修建期間出土的，伴同時出土的還有一些宋代陶筒瓦、瓦當、青瓷片、石避邪等。1980 年代的大陸，民間信仰在中共的眼中仍然是一種迷信，不得提倡，湄洲媽祖廟的重建，最初還受到不少來自官僚體系干擾，出土文物之事，也未引起重視。因為沒有文

---

[7]　林龍江名兆恩，字懋勳，別號龍江，道號子谷子，晚年自稱混虛氏、無始氏，門人稱為三一教主、夏午尼氏道統中一三教度世大宗師。為林氏九牧端州刺史林葦26 世孫，龍山村即林葦生前居住地。林龍江明正德 12 年生，卒於萬曆 26 年，壽 82。祖父林富，弘治進士，曾以兵部右侍郎兼都察院右僉都御史總督兩廣，父樵谷以父蔭太學，辭不仕，兄兆金，嘉靖進士，官南京戶部主事，林家為莆田望族。林龍江屢試不第，轉而往慈善、宗教發展，其影響更大，其事蹟參見董史撰《林子本行實錄》。按，林氏九牧祠奉祀之林龍江神像造型與《林子本行實錄》所繪林龍江造型不同，而與泉州地區所見泗洲文佛相似。

[8]　為當地居民於三叉路口奉祀的神，類似石敢當性質。

物專家參與，當然沒有完整的出土過程及記錄留下。

「元朝湄洲媽祖元始金身石雕」被發現後，因為湄洲當地人幼年都沒有在參拜媽祖時參拜石媽祖的印象，所以也未將之視為媽祖，而視同莆田地方民間崇奉「泗洲文佛」，將之置於發現地的「昇天古蹟」巨石下供人祭拜。

1987 年，中共莆田市政協在籌辦媽祖千年祭時，一面著手調查整理當地有關媽祖文物以便同時舉行「媽祖文物展覽」。其人員在莆田市西天尾鎮龍山村林氏祠堂左側神龕發現一尊穿袍的石雕神像，因當地為莆田林氏肇基地，祠堂正中繪有林氏九牧圖，調查人員以該石像既然是林家祖傳奉祀的神像，即視為宋代媽祖加以登錄。

1994 年「媽祖文物展覽」來臺展出文物，除各地博物館典藏文物外，也徵調各廟宇宗祠文物，西天尾鎮林氏祠堂的石雕神像即被當成宋代媽祖送來臺灣展出。在展出文物徵集工作完成時，湄洲媽祖廟聽說西天尾鎮林氏祠堂的石雕神像是宋代媽祖，也把自己石雕神像向政府報告，並由省文物專家鑑定為元代媽祖；於是莆田就有二尊元始的媽祖石像。但莆田及泉州的民俗學者卻認為石像是泗洲文佛而非媽祖。

三、莆田的泗洲文佛信仰

莆田人為何將石像當成泗洲文佛？當地學者陳長城、鄭邦俊在 1992 年 8 月出版《涵江文史資料》合撰〈祀佛公聽佛卦〉一文，說到莆田人祭祀泗洲文佛的習俗云：

> 過去莆田各處逢三叉路口，多建有小神龕，供奉佛公。佛公亦叫「泗洲文佛」或聖公。夏季一到，七、八月時，每當皓月當空，更深人靜，往往有老少婦女，三五成群，聚集佛公龕前，焚香祝禱。斯時香煙繚繞，一、二十步外即可聞到香味；以竹板作筊杯，鏗噹鏗噹，一、二十步外也可聽到其聲。民間有「七靈八怪」之說。她們在佛公像前恭祀敬卜，叫「聽佛卦」。「佛公」可能在佛教典籍中是不登大雅之堂的無名小卒。

陳長城介紹泗洲文佛又稱僧伽大師，是西域何國人，姓何氏，唐龍朔初（661-663）來中國，初隸名於楚龍興寺，後於泗洲（泗州，安徽）臨淮建香積寺，中宗景龍四年（710）卒，中宗為建塔。其後多于塔頂現小僧狀，於是求風者分風，求子者得子。

泗洲文佛是莆田到處可見的信仰。筆者在莆田停留的十天中，即看到許多泗洲文佛的祀例。第一個案例在莆田市東里村東里巷找到，泗洲文佛神龕位於一條丁字路口交叉點的壁上。文佛造型碩壯，石像高約55公分，寬約45公分，男性，與湄洲發現的媽祖石像完全不同。神龕僅是牆壁上挖的一個洞，只容神像安置，神像前有一個香爐，上面插有線香，可見日常有人膜拜，神龕兩旁有二幅對聯，分書「佛在三路口，人安東里居」、「佛遊歸回三路口，人安久居東里村」。據說原來石像不久前被偷，目前石像係新雕，居民把泗洲文佛當作保護聚落的神，有一點類似臺灣的民間宗教結界的五營，其功能是守護境內居民的安全。

第二個案例在涵江區白塘鎮衙口村（近木蘭溪），涵江是宋代媽祖信仰重鎮，寧海橋更是歷史上著名古蹟。當地社廟，廟額為「鰲江西社」，乙丑（民國七十五）年重建，廟內主祀媽祖，左側神龕奉祀泗洲文佛，佛像繪在一塊磨平青斗石上，未雕，嵌在側壁上。所繪泗洲文佛為典型僧人樣。

第三例在涵江區市中心延齡街后溝路丁字路口，祠建在交叉路側，四周砌有圍牆，側面開一小門，鎖上，不對外開放，若無當地居民指引、找到管理人開啟，無法發現。神像為浮雕，袍服與湄洲石像類似，但臉型狹長巨眼隆鼻，似女性，中東伊朗人，盤腿坐姿，與東里、衙口看到的泗洲文佛造型不同。

第四例在延齡街后溝路三十九號許玉榮家，許玉榮年約六十歲，為工農出身，泗洲文佛及一尊媽祖神像是其母生前留下，其母生前懂小法，能為人收驚，若存活年齡已近百歲，神像在文革時被收藏起來，開放後始再拿出奉祀。神像供奉在許家頂樓加蓋建築物神案上，神案中間供媽祖，左側供奉泗洲文佛。媽祖像高約二十公分，外型不完整，眼、鼻、手部都已脫落，但服飾已是傳統天后的典型，應為清代文物。泗洲文佛以石塊刻成，高約四十五公分，向後呈約三十度傾斜，前面

完整，後面粗略，似是準備讓人嵌在壁上。文佛造型，表情嚴肅，與前述後溝路泗洲文佛造型類似，與湄洲石媽祖像也同型，但不如其古樸。

第五例則在仙遊楓亭鎮，當地有一座元朝建的媽祖廟靈慈廟，在雙鳳橋（通湄洲灣）進入村落的路口發現。祠雙向，向村內的一面供奉福德正神，向村外的一面奉祀泗洲文佛，中間以牆壁隔開。廟宇建築面積約只十平方公尺，類似臺灣的土地祠，泗洲文佛廟有對聯一幅，書：「南無佛，佛在西天。東有橋，橋通北海」，橫披：「慧眼渡人」。石像為浮雕，頭蓋軟帽，著袍服，盤腿坐姿，臉頰較長，兩眼深陷，鼻樑細長，似中歐白種人女性。有玻璃保護，與東里村看到的泗洲文佛造型完不同，與涵江區後溝、湄洲嶼的石雕造型較接近。

第六例在平海天后宮附近小路上，原應為石塔，但目前僅見塔頂部分，四面刻小僧狀。

上述六例所見泗洲文佛均為石雕，形狀各有不同，開放後雕者均作佛教僧侶狀，石塔上者作小僧狀，頭蓋軟帽，著袍服趺坐者，則均作女性狀，且有白種人女性特徵。

泗洲文佛究竟是什麼人？何以如此深入民間？何以會有女性白種人造型？宋朝左街天壽寺通慧、贊寧奉敕撰《宋高僧傳》卷十八有泗洲文佛傳，題為〈唐泗州普光王寺僧伽傳〉。傳中記載泗洲文佛法號僧伽，來自蔥嶺北方碎葉國東北的附庸國何國，碎葉國位於中亞細亞巴爾喀什湖西，何國在其東北，今應屬吉爾吉斯共和國，是胡僧而非印度僧人。於唐高宗龍朔初（西元 661 年）來華，由西涼府（甘肅武威）轉至江淮一帶傳教。傳云：

> 釋僧伽者，蔥嶺北何國人也。自言俗姓何氏，亦猶僧會，本康居國人便命為康僧會也。然合有胡梵姓名，名既梵音，姓涉華語。詳其何國，在碎葉國東北，是碎葉附庸耳。伽在本土，少而出家，為僧之後誓志遊方，始至西涼府，次歷江淮，當龍朔初年也。登即隸名於山陽（江蘇淮安）龍興寺。

泗洲文佛進在淮安傳教，即以神通見長，傳云：

自此始露神異。初將弟子慧儼同至臨淮，就信義坊居人乞地下標，誌之言，決於此處建立伽藍。遂穴土，獲古碑，乃齊國香積寺也。得金像，衣葉刻「普照王佛」字。居人歎異云：「天眼先見，吾曹安得不捨乎！」其碑像由貞元長慶中兩遭災火，因亡蹤矣。嘗臥賀跋氏家，身長忽長其床榻各三尺許，莫不驚怪。次現十一面觀音形，其家舉族欣慶倍加信重，遂捨宅焉。其香積寺基，即今寺是也。由此，奇異之蹤旋萌不止。

泗洲文佛三十歲來華傳教，初以俗人為主，勸人勿殺生，其後漸以神通救人，為人治病，慢慢的結識地方官員、中樞權貴如駙馬都尉武攸暨，在華傳教五十一年始為中宗皇帝禮聘執講內筵，二年後卒，年八十三。死後迭現神蹟，為中宗所護持，其道因得大行。僧伽死後，「帝（中宗）以仰慕不忘，因問萬迴師曰：「彼僧伽者，何人也？」對曰：「觀音化身也。經可不云乎：『應以比丘身得渡者，故現之沙門相也。』」即唐朝時即以觀音化身視之。

泗洲文佛亡後，靈異事蹟始終不斷，如現形購齋器、化易木材，免僧眾勞役、消災、護城、救難、庇佑農作豐收等，不一而足，尤以現形護城最著，久之，塔頂現小僧狀即為泗洲文佛的象徵。傳云：

> 龐勛者，本徐州戌卒，擅離桂管，沿路劫掠，而攻泗州圍逼其城。伽於塔頂現形，外寇皆睡。城中偶出擊之，驚竄而陷。宿州以事奏聞，仍（乃）錫號「證聖大師」也。文德元年（僖宗，888）外寇侵軼，州將嬰城拒敵。伽現形於城西北隅，寇知堅壘難下，駭而宵遁。……由此多于塔頂現小僧狀，傾州瞻望。然有吉凶表兆于時，乞風者分風，求子者得子，今有躬禮者，往往有全不見伽形相者：或見笑容者吉，不然則凶。其不可度者如此。

在生時僧伽即常顯神通，其亡後也庇佑了後周及宋朝的統一大業。僧伽傳說「洎乎周世宗有事于江南，先攻取泗上，伽寄夢於州民，言不宜輕敵。如是，達于州牧，皆未之信。自爾，家家夢，同

告之。遂降。全一郡，生民賴伽之庇矣。」原來是泗洲文佛讓周世宗不費一兵一卒平定了江南，所以周世宗也規定「天下凡造精廬必立伽真相，牓曰：「大聖僧伽和尚」」，並命官員為碑頌德。及周世宗亡，趙匡胤繼立，對急於統一江南的趙匡胤而言，提倡泗洲文佛無異鼓勵各地不戰而降，故大加提倡，太宗時敕高品、白承睿重蓋其塔，加其累層，又為題寺額。僧伽傳云：

> 今上御宇也留心于此，其年三月有尼遊五臺山，因見伽於頂作嬰孩相，遂登剎柱捨身命供養。太平興國七年（982）敕高品、白承睿重蓋其塔，務從高，加其累層。八年，遣使別送舍利寶貨同葬于下基焉。其日，有僧懷德預搆柴樓，自持蠟炬焚身供養，炎燎之中經聲不絕。又將欲建浮圖，有巨木三根，沼（沿）淮而下，至近浮橋且止，收為塔心柱焉。續敕殿頭高品、李庭訓主之。先是，此寺因龕中金像刻其佛曰：「普照王」，乃以為寺額。後避天后御名，以光字代之。近宣索僧伽實錄，上覽已敕還。題其額曰：「普照王寺」矣。

原來泗洲文佛庇佑北周、北宋完成統一南方諸國而受政府大力提倡，而莆田納入宋朝版圖的過程也和江南投降後周的模式異曲同工。

泗洲文佛有弟子：木叉、慧儼、慧岸三人，中宗各賜衣盂令嗣香火，但這三人也是中亞人自幼隨僧伽來華，慧儼更似乎是女性。〈僧伽傳〉云：

> 弟子木叉者，以西域言為名，華言解脫也。自幼從伽為剃髮弟子，然則多顯靈異……舍利八百餘顆。表進上僖宗皇帝，敕以其焚之灰塑像，仍賜諡曰「真相大師」。于今侍立于左，若配饗焉。弟子慧儼，未詳氏姓生所，恒隨師僧伽執侍缾錫，從楚州發至淮陰，同勸東海裴司馬妻各白金沙羅而墮水。抵盱眙，開羅漢井，宿賀跋玄濟家，儼侍十一面觀音菩薩旁。自爾詔僧伽上京師，中宗別敕度儼幷慧岸、木叉三人，各別賜衣缽焉。

木叉、慧儼、慧岸這三位泗洲文佛的門徒，木叉在唐僖宗朝亡故，敕以其焚之灰塑像，仍賜諡號「真相大師」，侍立于泗洲文佛左側若配饗焉。弟子慧儼是奉侍著十一面觀音像，慧儼、慧岸二人是否有向外傳教則不可知。木叉、慧岸二人被吳承恩寫入《西遊記》中，是觀世音菩薩的二大弟子。

　　泗洲文佛信仰何時傳入福建？泗洲文佛相關傳記並未見有其師徒在福建及莆田地區行化的事蹟。陳長城〈祀佛公聽佛卦〉曾引宋人錢易《南部新書》「王延政（王潮弟王審邽之子）獨據建州，稱偽號。一日大赦，為伶官作戲辭云：只聞有泗洲和尚，不見有五縣天子。」推測在五代後晉出帝時即已傳入福建。然根據宮兆麟《莆田縣志》卷四建置，寺觀，城中，華嚴寺條的記載，在唐宣宗朝莆田即有北巖奉祀泗洲文佛，文云：

> 在郡城西三里，本玉澗之北巖，宋（唐）大中六年（唐宣宗，854）刺史薛凝題為華嚴，以僧行標能講華嚴大乘經也。十一年疏聞于朝，始改為寺，浮屠七級。有泗洲像，舊經云僧行標於泗洲請大聖真像，會溪流暴漲，得樟木一根於水中，遂刻焉。乾寧五年（唐昭宗898）縣令呂承祐造塔三層，後火，塔盡焚而像如故，時俗異之，隨復建塔。又有妙峰堂、壁立軒、環秀亭、放生池，而環秀亭舊為郡進士題名之所。元至正十六年（1356）火，尋復建，至明遂為□爐，萬曆間有僧建佛殿□座，尋廢，今移下平地小構。

　　據此，華嚴寺原名北巖，泗洲文佛像被奉祀在殿中，其地位應與佛教諸佛菩薩相當。唐宣宗朝刺史薛凝始將其名易為華嚴寺，其後歷經多次災難迭經重興，至明朝始衰亡。可見泗洲文佛在莆田有一段興盛期，然因後世帝王不加扶持而淪落，至於為何有東、西方各種不同人種造型，應該是忠實反映泗洲文佛及其門徒為白種人的事實。

四、普照王與摩尼光佛

泗洲文佛究竟傳的是什麼教？為何後梁的《高僧傳》唐代的《續高僧傳》《西域永法高僧傳》都不錄其事蹟，直到宋太宗索取其行狀後，《宋高僧傳》始加以著錄？北宋時期，應是泗洲文佛的興盛期，各地也看到不少泗洲院，但這些泗洲院後來都荒廢，泗洲文佛所傳的應該不是正統佛教。

僧伽來自蔥嶺北方碎葉國東北的附庸國何國，即中亞巴爾喀什湖西北，隋末唐初，其地為鮮卑人盤踞，後分為東、西突厥，唐太宗始打通東西方通路。僧伽於唐高宗龍朔初（661年）來華，當時中亞流行的宗教為摩尼教。

摩尼教（Manichaeism）為波斯人摩尼（Mani）於西元三世紀所創，其教義雜揉拜火教、耶穌教、佛教，入教者需：辯二宗（明、暗）明三際（初際：未有天地，只有明暗。中際：暗侵明，明入暗，以妄為真，須辯析求解脫緣。後際：教化事畢，真妄歸根，明歸大明，暗歸積暗，二宗各復），因其最終教義在追求大明，中國信徒自稱其教為「明教」。

泗洲文佛不是佛教，從相關文獻也可得到印證。明萬曆年間，道士張國祥校梓的《搜神記》卷三錄有〈泗洲大聖〉條，內容大體與〈僧伽傳〉相似，但敘述卻有異趣可供參考。其最值注意者，為傳中點出泗洲文佛似非佛教僧侶，只是在傳教過程中以僧侶裝飾方便傳教的事實。〈泗洲大聖〉傳云：「泗洲僧伽大師者，唐高宗時至長安、洛陽行化，歷吳楚間，手執楊枝混於緇流。」又記載僧伽在臨淮信義坊民居地下掘出金像，眾謂為佛教的燃燈如來，但僧伽卻說是普光王佛像，特別將普光王與燃燈如來加以區隔，應別有深意。

清光緒年間葉德輝校梓的《繪圖三教源流搜神大全》，卷二也有〈泗洲大聖〉條，內容也有同樣記載，但較《搜神記》稍詳，在文首「泗洲僧伽大師者」之後在加上「世謂觀音大士應化也，推本則過去阿僧祇彌伽沙卻值觀世音如來，從三惠門而入道，以音聲為佛事，作以此有緣之眾，乃謂大師自西國來」等字。傳前附有泗洲大聖繪像，

其狀為一站立男像，頭戴軟帽，帽下緣垂至肩膀以下，著寬袖長胡袍，腰繫長帶，右手持杖，與佛教僧人打扮迥異，但卻與莆田所見石像服飾同。從上述資料看，僧伽不是佛教僧侶應可無疑。

摩尼教在唐初傳入中國，在回紇護持下，長安、河南及東南之荊、揚、洪、越等州皆立有寺。武則天即位之初，光明寺（摩尼教）沙門表上《大雲經》，經中有女主之符，意指武則天當皇帝為天命。武則天乃改光明寺為大雲經寺，並令諸州各置大雲經寺，總度僧千人，此時為摩尼教的全盛時期。唐武宗時，因宗教太過浮濫，寺院田產佔天下三分之一，僧尼數以萬計，又不事生產，政府稅入深受影響，不得不於會昌三年（843）沒收各寺院田產，勒令僧尼還俗，摩尼教總計摩尼教合法在華傳教約 150 年。

《僧史略》曾記錄當時在京城摩尼教的遭遇云：「會昌三年，敕天下摩尼寺並廢入官，京城女摩尼七十二人死。」。由此觀之，摩尼教不只有女主之信仰，在京城的摩尼教師更全是女性，易言之，女性神職人員在摩尼教中應佔有重要地位，可能還是主要的傳教核心。唐武宗查禁以後，還俗的摩尼教僧、尼並未停止活動，反而轉入地下祕密活動，歷五代至宋朝未息。

宋朝，宋太宗雖因泗洲文佛助成南方的統一而予以肯定，但因當時佛教勢力太大，且佛教也半推半就的將泗洲文佛當作神僧，說是觀音的化身，將其事蹟列入《高僧傳》。但實際查閱佛藏卻發現佛教只是在敷衍宋太宗，如日本大正年間編修的《大藏經》中將摩尼教教主摩尼光佛與龍王並列，地位俾下。

摩尼教持明暗二宗，求由黑暗走向光明，易給人有無限希望的憧憬，故信徒以中下階層勞動階層為主。至南宋，因為戰亂多，百姓生活困苦，紛紛投入摩尼教，其教義又有持齋喫素之事，信徒間又能互相扶持，團結性甚強。但其教徒為求出黑暗入光明，常於深夜聚會祈禱，天明即散，且男女同處，宋朝政府以其「夜聚曉散，喫菜事魔」視為邪教嚴禁之，逼使信眾以荒山郊野為聚會所。

福建是一個摩尼教盛行的省分，目前尚可找到不少遺蹟，如晉江市郊的華表山尚保存著南宋紹興十八年雕刻的摩尼教主摩尼光佛像，佛像雕於岩壁上，為浮雕，高一米五二，寬零點八二米，著長寬袍盤

膝趺坐，明眉凝眸，身後有十八道紅白相間光芒，額滿，臉型狹長，神情奕奕，為中年男子像，其上刻有「摩尼光佛」四字。浮雕右方同一石壁上刻有「清淨光明、大力智慧、無上至真、摩尼光佛」四句偈，為當今存世之摩尼教唯一完整遺蹟。

筆者在訪問莆田時，也曾見到兩處摩尼教遺蹟，第一個遺蹟在涵江區市中心的龍津社廟，是一塊刻有摩尼教四句偈的殘碑，此碑是數年前修馬路時，在廟前發現，原碑已被打斷成數塊，碑左上部已不存，僅遺「□淨光明、大力智慧、□□□真、摩尼光佛」等大字，左側殘存「轉運鹽使司上里場司令許」等字，似乎當地摩尼教信眾多為鹽丁，而鹽場司令也是教徒。殘碑為花岡岩，高度仍有一米多，字蹟雄渾有力，應出自專家之手。根據當地學者考證，似為元朝至明初之物。涵江區面臨興化灣，原有六座媽祖廟，為媽祖信仰重鎮，摩尼教的信仰區與媽祖信仰區有重疊現象。

第二個遺蹟在北高鎮後積村永興社的萬靈公廟，廟內奉祀明嘉靖年間抗倭名將孔兆熙及無名亡靈。石碑置於廟側，碑高 137 公分，寬 64 公分，厚 12 公分，石質似為當地沙岩，風化甚嚴重，原刻有摩尼教四句偈，碑已被打斷，上半部不存，僅遺「□□光明、大力智慧、□□□真、摩尼光佛」等字。經請教當地幹部，據說附近原為墳場，石碑崁在一石塔上，石塔與塔斗山之石塔相似，在夜晚塔上會發光，大躍進時在當地設土法煉鋼爐，塔被毀，石碑也被破壞。這個地區非常偏遠，居民家境不佳，符合摩尼教信徒居住的條件。

五、宏揚天妃信仰的朱默兄弟

稍後於丁伯桂的莆田籍太學博士李丑父，曾為鎮江的靈惠妃廟撰寫了一篇廟記，所述媽祖事蹟雖不多，但無意間卻透露出媽祖信仰的形成，還有一些莆田人的成分在內。碑記云：

> ……妃林氏，生于莆之海上湄洲，洲之土皆紫色。咸曰：必出異人。……東廡魁星有祠，青衣師、朱衣吏左右焉；西則奉龍王，而咸靈嘉祐侯兄弟綴位焉。二朱亦鄉人，生而能神，揚靈

宣威，血食于妃宮最舊。[9]

　　碑文談到靈惠妃廟內東西兩廊分別奉祀魁星與龍王，而龍王陪祀神嘉祐朱侯兄弟二人，也是莆田人，因為能為媽祖揚靈宣威，所以死了以後被奉祀於媽祖廟內。此事實說明媽祖信仰的形成並非單一媽祖顯靈事蹟即達成，而是有類似嘉祐朱侯兄弟等人在背後推動的結果。嘉祐侯朱氏兄弟的事蹟，清乾隆年間修的《莆田縣志》卷四建置志，寺觀，〈顯濟廟〉記載如下：

　　在黃石琳井，神姓朱，名默，黃石人，唐古田令璣後，生有靈異，年十七，喟然語同舍曰：丈夫當大立功名，終身講空名何益；今兩陲用兵，朝廷開幕府，使吾得十人將之，可以鞭笞遠彝。屢造穀城古廟，祈立功名。廟門下有泥塑神馬，遂乘以登山……是後人多見默早晚騎神馬勒部兵往來村落間，里中神之。年三十二，不疾而卒，建炎四年，高宗渡江，中流風濤大作，忽見默擁朱氏旗至，風遂息，詔封默為威靈嘉祐侯，額曰顯濟。紹興初，吳山火，兵卒不能救，塵焰中默忽擁旗至，火遂息，又助收大奚山寇，後加封福順彰烈侯。弟默諗，女弟六十娘，亦皆生而神靈，並祀祔食。[10]

　　記述雖不多，但也可看出朱氏一家原為書香門第，卻轉為宗教家族；朱默本人曾在學校就讀，但以外患交逼，未曾往功名之途努力而往宗教之途發展；其生存年代，約在北宋慶曆元年（1041）西夏入侵，朝廷派范仲淹、韓琦募兵往禦之時。或許可以推測，媽祖所從事的宗教活動並不止於個人，而是一個團體。
　　如此珍貴的線索，筆者接著往黃石顯濟廟考察，但因地名變異，已不知所在。幸任職莆田市政協秘書的朱合浦原為黃石人，見筆者資料載「琳井」，而黃石有「井舖」的聚落，居民亦多為朱姓，乃導筆者往訪縣圖書館館長柯鳳梅，由彼陪同赴井舖，在當地一小學校旁尋

---

[9] 見《至順鎮江志》（未著撰者姓名）卷8，神廟，丹徒縣〈天妃廟〉。
[10] 見宮兆麟《莆田縣志》卷四建置志，寺觀，〈顯濟廟〉。

得顯濟書社與顯濟廟。

　　顯濟書社工程初竣於 1994 年，單間式建築，中有一磚塊水泥構建神案，中間供奉「尊主明王后土夫人」，左側供奉「五路將軍、司馬聖王」，右側供奉「嘉祐聖侯、臨水夫人」，朱默像為文官像，四壁皆白堊，無丹樓雕琢。顯濟廟為五間起一條龍式的建築，規模較宏，內部尚在整修，祭器都尚不完整，隔成三小間，中為朱默坐像，匾題「朱大夫公」、「威靈護庇」，另有對聯二幅，為「天相朱門荷棟梁之重任。地雄黃石恢世代之宏規」、「功著熙寧橋古往今來人共仰。名垂顯濟廟春祈秋報歲常豐」。由於朱氏族人聚居於此，乃往訪其族長，見到朱氏族譜，並於族譜中找到朱默的記載。

　　族譜為影印本，原稿應為毛筆楷書於宣紙者，雖是影印本，但原稿蛀蝕痕蹟斑剝，歷史久遠應可無疑。族譜十一頁題為「朱氏群仙書社記」，撰於咸淳甲戌（南宋度宗十年，1274），為描述朱氏五世祖創立該社延聘名師訓育子弟、人才輩出及後來改書社為顯濟廟之由，茲錄其與朱默有關者如下：

> ……另於東廳祀總管大夫使君（朱默），至建炎四年（1130），高宗渡江，幸新安里，□經之船邊，風波拍天，天顏憂悸，經瞻拜懇禱，遂見順濟娘娘及朱總管旗現，既而風波果靜。高宗至臨安，首封順濟聖妃，又封大夫使君為彰烈嘉祐侯。其年寶祐四年（1256）□丙辰歲也，于時族人見其恩寵褒光一時盛事，乃去群仙書社之號，扁金額曰「敕賜顯濟廟」，其於祖廟亦如之。其後子孫環居眾多，分為上下廟，仍祀五穀之神以禱雨暘，又為春祈秋報，祠堂則仍其舊……。咸淳甲戌孟春望日十三世孫九功拜旨記。

　　本文敘述高宗敕封順濟娘娘（媽祖）及總管大夫使君（朱默）的經過雖簡略卻很傳神，高宗因渡江怕風浪，在舟人引導下向二人拜禱，至臨安後加以誥封；朱氏也因朝廷恩寵易祖祠為顯濟廟，毫無虛誇之詞。

　　族譜十三頁題為「敕賜侯封」更全篇描述朱默事蹟，云：

公諱默，十二月初八日誕晨（辰），四月十三日諱晨（辰）。生之日紅光遶室，舉家驚異，及長，丰姿俊穎，魁偉奇梧，賦質由於天縱，倜儻自異常人，偶一日之間出沒變化人莫測其機密，皆稱公為神，三十有二不疾而亡，精靈在天，任護國庇民之責，隨處顯應，操作福作威之權。時高宗南渡，波浪兼天，舟楫傾危，籲天求救，公挺然神兵護駕，遂迴風息浪，保駕無虞。高宗即製誥敕封公彰烈嘉祐侯，建廟塑像，坐于水南龜嶼山，至今舊宇尚存，莆四方多祀之。公之妹朱聖女，生亦神異，敕封臨水夫人，廟在太湖，咫尺之間兩廟巍然鎮于一方，豈非偶哉。……宋高宗差主事楊名督廟並賜聯「天相朱門荷棟梁之重任。地雄黃石恢世代之弘規」。丞相陳俊卿贈句「功著熙寧橋古往今來人共仰。名垂顯濟廟春祈秋報歲常豐」

本文未見作者署名，依文章排序及內容轉為繁複，由朱默神蹟已被擴大渲染及其妹朱氏也被封為臨水夫人觀之，其撰述年代應晚於前文。臨水夫人在臺灣通常被指為五代時福州陳昌的女兒陳靖姑，但從朱氏族譜及莆田民間信仰的實況考察，應為朱默之妹六十娘始正確。

朱默為琳井朱氏第八代，通譜載其兄弟二人，云：

默，強長子，字感通，年二十二無病沒，高宗南渡出神兵助順。建炎四年詔封靈威顯福彰烈侯。點，強公次子，字次曾，特奏名，補邵武軍建寧縣主簿。

譜中並無默諗之名。另查嘉祐房記載，其記載較詳，云：

嘉祐侯，加封顯福彰烈侯，賜廟額曰顯濟。公生於宋英宗治平二年（1065）十二月初八日亥時，至哲宗元祐元年（1086）丙四月十三日不疾而卒，年纔二十有二。娶鄭氏夫人，立從子曰玕為嗣，葬蕭宅，是為嘉祐房之祖。

默公，強公次子，行卅五，神□副總管，無子。

點公，字次曾，行卅七，強公三子，補迪功郎，建寧縣主簿。

原來朱默兄弟三人，分別為默、黕、點，默、黕早卒，點特奏名出身，曾任建寧縣主簿，而《莆田縣志》不僅將「點」誤植為「諗」，也把朱默的年齡多記了十年。

六、穀城古廟

《莆田縣志》卷四建置志，寺觀，〈顯濟廟〉記載了朱默「屢造穀城古廟，祈立功名。廟門下有泥塑神馬，遂乘以登山……是後人多見默早晚騎神馬勒部兵往來村落間，里中神之。」讓朱默走上神異之路的穀城古廟，到底在那裡？奉祀何神？這個問題，在《莆田縣志》卷四建置，寺觀，記載穀城的廟宇只有元天上帝殿一座，云：「在穀城文峰嶺，因前朝兵燹後鬼魅晝現，居民不安，塔山里人三詣武當山虔請香火崇奉……」此廟似建於明清之間，年代不符，應非穀城古廟。彷彿在修縣志時的清乾隆年間已無此廟。抱著姑且一試的心情，請蔣維錟等人協助，沒想到穀城古廟至今尚存。且其廟與顯濟廟同屬黃石鎮，行政村名水涸村。穀城古廟現名穀城宮，佔地極廣，原來應為當地大廟，似乎在解放後被徵為他用，保持狀況很好，目前正廳及兩側殿似乎都已供奉神像。正殿山門及廟內有幾幅對聯，分別為：

　　皈佛勳留天水冊。尋梅神戀穀城香。
　　法力高懸英石古。神靈長護穀城春。
　　陣破功成登佛國。禪參道悟隱台山。

正殿神龕供奉神像圓臉無鬚年紀不大，臉及皮膚都是深赭色，著僧服，左手持手訣，拇指扣住中指與無名指，食指與小指伸直向上，右手高舉法器作欲打擊狀。神案則書穀城太師府。兩邊則分立八位穿盔甲、執武器男性神像，神幔上則書「八家將」等字，不論從對聯或主神形狀，都看不出供奉者為何神。

經請教蔣維錟，謂是楊家將中的楊五郎，後至五臺山出家，法力無邊云云。

歷史上的楊家將指的是北宋的楊業及其六個兒子及孫子楊文廣等八將，活躍在北宋太宗、真宗、仁宗朝，為抗遼、西夏的名將，《宋史》卷二七二有傳，其中楊文廣曾在范仲淹麾下任職，其生存年代略早於朱默，雖然楊家功績受後人崇敬，但以楊業、楊延昭、楊文廣功績較著，楊業因對遼戰敗被俘絕食而亡，較符對聯「陣破功成登佛國」句，但楊業死時年齡已不小，與神像宗教人物的模樣不合，宋政府雖曾痛心楊業之亡，但也未詔令全國建廟祀之。楊五郎的功績不顯，反而六郎楊延昭抗遼功績較著。古禮祭不越望，楊家功績在於抗遼及西夏，莆田並未直接受其恩惠，北宋時代的的莆田人似乎沒有特殊理由需立刻建廟奉祀之。倘若廟內主神真的是奉祀楊五郎，也可能是後代人附會的。

　　穀城古廟兩側奉祀的八位穿盔甲、執武器男性神像，上用紅布寫「八家將」三字，八將皆濃眉大眼，左側神龕第一位紅臉畜鬚，右手執環左手執劍，第二位黃臉無鬚，右手倒持金色三角錐，左手置腰帶，第三位赭臉畜鬚，右手執長戟左手置於腰帶旁，第四位墨綠色臉畜鬚，右手執刀左手平放。右側神龕第一位也是紅臉畜鬚，右手執短刺棒左手掌心向前，第二位綠臉無鬚，右手持長鎗，左手掌心略向前，第三位橘黃色臉畜鬚，右手執斧左手執一條活蛇，第四位赭色臉畜鬚，右手執金鐧，左手置於腰帶旁。從造型上看，八家將臉色詭異，不似真人死後被奉為神者，倒很像佛教的護法神。

　　臺灣王爺系統廟宇迎神時也常有八家將行列，但其造型則為鬼差形態，手持枷鎖、刑具，臉繪花臉，與穀城宮家將造型不同。雖然文獻無徵，但從正殿供奉主神造像觀察，感覺就是一個小僧，也就是泗洲文佛救災時常顯現的形相，而八家將即其護法神，而對聯所提五臺山也是泗洲文佛顯現的重要道場。《莆田縣志》之不提穀城古廟，就好比後世曾因政府查禁而不願提摩尼教，但卻撫不去歷史的存在。

七、創建木蘭陂的錢夫人

　　與李丑父年代約略相當的另一位莆田籍大文學家劉克莊曾撰了一篇〈協應錢夫人廟記〉，這篇廟記提到於後殿奉祀媽祖的情形。廟

記云：

> 莆四境三面海，厥田下下，不幸霪潦怒濤衝激，則日與海
> 通，惟附郭二十餘里之田，號為沃壤，以南北二陂存焉。北延
> 受陂，自義勇吳侯始，南木蘭陂，自錢夫人始；侯患水歠醫防，
> 與蛟俱斃，夫人憤狂瀾潰隄，葬魚不返，兩人英烈相似，吳廟
> 于北，錢廟于南，其來久矣。……
> 今廟前祀夫人，白湖妃于殿後，列三士者于堂，若合位置
> 矣，余猶以同門異室為疑。□□雙廟必如娥英巡遠而後可，夫
> 人潔於姬姜，三士賢於魯男子，使之並栖合食，雖築百堵，割
> 萬羊，其不願歆也決矣。[11]

錢夫人是開始營建莆田木蘭陂的一位女子，家世背景不詳，但和
媽祖一樣未曾婚嫁。木蘭陂是莆田地區最重要的灌溉渠道，現存福建
各種相關志書中，都有其記載。如明代黃仲昭所修《八閩通志》，〈木
蘭陂〉即云：

> 在府城西南維新里木蘭山下，溪源自永春、仙遊西南下，合澗
> 壑之水三百有六十，會流東注於海。宋治平初，長樂錢氏女始
> 議堰陂於將軍岩前，據溪上流，陂成輒壞。既而同邑林從世復
> 來，相溪下流，改築於上杭溫泉山口，將成，潮勢沖激亦壞。
> 熙寧八年，侯官李長者宏應詔募而來，始相地於今址。……凡
> 溉田萬餘頃，歲輸軍儲三萬七千。[12]

《八閩通志》卷六十〈祠廟，協應廟〉條云：

> 在木蘭陂之南岸，以祀宋長者李宏。……初，長樂錢氏女捐十
> 萬緡創陂垂成而敗，繼而同邑林從世復捐十萬緡創陂，亦垂成

---

11 見劉克莊，《後村先生大全集》卷92，〈協應錢夫人廟記〉，四部叢刊集部。
12 見黃仲昭，《八閩通志》卷二十四，食貨，〈水利〉，興化府，莆田縣. 弘治2
　年（1489）刊，1990年5月，福建人民出版社印行。

而敗;錢氏憤其功不成,赴水死。縣委主簿黎畛覆實,畛壯其
志節,深嘆悼之,忽暴卒。郡人因塑錢氏、林從世、黎主簿三
像附祀於廟。[13]

　　從上述資料看,這座廟所奉祀的人,都是與木蘭陂興建工程有直
接關係的人。但是宋末劉克莊〈錢夫人廟記〉又很清楚的記載當時錢
夫人廟後殿奉祀白湖妃媽祖的事實。從文獻上看,並未看到媽祖與木
蘭陂興建有直接關係,但她會被奉祀於錢夫人廟,可能是兩人在宗教
上有關聯。從一般祠祀習慣看,正殿奉祀的是主神,後殿奉祀的神,
若非主神的長輩,即為神格更高者,如媽祖廟正殿奉媽祖,後殿奉觀
音,再後則為父母殿。錢夫人卒於北宋治平元年(1064),年代晚於
媽祖,媽祖輩份高於錢夫人可無疑問。如果從錢夫人的身世來追究,
以一位未婚的室女,為何有那麼多錢來從事木蘭陂的興修?錢夫人背
後是否有一宗教團體在支持?如果這個答案是肯定的,那麼這個團體
也可能是媽祖曾經參與的團體。

　　木蘭陂,陂為閘堰式滾水壩,全長一二六公尺,以黃石為中心分
為南北二渠,灌田十六萬畝,下游並有舟楫之利。1961年福建省公
布為省級保護單位,其旁建有錢四娘紀念館。紀念館有錢四娘雕像,
前有石碑一方,為歷代修護木蘭陂相關記事。參觀畢,步行進入村落,
來到「錢氏聖妃宮」,廟宇為單層建築,多年未修繕,中共建國後被
改為工廠,開放後,前殿由村人改為奉祀錢四娘,後殿則仍佔用。新
雕的錢四娘造型年輕漂亮,挾祀神一為泰山孔王,一稱廣平周王,據
謂都是協助錢四娘建陂者。雖看了錢四娘廟,但因奉祀林默的後殿已
被撤除,錢四娘與林默的關係已無從追索了。

八、媽祖事蹟的神聖化與模糊化

　　莆田人在錢夫人殉木蘭陂後,為立廟祀之,顯見莆田人對古禮奉
行不懈;至其後,於兩堂益以有功於木蘭陂修築的林從世、黎畛、李

---

[13]　同註12,黃仲昭,前引書,卷六十,〈祠廟〉,興化府,莆田縣。

宏等人為陪祀神，從事蹟相類的角度看，這種安排是妥當的。但是因為理學家男女之防的觀念，慢慢改變了廟宇的祠祀行為。劉克莊〈廟記〉又云：

> 余獨哀夫人志義之高古，惠利之及遠，而聲跡乃未赫然暴於天下後世；又有重不幸焉，古廟惟像夫人，西陂之廟，乃與李林黎三士合祠。詩刺□禮，春秋惡逆祀，其鄙野不經至此，與□生侑后土，小姑嫁彭郎何異？或曰：然則如之何而可？余曰：析為東西二廟可乎？奏請各加封爵可乎？或曰：以待君子。[14]

因為劉克莊對錢夫人形象充滿了聖賢的憧憬，所以並未認真的去追索錢夫人的歷史，而是用文學家的筆，把錢夫人描述成像女媧、堯女舜妃、曹娥、妙善的聖女。文云：

> 女子神靈兮謂誰，自遂古兮有之，女媧啟母兮以聖以賢，湘靈兮以堯女舜妃，曹娥兮以孝，妙善兮以慈，塔廟兮相望，竹帛兮昭垂，嗟夫人兮孺弱，有百世兮遠思，堰滔天兮洪流，捐將國兮巨貲，千丈兮將合，普兮忽廥，憤前勞兮虛□，□下從兮沈纍，由治平兮至今，民奉嘗兮不衰，月夕兮花朝，原野兮融怡，彷彿兮若有睹，紛紅纔兮繡旗，里人兮告語，錢媛兮出嬉，春潦兮秋濤，天澤兮渺瀰，群擢夫兮歌呼，千里炬兮合離，老農兮扣稽，錢媛兮護陂，昔童稚兮聞見，恐耄荒兮軼遺，烏虖千載而下，豈無蔡雍兮有感斯碑。[15]

同樣的情形，劉克莊也用在對媽祖的描述上，他曾撰寫一篇〈風亭新建妃廟〉，云：

> 語有之：生封侯，死廟食，大丈夫事也。妃以一女子，與建隆真人同時奮興，去而為神，香火布天下，與國家祚運相為無窮。

---

[14] 見劉克莊，前引書〈協應錢夫人廟記〉。
[15] 劉克莊，前引書〈協應錢夫人廟記〉。

吁！盛矣哉……昔蒙叟稱姑射神女曰：綽約若處子；又曰：乘
雲氣御飛龍而游于四海之外；又曰：其神凝，使物無疵癘而年
谷熟。……以妃之事觀之，其始初非處子歟？其神通變化非乘
雲御龍者歟？其功用則四方寧謐，無□□□恐，二陂畜泄，無
大水旱，非疵癘息而年谷熟歟？□□知蒙叟非寓言，而余之所
述皆實錄也。[16]

　　將媽祖的事蹟模糊化，使媽祖的事蹟依附在神仙傳說上，時間愈
久，離史實愈遠，宗教性增加了，但人性也不見了。

　　嘉祐侯朱氏兄弟原本是媽祖的信徒與宣揚者，並被奉為媽祖的陪
祀神已如前述，但如從男女有別的道德觀來看，當然也會有人提出異
議。因為嘉祐朱侯兄弟是真實的人，他們是男性，從真實的人生看，
他們可能是林默娘的徒從或晚輩。如果媽祖史實清晰，奉祀者瞭解他
們的真正關係，就不致於對此安排覺得不合禮；但如果不瞭解史實，
又從禮的觀點來看男性與女性合祀在一起，又幻想女神會因此惴惴不
安，自然就有人會像劉克莊般提出質疑了。

　　元代以後的文獻，再也不曾看見嘉祐朱侯兄弟被奉祀於媽祖廟的
記載；但是後人也無法將朱默兄弟完全排除於媽祖信仰之外，並編出
朱侯兄弟是被媽祖收伏的二個妖怪。《敕封天后志》卷下〈收伏嘉應、
嘉佑二怪〉條即云：

時有嘉應、嘉佑，或於荒丘中攝魄迷魂，或於巨浪中沈舟破艇。
后見，立化一貨舟拍浮而遊。嘉佑即舍客舟，乘潮而前。后以
咒壓之，擊刺落荒，遂懼而伏。又從山路獨行，嘉應不知為民
間美妹，將犯之。后持麈一拂……遂悔罪請宥，並收之。列水
闕仙班，共有一十八位。[17]

　　由於史實不彰，使活著時替媽祖揚靈宣威的人變成害人的妖怪，

---

[16]　劉克莊，《後村先生大全集》卷91，〈風亭新建妃廟〉.四部叢刊集部。
[17]　林清標輯《敕封天后志》，卷下，〈神蹟圖說.收伏二怪〉，乾隆43年輯，民國
　　 76年台北市莆仙同鄉會影刊本。

如朱默兄弟地下有知一定感嘆萬千。

媽祖信仰遍及海內外華人社區，一般信徒對其生前事蹟的認知多不出明朝末年僧照乘編印的《天妃顯聖錄》裡的〈天妃誕降本傳〉。《天妃顯聖錄》所記的天妃媽祖，姓林，名默，生於宋太祖建隆元年（960）三月二十三日，為唐代福建莆田名宦林披後裔，家族世代簪纓。八歲從塾師訓讀，十歲誦經禮佛，十三歲有老道士玄通者授以玄微秘法，悟諸要典；十六歲窺井得符，通靈變化，驅邪救世，屢顯靈異；二十八歲道成，白日飛昇，時為宋太宗雍熙四年（987）九月九日。

《天妃顯聖錄》給了媽祖最好的官宦家世，有最好的出生年分（宋朝建國之年），有完整的儒釋道三教教育背景，有通靈救世的本領，在年輕的二十八歲時白日升天，不入生死輪迴，是很完美的人生履歷。如從神學或宗教信仰上的觀點來看，是可以不必特別去追蹤媽祖生前事蹟的；但如從歷史學的觀點來看，《天妃顯聖錄》的媽祖事蹟太惟美，有戲劇性而無社會性，其背後應有許多未被提出或有意無意被隱藏的歷史。找出歷史真相就是當代媽祖研究者的任務。

自一九九五年以降，筆者曾經三度造訪莆田及湄洲嶼，發現莆田近年來在軟硬體建設都在快速的發展中，如道路、交通、都市更新、民宅，甚至傳統信仰廟宇、家祠的重建，禮俗的恢復，家族譜牒的整理等都有相當進展。媽祖的研究，多年來學者分從社會學、文學、歷史學、民俗學等不同角度著手，也都獲得相當的成果，但因大陸方面對宗教持保守的態度，使其研究仍有盲點，臺灣方面則限於語言及空間條件，不易在大陸從事田野調查以補文獻之不足，故多年來尚無法將媽祖生前事蹟作一比較清楚的重建。拜兩岸和解之賜，筆者有機會往媽祖故鄉及其生前活動區域考察，對最近大陸出土的文物或私家文獻作歷史的檢視，也獲得一些新的啟發。

媽祖文獻的整理，雖有《媽祖文獻資料》的匯編及《敕封天后志》等古籍的重印，但仍嫌不足，福建方面應將各公私立圖書館典藏歷代媽祖有關書籍如《聖妃靈著錄》都忠實的照原樣予以照相製版印行，不要在缺漏或蛀蝕處描補，俾保存完整史料供後人研究。從白塘《李氏宗譜》可以發現李家與媽祖信仰有非常密的關係，李家為唐朝宗室，於武則天朝移居莆田，那個時代是摩尼教信仰非常盛行的時代。

追索福建二次來臺展出的媽祖元始石雕，發現都與莆田人普遍祠祀的泗洲文佛有關，泗洲文佛是中亞人，於唐初來華傳教，在武則天朝更盛行一時。

　　泗洲文佛在唐朝中葉即已傳入莆田，其廟初稱北巖，後改改華嚴寺。唐武宗朝廢佛，摩尼教也受波及，轉入地下活動。從湄洲天后宮、林氏九牧祠及涵江、楓亭等主要媽祖行化區發現泗洲文佛的情形來看，媽祖與錢四娘似為女性宗教師，二人也可能是不同時期的宗教領袖，朱默、朱點及朱六十娘等人則為其教派門人。

　　摩尼教主張黑暗光明二宗論，去黑暗入光明即為信徒的寄望，這種教義對社會下層生活困苦的老百姓最具吸引力，這些入教後持齋互助，精誠團結。信徒在深夜（黑暗中）聚集禮拜摩尼光佛，天亮（光明降臨）即散去各歸本業，但宋朝政府以其夜聚曉散，喫菜事魔違反禮俗嚴禁之。宣和四年媽祖護使，政府欲加誥封但對媽祖事蹟仍多隱諱即因政府查禁「喫菜事魔」之故。元代摩尼教得到平反改稱「明教」，可以公開傳教，相傳朱元璋即是明教徒，但明朝反而是明教從歷史上消失的朝代，或許朱元璋推行的里社制度，奉祀在里社神龕正中的尊主明王及夫人即為摩尼教的明尊。

　　儒家主張人格教育，不主張發展宗教，但對立德立功立言者，准予建廟奉祀，彌補了儒家在宗教上的缺憾。《禮記》祭法云：「法施於民則祀之，以死勤事則祀之，以勞定國則祀之，能捍大災則祀之，能禦大患則祀之」，從媽祖、錢夫人及李宏等人死後被建廟祠祀即可證明人心所向及社會需要。

　　南宋以後理學盛行，莆田是朱子學說深入的地區，節操及男女之防在此深受重視，所以有學者如劉克莊會對廟宇同時奉祀媽祖、李長者的現象以男女之防提出質疑，久之，原來陪祀於媽祖廟中的許多關鍵人物都排除掉，或以創新的神話加以附會，朱默兄弟從替媽祖揚靈宣威的人變成害人而被媽祖收伏的妖精，都是上述原因造成的。

第八章：天妃信仰的上位神：
　　　　　白衣大士的開山僧伽

一、引言

　　僧伽（泗洲文佛（西元 628-709））被視為觀音化身，其信仰曾盛行於淮南、江、浙、閩數省，民間信仰也有媽祖為觀音化身的說法。史上記載僧伽信仰資料多零碎不全，流傳最廣者為宋朝僧贊寧奉敕編纂《宋高僧傳》之〈唐泗州普光王寺僧伽傳〉及蔣之奇（穎叔）《泗洲大聖明覺普照國師傳》，但此二傳卻與記載僧伽最早之文獻——唐朝李邕所撰〈泗州臨淮縣普光王寺碑〉[1]內容不無出入。本文以李邕碑文為依據，參證各種史料重建僧伽信仰面目。

　　「僧伽」一詞，原應為南北朝對國外來華僧人的稱呼，如梁會稽嘉祥寺沙門釋皎所撰《高僧傳》，卷一有「僧伽跋澄」、「僧伽提婆」傳，二人均是前秦時來華傳教的西域人。唐以後「僧伽」二字則似成為唐「泗州臨淮縣普光王寺」的開山僧的專用法號，民間尊稱為泗州文佛。本文討論之僧伽即泗州臨淮縣普光王寺僧伽大師。泗洲文佛曾經是長江中下游、大運河沿岸安徽、江蘇、浙江及福建省居民普遍奉祀的神祇，福建地區民間傳說將之與釋迦牟尼、彌勒佛相比擬。如此重要的宗教人物，但在佛教史籍中卻無與其影響力等量齊觀的傳記、教派流傳記錄，中國佛教史學者也罕以之為主題作詳細研究。2003年 11 月，中國江蘇江陰市挖掘出一個地宮，內有一石函，藏有舍利子，據說是泗洲文佛僧伽大師的真身舍利。此一發現，泗洲文佛信仰的傳說與歷史，再度受各界重視、談論。

　　最早記載僧伽之文獻為唐朝李邕的〈泗州臨淮縣普光王寺碑〉（以下簡稱〈普光王寺碑〉），敘述最完整者為宋太宗朝僧贊寧《宋

---

[1]　本文所用〈泗州臨淮縣普光王寺碑〉係以《欽定四庫全書》，《李北海集》卷三所載碑文為依據。

高僧傳》之〈唐泗州普光王寺僧伽傳〉（以下簡稱〈僧伽傳〉）。[2]
然因宋人蔣之奇〈穎叔〉於撰〈泗洲大聖明覺普照國師傳〉（以下簡稱〈普照國師傳〉）後，其侄蔣璨曾予重書，且撰〈題僧伽傳後〉一文，有重蔣輕李之語，故後世論述僧伽事蹟者多未於李邕碑文多所著墨。二〇〇四年七月，國立臺灣大學文學院佛學研究中心學報第九期，刊出美國 Hobart and William Smith Colleges 亞洲語言文化系黃啟江教授所撰〈泗洲文佛大聖僧伽傳奇新論——宋代佛教居士與僧伽崇拜〉，對宋代佛教居士蔣之奇等人與僧伽崇拜的關係有深入論述，其大作亦提及李邕〈普光王寺碑〉，但未加論述。筆者以李邕碑記係奉唐中宗敕諭而作，完成於僧伽死後不久，以史料價值而論絕對超過贊寧、蔣之奇二篇傳記，也可訂正二者之誤，故以之為依據，將贊寧、蔣之奇二傳錯誤及不合理處加以釐正，讓僧伽生前事蹟、所傳宗教更加瞭解。

　　本文訂正〈僧伽傳〉僧伽卒年、至臨淮年代、信義坊建寺、所度門人數目等錯誤；賀跋玄濟捨宅之非，又發現華嚴宗三祖法藏、四祖澄觀與僧伽信仰之親近關係。

　　僧伽信仰在民間甚受敬信，但在宋代卻逐漸轉化為白衣大士（觀音），這個轉變是否為不得不然？若是，筆者提出一個思考，是否僧伽信仰代表著是西域新興的外道？如是，則摩尼教似較有可能。

二、泗州臨淮縣普光王寺碑

　　唐中宗朝李邕所撰〈普光王寺碑〉，是最早關於僧伽事蹟的記載，這篇碑文撰於僧伽去逝後二、三年間，是奉唐中宗敕命撰就，雖意在頌德，文體駢麗，但撰者為文學名家，文開宋僧贊寧、蔣之奇之先河，其史料價值不可輕忽。《欽定四庫全書》，《李北海集》所錄〈普光王寺碑〉，碑文不含標點共九百零四字，全文如下：

---

[2]　《大正藏》《宋高僧傳》卷第十八所錄〈唐泗州普光王寺僧伽傳〉與明萬曆十九年李元嗣刊印《泗州大聖明覺普照國師傳不分卷》文字略有出入，李元嗣本雖間有字蹟散漫不易辨識之處，然較《大正藏》本刊行年代較早，故本文引述以李元嗣本為主。

泗州臨淮縣普光王寺碑

嘻代人以塔廟者，即有象也儀。像者非有相也，邕嘗論之，未始諒矣。其或執之於我，安住為千劫之場，什之於空，循捨、得一如之智，皆所以頌其願，酌其心，必於無作之時。敷弘正法之故，俾或禮或見，能超因因之緣，若我若人，盡登果果之業，則曷為不應、曷道不行；豈空寂之門，獨階證入事相之地，遂阻圓明者哉。

普光王寺者，僧伽和尚之所經始焉。和尚之姓何，何國人，得眼入地。龍朔初，忽乎西來，飄然東化，獨步三界，遍遊十方。烏飛於空，月見於水，泥鍵鐵鎖，降伏貢高。長者錦書，散除文字，深以慾為苦，器道實法，鈎消一無於大常，越諸有於真際，豈徒福河貫頂，慈雲覆身，舉手而安喻四因，動足而興復三見。或以沉香作炭，有枉言者，則誘而進之；沙末求珠，不知其量也，則呵而責之；香象之行，雖極水底神龜之出，亦兼陸道。因如法如，自得定力。有作無作，冀是福田。

嘗縱觀臨淮，發念置寺，以慈悲眼目，信義方寸，興廣濟心儀，普照佛光相纏現，瞻仰已多。遠近簪裾，往來舟楫，一歸聖像，再謁真僧，作禮祈祥，焚香拔苦。觸塵者，庇如來之影；牽師子之威信，施駢羅建置，周布繚垣，雲蠹正殿，霞開層樓，敞其三門，飛閣通其兩舖，舍利之塔七寶齊山，淨土之堂三光奪景，於製造也，未綴於手，狥德名也，已聞於天。

中宗孝和皇帝遠降綸言，特加禮數，延入別殿，近益重玄德，水五瓶露濡紫極，甘露一斗福潤蒼生。乃請寺名，仍依佛號。中宗皇帝以照言犯諱，光字從權。親睹御書，寵題寶額。垂露落于天上，飛翰傳于國中，其來也，廣內齊慶，齊其至也。連城歡迓，扇憑筆貴，獨屬右軍；寺為額高，更因天子。每名晨大眾瞻禮，嬉遊上昇，門臺直視，川野巒阜，嶒嶙而屏，合淮水逶迤而帶長，邑屋助其雄，商旅增其大，茲為勝也，曷以加焉。

和尚口雖勿稱緣，乃有以知變易之道，迴軒少留，眾生可悲。菩薩亦病，示滅同盡，唯識永在。嗚呼！以景龍三年三月三日端坐，棄代於京薦福寺跡也。孝和皇帝申弟子之禮，悼大

師之情，敬漆色身，謹將法供，仍造福，度門人七僧，賜絹三百
疋，勅有司造靈輿、給傳遞，百官四部哀送國門，以五日還至本
處。當是時也，佛像流汗，風雨變容，鳥悲於林，獸號於野，
矧伊慈子，降及路人乎！過去僧惠儼等，主僧道堅，弟子木叉等
並持床。有義，失劍無追。施法立齋，知時明物，罔墜舊業，克
嗣前修。攀係儀形，建崇塔，院植婆羅樹，表蓮花臺，宛然坐
而不言。歘爾感而皆應，懺則殃滅，求則福生。雖日月已綿而靈
變如在，歸依有眾，檀施孔多。鯨鐘萬斤，震覺六種，講筵七
架，開導四生清淨之身。更疏浴室，涅盤之飯，別構食堂，可
謂能事畢矣，喜願并矣！宜八部之宅以致諸天，迴首自然，樹
懸密語，印文地現，五風轉柔潤之音，千燈焰光明之色，構之
者罪花彫落，信之者福種萌生，雷響發其六牙，珠彩澄其二水。

　　州牧杜公惟孝，其直如箭，其潔如水，地壓淮上，城邊泗
中，民勤於勞，物集其利。長史宋公、司馬盧公，或清節首公，
文雅形國，或禮容虛己，堅操動時。臨淮宰薛欽行等，或主諾
條流庭無置對，或子人簡德邑有歡康，並豎位天車，正信超士，
興二道之教，發一師之音，相與累贊，經身長懸，覺道樹不朽
之德，弘未來之功，是刻豐碑，以光盛美。其詞曰：

惟普照之大身兮，仗菩薩之右臂。
粵靈瑞之可聞兮，固昭成之難值。
期一會之來思，雄萬輦之善施。
弘住持之信受，廣事相之該備。
谿川陸之雲龍，雄城邑之頹雉。
辟天師於九重，補人主於十利。
嘉寺榜之立名，寵聖札之題字。
追已滅之化身，了見在之文義。
貯儀形於空塔，存詞偈於金地。
災無纖而不除，福何求而不致。
副真僧之貞寶，接群公之雅器。
播永日於山河，刻巨石於淮泗。

三、僧伽其人

僧伽來歷，〈普光王寺碑〉謂：

> 普光王寺者，僧伽和尚之所經始焉。和尚之姓何，何國人，得眼入地。龍朔初，忽乎西來，飄然東化，獨步三界，遍遊十方。

李邕很明確指出普光王寺的經始者為僧伽，其人姓何，為何國人。宋太宗朝僧贊寧〈僧伽傳〉，更以康僧會之例解釋僧伽姓何之緣由，謂：

> 僧伽，蔥嶺北何國人，自言俗姓何氏，亦猶僧會本康居國人，時人因命名曰康僧會。然名乃梵音，姓為華語。考何國在碎葉國東北，當是碎葉附庸耳。[3]

故僧伽為何國人本無問題。但禪宗興起後，文人喜在禪味上做文章，蔣之奇在《普照國師傳》中，描述僧伽來歷謂：

> 普照明覺大師僧伽者，盖西域人，莫知其國土與姓氏，……或問師何姓，答姓何；又問師何國人，答曰何國人，然莫測其為何等語也。[4]

若干年後，蔣之奇侄蔣璨重書《明覺普照國師傳》後，撰〈題僧伽傳後〉，諷笑李邕碑所載僧伽國籍與姓氏，謂：

> 〈僧伽傳〉載僧伽姓何，何國人之對，有味其言哉。彼所以妙悟者，迺在於是。至於□感應化固其餘事。然接物利生盖菩薩

---

[3] 見贊寧《宋高僧傳》卷第十八〈唐泗州普光王寺僧伽傳〉。
[4] 見蔣之奇《泗洲大聖明覺國師傳不分卷》明萬曆十九年李元嗣刊本，天津圖書館孤本秘籍叢書，子部第九冊。

方便，此所以異於小乘歟。余西入關，至雍，過僧伽故寺，讀
李邕所作〈臨淮普光王寺碑〉，言僧伽姓何，何國人也，而竊
笑之。噫，至言妙斷，以待知者而後曉，顧豈邕等所及邪！唯
萬迴以為觀音化身，信哉。[5]

僧伽國籍與姓氏因而蒙上神祕面紗。

按宋朝承五代餘緒，建國後領土一直無法恢復漢唐規模，北宋
時，淮河以北為遼國治地，西邊則為西夏、吐蕃盤踞，西南則為大理
國，領土不足盛唐之半，與中亞諸國無法直接往來，蔣之奇叔姪對唐
朝時中亞諸國的狀況可能不甚理解；復以蔣之奇對僧伽產生好奇是因
為看了李白〈僧伽歌〉所受影響，而李白〈僧伽歌〉所述僧伽來自南
天竺，故蔣之奇謂莫知其國土與姓氏的說法。李白〈僧伽歌〉云：

真僧法號號僧伽，有時與我論三車，問言誦咒幾千遍，口道恒
河沙復沙。此僧本住南天竺，為法頭陀來此國，戒得長天秋月
明，心如世上蓮色。意清淨，貌棱棱，亦不減，亦不增。瓶裏
千年鐵柱骨，手中萬歲胡孫藤。嗟予落魄江淮久，罕遇真僧說
空有，一言懺盡波羅夷，再禮渾除犯輕垢。[6]

李白（701-762），字太白，號青蓮居士。祖籍隴西成紀（今甘
肅靜寧西南），隋末其先人流寓碎葉（今吉爾吉斯斯坦共和國北部托
克馬克附近）。幼時隨父遷居綿州昌隆縣（今四川江油）青蓮鄉，二
十五歲出蜀遠遊。天寶初，供奉翰林。安史之亂時為永王李璘幕僚，
璘敗，被謫夜郎，中途遇赦東還。晚年投奔其族叔當塗令李陽冰，耽
於內典，後卒于當塗，享年六十二，著有《李太白文集》三十卷。

由李白〈僧伽歌〉「嗟予落魄江淮久，罕遇真僧說空有」之句，
可知此歌為李白晚年寓居安徽時之作品。然據李邕〈普光王寺碑〉，
僧伽卒於唐中宗景龍三年（708），當時李白僅八歲，否居於四川，
是否能與普光王寺開山僧伽論證佛學不無疑問；或許李白晚年〈僧伽

5　見《泗洲大聖明覺國師傳不分卷》，蔣璨〈題僧伽傳後〉。
6　見《李太白文集》卷六，〈僧伽歌〉。文淵閣四庫全書，集部，別集。

歌〉所述的「僧伽」或為他僧。因無其他史料證明李白所指「僧伽」確為普光王寺僧伽，故本文對李白〈僧伽歌〉內容存而不論。

僧伽的祖國何國究竟為什麼樣國家？當今何地？贊寧〈僧伽傳〉謂何國在碎葉國東北，為碎葉國附庸。據日本國箭內亙博士編繪，和田清增補之《東洋讀史地圖》〈隋代亞洲形勢圖〉，何國概略位於東經六十六度，北緯四十度，即今烏茲別克斯坦共和國納沃伊州附近，在碎葉國（今吉爾吉斯斯坦共和國境內）西方而非東北，[7] 與波斯相鄰。何國是唐朝昭武九姓之一；昭武九姓雖各成一小國，然皆出自康國，其人種為深目高鼻鬈髮，善經商，在南北朝時即與北魏往來。《魏書》〈康國〉云：

> 康國者，康居之後也，其王索髮，冠七寶金花，衣綾羅錦繡，白疊。其妻有髻，幪以皀巾。丈夫翦髮錦袍，名為彊國，西域諸國多歸之。米國、史國、曹國、何國、安國、小安國、那色波國、烏那曷國、穆國皆歸附之。有胡律，置於祆祠。……人皆深目高鼻，多髯，善商賈，諸夷交易多湊其國。……奉佛，為胡書。……太延中（435-438）始遣使貢方物，後遂絕焉。[8]

北魏時昭武九姓諸國始來華朝貢，但旋中止；隋煬帝大業年間又遣使來貢，何國亦在列。《隋書》煬帝本紀五：

> （大業）十一年（615）春正月甲午朔，大宴百僚。突厥、新羅、靺鞨、畢大辭、訶咄、傳越、烏那曷、波臘、吐火羅、俱慮建、忽論、靺鞨、訶多、沛汗、龜茲、疏勒、于闐、安國、曹國、何國、穆國、畢、衣密、失范延、伽折、契丹等國並遣使朝貢。[9]

7 據 2004 年 10 月 20 日《人民日報》海外版第四版〈江陰發現泗洲大聖舍利〉條，謂何國在今吉爾吉斯斯坦共和國的阿爾別希姆。
8 見《魏書》列傳第九十，西域〈康國〉。民國六十年，台北成文出版社印行。
9 見《隋書》卷八十三，列傳第四十八，西域〈何國〉。民國六十年，台北成文出版社印行。

可見隋朝與西域諸國交往盛於北魏，對諸國較深入瞭解，〈西域傳〉云：

> 何國，都那密水南數里，舊是康居之地也，其王姓昭武，亦康國王之族類……，東去曹國百五十里，西去小安國三百里，東去瓜六千七百五十里，大業中曾遣使貢方物。

唐貞觀年間，中亞諸國復紛紛遣使，何國亦於貞觀十五年（641）遣使入朝，高宗永徽年間（650-655）於其地置貴霜州，以其國王任刺史。《舊唐書》云：

> 何，或曰屈霜你迦、曰貴霜匿，即康居小王附末城故地。城有重樓，北繪中華古帝，東突厥婆羅門，西波斯拂菻等諸王，其君旦詣拜則退。貞觀十五年遣使者入朝，永徽時上言「聞唐出師西討，願輸糧于軍。」俄以其地為貴霜州，授其君昭武婆達地刺史。遣使者鉢底失入謝。[10]

依上述資料，僧伽來華前二百年間，昭武九姓即陸續來華朝貢。僧伽來華之時，何國為中國屬地，故「何國」二字，對隋、唐二朝人而言是一具體國家，而非帶有禪味的名詞。

僧伽來華時，長安已有昭武九姓人居住，近年西安近郊即發現有昭武九姓墓葬七處，有北周朝安伽墓、史君墓，2004年發現的康業墓墓主康業曾任北魏的大天主，受封為車騎大將軍。另如賢首宗法藏大師祖籍為康國，其祖父在唐初來華朝貢後居留長安，傳衍子孫。可證昭武九姓不僅來華朝貢、經商，如康僧會更於晉朝攜來佛經，翻譯佛經，傳播宗教，扮演中西文化交流的中介角色，故僧伽踵武前賢腳步來華傳教，並非突發之舉。

至於僧伽自稱姓何，應為當時外國人來華通例，以國名為姓，贊寧謂其：「自言俗姓何氏，亦猶僧會本康居國人，時人因命名曰康僧

---

[10] 見《舊唐書》西域列傳第一百四十六下，〈何〉。民國六十年，台北成文出版社印行。

會。」印證西安發現之昭武九姓墓，墓主名安伽、史君、康業，與九姓之安國、史國、康國，若合符節。僧伽為何國人，自稱姓何，與當時昭武九姓在華習慣一致，應無可疑。

南北朝至初唐，因為東西方陸路交通孔道絲路尚暢通，中亞、波斯、甚至大秦等各種宗教紛紛傳入中國，魏孝文帝及隋文帝在位時為二大高峰期，長安成為世界宗教的匯聚點，佛教、祆教、景教、摩尼教皆在此建立寺院。僧伽少時即在何國出家，後誓志遊方，所傳宗教自不是印度的佛教，三十一歲至西涼府，再至江淮，在華五十年。〈僧伽傳〉云：

> 伽在本土，少出家為僧，後誓志遊方，始至西涼府，次歷江淮，當龍朔初年，隸名山陽龍興寺。……俗齡八十三，法臘罔知，在本國三十年，化唐土五十載。

西涼府在今甘肅省，為中亞入華必經之地，唐初胡漢雜處，僧伽先至其地二年，可先學習適應漢文化，再至長安頗合情理。[11] 然謂僧伽於龍朔元年（661）至山陽則與蔣之奇說法相差三十餘年，值得商榷。蔣之奇〈普照國師傳〉指僧伽於唐高宗龍朔年間入華，萬歲通天元年（696）武則天開放番僧在華居住，僧伽乃得至山陽龍興寺隸名。云：

> 年三十，自西域來，唐高宗龍朔中（661-663）至長安、洛陽懸化，遂南遊江、淮，手執楊柳枝，攜瓶水，混稠眾中。……武后稱周帝，號武氏周。萬歲通天中，有制：「番僧樂住者聽！」，遂隸楚州龍興寺。

僧伽在臨淮建寺後事蹟不多，應為其晚年；建寺時能得官民協助，其人脈似經長期建立。龍朔元年，僧伽年三十三，入華僅三年，應尚

---

[11] 李元嗣於重刻《泗州大聖明覺普照國師傳不分卷》時，另自創一說，謂僧伽：「自南天竺而至長安，自長安而至西京洛陽，…西涼字為西京字，蓋刊誤也。」應係據李白〈僧伽歌〉之說法。

在學習語言、瞭解風俗習慣階段，於此時至楚州龍興寺可能性較低。通天萬歲元年，僧伽年六十八，在華已三十八年，而距其死亡則尚十五年，有人脈，有經驗，甚至已累積相當貨財，故得另創新局面。

因此，蔣之奇謂僧伽曾赴楚州前在長安、洛陽行化，不僅為真，且其時間可能長達二、三十年之久。蔣璨〈題僧伽傳後〉提及曾遊長安，過僧伽故寺謂：

「余西入關，至雍，過僧伽故寺，讀李邕所作〈臨淮普光王寺碑〉。」雍州，為長安所在地，簡稱雍。長安雖非北宋首都，但蔣璨任官時至其地，親臨僧伽故寺，見寺中保存李邕撰普光王寺碑，可證僧伽入華後曾長期在長安，其故寺至宋代尚保留其史蹟。

四、臨淮建寺

臨淮建寺是僧伽在華傳教的大事，普光王寺成為僧伽開宗立派的根據地，泗州文佛信仰在日後開展出一片天地肇因於此。唐代中西陸路交流暢繁，為方便居留京師外國人禮拜，通常許其人於兩京設置寺院供神祇，欲別向外建寺傳教，需得政府許可。僧伽志在行化，長安、洛陽當時已寺院林立，發展空間有限；反之，隋煬帝開通大運河後，南北交通暢行無阻，運河沿岸如泗州、楚州、揚州、常州、蘇州等地皆以交通要衝為新興城市，有充分發展空間。

僧伽之得以離開長安轉至楚州（山陽）龍興寺，為武則天皇帝所批准，且似特為中亞來華僧侶（番僧）開放。蔣之奇〈普照國師傳〉云：

武后稱周帝，號武氏周。萬歲通天中，有制：「番僧樂住者聽！」，遂隸楚州龍興寺。

萬歲通天年號只一年，即西元六九六年，當時僧伽六十八歲。蔣之奇雖未說明僧伽取得武則天准予居留民間傳教的過程，但〈僧伽傳〉卻有僧伽在長安為武則天女婿武攸暨（太平公主駙馬）治病的記載，其年代與僧伽至楚州時間相當。〈僧伽傳〉云：

昔在長安，駙馬都尉武攸暨有疾，伽以澡罐水噀之而愈，聲振天邑。後有疾者告之，或以枝拂者，或令洗石師（獅）子而瘥。或擲水缾，或令謝過，驗非虛設，功不唐捐。

武攸暨《舊唐書》有傳，為武則天伯父武士讓之孫，武則天之姪，於載初元年（690）七月尚太平公主。同年九月武則天稱帝，武攸暨累遷右衛將軍，進封定王，又改安定郡王。神龍元年（705）武則天傳位中宗，復封定王，後降為樂壽郡王、楚國公，延和元年（712）卒。[12] 按僧伽常手持楊柳枝、水瓶行化，「以澡罐水噀之」，即作法時唸咒後以口哈澡罐之水向病者身上急噴以驅趕邪穢。《舊唐書》武攸暨傳未載其事。武攸暨於載初元年七月娶太平公主，僧伽於萬歲通天元年（696）赴楚州，治武攸暨病事應於此數年間。太平公主為武則天最寵的女兒，武攸暨夫婦舉足輕重，僧伽治癒其疾，或由武氏夫婦之請而取得特准在華居留傳教。

據〈僧伽傳〉，通天萬歲元年（696），僧伽從長安順大運河東下，經泗州，沿洪澤湖，東入淮河流域的楚州（山陽）龍興寺隸名。僧伽來華傳教為小團體行動，有慧儼、木叉隨行，與當時一般佛教僧侶單獨行動習慣不同，加以人種有異，龍興寺僧侶對僧伽三人並不歡迎，甚至有鄙視之者。為化解對立氣氛，僧伽協助募鉅款建成新佛殿後離去。〈僧伽傳〉云：

通天萬歲中，於山陽眾中懸知嫌鄙伽者，乃昌言曰：「吾有五十萬錢奉助功德，勿生橫議。」伽於淮岸招一船曰：「汝有財施，吾可寬刑獄。汝所載者剽略得耳。」盜依言盡捨，佛殿由是立成。

離開山陽龍興寺，僧伽順大運河南下，至江蘇太湖畔的嘉禾（今吳縣），隸名靈光寺。當地居民以漁獵維生，僧伽屢勸戒勿殺生，雖有小成，然欲全面改變居民謀生方式並不易，旋以「與此壤無緣」而

---

[12] 參見《舊唐書》卷一百三十三〈外戚〉。

離去。〈僧伽傳〉云：

> 初伽化行江表，止嘉禾靈光寺，彼澤國也，民家漁梁繒弋交午，
> 伽苦敦喻，其諸殺業陷墜於人，宜疾別圖生計。時有裂網折竿
> 者多矣。伽閑而宴息，見神告曰：「天方亢陽，百姓苗死。身
> 胡藏其懶龍耶。」伽曰：「為之奈何。」神曰：「若今夕，但
> 小指出窗隙外，其如人何。」伽依之。其夜，霆擊異常，質明，
> 視指微有紅線脈焉。伽曰：「吾與此壤無緣」，乃行。

離開嘉禾，僧伽循大運河北上至晉陵（今江蘇常州），至國祥寺，
見其荒廢復離去。〈僧伽傳〉云：

> 抵晉陵，見國祥寺荒廢，乃留衣於殿梁而去。後人聞異香芬馥。
> 伽嘗記之曰：「伊寺有人王重興。」去，三十年後，果有僧，
> 俗姓全為檀那矣。

經過在佛寺隸名不受歡迎的經驗，讓僧伽產生獨自建寺的願景。
師徒離開晉陵後循大運河北上，經山陽入淮水，西行經洪澤湖，最後
擇定泗州臨淮，於其地建立普光王寺。李邕〈普光王寺碑〉描述建造
過程，及普照佛受官民瞻仰、禮拜情形，謂：

> 嘗縱觀臨淮，發念置寺，以慈悲眼目，信義方寸，興廣濟心儀，
> 普照佛光相纏現，瞻仰已多。遠近簪裾，往來舟楫，一歸聖像，
> 再謁真僧，作禮祈祥，焚香拔苦。

因僧伽得武攸暨、太平公主夫婦護持，故自州牧杜惟孝，長史宋
某，司馬盧某，臨淮縣令薛欽行以下官員皆力任其役，甚至動用民力
以助成之。〈普光王寺碑〉云：

> 州牧杜公惟孝，其直如箭，其潔如水，地壓淮上，城邊泗中，
> 民勤於勞，物集其利。長史宋公、司馬盧公，或清節首公，文

雅形國，或禮容虛己，堅操動時。臨淮宰薛欽行等，或主諾條
流庭無置對，或子人簡德邑有歡康，並竪位天車，正信超士，
興二道之教，發一師之音，相與累贊，經身長懸，覺道樹不朽
之德，弘未來之功，是刻豐碑，以光盛美。

　　至於建寺經費似多來自於淮水大運河航行之海商，〈普光王
寺碑〉云：「往來舟楫，一歸聖像，再謁真僧，作禮祈祥。」韓愈
（768-842）「送僧澄觀」詩云：

　　　浮屠西來何施為，擾擾四海爭賓士。
　　　構樓架閣切星漢，誇雄鬥麗止者誰。
　　　僧伽後出淮泗上，勢到眾佛尤恢奇。
　　　越商胡賈脫身罪，珪璧滿船寧計資。[13]

　　更反映出越商、胡賈大量捐款款之情形。
　　普光王寺建築規模宏偉，製作精美華麗，正殿為高樓，奉如來佛
像，殿內佈滿幢幡，殿開三門，殿旁飛閣通至左右兩舖，另有舍利塔
盛陳七寶，淨土堂亦光明潔淨，其精美華麗，連京城皇帝亦知之。〈普
光王寺碑〉云：

　　　觸塵者，庇如來之影；牽師子之威信，施駢羅建置，周布繚垣，
　　　雲矗正殿，霞開層樓，敞其三門，飛閣通其兩舖，舍利之塔七
　　　寶齊山，淨土之堂三光奪景，於製造也，未綴於手，猗德名也，
　　　已聞於天。

　　殿宇之外，院植婆羅樹，另置講堂開導眾生，浴室供梳洗，食堂
供餐飲，寺院自然柔潤，千燈光明。〈普光王寺碑〉云：

　　　攀係儀形，建崇塔，院植婆羅樹，表蓮花臺，宛然坐而不言。

---

[13] 見《泗州大聖明覺普照國師傳不分卷》，附錄韓愈「送僧澄觀」。

欻爾感而皆應，懺則袂滅，求則福生。雖日月已綿而靈變如在，歸依有眾，檀施孔多。鯨鐘萬斤，震覺六種，講筵七架，開導四生清淨之身。更疏浴室，涅盤之飯，別構食堂，可謂能事畢矣，喜願并矣！宜八部之宅以致諸天，迴首自然，樹懸密語，印文地現，五風轉柔潤之音，千燈焰光明之色，構之者罪花彫落，信之者福種萌生，雷響發其六牙，珠彩澄其二水。

如此華麗建築，有講堂、食堂、浴室，與原始佛教苦修、托鉢乞食之儉約精神已大不同。這種轉變似招致輿論批評，〈普光王寺碑〉開頭即為澄清，云：

嘻代人以塔廟者，即有象也儀。像者非有相也，邕嘗論之，未始諒矣。其或執之於我，安住於千劫之場，什之於空，循捨、得一如之智，皆所以頌其願，酌其心，必於無作之時。敷弘正法之故，俾或禮或見，能超因因之緣，若我若人，盡登果果之業，則曷為不應、曷道不行；豈空寂之門，獨階證入事相之地，遂阻圓明者哉。

李邕開宗明義闡述北方人建塔廟、塑巨像之義，是希望透過事相讓信徒證入佛教空寂境界，並非執之於我，執之於有，執之於相。似乎當時有人對新建壯麗華美的佛寺有質疑，故李邕為澄清普光王寺未違佛教空寂宗旨。

臨淮建寺事，贊寧卻有不同描述，似普光王寺是在賀跋氏舊宅基礎重建而成。〈僧伽傳〉云：

初將弟子慧儼同至臨淮，就信義坊居人乞地。示其址，言欲於此處建伽藍。及宿賀跋氏家，身忽長其牀各三尺許，賀驚□。又現十一面觀音像，其家信重，首捨宅為□倡。故凡寺境之民悉捨所居遷避之。因穴土，得古碑，乃齊香積故寺。有金像，衣葉間刻普照王佛四字。因重建今寺，即以普照文之。厥後遭貞元、長慶之火，碑像寺額無復為遺。

按李邕碑文謂僧伽：以慈悲眼目，信義方寸，興廣濟心儀，發念置寺。但贊寧卻將「信義方寸」寫作坊街名「信義坊」：「慈悲眼目」當作天眼神通解釋，據以引申出僧伽於賀跋氏宅地下挖出古碑及神像事。其後蔣之奇撰〈普照國師傳〉亦沿其說，謂：

> 後欲於泗上建寺，遂至臨淮，宿山陽令賀跋玄濟家，謂曰：「吾欲於此建立伽藍。」即現十二面觀音相。玄濟驚異，請捨所居為寺。師曰：「此地舊佛宇也。」令掘地，得古碑，乃齊香積寺銘，李龍建所創；並獲金像一軀，眾以為然鐙佛。師曰：「普照王佛也」。視之，有石刻焉，果普照王佛。

贊寧與蔣之奇所言僧伽顯神通化寺地之說，與李邕碑記述出入頗多；因臨淮普光王寺之修建，應為一全新工程，若真有山陽令賀跋玄濟家族捐地建寺，李邕當不會隻字不提。

按「坊」為古代都城特有的小行政區，空間自成體係，有門禁管制進出，如長安、洛陽、杭州、福州等曾為首都、陪都、諸侯國都之大城市皆有之。唐制，依各州戶口數分為雄、望、上、中、下五級，泗州屬第四級「中」，全州戶數僅二千餘，口二萬六千餘。《舊唐書》地理志〈泗州〉云：

> 中，武德四年（621）置泗州，領宿預、徐城、臨淮三縣，……長安四年（704）置臨淮縣，開元二十三年自宿預移治所於臨淮。……戶二千二百五，口二萬六千九百二十。[14]

臨淮縣以地形險峻著稱，一面臨淮水，一面臨濠水，並無廣闊平野，是武周朝新設之縣，玄宗時始被改為州治。明末其城週圍僅九里餘，合今制約三千米，即其東西、南北縱深皆不出六百米，查康熙《臨淮縣志》，當時臨淮戶五千八百四十二，口六萬一千二百八十三，已超出唐時泗州全州戶口一倍，但臨淮縣城，南、北、東設因臨河設關，

---

[14] 見《舊唐書》志卷第十八，地理一，泗州。

城內總共僅有八行政里。[15] 似此小城，在唐代不可能有坊街存在。另查《泗州志》，普光王寺位於泗州西城，而泗州城建於宋代，為土城，唐臨淮縣城遺址即在內，其城圍與臨淮城同，[16] 故香積寺所在地似非臨淮而在長安，即蔣璨〈題僧伽傳後〉所指之僧伽故寺。

「齊香積故寺」中的齊字，從字意上看，似指朝代；佛教傳入後，以「齊」為國號者，南、北朝各一。稍早者為南齊，與南齊對峙者為北魏。據《南齊書》〈臨淮郡〉，臨淮郡轄海西、射陽、淩、淮陰、東陽、淮浦等縣，其下註：「自此以下郡無實土。」[17] 臨淮郡位處齊與北魏交界邊緣，名義上雖為南齊領土，但政府並無派官設治事實，齊人在當地建立宏敞寺宇可能性不高。北朝的齊，是由北魏分離出來，領地甚狹，據程光裕徐聖謨主編之《中國歷史地圖》南北朝圖（四）陳、齊與周，齊的領地不及臨淮，臨淮名義上為繼承南齊、梁的「陳」國領土。

〈僧伽傳〉謂捨宅建寺者為山陽令賀跋玄濟。查《重修山陽縣志》卷五〈職官志〉，所載唐代職官八十二人，並無賀跋玄濟或姓賀跋者，卷十一〈人物〉亦無其人。[18]

「齊香積故寺」中的香積寺，唐代長安確有其寺，位於長安西南。《佛祖統紀》卷四唐睿宗景雲二年（711）法雲公萬回坐亡，贈司徒號國公，敕葬西京香積寺。[19] 宋人程大昌《雍錄》，〈香積寺〉，謂：

> 《呂圖》子午谷正北微西，郭子儀肅宗時收長安，陣於寺北。唐本傳云……蓋在豐水之北，東交水之西也。《呂圖》云，在鎬水發源之北，則近昆明池矣。[20]

---

15 參見邢仕誠，《臨淮縣志》卷一〈疆域〉，城鄉里都；卷二〈城池〉。康熙十二年刊本，民國七十四年，台北，成文出版社印行。

16 參見《泗州志》卷十三古蹟，普光王寺；卷五城池，泗州城。

17 見《南齊書》卷十四，志第六，州郡上，臨淮郡。民國六十年，台北成文出版社印行。

18 參見文彬、孫雲等修《重修山陽縣志》卷五〈職官志〉卷十一〈人物〉。清同治十二年刊，民國七十二年，台北，成文出版社印行。

19 見宋，僧志磐撰《佛祖統紀》卷第四十，法運通塞志第十七之七。

20 見程大昌《雍錄》卷第十，寺觀，〈香積寺〉。明新安吳琯校刊本，民國六十九年，台北大化書局印行。

按安史之亂時郭子儀請回紇出兵助唐平亂，回紇當時以摩尼教為國教，而香積寺位居長安西南要衝，為兵家必爭要地，然宋敏求《長安志》卻未見著錄，故不知其詳。

「齊」字既非國號，或為封爵，隋唐間封號有「齊國」之較著者為隋文帝時之齊國公高熲，其夫人又姓賀跋氏。按賀跋氏屬鮮卑族豪族，為北魏六鎮之一，北魏分裂為東西魏後投效西魏，延至北周，賀跋氏仍居六柱國之一。隋文帝代北周領有天下，高熲居功闕偉，夫婦兩人生前皆信佛，各曾捨宅建佛寺。宋敏求《長安志》〈積善尼寺〉記載賀跋氏捐宅建寺事云：

> 隋開皇十一年，高熲妻賀跋氏所立，其宅本賀跋氏之別宅。[21]

賀跋氏於開皇十一年（591）捐宅為佛寺，高熲更早於開皇三年（583）即捐宅為寺，供養僧、尼為預言禍福。《長安志》〈東化度寺〉云：

> 本真寂寺，隋尚書左僕射齊國公高熲宅，開皇三年，熲捨宅奏立為寺，武德二年改化度寺。寺中有無盡藏院，敬宗賜化度經院金字額，御數以觀之。大中六年改為崇福寺。[22]

高熲在隋文帝時當朝執政近二十年，權傾一世，隋文帝晚年疑其有異心，交憲司審理，曾奏報高熲奉僧、尼為師占卜休咎事，《隋書》謂：

> 憲司復奏熲他事，云：沙門真覺嘗謂熲云：「明年國有大喪。」尼令暉復云：「十七、十八年，皇帝有大厄。十九年不可過。」上聞而益怒。[23]

---

[21] 見宋敏求《長安志》卷十，唐京城四，義寧坊〈積善尼寺〉。民國六十九年，台北大化書局印行。

[22] 見《長安志》卷十，唐京城四，義寧坊〈化度寺〉。

[23] 見《隋書》列傳第六，高熲傳。

文帝因罷高熲為平民；煬帝繼位後，下詔誅之，諸子徙邊疆。

佛寺常賴高官護持，如《長安志》〈廢報恩寺〉條謂：

> 嗣虢王邕，景龍中娶韋庶人妹，捨宅立寺。韋氏敗，寺廢。[24]

齊國公高熲家破人散，夫婦兩人所捐寺院或無法避免荒廢命運；高熲所立真寂寺至唐高祖武德二年（619）改為化度寺，賀跋氏所捐之積善尼寺則不知其變遷，至宋朝時則為積善尼寺。

五、晚年榮耀

建普光王寺是僧伽傳教事業的最大突破；暮年被唐中宗迎至皇宮，為皇帝施洗禮，被尊為國師，是僧伽個人聲望的巔峰；為普光王寺請得寺額，並由中宗皇帝親書字額，僧伽奠立普光王寺百年不拔根基。

普光王寺建成，距僧伽離開長安已經十餘年，國家政權也由武周則天大聖皇帝傳給其子李顯（中宗），國號恢復為唐。唐中宗時已年逾六十，或受武攸暨夫婦之介，遣使迎僧伽入宮。僧伽為中宗卜休咎屢中，深得皇帝信任。僧伽也請中宗親賜寺額。中宗以所請寺額中，「照」字犯武則天名諱，以「光」權充之。中宗題匾護持，提高普光王寺聲望，官民商賈聞風景從，卒成一方勝地。〈普光王寺碑〉云：

> 中宗孝和皇帝遠降綸言，特加禮數，延入別殿，近益重玄德，水五瓶霑濡紫極，甘露一斗福潤蒼生。乃請寺名，仍依佛號。中宗皇帝以照言犯諱，光字從權。親睹御書，寵題寶額。垂露落于天上，飛翰傳于國中，其來也，廣內齊慶，齊其至也。連城歡迓，扇憑筆貴，獨屬右軍；寺為額高，更因天子。每名晨大眾瞻禮，嬉遊上昇，門臺直視，川野巒阜，嶙嶙而屏，合淮水逶迤而帶長，邑屋助其雄，商旅增其大，茲為勝也，曷以加焉。

中宗迎僧伽入宮年分，李邕並未說明，贊寧〈僧伽傳〉則謂為景龍二年（708），云：

中宗孝和帝景龍二年，遣使詔赴內道場，帝御法筵，言談造膝，占對休咎契若合符，乃襃飾其寺曰「普光王」。

僧伽逝於唐中宗景龍三年（709）三月三日，〈普光王寺碑〉云：

嗚呼！以景龍三年三月三日端坐，棄代於京薦福寺。跡也，孝和皇帝申弟子之禮，悼大師之情，敬漆色身，謹將法供，仍造福，度門人七僧，賜絹三百疋，勑有司造靈輿、給傳遞，百官四部哀送國門，以五日還至本處。

贊寧〈僧伽傳〉記述僧伽去世為景龍四年三月二日，晚〈普光王寺碑〉一年，云：

四年庚戌示疾，敕自內中往薦福寺安置，三月二日儼然坐亡，神彩猶生止瞑目耳。俗齡八十三，法臘罔知，在本國三十年，化唐土五十三載。中宗敕恩度弟子三人：慧岸、慧儼、木叉，各賜衣盂令嗣香火。

查《舊唐書》本紀卷第七，中宗景龍年號僅三年，景龍三年五月辛未，改元延和，八月庚子，傳位于皇太子，改元景雲，自稱太上皇，五日一度受朝於太極殿。故贊寧〈僧伽傳〉所述僧伽卒於景龍四年有誤，李邕碑始為正確。後蔣之奇〈普照國師傳〉所書僧伽卒年沿其誤，而後世僧伽傳皆承其誤而未改。

景龍三年三月三日僧伽卒。中宗皇帝申弟子之禮，為辦法供、度門人，漆肉身，造靈輿，百官四部哀送，於普光王寺建塔貯之。〈普光王寺碑〉云：

和尚口雖勿稱緣，乃有以知變易之道，迴軒少留，眾生可悲。

菩薩亦病，示滅同盡，唯識永在。鳴呼！以景龍三年三月三日端坐，棄代於京薦福寺跡也。孝和皇帝申弟子之禮，悼大師之情，敬漆色身，謹將法供，仍造福，度門人七僧，賜絹三百疋，勅有司造靈與、給傳遞，百官四部哀送國門，以五日還至本處。

〈普光王寺碑〉撰於僧伽死後不久，對僧伽後事無從提及，但贊寧及蔣之奇皆為宋朝人，對僧伽定位及靈蹟有諸多敘述，而最重要者是將僧伽定位為觀音化身。〈僧伽傳〉云：

帝慘悼黯然。于時穢氣充塞而形體宛如，多現靈蹟。敕有司給絹三百疋俾歸葬淮上，令群官祖送，士庶填閭，五月五日抵今所。帝以仰慕不忘，因問萬迴曰：「彼僧伽何人也？」對曰：「觀音菩薩化身也。經可不云乎：「應以比丘身得渡者，即現沙門相也。」

〈普照國師傳〉對此記載大略相同，云：

帝問萬迴：「僧伽大師何人？」對曰：「觀音化身也。普門品云：「應以比丘身得度者，即皆現之而為說法，斯之謂也。」

大概唐中宗朝以後，僧伽即被視為觀音化身。而僧伽所代表的觀音在〈僧伽傳〉與〈普照國師傳〉中卻截然不同。〈僧伽傳〉提及之觀音為十一面觀音，謂：

及宿賀跋氏家，身忽長其床各三尺許，賀驚怪。又現十一面觀音像，其家信重，首捨宅為眾倡。故凡寺境之民悉捨所居遷避之，因穴土，得古碑，乃齊香積故寺。

〈普照國師傳〉所提之觀音為十二面觀音，謂：

遂至臨淮，宿山陽令賀跋玄濟家，謂曰：「吾欲於此建立伽

藍。」即現十二面觀音相。玄濟驚異，請捨所居為寺。師曰：「此地舊佛宇也。」令掘地，得古碑，乃齊香積寺銘，李龍建所創。

僧伽在泗州臨淮，卻住在楚州山陽縣令家，兩地相隔數百里，可能不無時空錯置。而最重要者殆為僧伽所化現之觀音究竟為十一面或十二面？此問題明末李元嗣重刊〈普照國師傳〉即曾注意到，並提出係手民誤植之看法，云：

> 按改字函第七卷《佛說十一面觀世音神咒經》，宇文周世，天竺三藏耶舍崛多等譯，有八篇咒，一一咒皆□南無佛陀耶，南無達摩耶，南無僧伽耶起。……大士已於賀跋玄濟家現此像，故萬回謂是觀音化身，其明證也如此。又黃魯直〈神移仁壽塔詩〉「十二觀音無正面，誰令塔戶向東開。云云。」山谷用事出《傳燈錄》，有僧問臨濟義玄云：「十二面觀音那個是正面？」。十二面字，其誤久矣！ [25]

另李元嗣於重刊〈普照國師傳〉時，曾謂：

> 〈傳〉為宋僧統贊寧所纂。寧，沙門，不閑文法，筆力卑冗。今稍加裁削，使成一家之言，亦與人為善義也。

因李元嗣認為僧贊寧不閑文法筆力卑冗，故曾為裁削。李元嗣意識中既認十二面觀音為誤，或許贊寧原傳所書為十二面觀音，被李改為十一面觀音所致。

十一面觀音亦有出處，除《佛說十一面觀世音神咒經》外，尚有《十一面觀自在菩薩心密言念誦儀規經》、《十一面神咒心經》、《馬頭觀音心陀羅尼》等經，為密教經典。密教奉盧舍那佛，稱大日如來，有光明普照之意。僧伽自謂所奉普照王非燃燈古佛，行化時常手持澡

---

[25] 見李元嗣，《泗州大聖明覺普照國師傳不分卷》，夾注。

瓶、楊枝，為人灌頂，與密教行為頗相似。

至於十一面觀音形狀，其像前、左、右三面各有三個頭，後面二個頭。正面為菩薩面，左、右為變相，分作嗔面，及狗牙向上；後面二頭相疊，居下者為大笑面，居上者為佛面。十一面各戴花冠，花冠上復有阿彌陀佛觀世音像，左手持澡瓶，瓶口出蓮花，右手串瓔珞，施無畏手，其像身須刻出瓔珞莊嚴。《佛說十一面觀世音神咒經》謂：

> 其作法，用白栴檀作觀世音像，身長一尺三寸，作十一頭。當前三面作菩薩面，左廂三面作嗔面，右廂三面似菩薩面狗牙上出，後有一面作大笑面，頂上一面作佛面，面悉向前，後著光。其十一面各戴華冠，其華冠上各有阿彌陀佛觀世音，左手把澡瓶，瓶口出蓮花，展其右手，以串瓔珞施無畏手云云。其所求各有法，具見本經。[26]

十一面觀音既有出處，然蔣之奇所謂十二面觀音，也非無稽。如李元嗣所引《景德傳燈錄》有僧問臨濟義玄：「十二面觀音那個是正面？」，可見唐代十二面觀音仍見於臨濟宗寺院，且十二面可能分向四方，每方三面，故有僧提出那是正面的質疑。而黃山谷「十二觀音無正面，誰令塔戶向東開？」的詩句，同樣反映宋代有十二觀音像直接塑在塔院上的情形。另宋嘉泰《會稽志》卷七，〈天衣寺〉條云：

> 晉義熙十三年（417）高僧曇翼結庵講《法華經》，多靈異，內史孟顗請置法華寺。至梁，惠舉禪師亦隱此山，武帝徵之，不至。有翼公所頂戴十二面觀音。[27]

可見在東晉末，高僧曇異以檀木製作十二面觀音為頂戴，即彼作法事時，建立十二面觀音壇場，頂戴十二面觀音像以示十二面觀音降

---

[26] 原書引文第二行，「右廂三面」以下八字模糊，第三行有漏字，茲據《佛說十一面觀世音神咒經》經文逐行補入。

[27] 見嘉泰《會稽志》卷第七，宮觀寺院，山陰縣〈天衣寺〉條。民國六十九年台北大化書局印行。

臨。此亦足證明十二面觀音為初始型態，後來才流行十一面觀音。

蔣之奇為常州宜興人，即唐之晉陵，為僧伽行化之地。蔣之奇伯父蔣堂，曾任普光王寺所在地泗州知州、江淮東路轉運使、江淮制置發運使等官，《宋史》有傳。蔣之奇，《宋史》亦有傳。以伯父蔣堂蔭得官，擢進士第；歷任監察御史，侍御史，福建轉運判官，淮東轉運副使，江淮荊浙發運副使、發運使，河北都轉運使，潭州、廣州、瀛州、熙州、汝州、慶州、杭州等處知州，開封府知府，戶部侍郎、翰林學士同知樞密院事等要職，親為僧伽作《普照國師傳》。蔣之奇侄蔣璨，為宋代著名書家，彼撰〈題僧伽傳後〉所署官銜為「中大夫直龍圖閣江南西路轉運副使」，為從四品官，紹興二十六年（1156）高宗擬任彼為戶部侍郎，為言官所阻，遂改出知蘇州。宋朝南渡前，蔣璨任轉運副使故得親履長安僧伽故地，並重書《普照國師傳》。蔣家一族三代皆與普照王信仰有關，蔣璨似對僧伽信仰別有所知，故竊笑李邕〈普光王寺碑〉，且有「至言妙斷，以待知者而後曉。」之語，而彼對「十二面觀音」未置一詞，似可反映《普照國師傳》中「十二面觀音」並非「十一面觀音」的筆誤。

另李元嗣雖於重刊《普照國師傳》時刪訂贊寧〈僧伽傳〉，但傳後所附〈檃括禮讚文〉卻仍有十二面觀音用語，云：「恭聞僧伽大聖觀音化身」，後接十一則〈志心歸命禮〉，其第二則云：

> 志心歸命禮：來從蔥嶺，顯化蠙淮，石師子水療牙疼，金像佛軀佑寺蹟，現十二面觀音之相，賀跋驚，度二三人弟子之流，木又靈異。

也明確指為現十二面觀音像。又〈志心歸命禮〉，第五則云：

> 志心歸命禮：賜名證聖，加號等慈，衡陽崔守釋冤魂，清流畢令逃風流，免黑繩之非命，普救眾生，知白衣之開山默符前定。

故僧伽所奉祀的觀音應為十二面白衣觀音，《普照國師傳》〈檃括禮讚文〉遂謂僧伽為「白衣之開山」。

六、門徒宗風

唐中宗景龍三年三月三日僧伽去世，中宗為度門人七僧，當時為持床者有惠嚴、道堅、木叉等徒。惠嚴似為首徒，於僧伽死後李邕撰碑前去世，道堅為普光王寺主僧，木叉亦為持床弟子，其餘四僧不詳。〈普光王寺碑〉云：

> 孝和皇帝申弟子之禮，悼大師之情，敬漆色身，謹將法供，仍造福，度門人七僧，賜絹三百疋，敕有司造靈輿、給傳遞，百官四部哀送國門，以五日還至本處。當是時也，佛像流汗，風雨變容，鳥悲於林，獸號於野，矧伊慈子，降及路人乎！過去僧惠儼等，主僧道堅，弟子木叉等並持床。

贊寧〈僧伽傳〉，所記中宗為僧伽敕度門徒為慧岸、慧儼、木叉三人，與〈普光王寺碑〉似可互證互補，云：

> 三月二日儼然坐亡，神彩猶生止瞑目耳。俗齡八十三，法臘罔知，在本國三十年，化唐土五十三載。中宗敕恩度弟子三人：慧岸、慧儼、木叉，各賜衣盂令嗣香火。

〈普光王寺碑〉七僧中僅見惠嚴、道堅、木叉等三名。惠嚴似為首徒，於僧伽死後李邕撰碑前去世，道堅為普光王寺主僧，木叉亦為持床弟子，各具代表性。〈僧伽傳〉所提僧伽三徒為慧岸、慧儼、木叉三人。按惠、慧音義相同，互為假借，故李邕〈泗州臨淮縣普光王寺碑〉稱惠儼，〈僧伽傳〉稱慧儼，應為一人。故僧伽門弟有名可稽者有：惠儼、道堅、慧（惠）岸、木叉等四人，其餘不詳。

惠儼為僧伽首徒，隨侍僧伽至各地行化，〈僧伽傳〉云：

> 弟子慧儼，未詳姓氏生所，恒隨大師執侍瓶錫，從楚州發至淮陰，同勸東海裴司馬妻悋白金沙羅而墮水，抵盱眙，開羅漢井。

宿賀跋玄濟家，儼侍十一面觀音菩薩傍。自爾詔僧伽上京師，中宗別敕度儼并慧岸、木叉三人，別賜衣缽焉。

惠儼在武則天朝時即為享有崇高地位的大德，得出入宮禁內道場，《舊唐書》薛懷義傳云：

薛懷義……得幸于千金公主侍兒。公主知之，入宮言曰："小寶有非常材用，可以近侍。"因得召見，恩遇日深。則天欲隱其迹，便於出入禁中，乃度為僧。……自是與洛陽大德僧法明、處一、惠儼、稜行、感德、感知、靜軌、宣政等在內道場念誦。[28]

惠儼被視為洛陽大德僧，不僅可證僧伽師徒在長安、洛陽行化，且其地位已為僧界領袖級之大德僧。惠儼除可在內道場念誦經文外，尚參與武則天朝最重要的《華嚴經》重譯，擔任審覆證義工作。據《大方廣佛華嚴經感應記》聖曆元年（698）條，謂：

則天太后詔請于闐三藏實叉難陀，與大德十餘人，於東都佛授記寺翻譯《華嚴》。僧復禮綴文，藏公筆授，沙門戰陀提婆等譯語，僧法寶、弘置、波崙、惠儼、去塵等審覆證義；太史太子中舍膺福衛事參軍于師逸等同共翻譯。[29]

惠儼能於新譯于闐本《華嚴經》時參與審覆工作，不僅象徵其地位崇高，且其本人具有中亞語文能力，故得與擔任筆授工作的法藏（昭武九姓康國人）討論辯證；故其出身可能與僧伽相同，來自西域昭武九姓諸國。

透過惠儼、法藏參與新譯《華嚴經》這條線索，發現普照王信仰與華嚴宗有密切關係。華嚴三祖法藏，亦奉十一面觀音。據唐末

[28] 見《舊唐書》列傳第一百三十三，外戚，薛懷義。
[29] 見胡幽貞纂《大方廣佛華嚴經感應記》聖曆元年條。大正新脩《大藏經》。民國八十三年，台北，新文豐出版公司印行。

新羅國侍講兼翰林學士崔致遠撰〈唐大薦福寺故寺主翻經大德法藏和尚傳〉，第八科，「神功元年（697，武周）契丹拒命出師討之」條云：

> （武則天）特詔藏依經教遏寇虐。乃奏曰：「若令摧伏怨敵，請約左道諸法。」詔從之。法師盥浴更衣建立十一面道場，置光音像行道。始數日羯虜睹王師無數神王之眾，或矚觀音之像浮空而至，犬羊之群相次逗撓。月捷。以聞，天后優詔勞之，曰：「蒯城之外兵士聞天鼓之聲，良鄉縣中賊眾睹觀音之像，醴酒流甘於陳塞，仙駕引纛於軍前，此神兵之掃除，蓋慈力之加被。[30]

《舊唐書》載萬歲通天二年九月：「以契丹李盡滅等平，大赦天下，改元為神功。」[31] 討契丹一事不僅見諸正史本紀，武則天尚將戰勝歸功於觀音而更改年號為神功。

〈唐大薦福寺故寺主翻經大德法藏和尚傳〉，第七科還記載法藏於中宗朝協助平定張柬之叛逆案，云：

> 屬神龍初（705，中宗）張柬（昌之誤）之叛逆。藏乃內弘法力，外贊皇猷。妖孽既殲，策勳斯及，賞以三品。固辭，固授。遂請迴與弟偉諧榮養。至二年降敕曰：「朝議郎行統萬監副監康寶藏頗著行能，早從班秩。其兄法藏夙參梵侶深入妙門。傳無盡之燈，光照暗境。揮智慧之劍，降伏魔怨。兇徒叛逆預識機兆。誠懇自衷每有陳奏。姦回既殄，功效居多。雖攝化無著理絕於酬賞。而宅生有緣道存於眷顧。復言就養實寄天倫。宜加榮祿用申朝獎。寶藏可游擊將軍行威衛隆平府左果毅都尉。兼令侍母不須差使，主者施行。[32]

---

[30] 見崔致遠〈唐大薦福寺故寺主翻經大德法藏和尚傳〉，第八科。大正新脩《大藏經》。民國八十二年，台北，新文豐出版公司印行。
[31] 見《舊唐書》本紀卷第六，則天皇后。
[32] 見崔致遠〈唐大薦福寺故寺主翻經大德法藏和尚傳〉，第七科。

如前所述，十一面觀音是僧伽、惠儼於普照王之外嚴謹奉祀之神，法藏卻用以破敵。然十一面觀音當時似被佛教界視為左道，故法藏需先奏請武則天同意後用之，可證法藏曾修習此法，似其師承淵源有與僧伽同源者。

　　法藏之師為智儼（602-668），唐祕書少監閻朝隱〈大唐大薦福寺故寺大德康藏法師之碑〉云：

> 法師俗姓康氏，譚法藏，累代相承為康居國丞相。祖自康居來朝，父諡，皇朝贈左侍中。……聞雲華寺儼法師講華嚴經，投為上足。瀉水置瓶之受納，以乳投水之因緣，名播招提，譽流宸極。[33]

　　而智儼雖師事杜順，但其基礎佛學乃從二梵僧修習奠立。《華嚴經傳記》卷第三〈唐終南山至相寺釋智儼〉云：

> 釋智儼，姓趙氏，天水人也。高祖弘，高尚其志。父景，申州錄事參軍。母初夢梵僧執錫而謂曰：「速宜齊戒淨爾身心。」遂驚覺，又聞異香有娠焉。及儼生數歲，卓異凡童，或累塊為塔，或緝華成蓋，或率同輩為聽眾，而自作法師。生智宿殖皆此類也。年十二，有神僧杜順，無何而輒入其舍，撫儼頂，謂景曰：「此我兒，可還我來。」父母知其有道，欣然不吝。順即以儼付上足達法師，令其順誨。曉夜誦持，曾無再問。後屬二梵僧來遊至相，見儼精爽非常，遂授以梵文，不日便熟。梵僧謂諸僧曰：「此童子當為弘法之匠也。」年甫十四，即預緇衣。[34]

　　由此可知法藏家族不僅與僧伽同出一族，語言、文化相通之外，法藏師學淵源亦有來自西域者。

33　見閻朝隱〈大唐大薦福寺故寺大德康藏法師之碑〉。大正新脩《大藏經》。民國八十二年，台北，新文豐出版公司印行。

34　見法藏集《華嚴經傳記》卷三，〈唐終南山至相寺釋智儼〉。大正新脩《大藏經》。民國八十三年，台北，新文豐出版公司印行修訂版。

其次，華嚴四祖澄觀（737-839）與僧伽信仰關係也密，清康熙《泗州志》云：

> 僧澄觀，字大休，昔住泗普光王寺，重建僧伽塔，韓昌黎贈之詩。唐大曆三年（768）詔入內釋經，為□文，加號僧統清涼國師，生歷九朝，年百二歲卒，文宗敕建塔於終南山。[35]

從師承淵源上雖看不出澄觀與僧伽的師承關係，但澄觀出家早期，曾居五台山華嚴寺習華嚴，後又住持泗州普光王寺，於唐德宗貞元年間（785-804）重建僧伽塔。《普照國師傳》附李元嗣〈寺塔興廢記〉謂：

> 唐德宗貞元中，臨淮浮屠災。韓退之所謂：「清淮無波平如席，欄柱傾扶半天赤，火燒水轉掃地空者是也。」此一廢也，而僧澄觀繼是新之。

李元嗣所引，為韓愈「送僧澄觀」詩句，全詩描述僧伽、普光王寺及澄觀，云：

> 浮屠西來何施為，擾擾四海爭賓士。構樓架閣切星漢，誇雄鬥麗止者誰。
>
> 僧伽後出淮泗上，勢到眾佛尤恢奇。越商胡賈脫身罪，珪璧滿船寧計資。
>
> 清淮無波平如席，欄柱傾扶半天赤。火燒水轉掃地空，突兀便高三百尺。
>
> 影沈潭底龍驚遁，當晝無雲跨虛碧。借問經營本何人，道人澄觀名籍籍。
>
> 愈昔從軍大梁下，往來滿屋賢豪者。皆言澄觀雖僧徒，公才吏用當今無。

---

[35] 見莫之翰等修《泗州志》卷十七，仙釋。清康熙二十七年刊，民國七十四年，台北成文出版社印行。

後從徐州辟書至，紛紛過客何由記。人言澄觀乃詩人，一座競吟詩句新。

向風長歎不可見，我欲收斂加冠巾。洛陽窮秋厭窮獨，丁丁啄門疑啄木。

有僧來訪呼使前，伏犀插腦高頗權。惜哉已老無所及，坐睨神骨空灒然。

臨淮太守初到郡，遠遣州民送音問。好奇賞俊直難逢，去去為致思從容。[36]

澄觀，姓夏侯，越州山陰（今浙江紹興）人，著有《華嚴經疏》等四百餘卷，長講《華嚴經》，門徒百餘僧，被尊為華嚴宗第四祖。韓愈為唐代著名儒者，晚年曾諫迎佛骨，被貶潮州，《舊唐書》、《新唐書》皆有傳。唐憲宗元和十二年（817）宰臣裴度為淮西宣慰處置使兼彰義軍節度使，出兵平定淮、蔡軍事，韓愈被辟為行軍司馬，其詩約作於此時。韓愈贊揚澄觀公才吏用天下無雙，可見澄觀在唐朝動亂時曾參與政府平定內亂軍事活動，與法藏如出一轍。

華嚴宗與僧伽信仰關係密不可分，於信仰實例亦可見之，如莆田華嚴寺即奉僧伽塔像。《莆田縣志》云：

華嚴寺，在郡城西三里，本玉澗之北巖，唐大中六年（852）刺史薛凝題為華嚴，以僧行標能講《華嚴大乘經》也。……有泗洲像，舊經云：「僧行標於泗州請大聖真像，會溪流暴漲，得樟木一根於水中，遂刻焉。乾寧五年（898）縣令呂承祐造塔三層，後火，塔自焚而像如故，俗異之，隨復建塔。」[37]

僧伽第二位徒弟道堅，李邕撰碑時任普照王寺住持，然後世僧史僧傳皆未見其人，可能為謹循守成之徒。第三位徒弟木叉，自幼即追隨僧伽來華，〈僧伽傳〉云：

---

[36] 《泗州大聖明覺普照國師傳不分卷》附錄，韓愈「送僧澄觀」。
[37] 見宮兆麟《莆田縣志》卷四，建置，寺觀，華嚴寺。清乾隆二十三年修，台北莆仙同鄉會影印本。

弟子木叉者，以西域言為名，華言解脫也，自幼從伽為剃□弟
子，然則多顯靈異，中和四年（881），刺史劉讓父中丞，忽
夜夢一紫衣僧云：「吾有弟子木叉，葬寺之西，為日久矣，君
能出之。」仍示其葬所。初夢都不介意，再夢如初。中丞得夢
中所示之處，欲施□之。見有二姓占居，於是饒錢市焉。開穴
可三尺許，乃獲坐函，遂啟之，於骨上有舍利放光，命焚之，
收舍利八百餘顆。表進上僖宗皇帝，敕以其焚之灰塑像，仍賜
諡曰「真相大師」。今配饗大聖。

　　木叉之名係尤其何國語音譯而來，死後葬於普光王寺西，僖宗中
和四年（881）諡號「真相大師」，配享於僧伽左。木叉生前事蹟〈僧
伽傳〉並未敘及，然《清涼山志》，卻謂五台山祕密岩祕密寺為木叉
創立，似僧伽去世後，木叉與惠岸離開臨淮普照寺，至五台山秘魔岩
藏修。祕密岩又稱秘魔岩，祕密寺又稱秘魔寺，位於五臺山台懷鎮西
南三十八公里維屏山，寺中尚有木叉祖師塔，該寺天王殿有對聯，云：
「裝成如許威嚴，不數木叉惠岸；參透個中祕密，依然拾得寒山。」
《清涼山志》載：

　　祕密寺在西台外祕密岩，岩谷幽深，陷者星布，唐木叉和尚于
　　此藏修，始建寺。[38]

　　可見木叉為該寺創寺者，而僧伽另一門徒惠岸應也追隨木叉在此。
　　木叉與惠岸在佛教僧史中未見其詳細事蹟，但民間流傳章回小說中
卻有盛名。因為僧伽被視為觀音菩薩，木叉與惠岸就成觀音弟子，明朝
吳承恩《西遊記》，即有木叉與惠岸，謂木叉為李天王二太子，觀世
音菩薩首徒，法號惠岸，誤將二人混為一人。《西遊記》第六回云：

　　惠岸行者整整衣裙，執一條鐵棍，駕雲離闕，徑至山前。……
　　惠岸立住，叫：「把營門的天丁，煩你傳報：我乃李天王二太

---

[38] 引自華夏經緯網，縱橫山西，秘魔岩祕密寺。

子木叉，南海觀音大徒弟惠岸，特來打探軍情。」那營裏五嶽神兵，即傳入轅門之內。[39]

除上述諸僧外，其餘僧徒行蹟不詳。大致上僧伽信仰在宗教上有與華嚴宗合流趨向，其門徒除於淮水流域繼續發展外，木叉、惠岸則至五台山開創祕密寺，傳至後世。

七、僧伽信仰之發展

（一）唐代

大致上僧伽生前行化地區以大運河沿岸的安徽、江蘇、浙江為主，所覓據點，多以水上交通便利之新興城市為主。由僧伽去世後百餘年間，各地所傳之靈異事蹟，大致可推測出其信仰發展概況。

僧伽死後神蹟以泗州為核心向外擴散，〈僧伽傳〉所述發生於泗州者，依年代先後計有：

1. 乾元中（758-9）州牧李（亡名），有推步者云為土宿加臨，災當惡弱。伽忽現形，撫李背曰：「吾來福至，汗出災消矣！」，後無他咎。
2. 大曆中（766-780，代宗），州將勒寺知十驛俾出財供，乘傳者至，十五年（780）七月甲夜現形于內殿，乞免郵亭之役。代宗敕中官馬奉誠宣放□，賜絹三百疋，雜綵千段，金澡罐、皇太子衣一襲，令寫貌入內供養。
3. 長慶元年（821，穆宗）夜半於州牧蘇公寢室前歌曰：「淮南淮北今有福。自東至西無不熟。」其年獨臨淮境內有年耳。二年（822）寺塔皆焚，唯伽遺形儼若無損。
4. 咸通中（860-873，懿宗），龐勛者，因徐州戍卒擅離桂管，沿路劫掠，而攻泗州，圍逼其城。伽於塔頂現形，外寇皆睡。

---
[39] 見吳承恩《西遊記》第六回〈觀音赴會問原因，小聖施威降大聖〉。龍騰世紀，古典文學，吳承恩作品集。

城中偶出擊之,驚竄西陷宿州。以事奏聞,仍錫號證聖大師。

5. 文德元年（888,僖宗）外寇侵軼,州將嬰城拒敵。伽現形於城西北隅,寇見,知堅壘難下,駭而宵遁。

6. 大順中（890,昭宗）彭城帥時溥令張諫攻北城,俘五百餘人,拘鞠場中。諫凭案,恍惚間見僧衣紫誨之曰:「此輩平人何可殺耶,不如捨之。」言畢不見。諫遂縱之而逸。

7. 乾寧元年（894,昭宗）太守臺濛夢伽云:「寒,東南少備。」濛不喻旨。以綿衾、法服施之。十二月晦夜半,有兵士踰壘而入,濛初不知,復夢一僧以錫杖置于心上,冷徹心骨,驚起。濛令動鼓角,賊驚奔,獲首領姓韓云。

上述七則神話於僧伽死後二百年間陸續從泗州傳出,計有為州牧治病、為僧眾請免除勞役、庇佑地方豐收、消除官員災難、顯現拒敵護城、解救被拘無辜難民等,不一而足,一而再,再而三的靈應事蹟,讓僧伽信仰一代代深烙在泗州官民心上,建立其不可取代的地位。

僧伽信仰也循大運河路徑,向南則沿大運河入長江中下游沿岸的武漢及江西,向北傳至燕、薊河北地區。〈僧伽傳〉云:

> 泊乎已滅多歷年所,嘗現形往漢南市漆器。及商人李善信船至寺,覓買齋器僧,忽見塔中形像,凝然曰:「正唯此僧。」遠近嗟嘆。
> 又嘗於洪井化易材木,結筏而至。亦然。
> 嘗於燕師求甎甓,稱是泗州寺僧。燕使賷所求物致,見塔中形,驚信,遂圖貌而歸。自燕、薊展轉傳寫,無不遍焉。

大致上,在唐朝滅亡以前,僧伽已被塑造成可為人示吉凶,有求必應的神僧,除了泗州、五台山之外,淮水流域、大運河沿岸及長江下游均已有僧伽信仰的踪蹟。因僧伽晚年被唐中宗奉為國師,賜紫袍,故顯化對象為官員時輒以紫衣僧形出現;至昭宗乾寧以後,多於塔頂現小僧狀。〈僧伽傳〉云:

乾寧元年（昭宗，894）……由此多于塔頂現小僧狀，傾州瞻望。然有吉凶表兆于時，乞風者分風，求子者得子，今有躬禮者，往往有全不見伽形相者：或見笑容者吉，不然則凶。其不可爰度者如此。

小僧漸成為僧伽顯化的另一種象徵。

（二）宋代以後

僧伽信仰成為民間主流信仰是在五代末北宋初。周世宗為統一全國出兵江南，僧伽顯夢州民，間接促成江南內附。〈僧伽傳〉云：

泊周世宗有事江南，先攻泗上，伽寄夢於州民，言不宜輕敵。如是，達于州牧，皆未之信。自爾，家家夢，同告之。遂降。全一郡生民，賴伽之庇矣。天下凡造精廬必立伽真相，牓曰：「大聖」，有所乞願，多遂人心。

〈僧伽傳〉描述僧伽對北周取泗州時故事，因僧伽寄夢州民勿輕易發動戰爭，促成泗州不戰而降，解除泗州州民的恐懼與損傷。據《舊五代史》〈世宗紀第二〉，顯德二年（955）十一月，議南征，周世宗下詔，諭淮南州縣善擇安危早圖去就，若投戈獻款自當保全，不犯秋毫。[40] 十一月下旬出兵，屢破江南各州軍，顯德三年（956）二月，南唐國主李景遣泗州牙將王佑朗齎書乞和，周世宗不答。三月，李景擬割壽、濠、泗、楚、光、海六州以乞和；周世宗復不允。[41] 此後雙方互有征戰，顯德四年（957）十二月乙卯，泗州守將范再遇以其城降。[42] 在五代十國的混亂征戰中，城被攻破動輒殺戮成千上萬人，財物損失更不可數計；僧伽生前即勸化百姓不殺生，何況民命！僧伽在此被塑造成和平的象徵，讓他受到更多信徒崇敬。

---

[40] 參閱《舊五代史》卷一百十五，〈世宗紀第二〉，顯德二年（955）十一月。民國六十年，台北成文出版社印行。

[41] 參閱《舊五代史》卷一百十六，〈世宗紀第三〉，顯德三年三月。

[42] 參閱《舊五代史》卷一百十七，〈世宗紀第四〉，顯德四年十二月。

顯德六年（959）五月，周世宗去世。顯德七年（960）正月，陳橋兵變，趙匡胤被擁為帝，建國號宋。僧伽託夢故事，對繼承北周政權，準備統一江南的宋朝皇帝而言，十分具有啟發性，進而運用僧侶為間，助取江南。

　　宋朝用北僧為間諜助平江南事例有二。一為宋太祖開寶初（968），華嚴宗的北僧小長老至江南，說南唐後主於牛頭山造寺千餘間，及宋師渡江即以其寺為營。《金陵新志》云：

> 開寶初，有北僧號小長老，自言慕化而至，多持珍寶恠物略貴要為助，朝夕入論天宮、地獄果報之說，後主□□謂之一佛出世，服飾皆鏤金絳羅。後主疑其非法。答曰：陛下不讀《華嚴經》，安知佛富貴。因說後主多造塔像以耗其帑庾；又請於牛頭山造寺千餘間，聚徒千餘人，日給盛饌。有食不能盡者，明旦再具，謂之折倒。蓋故造不詳語以搖人心。及師渡江，即其寺為營。[43]

　　第二例為北僧某，立石塔於采石磯，草衣蘿食，南唐李後主及國人施遺，僧皆拒不取；及宋師下池州，僧繫浮橋於石塔助宋軍渡江，始知其為間諜。《金陵新志》云：

> 有北僧，立石塔於采石磯，草衣蘿食，後主及國人施遺之，皆拒不取；王師下池州，繫浮橋於石塔，然後知其為間也。[44]

采石磯浮橋取江南之事，《宋史》〈曹彬傳〉謂：

> （太祖開寶）七年，將伐江南，九月，彬奉詔與李漢瓊、田欽祚先赴荊南發戰艦，……由荊南順流而東，破峽口砦，進克池州，連克當塗、蕪湖二縣，駐軍采石磯，作浮梁跨大江以濟師。

---

[43] 參見張鉉輯《金陵新志》卷十四，至正四年（1344）刊本，民國六十九年，台北大化書局影印本。
[43] 參見張鉉輯《金陵新志》卷十四，至正四年（1344）刊本，民國六十九年，台北大化書局影印本。
[44] 見張鉉輯《金陵新志》，卷十四。

十二月，大破其軍于白鷺洲。[45]

《金陵新志》卷十四，〈曹彬傳〉亦謂：

> 太祖伐江南，以彬將行營之師，彬分兵由荊南順流而東，破峽
> 口砦，進克池州，連克當塗蕪湖二縣，駐軍采石磯，作浮梁跨
> 大江以濟師，大破其軍于白鷺洲。[46]

此二例，一則利用信仰及珍寶打進政府核心階層直接影響決策；
一則運用僧侶潛入軍事要地，俟機接濟軍事活動，助宋軍平定江南。
上述二則故事之北僧雖未見其出身何處，但小長老確與華嚴宗有關，
似可反映華嚴宗僧侶參與政治的風氣歷數百年未變。

宋太祖雖致力統一全國，但終其世北漢、福建乃處割據中，宋太
宗即位後，即召曹彬詢問周世宗及宋太祖親征事；《宋史》雖未敘及
僧伽事，但由事後太宗向僧綱贊寧索閱〈僧伽實錄〉，並於太平興國
七年（982）出庫帑指派白承睿重建塔廟，並親題「普照王寺」額以
示隆寵，似僧伽派下僧侶居功不小。〈僧伽傳〉云：

> 今上（宋太宗）御宇也留心于此（僧伽事）。其年三月有尼遊
> 五臺山，遇因見伽於塔頂作嬰孩相，遂登剎柱捨身命供養。太
> 平興國七年敕高品白承睿重蓋其塔，務從高敞，加其累層。八
> 年，遺使別送舍利寶貨同葬下基。……近宣索僧伽實錄，上覽
> 已敕還。題其額曰：「普照王寺」矣。

宋太宗的褒獎，讓泗州大聖信仰再度達到巔峰，《泗洲大聖明覺
普照國師傳》附錄：南宋慶元間（寧宗 1195-1200）僧無餘採集僧伽
卒後靈異事蹟十八則，前十則皆為唐代事，一則為周世宗朝，其餘皆
為宋朝事，計有太宗太平興國一則、真宗大中祥符一則、徽宗崇寧一
則、宣和二則，高宗建炎二則（含南宋大夫李祥自敘兵亂其父遇難感

---

[45] 見《宋史》列傳卷第十七，曹彬傳。民國六十年，台北成文出版社印行。
[46] 見張鉉輯《金陵新志》，卷十四，曹彬傳。

大士靈應之異一則），而奉祀泗州大聖之寺、院、庵遍及皖、江、浙、閩各省。如江蘇鎮江於宋紹興年間即建有「普照寺」，元至順《鎮江志》載：

> 普照寺，在壽邱山顛，宋高祖故宅也。……先是，泗州有僧伽塔，紹興中寓建塔院于此，以奉僧伽像，名曰普照，寶慶丙戌始植殿宇，紹定辛卯然後門廡大備。總領岳珂為記。[47]

僧伽塔不僅在各處建立，且深受民間信賴，遇有疑難常往請示，如北宋時莆田興修木蘭陂水利設施，迭成迭壞，眾心狐疑，卒在僧伽塔下卜筊釋惑眾志始定。《閩書》卷二十四云：

> 雞足峰……唐為玉澗寺，華嚴院師行標者居之。……宋李長者宏，欲作木蘭陂，南陂成，累壞，是後眾心狐疑。宏詣僧伽塔下百擲筊杯，上下如一，眾心不惑，遂以成陂。[48]

以南宋《三山志》為例，書中所列奉祀僧伽（泗洲文佛）之寺院，府治有：仁惠里有泗州院（開寶七年建），長樂縣有：泗明院（大中六年建，奉僧伽像）、龜石泗洲院（太平興國九年建）、普照庵。福清縣有：臨江里（嘉祐二年建）、海壇里各一座泗州院，南匿里有泗洲庵、泗洲堂各一座。古田縣有：慕仁里泗洲院（皇祐元年建）、和平里僧伽院（元豐二年建）各一座。永福縣有：賀恩里泗洲院（天禧二年建）一座。羅源縣計有：臨濟里泗洲院（淳化三年建）、泗洲庵（紹聖三年建）各一座。懷安縣計有：恭順里（天成元年建）、稷下里泗洲院各一座。[49] 幾乎福州所轄各縣皆有之程度。

元朝朝廷亦信仰僧伽。普照寺於南宋建炎間金兵破泗州時被焚，元世祖至元十八年（1281）住持僧懷融詣上都謁世祖請建寶塔，許

---

[47] 見至順《鎮江志》卷九，僧寺，本府〈普照寺〉條。民國六十九年，台北大化書局印行。

[48] 見《閩書》卷二十四，方域志，興化府，山。一九九四年，福建人民出版社排印本。

[49] 參閱梁克家《三山志》卷第三十三至三十八，寺觀類，宋淳熙九年序刊本。民國六十九年，台北大化書局印行。

之。經七年，基址甫就而懷融卒。仁宗延祐元年（1314）中書省咨河南江北等處行中書省各路各修一座損壞舊寺、交修十九處有舍利的塔，并泗州塔。因僧伽為西域人，太后指示依西番白塔寺裡塔塔樣大小重建泗州塔，並賜名靈瑞。[50] 明朝，僧伽信仰仍甚普遍，如《八閩通志》所載明朝時泗洲僧伽寺院庵亦遍佈全閩，其信仰普及度之高於此可見。

〈普光王寺碑〉是唐代李邕奉敕撰寫僧伽的第一篇文獻，透過史料的比對，可以訂正贊寧《宋高僧傳》〈僧伽傳〉、蔣之奇《泗洲大聖明覺國師傳》的一些錯誤記載，如僧伽卒年、度化僧徒人數、顯神通化賀跋氏捨宅、以臨淮信義坊香積寺舊址為寺基等；另碑文所述普光王寺，殿宇累層、高聳，奉祀普照王；有講堂、浴室、厨房，精緻非凡，與當時印傳佛教風格截然不同；捐款者多為胡商越賈，也是贊寧、蔣之奇所未曾提及者。

以〈普光王寺碑〉為核心整理出出僧伽信仰的基本面貌如下：僧伽為昭武九姓族的何國人，年輕時在今吉爾吉斯共和國出家，長而誓志弘教，於唐高宗龍朔初年（661）來華，時年三十一歲。依當時外國僧人來華慣例，以國名為姓故姓何，其名不詳。僧伽來華，先至西涼，再入長安、洛陽，手執楊枝、淨瓶混於佛教僧侶群中傳教。後以神通為駙馬都尉武修暨治痼疾病，進而於萬歲通天元年（696）獲武則天特准留華傳教。僧伽循大運河東走，初隸名楚州山陽龍興寺，但未受歡迎，再循大運河南下至晉陵國祥寺，亦未久留，最後選定泗州臨淮，建立普光王寺為傳教據點。建寺工程在地方官員護持，胡商越賈捐鉅貲協助之下，為一巨型寺院，有高閣庭園，講堂、浴室、香積厨，所奉普照王成各方瞻仰之象徵。寺成後，唐中宗遣人迎僧伽入宮中，為卜休咎若合符節，中宗因而受洗，奉為國師，並親題榜「普光王寺」，為度門人惠儼等七僧，僧伽卒後歸葬臨淮普光王寺。

僧伽雖奉普照王佛，但隨身奉祀十二（亦作十一面）面觀音，卒後中宗問神僧萬迴，僧伽為何人？萬迴謂：為觀音化身。後人遂以僧伽為白衣大士開山。首徒惠儼曾參與武則天朝于闐本《華嚴經》翻譯

---

[50] 參見《泗洲大聖明覺普照國師傳》附錄：〈大元建塔緣起并諸聖旨文移〉、趙孟頫〈大元敕建泗州普照禪寺靈瑞塔碑〉。

文字之審議。華嚴三祖法藏於武則天神功元年（697）契丹入寇時，於宮中建十一面觀音道場助破契丹。唐德宗貞元年間（785-804）普光王寺遭水火之災，華嚴宗四祖澄觀為負責重修。另唐宣宗大中六年（852）福建莆田建立華嚴寺，亦建塔奉祀僧伽，僧伽與華嚴信仰的契合如此。另門徒木叉與惠岸則至五臺山創祕密寺，《西遊記》以木叉為東海龍王次子，惠岸則為觀音收木叉為徒弟後所取法號，雖誤將二人當成一人，但從《西遊記》把木叉與惠岸描述為觀音徒弟的寫法，也可反映僧伽在明代已經完全被觀音化了。其餘諸徒，事蹟不詳。

　　僧伽信仰的另一高峰為五代末至北宋前期，在北周與宋太祖、太宗擬平定淮南、江南的戰役中，僧伽信仰系統中的僧侶曾參與前置間諜活動，並獲致成果，故為宋太宗敬信，且為題匾，使其信仰遍佈宋朝轄境，明朝時其寺院仍普遍見於民間，或被尊為泗洲文佛。

八、僧伽信仰宗教淵源的再檢討

　　透過上述研究，可以發現僧伽信仰遍佈淮水以南沿海各省，是佛教很重要的一個流派。但欲研究僧伽信仰時，卻發現史料不多，史料品質也不佳，似乎主管中國佛教事務的歷代大德僧或僧綱，僧伽門下系統所屬寺院及僧侶並不認同。歷朝所修高僧傳中幾乎找不到僧伽門徒下落，甚至讓人懷疑若非宋太宗的重視並向僧綱贊寧索閱僧伽實錄，〈僧伽傳〉也不見得會被收錄於《宋高僧傳》中。因為主事者不重視，故〈僧伽傳〉內容訛誤，而招致李祥「不閑文法筆力卑冗」之譏。

　　其次，僧伽信仰中寺院的莊嚴華麗，喜參與政治活動，與華嚴宗有種種契合。華嚴始祖杜順，其事蹟與僧伽類同，均屬神通人物。唐末莆田華嚴寺也奉祀僧伽，華嚴宗似與僧伽信仰有關，但《華嚴經傳記》中卻隻字未及僧伽，故僧伽似華嚴又非華嚴。種種現象，讓人不禁懷疑僧伽信仰是否與印傳佛教無關，而係中亞宗教，藉佛教之名傳入中國者。

　　南北朝至唐初由中亞傳入中國之宗教有大秦（景）、火祆與摩尼，其傳教人員，古史通稱為僧、尼，寺院合稱三夷寺。外人光從「僧」、「尼」，「寺」等名稱上看很容易產生混淆。大秦距中國最遠，但景

教在唐初即傳入中國。唐德宗建中二年（781）〈景教流行中國碑〉，記載景教在唐土流傳概況，略謂：奉祀三一妙身無玄真主阿羅訶，唐太宗貞觀九年（635）大秦國上德阿羅本攜經、像入長安，房玄齡迎入內翻經書殿問道，十二年（638）於長安義寧坊造大秦寺，度僧二十一人。高宗朝於各州置景寺，仍以阿羅本為鎮國大法主，法流十道，寺滿百城。玄宗天寶三年（744）詔僧佶和觀星象，又詔僧羅含、普論等十七人與佶和於興慶宮修功德，玄宗並為題寺額。肅宗朝於靈武等五郡重立景寺，而郭子儀則每年集景教四寺僧徒虔事精供云云。[51]
景教僧侶雖亦服白衣，然其教所奉非普照王，傳入年代在太宗朝，盛於高宗、玄宗二朝，在華發展脈絡清楚，相關僧侶法號皆與僧伽師徒無關，而中亞地區也無景教流傳的記載，故僧伽似非源自景教系統。

其次為波斯國火祆教，西元五世紀間為波斯國的主要信仰，其使用文字與西域諸胡不同。《魏書》〈波斯國〉云：

> 波斯國，都宿利城……俗事火神、天（祆）神，文字與胡書異。[52]

五世紀時，祆教已傳至中亞諸國，各國事火祆者皆受法於波斯。《舊唐書》〈波斯國〉云：

> 波斯國，在京師西一萬五千三百里，東與吐火羅、康國接……俗事天地日月水火諸神，西域諸胡事火祆者，皆詣波斯受法焉，其事神以麝香和蘇塗鬚點額，及於耳鼻用以為敬，拜必交股。[53]

與波斯相接的康國也信祆教，但至五世紀中葉，康國等昭武九姓也同時信奉佛教。《魏書》〈康國〉云：

---

[51] 參見〈景教流行中國碑〉，景教僧景淨口述，朝議郎呂秀巖書，知東方景眾法主僧寧恕所立。碑現存西安碑林，文據王昶《金石萃編》卷一百二。1985 年北京中華書店印行。
[52] 見《魏書》列傳第九十，西域〈波斯國〉。另《北史》波斯國記載相同。
[53] 見《舊唐書》列傳第一百四十八，西戎〈波斯國〉。

康國左右諸國並以昭武為姓，示不忘本也。……西域諸國多歸之。米國、史國、曹國、何國、安國、小安國、那色波國、烏那曷國、穆國皆歸附之。有胡律，置於祆祠。……奉佛，為胡書……太延（435-440，北魏太武帝）中始遣使貢方物，後遂絕焉。[54]

《魏書》記載康國等國有祆祠，又奉佛，亦即其信仰來自其西邊波斯國的祆教與南邊天竺的佛教；但其國使用文字為胡書而非波斯文或梵文，亦即佛書是以當地語文形式存在。

另《北史》也記載同時期高昌國、焉耆國有同樣信仰狀況，〈高昌〉條云：「俗事天神（即祆神）兼信佛法。」[55] 即當時從中亞至新疆地區有些國家同時兼信祆教與佛教。佛教在東漢時已傳入中國，祆教在五世紀也已傳入中國北方。

祆教傳入中國後並未有較完整文獻留下，宋敏求《長安志》提及祆祠者有三，一在靖恭坊，謂：「街南之西，祆祠。」清朝阮沅重刊時於其下添註云：「沅按，《北魏書》作天祠，同，古無祆字。」第二所在布政坊，謂：「西南隅胡祆祠。」其下註云：

> 武德四年立，西域胡祆神也，祠內有薩寶府官主祠，祓神亦以胡祝充其職。沅按，胡祆神始末見《北魏書》，靈太后時立此寺。

第三所在醴泉坊，謂：「西門之南祆祠。」可見祆祠在北魏及唐高祖時均曾為其立寺，在唐朝且有專官主其事，神職人員亦由胡人充任。按《北魏書》〈宣武靈皇后胡氏傳〉謂：

> 幸嵩高山，夫人九嬪已下從者數百人，昇于頂中，廢諸淫祀，而胡天神不在其列。[56]

---

[54] 見《魏書》列傳第九十，西域〈康國〉。
[55] 見《北史》卷九十七，列傳八十五，西域，〈高昌〉、〈焉耆國〉。民國六十年，台北成文出版社印行。
[56] 參見《魏書》列傳卷一，后妃傳，宣武靈皇后胡氏傳。

可知北魏時祆教已被承認為合法宗教流傳，唐高祖亦許其存在，雖其寺為數不多，但其教徒應不致於需要另立名目開創新教。

第三為摩尼教，創教者為波斯人摩尼（Mani，216-274），波斯為拜火教（祆教）發源地，摩尼幼時曾隨其父跋帝（Patek）參加基督教厄勒克塞派活動，二十四歲創立摩尼教，其基本教義係揉合拜火教與基督教而成，最初在波斯北部傳教，後由海道進入印度半島杜蘭（Turan）國，吸收當地佛教理論，後波斯國王許其在國內自由傳教，卒後其徒成立教團，分向中亞、歐洲傳播，而其傳至中亞的一支，因中亞諸國已兼信祆教與佛教，更增加其教義中的佛教成分。

六世紀前後，摩尼教由中亞的昭武九姓粟特人傳到新疆。隋末唐初，信仰摩尼教的粟特商人相繼來新疆經商，在阿勒泰、吐魯番和羅布泊等地定居。唐貞觀年間（627-650），康國大首領康豔典（摩尼教徒）來到隋末廢棄的蒲昌海（羅布泊）石城鎮重築新城，逐漸在石城鎮周圍新建三座城鎮，在羅布泊地區形成了以石城鎮為中心的粟特摩尼教徒聚居區。[57] 易言之，僧伽來華之前昭武九姓已改宗摩尼教，故僧伽的宗教背景也可能為摩尼教。

對中國統治者而言，摩尼教是陌生的宗教，但其教義中又有祆教因子，故常不能正確的與祆教區分。南宋僧志磐撰《佛祖統紀》武周延載元年條謂：

> 波斯國人拂多誕（西海大秦國人）持二宗經偽教來朝。述曰：太宗時，波斯穆護進火祆教，敕建大秦寺。武后時，波斯拂多誕進二宗經，厥後大歷間荊、揚、洪、越等州各建摩尼寺。此魔教邪法，愚民易於漸染，由屢朝君臣當世名德不能簡邪正以別同異故。其法行於世，而弗禁虛，是蓋西土九十五外道之類歟。[58]

並將摩尼教與祆教混為一，歸類「事魔邪黨」，云：

[57] 見新疆天山網，新疆民族與宗教〈摩尼教〉，2003年6月。
[58] 見《佛祖統紀》卷三十九，法運通塞志第十七之六。大正新脩《大藏經》。民國八十三年，台北，新文豐出版公司印行。

末尼火祆者。初波斯國有蘇魯支，行火祆教，弟子來化中國。唐正觀五年（631），其徒穆護何祿詣闕進祆教，敕京師建大秦寺。武后延載元年（694），波斯國拂多誕持二宗經偽教來朝。玄宗開元二十年（732）敕：末尼本是邪見，妄稱佛教，既為西胡師法，其徒自行，不須科罰。天寶四年（745）敕：兩京諸郡有波斯寺者，並改名大秦。大歷三年（768）敕：回紇及荊揚等州，奉末尼各建大雲光明寺。六年（771），回紇請荊、揚、洪、越等州置摩邪寺。其徒白衣白冠。會昌三年（843）敕：天下末尼寺並廢，京城女末尼七十二人皆死；在回紇者流之諸道。五年（845）敕：大秦穆護火祆等二千人，並勒還俗。……今摩尼尚扇於三山。[59]

「唐正觀五年（631），其徒穆護何祿詣闕進祆教，敕京師建大秦寺。」的說法，與前述〈景教流行中國碑〉及《長安志》景教、祆教傳入及建寺年代皆不符，而敘述武則天以後較正確可信。因摩尼教於宋代尚盛傳於福建，故《閩書》也有關於摩尼教的記載，謂：

摩尼佛，名末摩尼光佛，蘇鄰國人，又一佛也，號具智大明使。……晉武帝太始丙戌（元年，267）滅度於波斯，以其法家屬上首慕闍。慕闍當唐高宗朝行教中國。至武則天時，慕闍高弟密烏沒斯拂多誕復入見。群僧妒譖，互相擊難；則天悅其說，留使課經。開元中，作大雲光明寺奉之。[60]

蘇鄰國即《大唐西域記》卷十一「波剌斯國」（波斯）都城蘇剌薩儻那（suristan），亦稱蘇蘭或宿利，所述摩尼死亡年份及教中神職稱呼也與《摩尼教殘經》吻合，其所據史料可信度高於《佛祖統紀》。所述「慕闍當唐高宗朝行教中國。」與僧伽入華年代符合，「武則天時，慕闍高弟密烏沒斯拂多誕復入見。群僧妒譖，互相擊難；則

---

[59] 見《佛祖統紀》卷五十五，事魔邪黨。大正新脩《大藏經》。民國八十三年，台北，新文豐出版公司印行。

[60] 見《閩書》卷七，方域志，泉州府，晉江縣一，華表山。

天悅其說，留使課經。」亦與僧伽首徒惠儼於武則天朝出入宮禁誦經相符；摩尼光佛號具智大明使，與普照王性質亦相同，可視為翻譯時之不同用語；教徒白衣，與僧伽為白衣大士開山亦復一致。最有趣者殆為所述「群僧妒譖，互相擊難；則天悅其說，留使課經。」一事，亦發生於華嚴三祖法藏身上。《佛祖歷代通載》周神聖皇帝，辛丑年（701）條云：

> 是歲，詔賢首法師法藏於東都佛授記寺講新《華嚴經》，至華藏世界，感大地震動，逾時乃息。即日召對長生殿，問帝網十重玄門、海印三昧、參合六相、總別同異、成壞之義。藏敷宣有緒，玄旨通貫。則天驟聞，茫然驚異，伸請再三。藏就指殿隅金師子為曉譬之，至所謂一毛頭師子，百億毛頭師子，則天豁然領解。由是集其語，目為《金師子章》。初雲華寺儼尊者傳杜順華嚴宗旨，藏執侍儼，盡傳其教。及儼去世，藏以巾幘說法。於是京城耆德連名抗表，乞度為僧。凡藏落髮、受具，皆則天特旨。[61]

根據上述，法藏被召入宮時仍以巾幘說法，即當時法藏根本未具有佛教僧侶的形式條件，且其師承應也非佛教僧侶，故京城佛教高僧連名抗表，請武則天度法藏為僧；而武則天在佛教界領袖集體壓力下，特旨令法藏剃髮、受具足戒，成為正式僧人。法藏之例，與《閩書》所述摩尼教在武則天朝遭遇的暗合，其意含頗值玩味。

另武則天朝惠儼、法藏參與新譯的《大方廣佛華嚴經》內容與摩尼教現存文獻也有諸多契合者，如《華嚴經》主神為盧舍那佛，《摩尼教下部贊》有「贊盧舍那訖末後結願用之」文，〈莫日與諸聽者懺悔願文〉亦提及「盧舍那」，〈十戒三印法門〉有「眾聖歌揚入盧舍那境界」，〈儞逾沙懺悔文〉有「或損盧舍那身兼五明口」諸語。[62]

---

[61] 見《佛祖歷代通載》卷十二，周神聖皇帝，辛丑年，改大足，又改長安條。《文淵閣四庫全書》子部，釋家類。大正新脩《大藏經》。民國八十三年，台北，新文豐出版公司印行。

[62] 見《摩尼教下部贊》。大正新脩《大藏經》。民國八十五年，台北，新文豐出版公司印行。

《華嚴經》文也大量使用摩尼、盧遮那佛、前際後際、魔界、地獄等與摩尼教相關詞語，如卷一有：清淨摩尼、摩尼寶王、摩尼寶、摩尼光雲、觀世音自在天王、光音天王；卷二有：普照天王；卷三有：淨光普照主空神；卷五有：毗盧遮那佛、摩尼如意王、摩尼光焰、摩尼王雲；卷三十二清淨白法、普照佛；卷三十四有：摩尼寶藏殿；卷四十二有：前際、中際、後際；卷四十三有：于魔界中拔出眾生；卷四十六有：諸佛悉能摧滅一切諸魔、魔王等眾其數無邊、鐵圍山；卷五十五有：修一切白淨法、住一切白淨法；卷七十二有：普照法界智慧山寂靜威德王等。[63]

僧伽奉祀觀音，《摩尼教下部讚》〈莫日與諸聽者懺悔願文〉亦提及、「觀音勢至」，《華嚴經》卷六十七也有：觀自在菩薩以補怛洛迦山講道之記載。據《摩尼光佛教法儀略一卷》摩尼教主神：

> 夷瑟德烏盧詵者，譯云光明使者，又號具智法王，亦謂摩尼光佛，即我光明大慧無上醫王應化法身之異號也。

其形象：

> 頂圓十二光王勝相，體備大明無量秘義，妙形特絕，人天無比，串以素帔，做四淨法身，其居白座，像五金剛地，二界合離，初後旨趣，宛在真容。[64]

即其教有十二光王，又稱「十二常住寶光王」，據《摩尼教下部讚》謂：

> 一者明尊，二者智惠，三者常勝，四者歡喜，五者勤修，六者真實，七者信心，八者忍辱，九者直意，十者功德，十一者齊

---

[63] 參見實叉難陀奉詔譯《大方廣佛華嚴經》卷六十七。大正新脩《大藏經》。民國八十二年，台北，新文豐出版公司印行。

[64] 見《摩尼光佛教法儀略一卷》，〈託化國土名號宗教第一〉；〈形相儀第二〉。大正新脩《大藏經》。民國八十五年，台北，新文豐出版公司印行。

心和合，十二者內外具明。

又釋云：

> 一者無上光明王，二者智惠善母佛，三者常勝先意佛，四者歡
> 喜五明佛，五者勤修樂明佛，六者真實造相佛，七者信心淨風
> 佛，八者忍辱日光佛，九者直意盧舍（舟巳），十者知恩夷數
> 佛，十一者齊心電光佛，十二者惠明莊嚴佛。[65]

十二光王各有其名，而第一位明尊或無上光明王也就是摩尼光
佛，所以十二光王扣除無上光明王後，只剩十一光王，所以十二面觀
音（光王）與十一面觀音，在摩尼教中是相通的。

總之，僧伽信仰與華嚴宗、摩尼教在文獻上暗合之處不少，這種
現象或可解釋為華嚴宗、摩尼教在中亞停留時曾經互相交會影響，而
僧伽及其華開創的普照王、白大士信仰與摩尼教的關係更為密切。

---

[65] 見《摩尼教下部贊》〈一者明尊〉。大正新脩《大藏經》。民國八十三年，台北，
新文豐出版公司印行。

第九章：白塘李氏與媽祖信仰的奠立

　　媽祖林默是個什麼樣的人？媽祖信仰的本質是什麼？這是長久以來一直困擾媽祖信仰研究的一個大問題。媽祖信仰遍海內外，其生前如無大功德何能致此？然史傳如《天妃顯聖錄》記載的媽祖事蹟都語涉玄渺，難怪智者如劉基，都懷疑是否真有其人。近十餘年來，海峽兩岸對立氣氛逐漸化解，學術、宗教互相交流，媽祖研究也得以更深入進行。筆者近年曾數度往莆、仙地區進行田野調查，蒐集史料進行研讀，發現白塘李氏與媽祖信仰之奠立有很密切關係。

　　本文分從：一、前言；二、莆田白塘李氏與媽祖信仰；三、李富建聖墩廟；四、李振請賜順濟廟額；五、李富為媽祖正序位；六、李清淑再建聖墩廟；七、結語等七個單元加以探索。本文從相關資料發現林默娘生前修習法術造福信眾，卒後為奉祀於湄洲嶼。白塘李氏家族的李富，於元祐元年在莆田聖墩廟群建立首座單獨奉祀媽祖的廟宇。北宋覆亡，女真南侵，李富募義軍參與抗金軍事，多次戰勝，李富將功勞歸於媽祖庇佑，並在紹興酒二十年整建聖墩廟群，提升媽祖為主祀神，是媽祖信仰奠基的關鍵人物。李富堂弟李振，則因參與宋徽宗朝政府派赴高麗使節船工作，於返國後為媽祖請得朝廷賜廟額「順濟」，讓媽祖信仰取得合乎政府祀典的地位，可以合法在民間傳播，對媽祖信仰的發展有莫大貢獻。至元朝，李氏家人李清淑又重建聖墩祖廟，李氏家族對媽祖信仰的奠立有莫大貢獻。

一、前言

　　媽祖信仰因流傳久遠，有許多異稱，較具代表性的有天妃、天后、天上聖母等。記載媽祖事蹟與神話的書籍甚多，中以明朝末年僧照刊印的《天妃顯聖錄》流通較廣，後世也多沿用其說法。《天妃顯聖錄》「誕降本傳」記載的天妃媽祖，為莆田林氏女，名默，生於宋太祖建

隆元年（960）三月二十三日。本傳記媽祖事蹟云：

　　天妃，莆林氏女也。始祖唐林披公，生子九，俱賢。當憲宗時，九人各授州刺史，號九牧。林氏曾祖保吉公，乃邵州刺史蘊公六世孫州牧圍公子也，五代周顯德中為統軍兵馬使。時劉崇自立為北漢，周世宗命都點檢趙匡胤戰於高平山，保吉與有功焉。棄官而歸，隱於莆之湄洲嶼。子孚承襲世勳，為福建總管。孚子惟愨諱愿，為都巡官，即妃父也。娶王氏，生男一，名洪毅，女六，妃其第六乳也。二人陰行善，樂施濟，敬祀觀音大士。父年四旬餘，每念一子單弱，朝夕焚香祝天，願得哲胤為宗支慶。歲己未（周世宗顯德六年，959）夏六月望日，齋戒慶讚大士，當空禱拜曰：「某夫婦兢兢自持，修德好施，非敢有妄求，惟冀上天鑒茲至誠，早錫佳兒，以光宗祧！」是夜王氏夢大士告之曰：「爾家世敦善行，上帝式佑」。乃出丸藥示之云：「服此當得慈濟之貺」。既寤，歆歆然如有所感，遂娠。二人私喜曰：「天必錫我賢嗣矣！」越次年，宋太祖建隆元年庚申（960）三月二十三日，方夕，見一道紅光從西北射室中，晶輝奪目，異香氤氳不散。俄而王氏腹震，即誕妃於寢室。里鄰咸以為異。父母大失所望，然因其生奇，甚愛之。自始生至彌月，不聞啼聲，因命名曰「默」。

　　幼而聰穎，不類諸女。甫八歲，從塾師訓讀，悉解文義。十餘歲，喜淨几焚香，誦經禮佛，旦暮未嘗少懈。婉孌季女，儼然窈窕儀型。十三歲時，有老道士玄通者往來其家，妃樂捨之。道士曰：「若具佛性，應得渡人正果」，乃授妃玄微秘法，妃受之，悉悟諸要典。十六歲窺井得符，遂靈通變化，驅邪救世，屢顯神異。常駕雲飛渡大海，眾號「通賢靈女」。越十三載，道成，白日飛昇，時宋雍熙四年（太宗987）秋九月九日也。[1]

---

[1] 見僧照乘輯《天妃顯聖錄》〈天妃誕降本傳〉。

《天妃顯聖錄》給了媽祖最好的官宦家世，有最好的出生年分（宋朝建國之年），有完整的儒釋道三教教育背景，有通靈救世的本領，在年輕的二十八歲時白日升天，不入生死輪迴，是很完美的人生寫照。照乘是湄洲天妃宮的住持僧，湄洲為媽祖故鄉，《天妃顯聖錄》的資料是歷代傳下資料彙編，也非空穴來風。

　　《天妃顯聖錄》之外，宋、元以降與媽祖有關的古文獻在近代也被大量運用，這些文獻多出於莆田籍的官員、學者的第一手史料，其可信度不在《天妃顯聖錄》之下。這些記載透露許多可補充《天妃顯聖錄》的訊息，如南宋黃公度（紹興八年 1138 狀元）「題順濟廟」詩的「平生不厭混巫媼」，直指媽祖生前為巫媼。丁伯桂（嘉定十年 1217 進士）「順濟聖妃廟記」所云「少能言人禍福，歿，廟祀之。……莆寧海有堆，元祐丙寅（1086）……於是有祠曰聖堆。」[2] 指出媽祖自少即從事巫媼活動，且與常人一樣，不脫六道輪迴的死亡，而第一座以媽祖為主祀神的祠廟為「聖堆」。為何說媽祖是巫媼呢？如果只是一個普通巫媼，為何鄉人會崇拜她呢？

　　李丑父（端平二年 1235 進士）「靈惠妃廟記」[3] 的「西則奉龍王，而威靈嘉祐朱侯兄弟綴位焉，二朱亦鄉人，生而能神，揚靈宣威，血食於妃宮最舊。」指出威靈嘉祐朱侯兄弟是媽祖同鄉，生前為媽祖揚靈宣威的人，媽祖信仰背後是否有一些人或組織在推動呢？

　　黃仲元（宋末進士，太學博士）「聖墩祖廟新建蕃釐殿記」謂「他所謂神者，以死生禍福驚動人，唯妃生人、福人，未嘗以死與禍恐人，故人人事妃，愛敬如母。中心向之，然後於廟享之。」信徒敬愛媽祖是因她不會像其他人「以死生禍福驚動人」，反而「生人、福人，未嘗以死與禍恐人」；媽祖的元始面目因史料欠缺一時無法廓清，但媽祖信仰的發展與莆田白塘李氏有絕對關係，其中最重要的關係人有三，1. 李富：宋朝元祐元年（1086）興建聖墩祖廟，紹興二十年（1150）為媽祖正序位，將媽祖由陪祀神改為主祀神。2. 李振：宣和四年（1122）請冊封高麗使節路允迪奏請朝廷賜媽祖「順濟」廟額，媽祖信仰由民間私祀升格為公開信仰。3. 李清淑：元朝大德三至七年

---

[2]　見潛日友《咸淳臨安志》卷 73，丁伯桂〈順濟聖妃廟記〉。
[3]　見《至順鎮江志》（未著撰者姓名）卷 8，神廟，丹徒縣〈天妃廟〉。

（1299-1303）重建聖墩蕃釐殿。沒有李氏家族的奉獻就沒有今天的媽祖信仰。

二、制幹李公建聖墩祖廟

「制幹李公」建聖墩媽祖廟是莆田地區代代相承的傳說。《天妃顯聖錄》列有五十四則自宋至清有關媽祖靈應的事蹟。「枯查顯聖」就是記載媽祖顯靈，制幹李公建廟的一則記載，文云：

> 宋哲宗元祐元年丙寅（1086），莆海東有高墩，去湄百里許，常有光氣夜現。漁者疑為異寶，伺而視之，乃水漂一枯查發焰，漁人拾置諸家。次晨視之，查已自還故處。再試復然。當夕托夢於寧海墩鄉人曰：「我湄洲神女，其枯查實所憑也，宜祀我，當錫爾福。」父老異之，告於制幹李公。公曰：「此神所棲也，吾聞湄有神姑，顯跡久矣。今靈光發見昭格，必為吾鄉一方福，叨神之庇，其在斯乎。」遂募眾營基建廟，塑像崇祀，號曰「聖墩」。禱應如響。

制幹李公究竟是誰？清乾隆版《莆田縣志》人物志，李富傳云：

> 字子誠，唐游擊將軍尚靈裔，由南安遷莆洋尾。富好施，嘗於郡境內造橋梁凡三十有四所，出南郭五里許建亭以憩行者凡二所，又助郡庠之役，築瀕海之堤，前後捐金累鉅萬以祈母壽。母享年九十八，人以為施予之應。建炎初，粘罕犯順，富率義兵隸韓世忠麾下，授承信郎，宣使張淵聞富材略，辟充殿前統制司幹官，弗就，辭歸。至今莆稱樂善之士必曰李制幹云。子三人，廷輝保義郎，廷耀承務郎，廷燐將仕郎。[4]

由上述記載可知「制幹李公」應是指李富。李富先世為唐朝宗室，

---

[4]　見宮兆麟《莆田縣志》卷四建置志，寺觀，〈顯濟廟〉。

家境富裕且好施捨，曾率義兵抗金，被辟充「殿前統制司幹官」不就，故莆田人尊稱為「制幹」。

據《白塘李氏宗譜》（鈔印本）記載，李富為李氏遷居莆田白塘的第五代，譜中附錄奉議郎權通判賀州軍事王進之（李富門人）撰「殿前統制司幹辦李公墓誌銘」，文云：

> 公諱富，字子誠，唐屬籍，游擊將軍尚靈之裔，制敕猶存。避武氏難，徙家泉州南安，又徙游洋莆，因家焉。曾祖袒慧，祖明，父思泮，俱晦名，母黃氏，封太安人。早喪父，事母篤孝，祈以壽考，至捐金錢累巨萬不靳，輦石興梁三十四所，八十二間，出自南郭十五里建亭以憩往來者，二郡庠之行，瀕海之堤，暨險巇沮洳者率砌囊山。光孝滿月，重興諸名剎藍輪藏鐘樓竺書金湘，又分能散之餘也。太安人享壽九十有八，皆謂公樂施之報。
>
> 建炎初，黏罕犯順，公率義旅隸世忠麾下，累功授承信郎，太安人以公受命，遂拜重封。承宣使張淵聞公材略，辟充殿前統制司幹辦，弗就。辭歸終養，晨昏惟謹，太安人之喪時，公六十有八，哀毀號慕，霜露風雨輒涕下如嬰兒狀。督子孫，惟力學，不誘以他務。凡族子無以業其家，賙之。孫女為之擇配者厚其齎送，嗜義遠利實出所性，閭里以公力豐殖者百餘家，至談及公者，無不感激。
>
> 紹興三十二年二月十二日終于正寢，享年七十有八。（中略）公體貌魁偉，識量逾人。不事華飾，不喜遊燕，起居有常處，危坐終日，未嘗偏倚，至暮年如壯時，鄉人咸愛敬之。……明年有自淮甸來者，公疾革，瞠目問邊事，發憂國數語而瞑，不及家務。[5]

綜合上述資料，可知李富先世為唐朝宗室，避武則天之禍遷居福建，為地方望族。李富好施予，曾捐貲修海堤、道路、校舍、名剎及

---

[5] 見《白塘李氏宗譜》忠部。

三十四座橋樑、二座涼亭；又好助人，助閭里豐殖者百餘家。最可貴者，李富愛鄉也愛國，曾募義兵三千名隸韓世忠麾下參與抗金軍事，有功但不受祿，至死尚以國事為念。

　　李富為媽祖信仰成立的關鍵人物殆無疑問，但從墓志銘所載生卒年月看，聖墩祖廟是否為李富親建卻有年代不符的問題。李富生於1085年，聖墩祖廟建於（1086），李富年僅二歲，尚無法自立，也不可能有大量金錢來建廟。

　　據「殿前統制司幹辦李公墓誌銘」謂李富「曾祖衵慧，祖明，父思泮，俱晦名，母黃氏，封太安人。早喪父」，李富的父祖三代都非著名人物，《白塘李氏宗譜》也是從李富以後才有較詳細記載。1086年父李思泮或許尚在。但據《白塘李氏宗譜》〈宋封贈〉，謂：「泮，以子富貴，贈信郎，殿前制幹」。即李泮是在李富被封為後始被追贈；易言之，《天妃顯聖錄》所說的「制幹李公」所指是李富而非其父李泮。依閩省習俗，富戶於捐款建廟時，通常會以男子為捐款者，為祈求神明保佑，也常將子嗣同列為捐款者，如湄洲天后宮於清光緒年間重建，發起重建者林竹庭即在正殿主梁將其子林建華同列為捐獻人。但卻未以李思泮之名為創建者，，。家人是家中長輩以其名義捐獻以祈神降福，而主其事者可能即其母黃氏。如莆田「報恩光孝寺」即為黃氏因生李富而捐地建寺。《莆田縣志》卷四建置志載其事云：「元豐八年，封太安人黃氏感異夢生李制幹公，遂捨梅峰地百餘畝為佛剎。……祀白衣大士。[6]」。

◎ 李振奏請賜廟額

　　宣和四年（1122）李振奏請朝廷賜媽祖「順濟」廟額，媽祖信仰由民間私祀轉化為公開信仰，其功勞不在李富之下。宋朝賜「順濟」廟額事見於黃四如「聖墩祖廟新建蕃釐殿記」，謂「賜順濟始於何時？妃護給事中路公允迪使高麗舟，以李公振請於朝也。」李振名望似不如李富高，《莆田縣志》並無其傳記，僅《白塘李氏宗譜》載李振為富之堂弟，隨路允迪使高麗歸，授承信郎，年三十九卒。宗譜「宋徵

---

[6]　見《莆田縣志》卷四建置，「報恩光孝寺」。

辟敕授」項下有李振的記載，云：「振，允迪使奉使冊高麗，授承信郎。」《白塘李氏宗譜》廖鵬飛撰「聖墩祖廟重建順濟廟記」則謂：「越明年癸卯，給事中路公允迪使高麗，道東海，值風浪震蕩，舳艫相銜者八而覆溺者七，獨公所乘舟有女神登檣竿為旋無（舞）狀，俄獲安濟，因詰于眾，時同事者保義郎李振素崇奉聖墩之神，具道其詳。還奏諸朝，詔以（順濟）為廟額。」

路允迪奉使高麗事也見於丁伯桂「順濟聖妃廟記」，記云：「宣和壬寅（四年），給事路公允迪載書使高麗，中流震風，八舟沈溺，獨公所乘，神降於檣，獲安濟。明年，奏於朝，錫廟額曰順濟。」路允迪奉使高麗詳細過程，見於其副使「國信所提轄人船禮物官」徐兢所撰《宣和奉使高麗圖經》。詳查書中各章，出使各舟於行程中，雖迭遭風險，最嚴重者還有桅斷柁折之事，經舟人禱請神佑，各舟終皆安然返國，並無沈溺之事。

《宣和奉使高麗圖經》提及舟人信仰及神祇顯靈者共有四次。第一次為使船出發前於定海縣宣祝之顯靈助順廣德王，所祀係指東海之神；其次為梅岑山（補陀落伽山或普陀山）寶陀院靈感觀音。宣和以前奉使高麗使者必禱於此。第三次為使節船在黃水洋遭風，第二舟（徐兢即搭此舟）三柁併折時，應舟人禱祈而現之祥光。第四次為福州演嶼神。第一、第二兩次所提之神，皆有明確對象，非媽祖。第四次所提福州演嶼神亦未言係何神。淳熙三山志卷八，昭利廟條云：「昭利廟，東瀆越王山之麓。故唐觀察使陳巖之長子。乾符中，黃巢陷閩。公□唐衰微，憤己力弱，莫能興復。慨然謂人曰：「吾生不鼎食以濟朝廷之急，死當廟食以慰生人之望」。既歿，果獲祀連江演嶼。本朝宣和三年始降于州，民遂置祠今所。五年，路允迪使三韓，涉海遇風，禱而獲濟。歸，以聞。詔賜廟額昭利」。是演嶼神為陳巖長子，亦非媽祖。則丁伯桂所記媽祖降於檣之事，即徐兢書中所提第二舟三柁併折，應舟人禱祈而現祥光之事。

《宣和奉使高麗圖經》並未提及李振，據《宋史》卷168，職官8，承信郎為從九品官，顯見李振地位不高，無權上奏朝廷，《白塘李氏宗譜》謂「振，允迪使奉使冊高麗，授承信郎。」應是指李振因參加路允迪冊高麗有功而受敕封，而奏請宋徽宗賜媽祖順濟廟額的應是路

允迪，李振只是扮演敦請徐兢上奏的角色。李振適時奏請宋朝政府賜媽祖順濟廟額，讓媽祖信仰取得政府認可，從此得以公開流傳。

李振既非奉使高麗官員，為何會同往高麗？在路允迪冊高麗事件中究竟扮演何種角色？《宣和奉使高麗圖經》卷三十四云：「舊例，每因朝廷遣使，先期委福建、兩浙監司顧募客舟，復令明州裝飾，略如神舟，具體而微」。說明北宋每次出使高麗使節團之客舟是由福建、兩浙僱募而來，李振家族居住的白塘、洋尾瀕臨海邊，居民擅長航海捕魚，李家為當地望族，李振或許是應朝廷招募客舟的業主亦未可知。

◇ 李富建聖墩祖廟蕃釐殿

「聖墩祖廟新建蕃釐殿記」謂「建於何年？自制幹李公富奉妃像正序位始。」，「奉妃像正序位」究竟何意？《白塘李氏宗譜》有一篇廖鵬飛撰「聖墩祖廟重建順濟廟記」記載相關記述，謂：

> 郡城東，寧海之旁山川環秀，為一方勝景，而聖墩祠在焉。墩上之神，有尊而嚴者曰王，晢（皙）而少者曰郎，不知始自何代，獨為女神人壯者尤靈。世傳通天神女也，姓林氏，湄洲嶼人，初以巫祝為事，能預知人禍福。既沒（歿），眾為立廟於本嶼。聖墩去嶼幾百里，元祐丙寅歲墩上常有光氣夜現，鄉人莫知為何祥。有漁者就視，乃枯槎，置其家，翼（翌）日自還故處。當夕偏（遍）夢墩傍（旁）之民曰：「我湄洲神女，其枯槎實所憑，宜館我於墩上。」父老異之，因為立廟，號為聖墩。
>
> 歲水旱則禱之，癘疫崇（祟）降則禱之，海寇盤互（亙）則禱之，其應如響，故商舶尤藉以指南，得吉卜而濟，雖怒濤洶湧舟亦無恙。寧江人洪伯通嘗泛舟以行，中途遇風，舟幾覆沒，伯通號呼祝之，言未出口而風息。既還其家，高大其像，則築一靈於舊廟西以妥之。宣和壬寅歲也。越明年癸卯，給事中路公允迪使高麗，道東海，值風浪震蕩，舳艫相衝者八而覆溺者七，獨公所乘舟有女神登檣竿為旋無（舞）狀，俄獲安濟，

因詰于眾，時同事者保義郎李振素崇奉聖墩之神，具道其詳。還奏諸朝，詔以（順濟）為廟額。……今神居其邦，功德顯在人耳目，而祠宮褊迫，畫像形暗人心安在乎？承信郎李富居常好善，首建其義，捐錢七萬，移前而後，增卑而（高），戒功於中秋，踰（逾）年月告畢，正殿中（峙），修廊翼翼，嚴祀有堂，齊（齋）庖有廬，（磨）礱割削之工，蒼黃赭堊之飾，凡斯廟之器用殆無遺功。

李侯以鵬飛久遊門下，遂命記之。義不容辭。……故李侯因鼎新輪奐以答神之庥爾。或曰：「舊尊聖墩者居中，哲（晢）而少者居左，神女則西偏也，新廟或遷於正殿中，右者左之，左者右之，牲體乞靈於祠下者寧不少疑。」鵬飛曰：「神女生於湄洲，至顯靈跡，實自此墩始，其後賜額、載諸祀典，亦自此墩始，安於正殿宜矣。昔泰伯廟在蘇臺西，延陵季子像設東面，識者以為乖禮遂命改之。鵬飛謂李侯之作是廟，不惟答神庥，亦以正序位云。」，於是樂書其事，繼以「迎」「送」二章，使鄉人歌而祀之。……紹興二十年（1150）庚午正月十一日，特奏名進士廖鵬飛謹記。[7]

這篇廟記記載了高齡已經六十六歲，曾經經歷建炎初金國黏罕犯順，率領三千義軍隸韓世忠麾下參與國家保衛戰的李富重建聖墩廟的過程。

廟記中最值得注意的一句話為「奉妃像正序位」。這句話譯為白話就是「把媽祖的神像從陪祀的地位提升為主神之位」，原來的主神降為陪祀神。而原來廟的主神「王」及另一陪祀神「郎」究係何人，廖鵬飛廟記中並未提及。為何李富會將主神降為陪神？在當時即有人提出質疑。廖鵬飛的解釋則說：「神女生於湄洲，至顯靈跡，實自此墩始，其後賜額、載諸祀典，亦自此墩始，安於正殿宜矣。」似乎李富重建聖墩廟是在進行一項信仰神位階調整的行動，本土的林默娘被提升了，但是原來的主神「王」為何被調降呢？廖鵬飛在廟記中並未

7　同註5。

透露。紹興二十年時李富已，且，其舉動應有深意在。

◇ 李清淑重建聖墩祖廟蕃釐殿

李清淑重建聖墩祖廟蕃釐殿事見於元朝大儒黃四如所撰：「聖墩順濟祖廟新建蕃釐殿記」（四庫全書，集部，《黃四如集》），文云：

> 妃號累封，前此有年矣。宇宙趨新。
>
> 真人啟運。祀秩百禮，命申一再。護國者功，庇民者德；明著則神之，誠不可掩也。盛矣哉！聖墩廟幾三百年，歲月老，正殿陋；李君（清叔）承先志，敬神揆龜筮；卿士庶士民協從，繇寢及殿，易而新之。鳩工於大德己亥，祭落於癸卯臘月。五六年間始克就。難矣哉！

按舊記：妃族林氏，湄洲故家有祠，即姑射神人之處子也。泉南、楚越、淮泗、川峽、海島，在在奉嘗；即補陀大士之千億化身也。而莆聖墩實源廟之祖。墩以聖命之何？妃馮浮槎，現祥光，遍夢於墩之父老，遂祠之。賜順濟始於何時？妃護夕郎路公（允迪）使高麗舟，國使李公（振）請於朝也。廟前曰殿，半以後曰寢；乙殿居甲丙間。建於何年？自制幹李公（富）奉妃像正位序始。殿曷名蕃釐？地示稱媼，釐者福也。百順故蕃，筆則法從。

陳公（讜）立則。李令尹（茹）存舊也。殿之木焉須？妃陰驚民之精爽不貳者，曰山之西有木鉅甚。工師求之，果如神言，盡售其材以歸。殿之費焉出？四方之善信樂施也。殿之役誰助？教役屬功，則鄉之寓士耆宿；奔走疏附則里之千夫百夫長也。雖人也，亦神使之也。始者乘槎而宴娛於斯，今茲指木而輪奐於斯。吁，異矣哉！或曰：神妙萬物，御風乘雲，變化無方，奚必留瓊館於人間。曰：不然。妃猶日也，日必有次。妃猶星也。星必有舍。他所謂神者，以死生禍福驚動人。唯妃生福人，未嘗以死與禍恐之。故人人事妃，愛敬如母，中心鄉之，然後於廟饗之。廟言貌也，其求諸神於彼乎，於此乎？迺有寢有殿，有正殿。神之報乎人，猶親之愛其子孫，故是饗是宜，穀我士女，降福而亦穰簡，此殿之所以扁蕃釐，於是大書特書。若夫妃

禦大菑，捍大患，應在祀典，此不書。清叔廉靜謙和，而老於事。廟東湄嶼，移星轉漢，有識者已亦不書。前殿觀瞻未稱，清叔有志竟成，將不一書。（某）甲午冬，嘗夢妃以記相誘，忽焉十載。而李君清叔奉妃之命來，不敢以老醜辭。故墨筆以印前夢。

當時距離聖墩建廟已三百年。

元大德年間（1299-1303），也未見史書記載，《白塘李氏宗譜》也無其記錄，其社會聲望應不如李富、李振，但因他發起改建聖墩祖廟蕃釐殿，讓其護持媽祖信仰的事蹟流傳下來。

從北宋至元初的三百多年間，白塘李氏家族為媽祖建廟，讓媽祖信仰由私信仰轉為公信仰，且代代加以護持，對媽祖信仰的形成居功厥偉。李氏後裔目前雖仍有人居住莆田白塘，但目前白塘地區僅有浮嶼天后宮一座，據《白塘李氏宗譜》「重興浮嶼天后宮序」謂廟係李富於紹興年間破金救主，渡海遭風，叩媽祖扶持轉危為安，故建壇於浮嶼。浮嶼天后宮因位於湖泊當中，較不易受人禍破壞故得保存至今；聖墩順濟祖廟雖有李氏家族護持數百年，其址反而無從考察，歷史發展常出人意外。

三、白塘李家的宗教背景

捨梅峰地為佛剎、建聖墩祖廟是李富母親黃氏之善舉；建聖墩祖廟藩釐殿、將媽祖林默提升為聖墩廟主祀神是李富的作為。究竟李富母子的宗教背景為何？黃氏為被視為「巫媼」的林默建聖墩祖廟，李富於晚年為聖墩廟正序位都非佛教徒的行為。聖墩廟是否為《佛祖統紀》所說的私菴？李富是否為道民？李家是否為摩尼教徒？

《佛祖統紀》卷 54，「事魔邪黨」[8] 曾記載摩尼教在中國流傳的情形云：

> 末尼火祆者。初，波斯國有蘇魯支，行火祆教，弟子來化
> 中國。唐正（貞）觀五年（631）其徒穆護何祿詣闕進祆教，

8　見《大正新修大藏經》，史部，宋咸淳辛未年（1271）僧志盤纂修的《佛祖統紀》卷 54，「事魔邪黨」。

敕京師建大秦寺。武后延載元年（694），波斯國拂多誕持《二宗經》偽教來朝。玄宗開元二十年（732）敕末尼本是邪見，妄稱佛教，既為西胡師法，其徒自行，不須科罰。天寶四年（745）敕兩京諸郡有波斯寺者，並改名大秦。大曆三年（768）敕回紇及荊揚等州奉末尼，各建大雲光明寺。六年（771）回紇請荊揚洪越等州置摩邪寺。其徒白衣白冠。會昌三年（843）敕天下末尼寺並廢。京城女末尼七十二人皆死。在回紇者流之諸道。五年（845）敕大秦穆護火祆等二千人，並勒還俗。梁貞明六年（920）陳州末尼反，立母乙為天子，朝廷發兵禽斬之。其徒以不茹葷飲酒。夜聚婬穢。畫魔王踞坐，佛為洗足。云：「佛止大乘，我乃上上乘」。

白雲萊（菜）者，徽宗大觀間，西京寶應寺僧孔清覺，居杭之白雲菴。立四果十地，造論數篇。教於流俗，亦曰十地，萊覺、海愚禪師辨之。有司流恩州。嘉泰二年，白雲菴沈智元自稱道民……。或以修橋砌路歛率民財，創立私菴，為逋逃淵藪。」乞將智元長流遠地，拆除菴宇以為傳習魔法之戒。奏可。

白蓮菜者。高宗紹興初。吳郡延祥院僧弟子元依，倣天台出圓融四土圖、晨朝禮懺文、偈歌四句、佛念五聲，勸男女修淨業，戒護生為尤謹，稱為白蓮導（道）師。有以事魔論於有司者，流之江州。其徒展轉相教，至今為盛。

良渚曰：「此三者皆假名佛教以詃愚俗，猶五行之有沴氣也，今摩尼尚扇（煽）於三山，而白蓮、白雲處處有習之者。大氐不事葷酒，故易於裕足，而不殺物命，故近於為善，愚民無知皆樂趨之，故其黨不勸而自盛，甚至第宅姬妾，為魔女所誘入其眾中，以修懺念佛為名，而實通姦穢，有識士夫宜加禁止。[9]

《佛祖統紀》所說的「事魔邪黨」包含：摩尼教（火祆教）、白雲菜、白蓮菜三者，三者共同點都是素食，傳習魔法，而摩尼教自有

[9] 同註8。

經典理論，教徒視其教主地位在釋迦牟尼之上，對佛教徒信心打擊更深。

摩尼教《二宗經》，認為世界有明、暗二宗，時間有三界。初界明、暗分明，互不統屬。中界則暗侵明，致有各種失序現象，信徒因而需努力修持。末界則明歸明，暗歸暗，各歸本位，人亦得幸福。其徒白衣白冠，不茹葷飲酒，修業偈歌四句為：「清淨光明、大力智慧、無上至真、摩尼光佛」。至於白雲菜、白蓮菜等宗派，為宋代開始流行的宗派，雖謂其始創者為僧，但前此摩尼教教堂也稱寺，如大雲光明寺觀之，稱寺、稱僧也可能是摩尼教的餘緒。

摩尼教傳入中國後，為了契合民情，將道佛二教的教主太上老君、釋迦牟尼摩尼光佛併尊為三聖。該教教義教人喫素、修淨、不殺物命、互助，特別對貧民有吸引力，信者千百成群，佛教視為主要競爭者，常促官府加以禁止。唐武宗會昌三年廢佛，摩尼教也被視同佛教遭禁，但不久佛教再被政府認可，摩尼教則流入地下，被詆稱「事魔邪黨」。

宋代摩尼教在福建甚盛，而李富母子事蹟與當時流傳的摩尼教特質有許多相同者。如黃氏捐地建的「報恩光孝寺」奉「白衣大士」（摩尼教徒白衣白冠），李富廣泛在家鄉修橋舖路建亭台，助百餘家人豐殖等，都是摩尼教徒的特徵。如此，則媽祖林默、李富母黃氏應為《佛祖統紀》所說「事魔邪黨」中招人入其教的「魔女」，當地讀書人則稱為「巫嫗」的摩尼教傳教者，她們創立私菴，受信徒獻納金錢，並以之修橋舖路肆行善事，地方上受其惠者甚多。

四、聖墩廟正序位之謎

李富為媽祖正序位事，廖鵬飛「聖墩祖廟重建順濟廟記」有詳細記載，聖墩廟原奉祀神三尊，王者居中，郎居左，媽祖居西偏，謂：「墩上之神，有尊而嚴者曰王，晢（皙）而少者曰郎，不知始自何代，獨為女神人壯者尤靈。」，「舊尊聖墩者居中，晢（皙）而少者居左，神女則西偏也。」但李富建新廟後改以媽祖居正殿，以王及郎為陪侍神，「新廟或遷於正殿中，右者左之，左者右之。」

這個舉動在當時引起信徒質疑「牲醴乞靈於祠下者寧不少疑。」
而廖鵬飛解釋奉媽祖居正殿的原因是：「神女生於湄洲，至顯靈跡，
實自此墩始，其後賜額、載諸祀典，亦自此墩始，安於正殿宜矣。」
並舉吳泰伯廟，以泰伯弟季歷雖貴為周文王父，但居兄上位為乖禮而
改序之例，以喻李富如此更張的合理性「昔泰伯廟在蘇臺西，延陵季
子像設東面，識者以為乖禮遂命改之。鵬飛謂李侯之作是廟，不惟答
神庥，亦以正序位云。」

廖鵬飛「聖墩祖廟重建順濟廟記」並未提及元祐元年聖墩建廟
時為何以「王」居正殿而「郎」居媽祖之上？事後以吳泰伯廟兄弟
尊卑易位的例子來解釋聖墩廟的正序位說還是無法令人釋疑。因媽
祖林默並未有「王」爵或被稱為「郎」的弟弟，所以其真正原因仍
待探討。

李富生存的時代是外患頻仍的時代，其事蹟有一項非常重要的就
是他曾募集三千名兵士參與抵抗外族（女真）入侵的戰役，當時莆田
媽祖的信仰者如朱默思想中即充滿民族主義。太學博士李丑父「靈惠
妃廟記」曾提及朱默兄弟云：「東廡魁星有祠，青衣師、朱衣吏左右
焉；西則奉龍王，而威靈嘉祐朱侯兄弟綴位焉。二朱亦鄉人，生而能
神，揚靈宣威，血食於妃宮最舊。」

嘉祐侯朱氏兄弟的事蹟，《莆田縣志》卷四建置志，寺觀，〈顯
濟廟〉有記載如下：

在黃石琳井，神姓朱，名默，黃石人，唐古田令璣後，生有靈
異，年十七，喟然語同舍曰：丈夫當大立功名，終身講空名何
益；今兩陲用兵，朝廷開幕府，使吾得十人將之，可以鞭笞遠
彝。屢造穀城古廟，祈立功名。廟門下有泥塑神馬，遂乘以登
山....是後人多見默早晚騎神馬勒部兵往來村落間，里中神之。
年三十二，不疾而卒，建炎四年，詔封高宗渡江，中流風濤大
作，忽見默擁朱氏旗至，風遂息，詔封默為威靈嘉祐侯，額曰
顯濟。紹興初，吳山火，兵卒不能救，塵焰中默忽擁旗至，火
遂息，又助收大奚山寇，後加封福順彰烈侯。弟默諗，女弟六

十娘，亦皆生而神靈，並祀祔食。[10]

　　記述雖不多，但也可看出朱默原為書生，但以西夏、遼二國交相侵逼，發憤保衛國家之事。朱默為莆田琳井朱氏第八代，目前朱氏族人仍居當地（小地名井舖）且有族譜，族譜總譜載其兄弟二人，云：「默，強長子，字感通，年二十二無病沒，高宗南渡出神兵助順。建炎四年詔封靈威顯福彰烈侯。點，強公次子，字次曾，特奏名，補邵武軍建寧縣主簿。」譜中並無默論之名。另查「嘉祐房」記載云：「嘉祐侯，加封顯福彰烈侯，賜廟額曰顯濟。公生於宋英宗治平二年（1065）十二月初八日亥時，至哲宗元祐元年（1086）丙四月十三日不疾而卒，年纔二十有二。姚鄭氏夫人，立從子曰玡為嗣，葬蕭宅，是為嘉祐房之祖。」「默公，強公次子，行卅五，神□副總管，無子。點公，字次曾，行卅七，強公三子，補迪功郎，建寧縣主簿。」原來朱默兄弟三人，分別為默、默、點，默、默早卒，點特奏名出身，曾任建寧縣主簿，而《莆田縣志》將「點」誤植為「論」，也把朱默的年齡多記了十年。

　　朱默生於宋英宗治平二年，大李富二十歲，兩家既然同是媽祖信仰的護持者，保國衛民的民族的情懷也會互相感染，所以李富會在四十歲左右募三千名兵去抵抗金兵，至六十五歲的老年時重建聖墩廟，更以「神女」媽祖為正殿主神降「王」為陪神，而原來位居媽祖上位的「郎」，可能就是朱默，而其居上位的原因是其靈蹟較媽祖多，受朝廷封爵也比媽祖高。建炎四年（1130），朱默祐高宗渡江，朝廷詔封默為「威靈嘉祐侯」，紹興初又以救吳山火、助收大奚山寇，加封「福順彰烈侯」，而媽祖在紹興二十五年（1155）始受封為「崇福夫人」。朱默兄弟因先受朝廷誥封，故其神位被置於媽祖之上，而李富以其輩份較媽祖卑，故降之，並以泰伯與季歷喻之，可謂無誤。而朱默卒年二十二，尚很年輕，廖鵬飛「聖墩祖廟重建順濟廟記」所謂「哲（晢）而少者曰郎」也無牴觸。

---

[10] 見《莆田縣志》卷四建置志，寺觀，〈顯濟廟〉。

五、從媽祖元始金身到普照王

廖鵬飛「聖墩祖廟重建順濟廟記」記載聖墩廟主神謂：「墩上之神，有尊而嚴者曰王」，可能就是摩尼教的主神「摩尼光佛」或「普照王」。1987年三月，湄洲天后廟重建，出土了一尊「媽祖元始金身」石雕像，這尊媽祖元始金身石雕像，高29釐米，寬22釐米，青石質，圓雕，型制古樸，碩巾帕首，大襟廣袖，垂拱趺坐，頰頦豐實，具有唐宋婦女典型風格，是寢殿修復時出土的文物，同時出土的還有一些宋代陶瓦筒、瓦當等。莆田人把這尊石像當成福州及莆田居民普遍信仰的泗洲文佛。

莆田學者陳長城、鄭邦俊在1992年8月出版《涵江文史資料》合撰〈祀佛公聽佛卦〉一文，說到莆田人祭祀泗洲文佛的習俗云：

> 過去莆田各處逢三叉路口，多建有小神龕，供奉佛公。佛公亦叫「泗洲文佛」或聖公。夏季一到，七、八月時，每當皓月當空，更深人靜，往往有老少婦女，三五成群，聚集佛公龕前，焚香祝禱。斯時香煙繚繞，一、二十步外即可聞到香味；以竹板作筶杯，鏗噹鏗噹，一、二十步外也可聽到其聲。民間有「七靈八怪」之說。她們在佛公像前恭祀敬卜，叫「聽佛卦」。「佛公」可能在佛教典籍中是不登大雅之堂的無名小卒。[11]

泗洲文佛是莆田到處可見的信仰，筆者曾在莆田、泉州看到許多泗洲文佛的祀例。第一個案例在莆田市東里村東里巷找到，泗洲文佛神龕位於一條丁字路口交叉點的壁上。文佛造型碩壯，石像高約55公分，寬約45公分，男性，與湄洲發現的媽祖石像完全不同。神龕僅是牆壁上挖的一個洞，只容神像安置，神像前有一個香爐，上面插有線香，可見日常有人膜拜，神龕兩旁有二幅對聯，分書「佛在三路口，人安東里居」、「佛遊歸回三路口，人安久居東里村」。據說原

---

[11] 見1992年8月出版《涵江文史資料》。

來石像不久前被偷，目前石像係新雕，居民把泗洲文佛當作保護聚落的神，有一點類似臺灣的民間宗教結界的五營，其功能是守護境內居民的安全。

第二個案例在涵江區白塘鎮衙口村（近木蘭溪），涵江是宋代媽祖信仰重鎮，寧海橋更是歷史上著名古蹟。當地社廟，廟額為「鰲江西社」，乙丑（民國75年）年重建，廟內主祀媽祖，左側神龕奉祀泗洲文佛，佛像繪在一塊磨平青斗石上，未雕，嵌在側壁上。所繪泗洲文佛為典型僧人樣。

第三例在涵江區市中心延齡街后溝路丁字路口，祠建在交叉路側，四周砌有圍牆，側面開一小門，鎖上，不對外開放，若無當地居民指引、找到管理人開啟，無法發現。神像為浮雕，袍服與湄洲石像類似，但臉型狹長巨眼隆鼻，似女性白種人，盤腿坐姿，與東里、衙口看到的泗洲文佛造型不同。

第四例在延齡街后溝路39號許玉榮家，許玉榮年約六十歲，為工農出身，泗洲文佛及一尊媽祖神像是其母生前留下，其母生前懂小法，能為人收驚，若存活年齡已近百歲，神像在文革時被收藏起來，開放後始再拿出奉祀。神像供奉在許家頂樓加蓋建築物神案上，神案中間供媽祖，左側供奉泗洲文佛。媽祖像高約20公分，外型不完整，眼、鼻、手部都已脫落，但服飾已是傳統天后的典型，應為清代文物。泗洲文佛以石塊刻成，高約45公分，向後呈約30度傾斜，前面完整，後面粗略，似是準備讓人嵌在壁上。文佛造型，表情嚴肅，與前述后溝路泗洲文佛造型類似，與湄洲石媽祖像也同型，但不如其古樸。

第五例則在仙遊楓亭鎮，當地有一座元朝建的媽祖廟靈慈廟，在雙鳳橋（通湄洲灣）進入村落的路口發現。祠雙向，向村內的一面供奉福德正神，向村外的一面奉祀泗洲文佛，中間以牆壁隔開。廟宇建築面積約只10平方公尺，類似臺灣的土地祠，泗洲文佛廟有對聯一幅，書：「南無佛，佛在西天。東有橋，橋通北海」，橫披：「慧眼渡人」。石像為浮雕，頭蓋軟帽，著袍服，盤腿坐姿，臉頰較長，性別上看類似女性，有玻璃保護，與東里村看到的泗洲文佛造型完不同，與涵江區後溝、湄洲嶼的石雕造型較接近。

第六例在平海天后宮附近小路上，原應為石塔，但目前僅見塔頂部分，四面刻小僧狀。此外在泉州天后宮、開元寺也都有泗洲文佛像。

上述六例所見泗洲文佛均為石雕，形狀各有不同，開放後雕者均作佛教僧侶狀，石塔上者作小僧狀，頭蓋軟帽，著袍服跌坐者，則均作女性狀，且有白種人女性特徵。另外在莆田龍山村林氏九牧祠、泉州天后宮、開元寺所見者則為同一類型，為男姓僧侶狀。

泗洲文佛究竟是什麼人？何以如此深入民間？何以會有女性白種人造型？宋朝左街天壽寺通慧、贊寧奉敕撰《宋高僧傳》卷 18 有泗洲文佛的傳，題為〈唐泗州普光王寺僧伽傳〉傳云：

> 釋僧伽者，蔥嶺北何國人也。自言俗姓何氏，亦猶僧會，本康居國人便命為康僧會也。然合有胡梵姓名，名既梵音，姓涉華語。詳其何國，在碎葉國東北，是碎葉附庸耳。伽在本土，少而出家，為僧之後誓志遊方，始至西涼府，次歷江淮，當龍朔初年也。登即隸名於山陽龍興寺（朱元璋出家處）。[12]

傳中記載泗洲文佛法號僧伽，來自蔥嶺北方碎葉國東北的附庸國何國，碎葉國位於中亞細亞巴爾喀什湖西，何國在其東北，今應屬哈薩克共和國，其人種應是白種人。隋末唐初，其地為回紇人盤踞，後分為東、西突厥，何國應屬西突厥。僧伽於唐高宗龍朔初（661 年）來華，當時回紇人護持的宗教為摩尼教。僧伽由西涼府（甘肅武威）轉至江淮一帶傳教，在安徽傳教，即以神通見長，傳云：

> 自此始露神異。初將弟子慧儼同至臨淮（安徽省鳳陽縣東），就信義坊居人乞地下標，誌之言，決於此處建立伽藍。遂穴土，獲古碑，乃齊國香積寺也。得金像，衣葉刻「普照王佛」字。居人歎異云：「天眼先見，吾曹安得不捨乎！」其碑像由貞元長慶中兩遭災火，因亡蹤矣。嘗臥賀跋氏家，身長忽長其床榻各三尺許，莫不驚怪。次現十一面觀音形，其家舉族欣慶

---

12 通慧、贊寧奉敕撰《宋高僧傳》卷 18，泗洲文佛。

倍加信重，遂捨宅焉。其香積寺基，即今寺是也。由此，奇異
之蹤旋萌不止。[13]

北魏、北齊都屬北胡的鮮卑族，為摩尼教護持者，故其所建寺為
摩尼寺，而摩尼光佛頭部有十二道光芒照射，所指普照王佛應為摩尼
光佛。而賀跋氏（後改漢姓何）為北魏六鎮之一，至北齊仍為柱國，
其家族應為摩尼教信徒，可見泗洲文佛找上賀跋氏並非偶然。或許
摩尼教建寺也有一定規格與用途，僧伽從何國來，見其基址即知其
用，故有掘出神像等神蹟，仿如今人知佛塔之下必有佛舍利子及佛像
等寶物。

泗洲文佛三十歲來華，傳教初以俗人為主，勸人勿殺生，其後漸
以神通救人，為人治病，慢慢的結識地方官員、中樞權貴如駙馬都
尉武攸暨，在華傳教 51 年始為中宗皇帝禮聘執講內廷，二年後卒，
年 83。

僧伽死後，唐中宗以仰慕不忘，因問萬迴師曰：「彼僧伽者，何
人也？」對曰：「觀音化身也。經可不云乎：「應以比丘身得渡者，
故現之沙門相也。」即唐朝時即視泗洲文佛為觀音化身。泗洲文佛亡
後，靈異事蹟始終不斷，如現形購齋器、化易木材，消災、護城、救
難、庇佑農作豐收等，不一而足，尤以塔頂現小僧狀保護城池最著。
傳云：

錫號「證聖大師」也。文德元年（僖宗，888）外寇侵軼，
州將嬰城拒敵。伽現形於城西北隅，寇知堅壘難下，駭而宵
遁。……由此多于塔頂現小僧狀，傾州瞻望。然有吉凶表兆于
時，乞風者分風，求子者得子，今有躬禮者，往往有全不見伽
形相者：或見笑容者吉，不然則凶。其不可爰度者如此。[14]

僧伽傳說「洎乎周世宗有事于江南，先攻取泗上，伽寄夢於州
民，言不宜輕敵。如是，達于州牧，皆未之信。自爾，家家夢，同告

---

[13] 同註 12。
[14] 同註 12。

之。遂降。全一郡,生民賴伽之庇矣。」原來是泗洲文佛讓周世宗不費一兵一卒平定了江南,所以周世宗也規定「天下凡造精廬必立伽真相,牓曰:「大聖僧伽和尚」,並命官員為碑頌德。宋太宗時敕高品、白承睿重蓋其塔,加其累層,又為題寺額。僧伽傳云:

> 今上御宇也留心于此,其年三月有尼遊五臺山,因見伽於頂作嬰孩相,遂登剎柱捨身命供養。太平興國七年(982)敕高品、白承睿重蓋其塔,務從高,加其累層。八年,遺使別送舍利寶貨同葬于下基焉。……先是,此寺因窴中金像刻其佛曰:「普照王」,乃以為寺額。後避天后御名,以光字代之。近宣索僧伽實錄,上覽已敕還。其題額曰:「普照王寺」矣。[15]

原來泗洲文佛庇佑北周、北宋完成統一南方諸國而受政府大力提倡,而莆田納入宋朝版圖的過程也和江南投降後周的模式異曲同工。

泗洲文佛有弟子:木叉、慧儼、慧岸三人,中宗各賜衣盂令嗣香火,但這三人也是中亞人自幼隨僧伽來華,慧儼更似乎是女性。〈僧伽傳〉云:

> 弟子木叉者,以西域言為名,華言解脫也。自幼從伽為剃髮弟子,然則多顯靈異……舍利八百餘顆。表進上僖宗皇帝,敕以其焚之灰塑像,仍賜諡曰「真相大師」。于今侍立于左,若配饗焉。弟子慧儼,未詳氏姓生所,恒隨師僧伽執侍缾錫,從楚州發至淮陰,同勸東海裴司馬妻各白金沙羅而墮水。抵盱眙,開羅漢井,宿賀跋玄濟家,儼侍十一面觀音菩薩旁。自爾詔僧伽上京師,中宗別敕度儼并慧岸、木叉三人,各別賜衣缽焉。[16]

木叉、慧儼、慧岸這三位泗洲文佛的門徒,木叉在唐僖宗朝亡故,敕以其焚之灰塑像,仍賜諡曰「真相大師」,侍立于泗洲文佛左側若配饗焉。弟子慧儼是奉侍著一尊十一面觀音像。

---

15 同註 12。
16 同註 12。

僧伽雖被收入《宋高僧傳》，但其非佛教僧侶，在其他宗教典藉中也可得到印證。明萬曆年間道士張國祥校梓的《搜神記》卷三〈泗洲大聖〉條云：「泗洲僧伽大師者，唐高宗時至長安、洛陽行化，歷吳楚間，手執楊枝混於緇流。」點出泗洲文佛非佛教僧，只是在傳教過程中以僧侶裝飾方便傳教的事實。傳中又對泗洲大聖在臨淮信義坊民居地下掘出金像，眾謂為佛教的燃燈如來，但僧伽加以澄清事「又獲金像，眾謂燃燈如來，師曰：普光王佛也。」以示其與佛教有別。清光緒年間葉德輝校梓的《繪圖三教源流搜神大全》，卷二〈泗洲大聖〉條，更把泗洲文佛說成為觀世音應化云：「世謂觀音大士應化也，推本則過去阿僧祇彌伽沙卻值觀世音如來，從三惠門而入道，以音聲為佛事。」傳前所繪泗洲大聖像，為一男立像，頭戴軟帽，帽下緣垂至肩膀以下，著寬袖長胡袍，腰繫長帶，右手持杖，與佛教僧人打扮迥異。

　　泗洲文佛信仰何時傳入福建？泗洲文佛相關傳記並未見有其師徒在福建及莆田地區行化的事蹟。陳長城〈祀佛公聽佛卦〉曾引宋人錢易《南部新書》「王延政（王潮弟王審邽之子）獨據建州，稱偽號。一日大赦，為伶官作戲辭云：只聞有泗洲和尚，不見有五縣天子。」推測在五代後晉出帝時即已傳入福建。然根據宮兆麟《莆田縣志》卷四建置，寺觀，城中，華嚴寺條的記載，在唐宣宗朝莆田即有北巖奉祀泗洲文佛，文云：

> 在郡城西三里，本玉澗之北巖，宋大中六年（按大中為唐宣宗年號，854）刺史薛凝題為華嚴，以僧行標能講華嚴大乘經也。十一年疏聞于朝，始改為寺。浮屠七級有泗洲像，舊經云僧行標於泗洲請大聖真像，會溪流暴漲，得樟木一根於水中，遂刻焉。乾寧五年（唐昭宗898）縣令呂承祐造塔三層，後火，塔盡焚而像如故，時俗異之，隨復建塔。又有妙峰堂、壁立軒、環秀亭、放生池，而環秀亭舊為郡進士題名之所。元至正十六年（1356）火，尋復建，至明遂為□壚，萬曆間有僧建佛殿□座，尋廢，今移下平地小構。[17]

---

[17] 見《莆田縣志》卷四建置，寺觀，城中，華嚴寺。

華嚴寺原名北巖，泗洲文佛被奉祀在殿中，其地位應與佛教諸佛菩薩相當。唐宣宗朝刺史薛凝始將其名易為華嚴寺，其後歷經多次災難迭經重興，至明末廢，清乾隆年間移下平地為一小建築，目前業已不存。由此例可見泗洲文佛所代表的摩尼教還以佛教的形貌在莆田流傳數百年，至於福建有各種不同造型的泗洲文佛石雕像，應為泗洲文佛及其教後起的領袖人物，而媽祖林默即為其一。

六、摩尼教在莆田

摩尼教（Manichaeism）為波斯人摩尼（Mani）於西元三世紀所創，其教義雜揉拜火教、耶穌教、佛教，入教者需：辯二宗（明、暗）明三際（初際：未有天地，只有明暗。中際：暗侵明，明入暗，以妄為真，須辯析求解脫緣。後際：教化事畢，真妄歸根，明歸大明，暗歸積暗，二宗各復），因其最終教義在追求大明，中國信徒自稱其教為「明教」。

據唐玄宗開元十九年拂多誕奉詔譯的《摩尼光佛教法儀略》[18]，摩尼教主神稱「明尊」，摩尼光佛為其十二使者之一，譯云光明使者，或稱為光明大慧無上醫王，又號具智法王，併尊道教的太上老君、佛教的釋迦牟尼為三聖。據《摩尼教下部讚》[19]，十二明使為：一、無上光明王（明尊），二、智慧善母佛，三、常勝先意佛，四、歡喜五明佛，五、勤修樂明佛，六、真實造像佛，七、信心淨風佛，八、忍辱日光佛，九、直意盧舍肥，十、知恩夷數佛，十一、齊心電光佛，十二、惠明莊嚴佛。

摩尼光佛，頂圓十二光王勝相，串以素帔，其居白座。主要經典凡七部，第一《大應輪部》，又云《徹盡萬法根源智經》。第二《尋提賀部》，譯云《淨命寶藏經》。第三《泥萬部》，譯云《律藏經亦稱藥藏經》。第四《阿羅瓚部》，譯云《祕密法藏經》。第五《缽迦摩帝夜部》，譯云《證明過去教經》。第六《俱緩部》，譯云《大力士經》。第七《阿拂胤部》，譯云《讚願經》。另有「大門荷翼圖」

---

[18] 見《大正新修大藏經》，史部，外教，《摩尼光佛教法儀略》一卷。
[19] 《大正新修大藏經》，史部，外教，《摩尼教下部讚》。

一，譯云大二宗圖。

　　摩尼教信眾分為五個等級，第一級，十二慕闍（承法教道者）。第二級，七十二薩波塞（侍法者），亦號拂多誕。第三級，三百六十默奚悉德（法堂主）。第四級，阿羅緩（一切純善人）。第五級，耨沙喭（一切淨信聽者）。第四級阿羅緩已上並素冠服，唯初入教者耨沙喭聽仍舊服。五個階位人員稟受相依，咸遵教命。堅持禁戒，名解脫路。若慕闍犯戒，以下教徒即不得承其教命。阿羅緩犯戒，視之如死，表白眾知，逐令出法。被逐出法門者，視若死屍，雖有同門同道，但都不得與之往來。若有信徒暗藏之，視同破戒予以處置。

　　又據《摩尼教下部讚》「第二，凡常日結願用」有「慕闍常願無礙遊，多誕所至平安住，法堂主上加歡喜，具戒師僧增福力，清淨童女策令勤，諸聽子等唯多悟」等語，可見承法教道者慕闍需經常至各教區巡迴督導，侍法者拂多誕似有開闢教區的任務，法堂主則主持法堂，阿羅緩則為已受戒的摩尼師或摩尼僧，另有童女督促勤修法，尚未受戒者耨沙喭只能多聽多領悟。

　　各地摩尼寺，例設：經圖堂一、齋講堂一、禮懺堂一、教授堂一、病僧堂一，五堂法眾共居，稱修善業。不得別立私室廚庫。每日齋食，儼然待施。若無施者，乞丐以充，且聽人施捨不可強乞。信徒縱然家庭富裕，但仍不可畜奴婢及六畜等非法之具。

　　每寺尊首詮簡三人，第一，阿拂胤薩（讚願首），專知法事。第二，呼嚧喚（教道首），專知獎勸。第三，遏換健塞波塞（月直），專知供施。皆須依主持之命行事，不得擅意。

　　摩尼徒欲出家者，初辯二宗，須知明暗各宗。次明三際，一初際，二中際，三後際。初際者，未有天地，但殊明暗，明性智慧，暗性愚癡，諸所動靜，無不相背。中際者，暗既侵明，恣情馳逐，明來入暗，委質推移，大患厭離，於形體火宅。願求於出離，勞身救性。聖教固然，即妄為真，孰敢聞命，事須辯折，求解脫緣。後際者，教化事畢，真妄歸根，明既歸於大明，暗亦歸於積暗，二宗各復，兩者交歸。次觀四寂法身。

　　從《摩尼光佛教法儀略》可以看出摩尼教的主神是「明尊」，摩尼光佛是其十二明使之首，但同時也代表明尊。各摩尼寺，例設：經

圖堂、齋講堂、禮懺堂、教授堂、病僧堂各一，教眾共居，教眾需持齋、修淨，從神職人員到信眾分成五個等級，教眾需聽其上級指導，不得觸犯戒命，否則會被視同死屍逐出法門，教眾不得接納之。如此，摩尼教的教規極嚴，若非有相當利益不易引人加入其教。

看《摩尼光佛教法儀略》，「教眾犯戒，視之如死，表白眾知，逐令出法。被逐出法門者，視若死屍，雖有同門同道，但都不得與之往來。若有信徒暗藏之，視同破戒予以處置。」的規定，才可以瞭解黃仲元「聖墩祖廟新建蕃釐殿記」謂「他所謂神者，以死生禍福驚動人，唯妃生人、福人，未嘗以死與禍恐人，故人人事妃，愛敬如母。中心向之，然後於廟享之。」的意涵，我們也始能推測媽祖林默可能是摩尼教的童女，督導教眾勤修，不會依仗教規，以死與禍恐嚇犯戒教眾，所以人人敬愛，事之如母。

摩尼教在唐初傳入中國，在回紇護持下，長安、河南及東南之荊、揚、洪、越等州皆立有寺。武則天即位之初，摩尼教光明寺沙門表上《大雲經》，經中有女主之符，武則天乃改光明寺為大雲經寺，並令諸州各置大雲經寺，總度僧千人，此時為摩尼教的全盛時期。唐武宗時，因宗教太過發達，寺院田產佔天下三分之一，僧尼數以萬計，政府稅收深受影響，遂於會昌三年（843）沒收各宗教田產，勒令僧尼還俗，《僧史略》曾記錄當時在京城摩尼教的遭遇云：「會昌三年，敕天下摩尼寺並廢入官，京城女摩尼七十二人死。」摩尼教總計摩尼教合法在華傳教約 150 年。

唐武宗禁佛活動時，摩尼教僧、尼數千人被迫還俗，但禁佛活動在武宗朝後即恢復，真正讓政府嚴禁摩尼教的是梁貞明六年（920）陳州末尼反政府的行動，這一次政治運動，摩尼徒立母乙為天子，準備建立新政府，致朝廷發兵禽斬之。摩尼徒的政治運動讓爾後歷朝政府對摩尼教採取鎮壓行動，致其轉入地下從事祕密活動，歷五代至宋朝並未止息。

摩尼教持明暗二宗，求由黑暗走向光明，易給人有無限希望的憧憬，故信徒以中下階層勞動階層為主。從五代至南宋，因為戰亂多，百姓生活困苦，紛紛投入摩尼教，其教義又有持齋喫素之事，信徒間又能互相扶持，團結性甚強。但其教徒為求出黑暗入光明，常於深夜

聚會祈禱，天明即散，且男女雜處，宋朝政府以其「夜聚曉散，喫菜事魔」視為邪教嚴禁之，《莆田縣志》卷二十四人物志，方偕傳即有一案例。方偕傳云：「偕年二十第大中祥符五年（1012）進士，為溫州軍事推官。……遷汀州判官、御史臺推直官。澧州逃卒俑民家自給，一日，誣告民眾事魔馳神，歲殺十二人以祭。州逮其族三百人繫獄，久不決。偕被詔就核，令卒疏所殺主名。按驗無狀，事遂白，卒以誣告論死。」此案例可以看出宋代政府對喫菜事魔的嚴厲態度，光是一個毫無根據的誣告就可以逮其族三百人繫獄，且久不決，如果查有實證，則其處罰之重自可想像。

宋朝政府的嚴禁，逼使摩尼教信眾向荒山郊野發展，白塘即為其中之一。除了外族侵略激起的民族情感外，摩尼教干犯法律，不願讓教徒受傷害應也是李富將媽祖正序位的另一主要原因。

福建是一個摩尼教盛行的省分，目前尚可找到不少遺蹟，如晉江市郊的華表山尚保存著南宋紹興十八年雕刻的摩尼教主摩尼光佛像，佛像雕於岩壁上，為浮雕，高 1.52 米，寬 0.82 米，著長寬袍盤膝端坐，明眉凝眸，身後有 18 道紅白相間光芒，額滿，臉型狹長，神情奕奕，為中年男子像，其上刻有「摩尼光佛」四字。浮雕右方同一石壁上刻有「清淨光明、大力智慧、無上至真、摩尼光佛」四句偈，為當今存世之摩尼教唯一完整遺蹟。

在莆田市區時，近年也發現兩個摩尼教遺蹟，第一個遺蹟在涵江區市中心的龍津社廟，是一塊刻有摩尼教四句偈的殘碑，此碑是數年前修馬路時，在廟前發現，原碑已被打斷成數塊，碑左上部已不存，僅遺「□淨光明、大力智慧、□□□真、摩尼光佛」等大字，左側殘存「轉運鹽使司上里場司令許」等字，殘碑為花岡岩，高度仍有一米多，字蹟雄渾有力，應出自名家之手。根據當地學者考證，似為元朝至明初之物，摩尼教一直在莆田地區流傳，涵江區面臨興化灣，原有六座媽祖廟，為媽祖信仰重鎮，摩尼教的信仰與媽祖信仰重疊。

第二個遺蹟在北高鎮後積村永興社的萬靈公廟，廟內奉祀明嘉靖年間抗倭名將孔兆熙及無名亡靈。石碑置於廟側，碑高 137 公分，寬 64 公分，厚 12 公分，石質似為當地沙岩，風化甚嚴重，原刻有摩尼教四句偈，碑已被打斷，上半部不存，僅遺「□□光明、大力智慧、

□□□真、摩尼光佛」等字。經請教當地幹部,據說附近原為墳場,石碑崁在一石塔上,石塔與塔斗山之石塔相似,在夜晚塔上會發光,大躍進時在當地設土法煉鋼爐,塔被毀,石碑也被破壞。

七、聖墩廟正序位後的「王」與「郎」

李富為聖墩廟正序位,媽祖林默成為順濟廟主神,「王」(普照王)與「郎」(朱默)成為陪神,朱默在宋末元初與其弟朱黙仍血食於天妃廟,但在《天妃顯聖錄》裡,卻看不到朱默兄弟被奉祀於媽祖廟的記載,朱默兄弟轉以被媽祖收伏的二個妖怪形態位列媽祖水闕仙班中。《天妃顯聖錄》,〈收伏嘉應、嘉祐〉條云:

> 時有二魔為祟,一曰嘉應、一曰嘉佑,或於荒丘中攝魄迷魂,或於巨浪中沈舟破艇。妃至,遂逃於雲天杳渺之外。適客舟至中流,風翻將沈,見赤面金當前鼓躍。妃立化一寶舟拍浮而遊。嘉祐即舍客舟乘潮而前。妃以咒壓之,
> 擊刺落荒,遂懼而伏。妃又從山路獨行,嘉應不知為民間美妹,將犯之。妃拂飛塵霾……遽悔罪請宥,並收為將。列水闕仙班,共有一十八位。[20]

至於聖墩廟原主神「普照王」,何去何從?《天妃顯聖錄》雖有「龍王來朝」一則,但所述為東海龍王。反之,各地媽祖廟後殿奉祀的「觀音大士」更可能是的轉化。因為「普照王」穿素帔,居白座,十足就是白衣大士的樣子,在泗州建立教區的僧伽(泗洲文佛)在死後被視為觀音的化身,其徒慧儼也奉侍十一面觀音,久之,白衣大士就轉化成觀世音菩薩,而《天妃顯聖錄》「誕降本傳」林愿夫婦敬祀觀音大士,謂媽祖林默降生為觀音大士所賜,則媽祖廟後殿奉祀觀音大士即十分合理。

---

[20] 同註1,《天妃顯聖錄》。

八、結語

　　媽祖信仰在中國已流傳千年，數十年來學術界也有許多人投入研究，但以史料不全，終無法窺其全豹，本文依據新史料，提出拙見如下：

　　摩尼教為波斯人摩尼於西元三世紀所創，其教義雜揉拜火教、耶穌教、佛教，入教者需辯明、暗二宗，明三際，追求大明，中國信徒自稱其教為「明教」。摩尼教於唐初傳入中國，為了契合民情，將道佛二教的教主太上老君、釋迦牟尼、摩尼光佛併尊為三聖。該教教義教人喫素、修淨、著白衣袍，不殺物命、互助，特別對貧民有吸引力，信者千百成群，佛教視為主要競爭者，常促官府加以禁止。唐武宗會昌三年廢佛，摩尼教也被視同佛教遭禁，但不久佛教再被政府認可，摩尼教部分假託佛教繼續以佛寺形態存在；部分被敕令還俗者則流入地下發展，其信眾被詆稱「事魔邪黨」。唐代摩尼教已傳入福建，會昌被禁後繼續在民間流傳，宋朝時為摩尼教勢力最盛地區。

　　媽祖林默一家為摩尼教徒，於五代時避居湄洲嶼，常有摩尼教徒神職人員往來其家。林默八歲開始讀書，十三歲至十六歲接受宗教專業訓練，通過考驗並取得符徵。此後為教眾祈福消災，指導信徒修持。林默救人、助人，造福地方，不以死亡、災禍恐嚇人，終生不嫁，故教眾人人愛敬，視之如母。死後教眾於湄洲嶼林氏故家建祠奉祀之。

　　白塘李氏為唐朝皇室後裔，於武則天避居福建南安，再遷莆田，家族信奉摩尼教，並於住家附近的聖墩〈湄洲嶼對岸〉建祠奉祀摩尼光佛〈普照王〉。宋真宗朝以後，遼、西夏相繼入侵，朱默等人開始有號召鄉人起而與抗的想法。朱默卒後有許多神蹟顯現，被奉祀於聖墩祠為陪祀神。元祐元年，林默枯槎顯聖，李家於聖墩增建一祠祔祀林默。宣和四年，李氏族人李振為林默乞得「順濟」匾額，讓林默信仰取得合法地位。及宋室南遷，李富募三千兵赴前線抵禦入侵女真，莆田兵並在金兵渡江之役成功堵住敵軍，讓宋政府未被併吞。紹興二十年李富重建聖墩順濟廟，將保佑莆田軍在歷次戰役打勝仗的林默從

陪神提升為主神，將波斯傳來的普光王改為陪祀神，讓摩尼教轉化為
以林默為主神的本土信仰。

下篇：《天妃顯聖錄》
　　　媽祖靈應與流傳

第十章：《天妃顯聖錄》歷朝褒封

　　《天妃顯聖錄》〈歷朝祀典〉，記載歷朝政府給予媽祖賜額、誥封或賜祭情形，此部分相關人、事、時、地、物，大都有可稽考，可以看出媽祖信仰在政府體系的地位及信徒與政府間的互動關係。本章先以《禮記》祭義為標準，探討政府官僚體系中媽祖信仰的地位，其次以《天妃顯聖錄》〈歷朝顯聖褒封共二十四命〉為對象，逐一考釋其誥封原由，並釐訂其訛誤；最後兼論光緒朝《欽定大清會典事例》、第一歷史檔案館編《清代媽祖檔案史料匯編》所列雍正朝以後祀典，媽祖信仰由民間叢祠至國家祀典的重要歷程皆已呈現。

一、從《禮記》祀典原則看媽祖祀典

　　中國古代各級政府的祀典原則，均以《禮記》為依歸，將禮視為治國的最高原則，而祭祀則為維繫人倫及社會秩序最重要的一環。《禮記》〈祭統〉謂：

> 凡治人之道，莫急於禮；禮有五經，莫重於祭。夫祭者，非物自外至者也，自中出，生於心也；心怵，而奉之以禮，是故，唯賢者能盡祭之義。……祭有十倫焉，見事鬼神之道焉；見君臣之義焉；見父子之倫焉；見貴賤之等焉；見親疏之殺焉；見爵賞之施焉；見夫婦之別焉；見政事之均焉；見長幼之序焉；見上下之際焉，此之謂十倫。

　　祭祀是隆重的事，不能怠忽不辦，但也不能經常舉辦以免流於形式，宜配合農業生產時節，春秋各祭一次。《禮記》〈祭義〉，謂：

> 祭不欲數，數則煩，煩則不敬。祭不欲疏，疏則怠，怠則忘。

是故君子合諸天道，春禘秋嘗。

《禮記》〈祭法〉也將：禘、郊（祭天、地、時、寒、暑、日、月）、廟制（社、祀）、祭法等，作原則性規範。祭法所列祀典對象有二，一為於國家、社會、文明進化及改善百姓生活有重要貢獻者；一為人類所以仰賴生存及觀察學習建立文明的大自然。《禮記》云：

> 聖王之制祭祀也，法施於民則祀之；以死勤事則祀之；以勞定國則祀之；能禦大菑則祀之；能捍大患則祀之。……及夫日、月、星、辰，民所瞻仰也；山林、川谷、丘陵，民所取財用也，非此族也，不在祀典。

第一部分，所列為人成為祀典對象的條件，共有法施於民、以死勤事、以勞定國、能禦大菑、能捍大患等五項。《禮記》並舉例說明，謂：

> 厲山氏之有天下也，其子曰農，能殖百穀，夏之衰也，周棄繼之，故祀以為稷。共工氏之霸九州也，其子曰后土，能平九州，故祀以為社。帝嚳能序星辰以著眾；堯能賞均刑法以義終。舜勤眾事而野死；鯀鄣鴻水而殛死。禹能脩鯀之功。黃帝正名百物以明民共產，顓頊能修之；契為司徒而民成；冥勤其官而水死；湯以寬治民而除其虐；文王以文治，武王以武功去民之菑；此皆有功烈於民者也。

第一項法施於民，所舉之例較多，包含：教導百姓耕種知識的神農；能掌握九州土質為適當利用的后土；紀星辰制訂節候的嚳；任官用人能賞罰分明，達到社會正義的堯；為百物正名，召告百姓共業的黃帝等均是。第二項以死勤事，則舉舜勤於處理民事而死於野；築堤防洪失敗被處死刑的鯀、擔任水官為治水而死的冥。第三項以勞定國則舉禹繼承父業治好洪患。第四、五項能禦大災、捍大患，則舉商湯為民除虐流放夏桀於南巢及周文王以文治治理百姓、武王伐紂出百姓於水火。意即從君王至個人，只要能善盡職責，貢獻智慧與能力於文明的提

升、百姓生活的改善，並獲致成效，即得列入祀典享受官民崇祀。

《禮記》祀典對象的第二部分為大自然現象，中又分為二類，一為環遶地球四周的日、月、星、辰，是百姓所瞻仰的自然現象，也是攸關百姓生活的年、四季、十二月、三十六節氣訂定的依據。其次為山林、川谷、丘陵等，為提供百姓食、衣、住、用等物資，也就是百姓生命的泉源。除上述之外，均不在祀典，稱為淫祀，以示其浮濫。

以上述《禮記》祀典原則來檢視《天妃顯聖錄》〈天妃誕降本傳〉，媽祖生前事蹟與法施於民、以死勤事、以勞定國等三項原則無關；雖能為民祈雨、暘，符合捍災禦患，但卻無史證，故不得列為官方祀典。宋宣和五年（1123）朝廷賜順濟廟額後，媽祖信仰始得為地區性祠祀對象，為地方叢祠。南宋，中央政府遷至臨安（杭州），浙、閩兩省人才大量被起用，莆田人參與抗金軍事活動者亦多，媽祖信仰隨著莆田仕宦、義軍足蹟向外擴展至兩浙、廣東，朝廷也屢予誥封，由夫人至妃，不一而止。

元朝雖以游牧民族入主華夏，然以媽祖信仰事涉泉州、廣州海外貿易，且北方仰賴漕船運送南方糧食入京，將媽祖定位為海神，故亦崇祀之，媽祖為中國海神之地位至此已告奠立。

明朝承元制祀媽祖，復以屢次遣使下西洋，於媽祖亦加崇祀。然因明朝君王崇信道教，特重玄天上帝及關帝，故媽祖信仰並未見特別發展。入清以後，則以閩海戰爭媽祖顯佑及逼降臺灣鄭氏特加崇祀，雍正十一年（1733）清廷令沿江沿海各省建祠，春、秋致祭，媽祖信仰始提升至全國性信仰，為國家主要祀典之一，媽祖信仰之興盛實與政府祀典相表裡。

《天妃顯聖錄》輯錄有歷朝顯聖褒封二十四誥命，年代自宋至清康熙年間，大致呈現媽祖信仰由私祀至政府祀典的過程，同書〈天妃誕降本傳〉大都有對應故事以闡明細節。二十四誥命代表歷朝政府對媽祖信仰的認同，也是媽祖信仰得以不斷發展的潛在原因，於媽祖信仰有指標性意義。

二、宋朝誥封與祀典

宋朝是媽祖出生、建祠、被政府列入祀典的朝代，是媽祖信仰成立及發展的重要階段，此期間《天妃顯聖錄》共錄有誥命 14 則，茲分別考訂如下。

（一）徽宗宣和四年（1122）賜順濟廟額，《天妃顯聖錄》云：

> 徽宗宣和四年，給事中允迪路公使高麗，感神功，奏上，賜順濟廟額。

同書〈朱衣著靈〉，詳述其事云：

> 宋徽宗宣和四年壬寅，給事中允迪路公奉命使高麗，道東海，值大風震動，八舟溺七，獨公舟危蕩未覆，急祝天庇護。見一神女現桅竿朱衣端坐，公叩頭求庇。倉皇間，風波驟息，舟藉以安。及自高麗歸，語於眾。保義郎李振素及墩人，備述神妃顯應。路公曰：「世間惟生我者恩罔極，我等飄泊大江，身瀕於死，雖父母愛育至情，莫或助之，而神姑呼吸可通，則此日實再生之賜也！」復命於朝，奏神顯應。奉旨：賜順濟為廟額，蠲祭田稅，立廟祀於江口。

此則故事特別見重於後世，係因朝廷賜廟額為媽祖信仰得以化暗為明之關鍵，故《天妃顯聖錄》大書其事，並置諸首。按故事所提向路允迪祥述媽祖靈應之保義郎李振，為莆田白塘李氏族人。白塘《李氏宗譜》〈宋徵辟敕授〉載：

> 振，允迪使奉使冊封高麗，授承信郎。

同書附錄有〈朱衣著靈記〉一篇，下註：「載《天妃顯聖錄》」，似其文引自《天妃顯聖錄》。覈其內文與現存台北中央圖書館藏《天

妃顯聖錄》大致相同，異者為：一、將宣和四年誤為宋哲宗年號；二、第3行「倉皇」為「倉卒」。《李氏宗譜》在康熙末年間曾經增補，引錄版本可能為康熙二十年代臺灣初定後增訂版，而台北中央圖書館藏本則為雍正年間增訂版，致文字不無出入。

〈朱衣著靈〉故事在南宋時即已流傳，丁伯桂〈順濟聖妃廟記〉，云：

> 宣和壬寅（四年），給事路公允迪載書使高麗，中流震風，八舟沈溺，獨公所乘，神降於檣，獲安濟。明年，奏於朝，錫廟額曰順濟。

丁伯桂為南宋時人，曾任首都臨安府知府，可見此故事南宋時即已普遍流傳，並非後世附會。李振雖是媽祖信仰列入政府祀典的關鍵人物，但彼於奉使高麗過程中扮演何種角色，《李氏宗譜》並未敘及。按宋室南渡後，重新調整官制，將登仕郎（正九品）、將仕郎（從九品）改為承信郎；承信郎為九品初授職銜，可見李振職銜係因參與宋朝派遣使節冊封高麗後敘功被贈予者，其本人原非政府官員。

李振與聖墩鄉人在使節團中所司何事？據宋例，使節船客舟均由閩、浙二省僱募而來，聖墩與白塘均位於莆田三江口附近，李氏為當地豪族，似為被僱客舟主人，帶領莆田籍水手、梢工，隨船前往高麗，並於颶風時保全使舟立下功勞，卒促成朝廷賜廟額之事。

路允迪奉使高麗時，宋徽宗派徐兢任國信所提轄人船禮物官，隨其同行，兼負沿途海道繪製任務。徐兢返國後奏上《宣和奉使高麗圖經》，書中除海圖外，也詳記海道及往返過程，為宣和四年路允迪出使高麗實錄。《天妃顯聖錄》所載「中流震風，八舟沈溺」之事，經查《宣和奉使高麗圖經》並無使舟沈溺之事，僅於黃水洋遇颶風，使舟第二舟梢斷柂折，但經更換梢、柂搶修後，皆安然無恙，丁伯桂〈順濟聖妃廟記〉似誇大其詞以彰顯神蹟，後世撰媽祖史事者，皆引用丁伯桂廟記，故《天妃顯聖錄》亦沿其誤。

宣和四年媽祖顯靈事，《天妃顯聖錄》所述甚詳，但《宣和奉使高麗圖經》卻僅點到而止。按《宣和奉使高麗圖經》提及舟人信仰及

神祇顯靈者共有4次，第1次為使節船出發前於定海縣宣祝之顯靈助順廣德王，所祀係東海之神（龍王）。其次為梅岑山（即補陀落伽山或普陀山）寶陀院靈感觀音，宋宣和年以前奉使高麗使者必禱於此。第3次為使節船在黃水洋遭風，第二舟（徐兢即搭此舟）三柁併折時，應舟人禱祈而現之祥光。第4次為福州演嶼神。

第1、2兩次所提之神，皆有明確對象，非媽祖。第4次所提福州演嶼神亦未言為何神。經查宋淳熙年間梁克家撰《三山志》卷8，昭利廟條云：

> 昭利廟，東瀆越王山之麓。故唐觀察使陳巖之長子。乾符中，黃巢陷閩。公睹唐衰微，憤己力弱，莫能興復。慨然謂人曰：「吾生不鼎食以濟朝廷之急，死當廟食以慰生人之望。」既歿，果獲祀連江演嶼。本朝宣和三年始降于州，民遂置祠今所。五年，路允迪使三韓，涉海遇風，禱而獲濟。歸，以聞。詔賜廟額昭利。

是演嶼神為唐末福建觀察使陳巖之長子，非指媽祖。《宣和奉使高麗圖經》所提第二舟三柁併折，應舟人禱祈而現祥光之事，應即為丁伯桂所記媽祖降於檣故事之來源。徐兢之以不同方式描述神靈，應是前二者在宋朝已是祀典對象，故得稱其名號，或上香，而後二者當時尚未受朝廷賜廟額，屬淫祠，官員不能公開祠祀，故一稱為演嶼神，一未稱神號而以祥光代之。而路允迪之所以願意代為上奏，則與宋朝君臣耽於神道信仰，不論何種神祇，只要祈禱有所感應，皆得封賜所致。《宋史》，〈諸祠廟〉云：

> 自開皇寶祐以來，凡天下名在地志，功及生民，宮、觀、陵、廟、名山、大川、能興雲雨者，並加崇祀，州、縣嶽瀆、城隍、仙、佛、山神、龍神、水、泉、江、河之神及諸小祠，由禱祈感應，封賜之多，不能盡錄。……諸神祠無爵號者賜廟額，已賜廟額者加封爵。初封侯、再封公、次封王。生有爵位者，從其本爵，婦人之神封夫人，再封妃。

機緣巧合，媽祖在宣和五年獲得朝廷賜廟額順濟，由小祠提升為叢祠，信仰媽祖之莆田籍官員從此可以正式參與祭典，李振為媽祖信仰開闢了坦途，立下首功。

　　（二）高宗紹興二十五年（1155）封崇福夫人。

　　《天妃顯聖錄》〈聖泉救疫〉1則，描述高宗紹興二十五年媽祖受誥封崇福夫人情節。文云：

> 宋高宗紹興廿五年春，郡大疫，神降於白湖旁居民李本家曰：
> 「疫氣流行，我為郡請命於帝，去湖丈許有甘泉，飲此，疾可
> 瘳。」境內羅拜神賜。但此地斥鹵，疑無清流，以神命，鑿之，
> 及深，猶不見泉，咸云：「此係神賜，勉加數鋤。」忽清泉沸
> 出，人競取飲之，甘冷若醴，汲者絡繹於路，朝飲夕瘳，人皆
> 騰躍拜謝曰：「清泉活人，何啻甘露！」乃甃為井，號曰聖泉。
> 郡使者奏於朝，詔封崇福夫人。

　　按《莆田縣志》〈祥異志〉紹興二十五年並無瘟疫記載，輿地志〈靈惠井〉則謂：

> 在白湖之側，環井斥滷，而井居其間獨甘，舊記云：時疫，有
> 夢神示一井，鑿而飲之無不愈。是歲，神始封靈惠，故井亦名
> 靈惠泉。

　　是其說雖有據，然未署年分，而丁伯桂〈順濟聖妃廟記〉最早記其事，應為〈聖泉救疫〉故事史源。丁文云：

> 紹興丙子，以郊典封靈惠夫人，逾年，江口又有祠。祠立二
> 年，海寇憑陵，效靈空中，風撝而去，州上厥事，加封昭應。
> 其年，白湖童邵一夕夢神指為祠處，丞相正獻陳公俊卿聞之，
> 乃以地券奉神立祠，於是白湖又有祠。時疫，神降，且曰：「去
> 潮丈許，脈有甘泉，我為郡民續命於天，飲斯泉者立瘳。」掘
> 泥坎，甘泉湧出，請者絡繹，朝飲夕愈，甃為井，號聖泉。郡

以聞，加封崇福。

紹興丙子為二十六年（1156），宋高宗因郊祭大典，祭後推恩普封眾神，媽祖因已有廟額，依例得封為夫人。2年後，就是紹興二十八年（1158）江口又建一祠。祠立二年，即紹興三十年（1160）加封昭應。至於白湖建廟年分，因丁文本身即語焉不詳，於此無法確認。聖泉救疫的故事則發生於白湖廟建成後，也就是加封「崇福」（紹興三十年）以後事。據《宋會要輯稿》〈禮〉20之61，〈莆田縣神女祠〉，謂孝宗乾道三年（1167）正月加封靈惠昭應崇福夫人。即崇福夫人受封於乾道三年，是媽祖第3次受封時加封封號。

綜上所述，本則誥封紀年錯誤，宜取消，另增乾道三年加封崇福夫人一條。

（三）紹興二十六年（1155）封靈惠夫人。

據丁伯桂〈順濟聖妃廟記〉，「紹興丙子，以郊典封靈惠夫人。」之原因及理由已如前述，靈惠夫人應為媽祖初次封號。此次誥封因係郊典推恩，《天妃顯聖錄》並無對應故事，僅於〈托夢建廟〉開頭一語帶過。

（四）紹興二十七年（1157）加封靈惠昭應夫人。

《天妃顯聖錄》〈托夢建廟〉條為對應故事，文云：

> 紹興廿七年秋，莆城東五里許有水市，諸舶所集，曰白湖，神來相宅於茲，章氏、邵氏二族人共夢神指立廟之地。少師陳公俊卿聞之，驗其地果吉，因以奉神。歲戊寅廟成。三十年，流寇劉巨興等嘯聚，直抵江口，居民虔禱於廟，忽狂風大震，煙浪滔天，晦冥不見，神靈現出空中，賊懼而退。既而復犯海口，神又示靈威，賊遂為官軍所獲。奏聞，天子詔加封靈惠昭應夫人。

〈托夢建廟〉故事內容包含2項，其一為白湖建廟事，廟成於戊寅，即紹興二十八年。紹興年間莆田已有聖墩、江口等廟，白湖廟於宋末元初凌駕聖墩成為香火最盛廟，除白湖為南北商舟會集地，陳俊

卿捐地倡建，廟以人貴亦為主因。

陳俊卿（1113-1186）字應求，興化軍莆田縣人，《宋史》有傳。陳氏為紹興八年（1138）進士亞魁，授泉州觀察推官。秩滿，秦檜當國，察其不附己，以為南外睦宗院教授。檜死，召為景安郡王教授，累遷殿中侍御史，權兵部侍郎，受詔整浙西水軍，李寶因之，遂有膠西之捷。紹興末年陳俊卿影響力已大。孝宗時，授尚書右僕射同中書門下平章事，兼樞密使，後以少師魏國公致仕。淳熙十三年（1186）卒，年74。

媽祖於宣和五年朝廷賜廟額，紹興二十六年（1156）始受誥封為靈惠夫人，其間已33年。此期間，媽祖信徒朱默卻先後於建炎四年（1130）、紹興元年（1131）受朝廷賜廟額顯濟、並誥封為威靈嘉祐侯，媽祖信仰於當時有被其徒朱默取代之勢。至紹興末年，陳俊卿出而提倡，其勢始變，故《天妃顯聖錄》特別提及。

其次，《天妃顯聖錄》褒封詔誥謂紹興二十七年詔封昭應，年代有誤，據丁伯桂〈順濟聖妃廟記〉云「祠立二年，海寇憑陵，效靈空中，風擒而去，州上厥事，加封昭應。」白湖廟立後2年為紹興三十年，本條年代紹興二十七年，應改為30年。

流寇劉巨興進攻江口、海口事，《莆田縣志》未載，但江口、海口均在莆田縣境，反映出紹興年間媽祖信仰尚屬莆田的區域信仰。

（五）孝宗淳熙十年（1183）以溫台剿寇有功，封靈慈昭應崇善福利夫人。

《天妃顯聖錄》〈溫台勦寇〉云：

> 宋孝宗淳熙十年，福建都巡檢姜特立奉命征剿溫州、臺州二府草寇，官舟既集，賊船艤水面，眾甚懼。方相持之際，咸祝曰：「海谷神靈惟神女夫人威靈顯赫，乞垂庇護！」隱隱見神立雲端，軿蓋輝煌，旗幡飛颭，儼然閃電流虹，賊大駭。俄而我師乘風騰流，賊舟在右，急撥棹衝擊之，獲賊酋，並擒其黨，餘賸四散奔潰，奏凱而歸，列神陰相之功，奉旨加封靈慈昭應崇善福利夫人。

此則故事仍取材於丁伯桂〈順濟聖妃廟記〉，文云：

> 加封崇福。越十有九載，福興都巡檢使姜特立捕寇舟，遙禱響
> 應，上其事，加封善利。

丁伯桂廟記所述為福興都巡檢使姜特立捕寇舟，未敘其地點，但
《天妃顯聖錄》則指在浙江溫、台二州。《莆田縣志》職官志並無福
興都巡檢使之目，姜特立事蹟無考。而乾隆《泉州府志》卷29名宦，
兵馬都監，〈姜特立〉傳謂：

> 姜特立，字邦傑，麗水人。累遷兵馬都監，海賊姜大獠寇泉南，
> 特立以一舟先進擒之。帥臣趙汝愚推薦于朝，除閣門舍人。

姜特立傳未載年代，僅記其為帥臣趙汝愚薦于朝。據《宋史》孝
宗本紀，淳熙十二年（1185）有「五月庚寅，地震，辛卯，福州地震，
詔帥臣趙汝愚察守令擇兵官防盜賊。」等語，是年十二月趙汝愚遷四
川制置使。故此事發生年份似在淳熙十一、十二年間，與《宋會要輯
稿》禮21之31謂於淳熙十二年封「靈惠昭應崇福善利夫人」說法年
代相符。丁伯桂謂為紹興三十年之後19年，即淳熙六年（1179）有誤。
此次朝廷加封媽祖善利二字，完整封號為靈惠昭應崇福善利夫人，非
靈慈昭應崇善福利夫人。本則誥封應改為淳熙十二年封靈惠昭應崇福
善利夫人。

（六）光宗紹熙元年（1190）以救旱大功褒封，進爵靈惠妃。

按此條與《天妃顯聖錄》〈救旱進爵〉故事對應，文云：

> 宋光宗紹熙元年庚戌夏大旱，萬姓號呼載道。神示夢於郡邑長
> 曰：「旱魃為虐，我為君為民請命於天，某日甲子當雨。」及
> 期，果銀竹紛飛，金颷噴澍，焦林起潤，暵谷生春。郡邑交章
> 條奏，天子詔：「神福民殊勳應褒封進爵。」頒詔進封靈惠妃，
> 以彰聖靈。

故事史源仍為丁伯桂〈順濟聖妃廟記〉，文云：

> 淳熙甲辰，民災，葛侯郛禱之；丁未旱，朱侯端學禱之；庚戌
> 夏旱，趙侯彥勵禱之，隨禱隨答，累其狀聞於兩朝，易爵以妃，
> 號靈惠。

　　媽祖爵位由夫人晉升為靈惠妃，是宋孝宗朝累積甲辰（11 年）、
丁未（14 年）、庚戌（光宗紹熙元年）3 次祐民神蹟，由 3 位知軍陳
報朝廷後加封而來。本則記載略去前 2 則故事及當事官員姓名，而此
三位官員姓名在《莆田縣志》卷 7 職官志中均可考，葛郛於淳熙十一
年（甲辰，1184）以朝散郎知興化軍；朱端學於淳熙十三年（丙午，
1186）以朝散郎知興化軍；趙彥勵於紹熙元年（庚戌，1190）以朝奉
大夫知興化軍。與丁伯桂所述任職年分符合，趙彥勵更為名宦，《莆
田縣志》趙彥勵傳載其事云：

> 趙彥勵，字懋訓，浚水人，紹熙元年以朝奉大夫知。涖郡之再
> 歲，會雨水傷稼。故事，三縣課夏稅錢幾二萬緡，又額徵僧
> 錢幾七千緡。彥勵請以贏錢代輸，而於雜調則乞汰舊額，詔咸
> 從之。

　　據《莆田縣志》〈選舉志〉及〈人物志〉，丁伯桂為嘉泰二年
（1202）進士，與趙彥勵任職時代相接，故〈順濟聖妃廟記〉所述雖
為其當代事，但趙彥勵傳所述雨水傷稼則發生於紹熙二年（1191），
故誥封之事應在紹熙二年之後。而程端學〈靈慈廟事蹟記〉將此事載
於紹熙三年（1192）較為合理。故本條及故事應該為：紹熙三年進爵
靈惠妃。
　　（七）寧宗慶元四年（1198）加封助順。
　　《天妃顯聖錄》〈救甌閩潦〉條云：

> 宋寧宗慶元四年戊午，甌閩苦雨，潦沱不止，漂屋蕩崖。春夏
> 倉廩告匱，民不聊生，有司請蠲、議賑。莆人共禱於神，夜夢

神示之曰：「人多不道，厥罰常陰，故上天困此一方人。今爾眾虔恭，我為爾奏於帝，帝矜之，越三日當大霽，且錫有秋。」至期，果見扶桑破曉，暘谷春生，早禾得水而朶，西成大熟。省官奏聞，奉旨加封助順，以報厥功。

〈救甌閩潦〉，丁伯桂〈順濟聖妃廟記〉云：

慶元戊午，甌閩列郡苦雨。莆三邑有請於神，獲開霽，歲事以豐。

程端學〈靈慈廟事蹟記〉則云：

慶元四年，甌閩諸郡苦雨。唯莆三邑禱之，霽，且有年，封靈惠助順妃。

慶元戊午即慶元四年，丁、程二文所言皆同，本則正確無誤。

（八）慶元六年（1200）朝廷以神妃護國庇民大功，追封一家。

《天妃顯聖錄》對應故事為〈平大奚寇〉及〈一家榮封〉，〈平大奚寇〉云：

慶元六年，大奚寇作亂，舳艫相接銳不可當。調發閩省舟師討之，眾請神香火以行。與賊遇於中流，彼居上風。眾恐懼禱神。頃刻間，昏霧四塞，返風旋波，神光顯現，遂衝突無前，渠魁就擒，餘兇或溺或潰，掃蕩無遺。凱奏，具陳神庇，朝廷以神妃屢有功勳，應追封先世，於是詔封后之父母及其兄與姐。

〈平大奚寇〉故事，丁伯桂〈順濟聖妃廟記〉云：

朝家調發閩禺舟師平大奚寇，神著厥靈，霧障四塞，我明彼晦，一掃而滅。

程端學〈靈慈廟事蹟記〉亦云：

> 時方發閩禺舟師平大奚寇，神復效靈起大霧，我明彼暗，盜悉
> 掃滅。

可見平大奚寇確有其事。

〈一家榮封〉故事，《天妃顯聖錄》云：

> 慶元六年，朝廷以神妃護國庇民功參玄造，人本乎親，慶自先
> 貽。於是頒詔封妃父為楨慶侯，又改封威靈侯，又以顯赫有庇
> 民社，加封為靈感嘉祐侯。母王氏，封顯慶夫人；兄封靈應仙
> 官；神姐封為慈惠夫人，佐神。

按誥封媽祖父母事，劉克莊〈風亭新建妃廟〉曾載其事云：

> 妃……今為靈惠嘉應協正善慶妃，又封妃父曰某侯，母曰某夫
> 人。……為妃父母求封爵者謙父，亦善士。」

劉文撰約於寶祐五年（1257），或因撰文時尚未確定媽祖父母封
號文字，權以初封爵銜某侯、某夫人稱之，故《天妃顯聖錄》〈一家
榮封〉故事應可無疑，而其年代則早了 56 年。另誥封故事所見媽祖
父親 1 年三易其封，與禮制不符，似非同年間事。程端學〈靈慈廟事
蹟記〉亦載其事，而年代置於寶祐年間，謂：

> 寶祐二年旱，禱之雨，封助順嘉應英烈協正妃。三年，封靈惠
> 助順嘉應慈濟妃。四年，封靈惠協正嘉應慈濟妃。是歲，又以
> 浙江堤成築，封靈惠協正嘉應善慶妃。……寶祐之封，神之父
> 母、女兄以及神佐皆有錫命。

程文載媽祖於 2 年之間 4 度受封，故媽祖父親於 2 年之內三易封
號之疑始得解釋。如是，本條年代應改為寶祐四年。〈靈慈廟事蹟記〉

謂封媽祖父母及女兄、諸佐神；女兄即指諸姐，未提及男兄，似乎元代尚無媽祖有兄長的說法。《天妃顯聖錄》〈一家榮封〉故事謂媽祖兄封靈應仙官的說法，似為後世據林氏家譜增補。

（九）寧宗開禧元年（1205）以淮甸退敵奇功，加封顯衛。

《天妃顯聖錄》〈紫金山助戰〉故事云：

> 宋寧宗開禧改元乙丑冬，金人僕散揆從八疊灘潛渡淮，聚哨淮甸，王師啟行北伐。人心洶湧，求庇於神。至直隸安豐，戎馬戒嚴。神示夢於將領畢再遇等曰：「金人犯順，北顧貽憂，若等銳志克敵，吾當助威以佐天子。」初戰於花黶鎮，神現靈雲端，眾望空中若有萬馬馳騁狀，知為神力呵護，賈勇向前，大炮碎其酋長，賊遂卻。又會戰於紫金山，賊甚猖獗，臨陣時復見旌旗閃空，將領嚴令督戰，兵士擁楯而進，敵乃披靡，獲馬百餘匹，斬馘數百人。賊復大聚合肥，聞雲端鏘鏘有劍戟聲，賊益懼，且戰且退，遂解合肥之圍。全師返旆，人唱鐃歌。天子聞神兵陰助，有護國大功，加封顯衛，以答神麻。

按開禧年間金兵大舉南侵，從淮西大散關至安徽泗州、楚州均有戰事，雙方互有勝負，紫金山之役，於宋朝而言無異為首都保衛戰，如金兵破紫金山，克鎮江，則臨安不保，南宋有可能滅亡，故此役戰勝有其象徵意義。丁伯桂〈順濟聖妃廟記〉載其事云：

> 開禧丙寅，金寇淮甸，郡遣戍兵，載神香火以行。一戰花黶鎮，再戰紫金山，三戰解合肥之圍，神以身現雲中，著旗幟，軍士勇張，凱奏以還。

程端學〈靈慈廟記〉亦云：

> 嘉定元年，金人寇淮甸，宋兵載神主，戰於花黶鎮，仰見雲間皆神兵旗幟，大捷。及戰紫金山，復現神像，又捷。三戰遂解合肥之圍，封靈惠助順顯衛妃。

丁伯桂所書開禧丙寅為開禧二年（1206），莆田軍士在 3 次戰役克敵致勝；行軍過程中，莆田軍士載媽祖香火偕行，故士氣高漲。凱旋後宋寧宗於嘉定元年（1208）加封顯衛，媽祖聲威遂擴展至淮水流域。本條詔誥列於開禧元年（1205），應改為嘉定元年。

（十）嘉定元年（1208）以救旱並擒賊神助，加封護國助順嘉應英烈妃。

《天妃顯聖錄》〈助擒周六四〉故事云：

> 嘉定改元戊辰秋，草寇周六四哨聚犯境，舟艦不可勝計。時久旱後，人窮無賴者多，既困赤地，遂入綠林，乘亂劫掠，廬舍寥落。闔邑哀禱於神，神示之夢曰：「六四罪已貫盈，特釜中遊魚耳！當為爾殲之。」越四日入境，喊聲動地，忽望空中有劍戟旗幟之形，各相驚疑退下，舟邊衝礁閣淺，尉司駕艇追之，獲其首，餘兇悉就俘。寇平，境內悉安。奏上天子，奉旨加封護國助順嘉應英烈妃。

〈助擒周六四〉故事繫於嘉定元年，丁伯桂〈順濟聖妃廟記〉僅有：「海寇入境，將掠鄉井，神為膠舟，悉就擒獲。」及「嘉定元年（1208）加顯衛之號」記載。而〈靈慈廟記〉雖有嘉定元年詔封，但來由為前述金山助戰三役，與本則故事無關。又宋代神靈加封每次以二字為原則，本則記載謂朝廷加封護國助順嘉應英烈妃，把原有靈惠、顯衛等封號完全摒除，且與丁伯桂所述加封顯衛不同，應為誤記。

（十一）理宗寶祐元年（1253）以濟興泉饑，加封靈惠助順嘉應英烈協正妃。

（十二）寶祐三年（1255）以神祐加封靈惠助順嘉應慈濟妃。

（十三）寶祐四年（1256）以錢塘堤成有功，加封靈惠協正嘉應善慶妃。

《天妃顯聖錄》〈濟興泉饑〉故事，除載寶祐元年詔封事外，亦附記寶祐三年、四年詔封事，云：

寶祐改元，莆與泉大旱，穀值騰湧，饑因弗支，老幼朝夕向祠前拜禱。夢神夜告曰：「若無憂！米艘即至矣。」初廣地賈客擬裝米上浙越，偶一夜，神示夢曰：「興、泉苦饑，米貴，速往，可得利。」客寤而喜，謂神示必獲利滋倍，遂載入興、入泉。南艘輻輳，民藉以不饑，米價反平。郡人頗矜天幸；商人怏怏，言神夢不驗。詢其得夢之由，才悟神為二郡拯饑。又思前夕米艘即至之夢，果屬不虛。咸嘆再造神功，焚香拜謝。天子聞之，詔褒封助順嘉應英烈協正妃。

　　三年，又以顯靈加封靈惠助順嘉應慈濟妃。

　　四年丙辰，以浙江隄岸告成，加封靈惠協正嘉應善慶妃。

　　按丁伯桂〈順濟聖妃廟記〉撰於紹定二年（1229），《天妃顯聖錄》後續諸誥封另有史源。程端學〈靈慈廟記〉所述媽祖史事亦詳，但未見寶祐元年（1253）濟興泉饑之事。唯丁伯桂〈順濟聖妃廟記〉有「商販者不問食貨之低昂，惟神之聽。」之語，似丁伯桂亦曾聽過類似〈濟興泉饑〉故事，非《天妃顯聖錄》杜撰。

　　程端學〈靈慈廟記〉另有寶祐二年至四年（1254-1256）連續褒封的記載，云：

　　　寶祐二年旱，禱之雨，封助順嘉應英烈協正妃。三年，封靈惠助順嘉應慈濟妃。四年，封靈惠協正嘉應慈濟妃。是歲，又以浙江堤成築，封靈惠協正嘉應善慶妃。

　　〈靈慈廟記〉較《天妃顯聖錄》所記稍詳，〈靈慈廟記〉增列寶祐四年一則封號，其餘三次誥封均同，二書似有共同史源。另劉克莊於寶祐五年（媽祖受封次年）撰〈風亭新建妃廟〉時謂媽祖封號：「今為靈惠嘉應協正善慶妃」，與〈靈慈廟記〉寶祐四年第二則封號文字次序有異。然以寶祐二年誥封「協正」列於「嘉應」之後，且據《莆田縣志》劉克莊傳，劉曾任中書舍人兼史職，所述當較嚴謹，故寶祐四年第二則封號應以劉克莊所述為準。此時媽祖封號為靈惠嘉應協正善慶妃。

至於〈錢塘助堤〉事,《天妃顯聖錄》有對應故事一則,云:

> 宋理宗嘉熙元年,浙省錢塘潮翻,江堤橫潰,大為都省患,波
> 湧浩蕩,版築難施。都人號祝於神妃,忽望水波洶湧,時濤頭
> 上艮山祠,若有所限拒而水勢倒流不前者,因之水不衝溢,堤
> 障得成,永無泛圮之患;眾咸稱神力捍禦。有司特奏於朝,奉
> 旨:「神功赫濯,大有裨於朝家,議加封號,以答靈感。」

宋理宗嘉熙元年(1237)距丁伯桂撰寫〈順濟聖妃廟記〉8 年,
故丁文無此則記錄。按此則故事出自咸淳《臨安志》,但〈錢塘助堤〉
故事中的艮山祠為丁伯桂所修建。丁伯桂於理宗寶慶三年(1227)出
知臨安府時,艮山順濟廟地褊且陋,丁伯桂與侍中陳卓等捐貲倡募,
移舊殿閣,前架正殿,又構廊廡明樓,成一巨構,紹定二年(1229)
廟成。8 年後錢塘大潮,順濟廟因得以保無恙,顯見丁伯桂當年規劃
之宏遠。

嘉熙元年似為錢塘築堤工程動工之年,故《天妃顯聖錄》〈錢塘
助堤〉故事未載朝廷誥封封號,至寶祐四年江堤竣工,朝廷乃予誥封,
致有同年內 2 次誥封之情形。

(十四)開慶元年(1259)以火焚強寇有功,進封顯濟妃。

《天妃顯聖錄》〈火燒陳長五〉為此次誥封對應故事,云:

> 開慶改元,歲在己未,陳長五兄弟縱橫海上,去來於興、泉、
> 漳之間,殺掠逞兇,家無安堵,三郡大困,請命於神。郡守徐
> 公夢神示之曰:「當殄此賊,以靖地方。」徐公素敬信神妃,
> 即率寨官石玉等勵兵備之。朝廷督王憲使鎔尅期剿賊。越八
> 月,賊三舟入湄島,將屠掠蓼、禧。禱於神,弗允。解衣僵臥
> 廊廡下,悖慢不敬。俄有火焚其身,肉綻皮爛,痛楚哀呼。賊
> 大懼,退遁舟中。神起順風誘之出港,忽天日晦冥,大雨驟至。
> 及開霽,賊三舟已在沙埔上膠淺不動。憲使王鎔曰:「此神授
> 也,逆賊當殲滅矣!」揮兵急擊,賊奔潰,先擒長五。郭敬叔
> 等帥兵追至莆禧,擒長六;長七乘潮退遁,復追至福清,並俘

之，磔於市，脅從者罔治。徐公具陳神庇助之功，憲使奏上天子，敕議典禮，進封顯濟妃，兩司捐萬楮助修宮殿，以報神貺。

〈火燒陳長五〉故事，人、事、時、空皆有，非常具體，似非杜撰。人有海盜陳長五兄弟，知軍徐某，督憲王鎔、郭敬叔；時間則為理宗開慶元年；地點則在莆田的吉了、莆禧及湄洲嶼。經查《莆田縣志》〈祥異志〉並無此記載；而〈職官志〉，開慶元年知興化軍為陳夢龍，次年（景定元年1260）為曹怡老，至景定四年（1263）始由徐直諒知興化軍，故所述郡守徐公若指徐直諒，則其年代有誤。另謂督憲王鎔，按督憲應指總督，但宋代並無總督之制，《宋史》列傳亦無王鎔、郭敬叔等人傳記，故〈火燒陳長五〉，似為莆田地方之傳說經過具體化的故事。但此故事基本上為真，因程端學〈靈慈廟記〉有「景定三年禱捕海寇，得反風，膠舟就擒，封靈惠顯濟嘉應善慶妃。」的記載，與本則故事似為同一件事，但所署年代較徐直諒知興化軍早1年；或許景定三年（1262）海寇來襲，至4年徐直諒知軍時就擒。故本則誥封年代應改為景定三年。

三、元朝誥封與祀典

《天妃顯聖錄》所載元朝誥封共5命，但未單獨予以列目，置於宋朝誥命後；明朝詔誥又特別以皇明標題，應非手民誤植，似乎編者有不願承認異族政權的意味。5次誥封如下：

（一）元世祖至元十八年（1281）以庇護漕運，封護國明著天妃。

（二）至元二十六年（1289）以海運藉佑，加封顯佑。

（三）成宗大德三年（1299）以庇護漕運，加封輔聖庇民。

（四）仁宗延祐元年（1314）以漕運遭風得助，加封廣濟。

（五）文宗天曆二年（1329）以怒濤拯溺，加封護國輔聖庇民顯佑廣濟靈感助順福惠徽烈明著天妃。

依《禮記》，祭不越望，各種祀典依其神格享有一定祭祀區，區域性祀典例由相當層級地方官署主政，元朝時媽祖祀典仍屬區域祀典，然朝廷以其攸關漕運安危特加重視，至元中即屢予加封賜祭，頗有國家祀典之勢。《元史》祭祀五，〈名山大川忠臣義士之祠〉云：

> 凡名山大川、忠臣義士在祀典者，所在有司主之，惟南海女神靈惠夫人，至元中以護海運有奇應，加封天妃神號，積至十字，廟曰靈慈，直沽、平江、周涇、泉、福、興化等處皆有廟。皇慶以來，歲遣使香遍祭，金幡一合、銀一鋌，付平江漕司及本府官，用柔毛、酒醴，便服行事。祝文云：維年月日皇帝特遣某官等致祭於護國庇民廣濟福惠明著天妃。

可見元朝政權壽命雖不滿百年，但對媽祖的誥封、賜祭卻不少。茲錄《元史》各朝本紀誥封狀況如下。

元世祖至十五年（1278）八月，云：

> 制封泉州神女號護國明著靈惠協正善慶顯濟天妃。

至元二十五年（1288）六月癸酉，云：

> 詔加封南海明著天妃為廣祐明著天妃。

成宗大德三年（1299）二月壬申云：

> 加泉州海神曰護國庇民明著天妃。

文宗天曆二年（1329）冬十月己亥云：

> 加封天妃為護國庇民廣濟福惠明著天妃，賜廟額曰靈慈。遣使致祭。

順帝至正九年（1349）二月丙戌云：

> 詔加封天妃父積德積慶侯，母育聖顯慶夫人。

《天妃顯聖錄》所述至元十八年誥封護國明著天妃，應即為《元史》至元十五年八月的誥封；至元二十六年（1289）加封顯佑，應為至元二十五年加封廣佑。至於至正九年（1349）詔加封天妃父、母之事，《天妃顯聖錄》則未錄，似未引用《元史》史料。

從上述《元史》對媽祖的稱呼，由「泉州神女」而「南海女神」再而「海神天妃」，可見媽祖在元朝的神格由區域性的神不斷提升至海神，實質上已具國家祀典性質。

《元史》以〈泉州神女〉立目，可見媽祖的誥封是由泉州為源起，與莆田或湄洲並無直接關係。泉州媽祖廟創於南宋慶元年間，《泉州府志》天后宮云：

> 在府治南門內，宋慶元間建，明永樂十三年奉旨修葺，嘉靖間郡人徐毓重修。

下以小字引〈顧珀記〉云：

> 吾泉有靈惠天妃宮，創自宋慶元間，奠於郡城之南，浯江橫其前，三台擁其後，左法石右紫帽，亦郡中形勝地也。國朝永樂十三年少監張謙使渤泥，得乎州，發自浯江，實仗神庥，歸奏于朝，鼎新之。

又引《隆慶府志》云：

> 神居莆陽之湄洲嶼，都巡檢愿之季女也。……宋慶元二年泉州浯浦海潮庵僧覺全夢神命作宮，乃推里人徐世昌倡建。實當筍江巽水二流之匯，番舶客航聚集之地，……自是水旱盜賊有禱輒應，歷代遣官齋香詣廟致祭。明永樂五年以出使西洋，太監

鄭和奏令福建守鎮官重新其廟，自是節遣內官及給事中行人等官出使琉球、暹羅、爪哇、滿剌加等國率以祭告祈禱為常。

慶元二年（1196）為宋寧宗年號，慶元年間媽祖曾 3 度受誥封，是媽祖盛行的年代，而建廟的幕後支持者為浯浦海潮庵僧覺全。元朝屢次加封泉州廟，但府志竟隻字不提，頗令人好奇。推其因，似誥封事與蒲壽庚、蒲師文父子有關。按宋代泉州與廣州為中國南方最重商港，為南宋政府稅收主要來源，蒲壽庚兄弟為西域人，於南宋後期來泉州經商定居，以善招來外商，卒被任為泉州市舶司，主管海外貿易事務。《宋史》本紀〈瀛國公〉，有蒲壽庚記載云：

> 乙巳，是入海，癸丑，大軍至福安州，知州王剛中以城降，是欲入泉州。招撫蒲壽庚有異志。初壽庚提舉泉州舶司，擅蕃舶利者三十年，是舟至泉，壽庚來謁，請駐蹕。張世傑不可。或勸世傑留壽庚，則凡海舶不令自隨。世傑不從，縱之歸。繼而舟不足，乃掠其舟，并沒其貨。壽庚怒，乃殺諸宗室及士大夫與淮兵之在泉者。是移潮州。

《宋史》所言是，即宋端宗。而《元史》世祖本紀，至元 14 年（1277）則載：

> 乙未，福建漳泉二郡蒲壽庚、印德傅、李珏、李公度皆以城降。……閩廣大都督兵馬招討使蒲壽庚並參知政事。

蒲壽庚原任宋朝泉州市舶司提舉達 30 年之久，在泉州、廣州甚具影響力。降元後，元世祖任命為閩廣大都督兵馬招討使，協助征剿閩廣地區。

另《泉州府志》卷 73，有 2 則有關蒲壽庚記載，其一云：

> 咸淳末，海賊寇境，時西域人蒲壽峨、壽庚兄弟在泉，擊賊，退之。

其二，題為「德祐二年（1276）元伯顏遣不周青寇泉州」，云：

> 景炎元年宋端宗即位于福州，尋入海航于泉州港，命蒲壽庚將
> 海舟以從。叛賊壽庚閉城拒命。時元伯顏遣唆都寇泉州。壽庚
> 遂以蠟丸表，由水門潛出，與田子真叛，降元。二年，張世傑
> 自海上復回討賊，壽庚遣其賊黨孫勝夫詣杭求救於唆都，盡害
> 宗室千餘人及士大夫與淮兵之在泉者，備極慘毒，張世傑攻九
> 十日不下，乃去之。

　　宋朝長期任用蒲壽庚為泉州市舶司提舉，但蒲壽庚以小隙降元；
降前還設計屠殺居泉宋朝宗室千餘人、士大夫及協防淮軍；降元後任
元朝高官，協助元兵鎮壓福建地區，故泉人提及蒲壽庚，皆咬牙切齒，
不承認其曾為宋朝官員身分。

　　蒲壽庚《元史》無傳，《新元史》雖有傳，但書中僅寥寥數語，
反不若《宋史》、《泉州府志》所述之詳。而元朝誥封媽祖是由蒲壽
庚之子，提舉泉州市舶司的蒲師文代朝廷誥封，故《泉州府志》刻意
不采輯其事略。《天妃顯聖錄》載蒲師文代元朝誥誥封媽祖為護國明
著天妃事，云：

> 惟昔有國，祀為大事。自有虞望秩而下，海嶽之祀，日致崇極。
> 朕恭承天麻奄有四海，粵若稽古，咸秩無文。惟爾有神，保護
> 海道，舟師漕運恃神為命，咸靈赫濯，應驗昭彰。自混一以來
> 未遑封爵，有司奏請，禮亦宜之。今遣正奉大夫宣慰使左副都
> 元帥兼福建道市舶提舉蒲師文冊爾為護國明著天妃。於戲！捍
> 災禦患，功載祀典，輔相之功甚大，追崇之禮宜優。爾其服茲
> 新命，以孚佑我黎民，陰相我國家，則神之享祀有榮，永世無
> 極矣！

　　觀此誥文語氣，似是元朝首度誥封媽祖，其誥封原因是比照歷代
封禪之禮，而代元政府冊封者為蒲師文。蒲壽庚因於元朝取泉州建功
甚偉，故元世祖予以酬庸，封其子為正奉大夫宣慰使左副都元帥兼福

建道市舶提舉，繼續掌控泉州海外貿易。因泉州當時為福建行中書省所在地，故選擇誥封廟宇亦以泉州廟為對象。

《天妃顯聖錄》所載元代第3則誥封為成宗大德3年（1299）以「利涉洪波」加封輔聖庇民；核對《元史》大德3年2月壬申條云：「護國庇民明著天妃」，非輔聖庇民，亦有誤。

《天妃顯聖錄》載仁宗延祐元年（1314）以「東南之漕運實左右之憑依」加封廣濟；然查《元史》仁宗延祐元年並無加封記載。

《天妃顯聖錄》接著載文宗天曆二年（1329）以「在國尤資轉運之功」加封徽烈，全銜為：護國輔聖庇民顯祐廣濟靈感助順福惠徽烈明著天妃。《元史》天曆二年冬十月己亥云：「加封天妃為護國庇民廣濟福惠明著天妃。」據此，《天妃顯聖錄》廣濟之封是在天曆二年，非延祐元年。

因天妃媽祖已為元朝海神的象徵，誥封已成例行公事，不必由地方官奏上靈應事蹟，故《天妃顯聖錄》所錄故事僅2則，其一為〈怒濤濟溺〉，云：

> 天曆元年（1328）夏，備海道萬戶府分司運糧至大海，遭颶風驟起，巨浪連天七日夜不息，人困力疲，運艘幾於翻覆，舟人哀號仰禱神妃求佑。會日暮，有形從空而下，掩映舟中，輝耀如晝，宛見神靈陟降，少頃，怒濤頓平，船上覺異香繽郁。自此水道無虞，經抵直沽都省。奏聞，奉旨：差翰林國史院學士普顏實理欽齎御香馳驛致祭。二年，漕運復藉神妃默庇無失，加封護國輔聖庇民顯祐廣慈靈感助順福惠徽烈明著天妃，遣官黃份等馳傳具禮，專詣湄洲特祭，並致祭淮、浙、閩海等處神廟，共祭一十八所。

第二則〈神助漕運〉，雖與則誥封無關，但文末謂奉旨賜額靈慈，云：

> 至順元年庚午（1330）春，糧船七百八十隻，自太平江路太倉劉家港開洋，遇大風突起，波撼星辰，桅檣飄蕩，數千人戰慄

哀號。官吏懇禱於神妃，言未已，倏陰雲掩靄，恍見空中有朱
衣神擁翠蓋，佇立舟前，旋有火照竿頭，晶光如虹。舟人且驚
且喜，無何風平浪息。七百餘艘飄流四散，正集合整理篷槳，
解纜而進。又聞空中有語云：可向東南孤島暫泊。眾郎撐舟依
孤島旁，方拋椗，江上狂颶迅發，暴雨倒峽，舟人相慰曰：非
神靈指示，我等皆在鼉宮蛟窟矣！次日晴霽，遂達直沽交卸。
中書奏神護相之功，奉旨賜額曰靈慈。

　　蒙古族入主中國，對莆田人而言，可說是一場惡夢，因為莆田傳
統士習耿介不媚俗，南宋時莆田人出兵抗金保衛疆土；元兵入侵，陳
文龍叔姪復為維護國家主權募兵與抗，兵敗後莆田竟遭屠城。《莆田
縣志》〈祥異志〉載：

　　　德祐二年（1276）元陷興化軍。知軍陳文龍死之。景炎二年
　　　（1277）十月，元屠興化軍。通判權知軍陳瓚死之。

　　德祐二年（1276，元世祖至元十三年）為宋恭帝年號，僅 2 年。
五月，元軍至南宋首都臨安北關，陳文龍則請身督殿旅合江下義丁決
一死戰，然文武官員多主降。後張世傑擁益王趨閩，即位福州，號端
宗，改元景炎。旋以漳州叛，任陳文龍為參知政事閩廣宣撫使討之。
陳文龍殫家財，募壯士萬人，駐興化軍。十二月叛將林華、陳淵與通
判曹澄孫以城降，陳文龍死之。景炎二年（1277，至元 14 年）二月，
陳文龍堂叔陳瓚攻林華等，誅之，復興化軍。端宗命陳瓚以通判權守
興化，且令乘勝復福、泉二郡。九月，元軍圍興化，十月城破，陳瓚
被執分屍，元兵屠城三時，血流有聲。
　　元朝以異族入主華夏，官員進用自有體系，仁宗皇慶二年（1313）
始設進士科，由行省鄉試，次年禮部會試。分蒙古、色目人為左榜，
漢人南人為右榜，進士恩賜視左榜減半。元統三年（1335）罷科舉，
不會試；至元六年（1340）詔復行科舉，終元之世僅 50 年開科取士，
莆田人中進士者僅 7 人。莆田人在朝廷的影響力式微，但元朝仍二度
誥封媽祖，遣官致祭次數更多，除元世祖即位郊天，依例誥封百神之

外，均由漕運官員奏請，可見當時媽祖信仰已確立不拔，被官方視為航海之司命。

四、明朝誥封與祀典

明朝，對媽祖信仰而言，已經是成熟期，媽祖信仰在政府祀典中維持海神地位，同時在以海維生的槁工水手中繼續傳播。明朝在洪武年間曾為防範海寇短暫鎖國，但永樂年間為尋找失踪的惠帝而派鄭和下西洋。在鄭和及相關下西洋的船隊也屢有媽祖護祐的神蹟傳出，但《天妃顯聖錄》載終明之世，朝廷誥封卻僅有三命，與頻繁的海洋活動似不成比例，頗值玩味。

（一）太祖洪武五年（1372）以神功顯靈，敕封昭孝純正孚濟感應聖妃。

《天妃顯聖錄》錄太祖御祭文云：

> 奉天承運皇帝制曰：國家崇報神功，郊、社、旅、望而外，非有護國庇民，豐功峻德者，弗登春秋之典。明著天妃林氏，毓秀陰精，鍾英水德，在歷紀既聞禦災捍患之靈，於今時懋出險持危之績，有裨朝野，應享明禋。朕臨御以來未及褒獎，茲特遣官貽詔，封為：昭孝純正孚濟感應聖妃。其服斯命，宏佐休光，俾清宴式觀作睹之隆，康阜永著赫濯之賜。欽哉！

祭文云「朕臨御以來未及褒獎」，此次誥封似為明太祖建國後依禮郊天，推恩誥封百神之例行公事。然查《明史》太祖本紀是年並無誥封諸神，〈禮志〉亦無誥封記載，按明太祖即位後，於祀典頗為嚴謹，一面查訪保護，一面禁官員祭淫祠。《明史》謂：

> 洪武元年，命中書省下郡縣訪求應祀神祇、名山大川、聖帝明王、忠臣烈士，有功於國家及惠愛在民者著於祀典，令有司歲時致祭。二年，又詔天下神祇常有功德於民，事蹟昭著者，雖不致祭，禁人毀撤祠宇。三年，定諸神封號，凡後世溢美之稱

皆革去。天下神祠不在祀典者，即淫祠也，有司勿得致祭。

洪武三年更革去諸神封號，《明史》謂：

（洪武）三年，詔革諸神封號，惟孔子封爵仍舊。

明朝建國之初，南京諸神廟僅 10 廟，所祀神為：北極真武、道林真覺普濟禪師寶誌、都城隍、祠山廣惠張渤王、五顯靈順、漢秣陵尉忠烈公蔣子文、晉咸陽忠貞公卞壼、宋濟陽武惠王曹彬、南唐劉忠肅王仁瞻、元衛國忠肅公福壽。天妃媽祖並未在其列，至永樂七年（1409）始增列入祀典，不知《天妃顯聖錄》所據為何。

（二）成祖永樂七年以神屢有護助大功，加封護國庇民妙靈昭應弘仁普濟天妃。

《天妃顯聖錄》所錄御祭文，云：

成祖永樂七年，欽差太監鄭和往西洋，水途適遇狂颶，禱神求庇遂得全安歸。奏上，奉旨差官致祭，賞其族孫寶鈔各五百貫。本年又差內官張悅、賀慶送勃泥國王回，舟中危急，禱神無恙。歸奏。奉旨差官致祭。本年又差內官尹璋往榜葛剌國公幹，水道多虞，祝禱各有顯應，回朝具奏。聖上以神功浩大，重神國家，遣太監鄭和，太常寺卿朱焯馳詣湄山致祭，加封：護國庇民妙靈昭應弘仁普濟天妃。

奉天承運皇帝制曰：惟昭孝鈍正聖妃林氏，粹和靈惠，毓秀坤元，德配蒼穹，功參玄造，江海之大，惟神所司，佑國庇民，夙彰顯應。自朕臨御以來，屢遣使諸番及餽運糧餉，經涉水道，賴神之靈，保衛匡扶，飛颶翼送，神光導迎，欻忽感通，捷於影響；所以往來之際，悉得安康。神之功德，著在天壤，必有褒崇，以答靈貺，茲特加封：護國庇民妙靈昭應弘仁普濟天妃，仍建廟於都城外，賜額曰：弘仁普濟天妃之宮。爰遣人以牲醴庶饈致祭，惟神其鑒之。

所述媽祖受封與鄭和下西洋屢次獲媽祖護祐有關，成祖誥封之事，《明史》成祖本紀雖未記載，但禮志四〈南京神廟〉卻有如下記載，謂：

南京神廟，初稱十廟，北極真武以三月三日、九月九日。……後復增四，關公廟……。天妃，永樂七年封為護國庇民妙靈昭應宏仁普濟天妃，以正月十五日、三月二十三日，南京太常寺官祭。太倉神廟，以仲春、秋望日，南京戶部官祭。司馬馬祖先牧神廟，以春秋仲月中旬擇日南京太僕寺官祭。

燕王（成祖）靖難之役，都城陷，宮中火起，惠帝不知所終。中官雖曾出帝、后屍於火中，葬之。或謂惠帝由地道出亡。成祖即位後遂分遣人員訪查，海路方面，永樂三年（1405）六月，派中官鄭和帥舟師下西洋諸國，一以宣揚國威，同時暗訪惠帝下落。《明史》鄭和傳云：

鄭和，雲南人，世所謂三保太監者也。初事燕王於藩邸，從起兵，有功，累擢太監。成祖疑惠帝亡海外，欲蹤跡，且欲耀兵異域，示中國富強，永樂三年六月命和及其儕王景弘等通使西洋，將士卒二萬七千八百餘人，多齎金幣，造大舶修四十四丈廣十八丈者六十二，自蘇州劉家港泛海至福建，復自福建五虎門揚首達占城，以次徧歷諸番國，宣天子詔，因給賜其君長，不服則以武懾之。

大規模且密集的海上遠航，天妃媽祖的護航功能即再顯現，成祖因而誥封天妃，並於都城外建廟崇奉。明成祖〈御制弘仁普濟天妃宮之碑〉云：

朕承鴻基。勉紹先志，罔敢或怠，撫輯內外，悉俾生遂，夙夜兢惕，惟恐弗逮，恒遣使敷教化於海外諸番國，導以禮義，變其夷習。其初，使者涉海洋，經浩渺，颶風黑雨，晦暝黯慘，

雷電交作，洪濤巨浪，摧山倒岳，龍魚變怪，詭形異狀，紛雜出沒，驚心駭目，莫不錯愕。乃有神人飄飄雲際，隱顯揮霍，上下左右，乍有忽無，以孚以侑。旋有紅光如日，煜煜流動，飛來舟，凝輝騰耀，遍燭諸舟，熇熇有聲。已而煙消霾霽，風浪貼息，海波澄鏡，萬里一碧，龍魚遁藏，百怪潛匿。張帆蕩艫，悠然順適，倏忽千里，雲駛星疾。咸曰：此天妃神顯靈應，默加佑相。歸日以聞，朕嘉乃績，特加封號「護國庇民靈應弘仁普濟天妃」，建廟於都城之外，龍江之上，祀神報貺。

據上述資料，可知明朝之崇祀媽祖天妃，係由成祖開其端，而庇佑鄭和下西洋則為媽祖受崇封之原因。《天妃顯聖錄》載有〈廣州救太監鄭和〉故事一則，云：

永樂元年，欽差太監鄭和等往暹邏國，至廣州大星洋遭風，舟將覆。舟工請禱於天妃。和祝曰：「和奉命出使外邦，忽遭風濤危險，身固不足惜，恐無以報天子；且數百人之命懸呼吸，望神妃救之！」俄聞喧然鼓吹聲，一陣香風颯颯飄來，宛見神妃立於桅端。自此風恬浪靜，往返無虞。歸朝復命，奏上。奉旨：遣官整理祖廟。和自備寶鈔五百貫，親到湄嶼致祭。

事年代署永樂元年，與《明史》所載鄭和奉使年代早了 2 年。

（三）宣宗宣德五年（1430）、六年（1431）以出使諸番得庇，俱遣太監並京官及本府縣官員詣湄嶼致祭修整廟宇。

據鄭和等所立太倉〈通番事蹟之記〉及長樂〈天妃之神靈應記〉碑文，鄭和先後於永樂三年、五年、七年、十一（或十二）年、十五年、十九年、宣德五（或六）年七下西洋。兩碑雖署鄭和等人所立，然所書鄭和出使年代卻與《明史》成祖本紀略有出入。

《明史》成祖本記載鄭和出使年代分別為：永樂三年（1405）六月（五年六月返）、六年（1408）九月（九年六月返）、十年（1412）十一月（十三年七月返）、14 年（1416）十二月（十七年七月返）、十九年（1421）正月（返期不詳）、二十二年（1424）二月（返期不

詳），共計6次，每次出使時間長達2年餘，動員人力物力相當可觀。永樂二十二年七月成祖崩，仁宗即位，以明年為洪熙元年。仁宗對浪費大量資源的出使西洋活動並不認同，即位後立罷西洋寶船。仁宗在位僅1年即崩逝，由宣宗嗣位。《明史》宣宗本紀亦未見有鄭和出使西洋記載，似宣宗朝也不再有大規模寶船下西洋活動。而鄭和等所立太倉〈通番事蹟之記〉及長樂〈天妃之神靈應記〉碑文，也僅有：「宣德五年仍往諸番國開詔，舟師泊於祠下。」、「宣德六年仍往統舟師往諸番國開讀賞賜，駐泊茲港。」等模糊字言。《天妃顯聖錄》所載宣德五年（1430）、六年（1431）以出使諸番得庇，俱遣鄭和並京官及本府、縣官員詣湄嶼致祭修整廟宇，應是鄭和等中貴人不能忘卻永樂朝出使的煊嚇事蹟及媽祖庇護之恩而為之回饋，並非真有其事。

　　明代，道教勢力凌駕佛教，鄭和下西洋，奏陳媽祖天妃靈應神蹟，朝廷誥封媽祖天妃，道教頗為重視。永樂十四年（1416）道教新編《太上老君說天妃救苦靈驗經》，將天妃納入道教神仙譜系，是年十二月鄭和再度奉命出使西洋。《天妃顯聖錄》〈歷朝顯聖襃封致祭詔誥〉載：

　　　　永樂十五年，欽差內官王貴通、莫信、周福率領千戶彭祐、百
　　　　戶韓翊並道士詣廟，修設開洋清醮。

　　此為《天妃顯聖錄》記載道士參與媽祖醮典儀式的首次。明代南京神廟的玄天真武神、關公等在道教護持下均不斷受誥封，關公更累封至協天上帝；然而永樂以後200餘年間，天妃媽祖卻不曾再受誥封。究其原因，似與佛道兩教對立有關。自南宋，媽祖信仰即與佛教維持較密切的互動，而湄洲天妃宮洪武年間建觀音堂，應已有僧侶駐錫；道教雖重視媽祖信仰，但佛教多年累積的實力，畢竟無法於一朝一夕取代，道教因而退出媽祖信仰的經營。

　　元朝佛教盛行，朱元璋少時曾在皇覺寺出家，雖與佛教淵源甚深，但其開國過程中卻提出驅逐韃虜，恢復中華的口號，因而獲得道教的認同。至元十三年（1276）元朝佔領江南之初，武當山道士即降乩暗示蒙古族終將還政權於漢人。元人陶宗儀《輟耕錄》，卷26云：

至元十三年，江南初內附，民間盛傳武當山真武降筆，書長短句，曰西江月者，鋟刻於紙，黃紙模印貼壁間。其詞曰：「九九乾坤已定，清明節候開花。米田天下亂如麻，直待龍蛇繼馬。依舊中華福地，古月一陣還家，當初指望作生涯，死在西江月下。」

〈西江月〉之5、6兩句，很明顯的可以看出有恢復中華，北逐胡人之意在內。江南民間盛傳此詞，雖藉宗教之名，實有團結漢人之意。

所謂真武神即北極聖真君，《明史》，諸神祠云：

北極佑聖真君者，乃元武七宿。後人以為真君，作龜蛇於其下。宋真宗避諱，改為真武；靖康初加號佑聖助順靈應真君。圖志云真武為淨樂王太子，修煉武當山，功成飛昇，奉上帝命鎮北方，被髮跣足，建皂京元旗，此道家附會之說。

元武即玄武，本為天文上之斗、牛、女、虛、危、室、壁等七星宿之總稱，《史記》卷27天官書所稱北宮玄武即是，後被轉引成北方之神或水神，其形為龜蛇合體。《後漢書》，王梁傳云：

赤伏符曰：王梁主衛作玄武。……玄武，水神之名。

其下注云：

玄武，北方之神，龜蛇合體。

其後，道家奉為真武大帝，並有龜蛇二將。《明史》卷50，禮四，〈南京神廟〉，將真武之祀列為十廟之首，同卷〈諸神祠〉更引《國朝御製碑文》，謂：

太祖平定天下，陰佑為多，嘗建廟南京崇祀。

至正二十三年（1363）朱元璋與陳友諒鄱陽湖之戰，為雙方興亡成敗關鍵戰役，朱元璋《御製西征記》，即提及真武神的龜、蛇默佑事，謂：

> 洪武癸卯（1363）秋，以巨舟千艘，載甲士十萬。是日天風東發，揚帆沂流，西征荊楚禍祺之後。纜解舟行，時兩岸諸山，墨雲黯黮，左雷右電，江湖洶湧，群鳥萬數，挾舟翅焉。少頃，有蛇自西北浮江趨柁，朕親視之。斯非神龍之化若是歟？果天不我捨。……次日，舟師抵采石，泊牛渚磯。未幾，一龜、一蛇浮擬柁後，略不畏人。

據《明史》太祖本紀，是役，陳友諒軍號 60 萬，以巨艦出戰，朱元璋諸將舟小，仰攻，不利。朱元璋親自指揮，並斬退縮者 10 餘人；最後，趁東北風大起，命敢死士操七舟，實火藥、蘆葦，焚陳友諒舟，卒敗之。

真武神除與明太祖開國有關外，明成祖靖難之役，真武神亦扮演了重要角色。《明史》諸神祠云：

> 成祖靖難，以神有顯相功，又於京城艮隅並武當山重建廟宇。兩京歲時朔望各遣官致祭，而武當山又專官督祀事。

所謂顯相，即神之形相浮現空中，在宋、元時代，如僧伽顯聖也常有在空中顯相之情形。假如靖難之役，真武神果僅顯像陰佑，似其功不足以當成祖如此大禮，可解為靖難之役有崇祀真武之道士集團在幕後協助。成祖靖難之役，論功以姚廣孝（1335-1418）為第一。《明史》姚廣孝傳，謂：

> 帝（成祖）轉戰山東、河北，在軍三年，或旋或否，職守機事，皆決於道衍（即姚廣孝）。

是整個靖難之役，其幕後決策者為姚廣孝。姚廣孝表面上是僧

人，但《明史》謂姚廣孝為醫家子，師事道士席應真，得其陰陽術數之學，故能為靖難之役作決策，當然席應真一系道士集團即為靖難之役之幕後支持者。另一參與靖難之役者為著名道士張三丰，《明史》謂：

> 惠帝之崩於火，或言遁去，諸舊臣多從者。帝（成祖）疑之。（永樂）五年，遣（胡）濙領御製諸書并訪仙人張邋遢（三丰），偏行天下州郡鄉邑，隱查建文帝安在。

雖然《明史》未說明此行成果，但觀十年後胡濙返朝，成祖半夜接見，旋將胡濙由七品官擢為三品官的工部侍郎，並命其調動湖北丁夫三十餘萬人，費百萬計，大營武當山宮觀；既成，賜名大和太岳，設官鑄印以守；胡濙張三丰似已完成訪查惠帝使命，讓武當派道士及真武神贏得政府最高祀典地位。

相對於重用道教人士，明成祖卻因與惠帝間的政爭，對支持惠帝的佛教僧侶加以壓迫，長期囚禁惠帝時之主錄僧溥洽。《明史》姚廣孝傳謂：

> （永樂）十六年三月，入覲，年八十有四矣。病甚，不能朝，仍居慶壽寺。車駕臨視者再，語甚歡，賜以金唾壺。（成祖）問所欲言，廣孝曰：「僧溥洽繫久，願赦之。」溥洽者，建文帝主錄僧也。初，帝入南京，有言建文帝為僧遁去，溥洽知狀，或言匿溥洽所。帝乃以他事禁溥洽，而命給事中胡濙等遍物色建文帝，久之不可得。溥洽坐繫十餘年，至是，帝以廣孝言，即命出之。廣孝頓首謝。

明成祖死後多年，民間仍有惠帝為僧之說，讓明朝統治者不得不防範。《明史》恭閔帝本紀云：

> 燕兵犯金川門，左都督徐增壽謀內應，伏誅。谷王穗及李景隆叛，納燕兵，都城陷。宮中火起，（惠）帝不知所終。燕王遣

中使出帝、后屍於火中。越八日壬申，葬之。或云（惠）帝由
地道出亡。正統五年，有僧自雲南至廣西，詭稱建文皇帝。思
恩知府岑英聞於朝。按問，乃鈞州人楊行祥，年已九十餘，下
獄，閱四月死。同謀僧十二人皆戍遼東。自後，滇、黔、巴蜀
間，相傳有帝為僧時往來蹟。

按鈞州乃武當山所在地，惠帝生於至正十五年（1350），若惠帝
尚存，適91歲與楊行祥年齡相當。正統五年（1440），英宗為成祖
曾孫，為防帝位爭議，對傳說為建文帝的90餘歲老僧加以囚禁，隨
從諸僧則遠戍遼東。背負如此政治原罪，難怪成祖及繼承其政權的嫡
系子孫親道教而防佛教。而媽祖天妃雖在永樂年間受封，但因其背後
支持者為僧人集團，故不受明廷支持，終明之世，仍僅止於天妃，神
格並未被提升。

五、清朝誥封與祀典

（一）《天妃顯聖錄》所載誥封

初版刊行於明清鼎革之際，原編者如林蘭友即心存民族大義，不
會以異族誥封為榮，清朝誥封與祀典為康熙二十三年汪楫策封琉球返
國後，林麟焻所為增補。其內容，計有加封一命，賜祭一則。

1. 皇清康熙十九年（1680）將軍萬以征剿廈門得神陰助取捷，並
使遠遁，具本奏上，敕封護國庇民妙靈昭應弘仁普濟天妃。

《天妃顯聖錄》〈歷朝褒封致祭詔誥〉載詔誥文云：

康熙十九年，神助萬將軍克敵廈門。奏上，欽差禮部員外郎辛
保等賷香帛詔誥加封致祭。奉天承運皇帝制曰：國家懷柔百
神，式隆祀典，海嶽之祭，固有弗虔。若乃明祇效靈，示天心
之助順，滄波協應，表地紀之安流，聿弘震疊之威，克贊聲靈
之渥，豈繫人力，實惟神庥；不有襃稱曷彰偉伐！維神鍾奇海
徼，綏奠閩疆，有宋以來累昭靈異。頃者島氛不靖，天討用張，
粵自禍牙，以逮奏凱，歷波濤之重險，如枕席以過師，潮汐無

虞,師徒競奮,風颸忽轉,士氣倍增,殲鯨鯢於崇朝,成貔貅
之三捷。神威有赫,顯號宜加,特封爾為護國庇民妙靈昭應弘
仁普濟天妃,載諸祀典。神其佑我兆民,永著安瀾之績,眷茲
景命,益昭重潤之休!敬遣禮官,往修祀事,維神鑒之。

2. 康熙二十三年(1684)琉球冊使汪楫以水道危險荷神護佑,復
命,奏請春秋祀典;又將軍施琅以澎湖得捷,默叨神助,奏請加封。
俱差官齎香帛詔誥到湄褒嘉致祭。

《天妃顯聖錄》〈歷朝褒封致祭詔誥〉載琉球正使汪楫、林麟焻
等題:為聖德與神庥等事,云:

臣等一介小儒,遭逢聖主,特允會推,遣使海外。臨軒天語如
典如謨,臣等凜遵訓誨,恭捧御覽詔敕及諭祭文三道,星馳赴
閩,於二十二年六月二十日諭祭海神天妃於怡山院。是時東風
正猛,群言夏汛已過,未易開洋;乃行禮甫畢,風聲忽轉,柁
樓旌旗盡皆北向。臣等知屬天妃示異,決計放舟。二十三日辰
刻,遂出五虎門。過東沙山,一望茫茫,更無山影,日則雙魚
引道,夜則萬鳥迴翔,助順效靈不可殫述。以海道考之,廿四
日當過小琉球、花瓶嶼、雞籠、淡水諸山;而是日辰刻已過彭
佳山,酉刻已過釣魚嶼,不知諸山何時飛越。廿五日應見黃尾
嶼,不知何以遂踰赤嶼。廿六日夜見姑米山,又不知何以遂至
馬齒山。此時琉球接封之陪臣唯恐突如出境,彼國無所措手,
再拜懇求暫泊澳中,容其馳報。乃落篷而篷不得下、拋椗而椗
不可留,瞬息已入琉球之那霸港,直達迎恩亭前矣;時方辰刻,
距開洋三晝夜耳!臣等未經蹈險,視等尋常,而彼國臣民莫不
相看咋舌,群言:「自古迄今未有神速如此者」,共稱聖人在
上,海不揚波,則聖人在上,海可飛渡。遠人駭嘆如此,臣不
敢不據實奏聞。至於貧瘠小邦,常苦風旱,乃者典禮既竣,甘
雨如傾,颶風不作,群欣足食。凡此天澤之應,何非聖德之感!
洵足流光史冊,焜燿千秋者也。臣等潔己勵眾,幸免愆尤,冬
汛歸舟,還思利涉,而其時御筆詔敕盡留海邦,百神呵護不可

復翼。風濤震撼，浪與天高，掀嵌無已，人皆顛覆。臣等當百死一生之際，惟有忠試自信必無他虞；煙灶盡委逝波，無由得窺彼岸。於是肅將簡命，共籲天妃，謂：神既受封聖朝，自應佑臣返節；如其獲濟，當為神乞春秋祀典，永載皇恩。虔禱方終，神應如響。於時，束桅之鐵箍已斷十三而桅不散，繫篷之頂繩一斷不可復續而篷不墮，桅前之金拴裂踰尺而船不壞。有此三異，可歎神功。伏乞敕下禮臣，議舉春秋二祭，著地方官敬肅奉行，則海疆盡沐神庥、履坦無非聖澤矣！伏乞睿鑒施行。

奉上後，康熙批由禮部議奏。施琅閱邸報，見汪楫等題本，時適逢清軍攻克澎湖，鄭克塽遞出降表，遂奏上〈為神靈顯助破逆請乞皇恩崇加敕封〉，云：

靖海將軍侯福建提督施，為神靈顯助破逆，請乞皇恩榮加勒封事：竊照救民伐暴，示天威之震揚，輔德效靈，見神明之呵護。閩之湄洲島，有歷代勒封天妃，往來舟楫每遇風濤險阻，呼之獲安。前提督萬曾經題請勒封。臣奉命征勦臺灣，康熙二十一年十一月‧師次平海澳。澳離湄洲水道二十里許，有天妃廟，緣遷界圮毀，僅遺數椽可蔽神像，臣因稍微整掃以妥神。廟左有一井，距海數武，纔止丈餘，蕪穢不治。臣駐師其間，時適天旱七月餘，該地方人民咸稱：往常雨順，井水已不能供百口，今際此愆陽，又何能資大師所需？臣遣人淘浚，泉忽大湧。自二十一年十一月至次年之三月，晝夜用汲不竭，供四萬眾裕如也。此皆皇上峻德格天，使神功利我行師也。臣乃立石井旁，額之曰師泉，以誌萬古不朽，且率各鎮營弁捐俸重建廟宇。及康熙二十二年六月十六、廿二等日，臣在澎湖破敵，將士咸謂恍見天妃，如在其上，如在其左右。而平海之人，俱見天妃神像是日衣袍盡濕，與其左右二神將兩手起泡，觀者如市，知為天妃助戰致然也。又先於六月十八夜，臣標署左營千總劉春夢天妃告之曰：二十一日必得澎湖，七月可得臺灣。果於二十二日澎湖克捷，七月初旬內臺灣遂傾島投誠，其應如響。且澎湖、

八罩、虎井，在大海之中，井泉甚少，供水有限。自臣統師到彼，每於潮退就海次坡中扒開尺許，俱有淡水可餐，從未嘗有。及臣進師臺灣，彼地之淡水遂無矣，均由我皇上至仁上達昊蒼，故無往而不得神麻，俾臣克底成功，非特賜顯號無以揚幽贊之美，彰有赫之靈。臣擬於班師敘功之日，一起題請加封。近接邸報，冊封琉球正使汪楫以聖德與神麻等事具題請封，因先以其靈異詳陳。伏乞皇上睿鑒勅封，並議加封。

奏上後，據內閣關於康熙帝令遣官致祭天妃之神的記注云：

康熙二十三年甲子八月二十二日卯早，福建水師提督施琅請旨封天妃之神，禮部議：不准行，但令致祭。上曰：此神顯有默佑之處，著遣官致祭。此本還該部另議。

建請加封一事，禮部建議不加封，僅遣官致祭。但康熙對禮部「不准行」意見不盡贊同，將簽文退還禮部另議，而於康熙二十三年（1684）8月24日，欽差禮部郎中雅虎等齎香帛到湄廟致祭。

《天妃顯聖錄》〈歷朝顯聖褒封二十四命〉是媽祖信仰構成的核心，二十四命之後有致祭誥文；本傳則有對應故事補充說明情節，是媽祖信仰的核心價值所在。然因文獻記載不全，條文內容難免有錯漏不全之處，經考訂後應調整為：

宣和五年（1122）護佑使高麗舟，賜順濟廟額。
紹興二十六年（1155）郊典，封靈惠夫人。
紹興三十年（1160）助禦海寇，加封昭應。
乾道三年（1167）湧泉醫疫，加封崇福。
淳熙十二年（1185）溫台剿寇，封為靈惠昭應崇福善利夫人。
紹熙三年（1192）救旱大功，進爵靈惠妃。
慶元四年（1198）救甌閩潦，加封助順。
嘉定元年（1208）淮甸退敵，加封顯衛。
寶祐二年（1254）濟興泉饑，加封為助順嘉應英烈協正妃。

寶祐三年（1255）加封慈濟。

寶祐四年（1256）錢塘助堤，封靈惠嘉應協正善慶妃；並追封媽祖父母及女兄、諸佐神。

景定三年（1262）助捕海寇，進封顯濟妃。

至元十五年（1278）郊天，誥封護國明著靈惠協正善慶顯濟天妃。

至元二十五年（1288）加封為廣祐明著天妃。

大德三年（1299）加封為護國庇民明著天妃。

天曆二年（1329）加封為護國庇民廣濟福惠明著天妃，賜廟額曰靈慈。

至正九年（1349）加封天妃父為種德積慶侯，母育聖顯慶夫人。

永樂七年（1409）封為護國庇民妙靈昭應宏仁普濟天妃。

清康熙十九年（1680）封護國庇民妙靈昭應弘仁普濟天妃。

康熙二十三年（1684）勅封天妃為天后。

第十一章：《天妃顯聖錄》媽祖信仰流傳

　　本章從《天妃顯聖錄》所載有關媽祖神蹟探討媽祖廟宇的創建與信仰的開展。第一節簡述《天妃顯聖錄》引用史源，以《天妃顯聖錄》雖是明末作品，但其史源來自宋、元學者論述，有本有源，異於稗官野史，證明媽祖信仰有其堅實社會背景。其次依《天妃顯聖錄》靈應事蹟的時間順序，及各地廟宇建立先後，重建媽祖信仰發展的時空背景。

一、《天妃顯聖錄》媽祖事蹟的史源

　　《天妃顯聖錄》所述媽祖逝後靈應事蹟共三十八則，宋代有十八則，標題如下：顯夢闢地、禱神起椗、枯楂顯聖、銅爐溯流、朱衣著靈、聖泉救疫、托夢建廟、溫台勦寇、救旱進爵、甌閩救潦、平大奚寇、一家榮封、紫金山助戰、助樞周六四、錢塘助隄、拯興泉饑、火燒陳長五。元朝有二則，標題：怒濤濟溺與神助遭運。明朝有十一則，標題為：擁浪濟舟、藥救呂德、廣州救太監鄭和、舊港戮寇、夢示陳指揮全勝、助戰破蠻、東海護內使張源、琉球救太監柴山、庇楊洪出使八國、托夢除奸、粧樓謝過等十一則，後二則是林麟焻二版時增列。清朝有八則，標題為：清朝助順加封、起蓋鐘鼓樓及山門、大闢宮殿、托夢護舟、湧泉給師、燈光引護舟人、澎湖神助得捷、琉球陰護冊使。都是林麟焻二版時增列。

　　宋代事蹟出處以南宋官員丁伯桂《順濟聖妃廟記》[1]為主。丁伯桂〈順濟聖妃廟記〉撰於南宋紹定二年（1229），當時他擔任首都臨安府知府，題記原因是他在臨安知府任內重建順濟廟。丁伯桂是莆田

---

[1]　潛日友，咸淳《臨安志》，卷七十三，〈祠祀・順濟聖妃廟〉，民國69年，台北，中國地志研究會印行。

人，書香門第，祖父丁彥先[2]長任中央秘書職，丁伯桂也先在宋朝中央政府任職，後外放任首都臨安知府，且兼任國史編修官，任內發起擴建臨安順濟廟，是媽祖信仰者，與狀元黃公度以旁觀者眼光撰「題順濟廟」詩，二者史料價值不同。〈順濟聖妃廟記〉所述媽祖靈蹟及朝廷誥封資料有：

一、元祐丙寅（元年，1086），夜現光氣，環堆之人，一夕同夢，曰：「我湄洲神女也，宜館我。」于是有祠，曰：聖堆。

二、宣和壬寅（四年，1122），給事路公允迪載書使高麗，中流震風，八舟沈溺，獨公所乘，神降於檣，獲安濟。明年，奏於朝，錫廟額曰順濟。

三、紹興丙子（二十六年，1156），以郊典封靈惠夫人，逾年，江口又有祠。

四、宋朝再封：祠立二年（1160），海寇憑陵，效靈空中，風撝而去。州上厥事，加封昭應。

五、其年白湖童邵，一夕夢神指為祠處，丞相正獻陳公俊卿聞之，乃以地券奉神立祠，於是白湖又有祠。

六、時疫，神降，且曰：「去潮丈許脈有甘泉，我為郡民續命於天，飲斯泉者立痊。」掘泥坎，甘泉涌出，請者絡繹，朝飲夕癒，甃為井，號聖泉。郡以聞，加封崇福。

七、越十有九載，福興都巡檢使姜特立捕寇舟，遙禱響應，上其事，加封善利。

八、淳熙甲辰（十一年，1184），民災，葛侯郛禱之；丁未（淳熙十四年，1187）旱，朱侯端學禱之；庚戌（紹熙元年，1190）夏旱，趙侯彥勵禱之，隨禱隨答，累其狀聞於兩朝，易爵以妃，號靈惠。

九、慶元戊午（四年，1198），甌閩列郡苦雨，莆三邑有請於神，獲開霽，歲事以豐；朝家調發閩禺舟師，平大奚寇，神著厥靈霧障四塞，我明彼晦，一掃而滅。

---

[2] 丁　先，北宋仁宗宝元元年（1038）□榜　士第，官校　郎、秘　郎，有　八人。

十、開禧丙寅（寧宗，二年，1206）金寇淮甸，郡遣戌兵，載神香火以行。一戰花靨鎮，再戰紫金山，三戰解合肥之圍，神以身現雲中，著旗幟，軍士勇張，凱奏以還。

十一、莆之水市朔風彌旬，南舟不至，神為反風人免艱食。

十二、海寇入境將掠鄉井神為膠舟悉就擒。

十三、獲積此靈貺郡國部使者陸續奏聞，慶元四年（1198）加助順之號。

十四、嘉定元年（1208）加顯衛之號。

十五、嘉定十年（1217）加英烈之號。

丁伯桂〈順濟聖妃廟記〉記事止於紹定二年（1229），迄宋朝滅亡尚有五十年，即宋末媽祖靈蹟有五十年未被記載。元朝入主中國後，以媽祖為南海海神，接著以海運漕糧京師，於浙江置海運千戶管理漕糧事務，漕運官員都深信海神媽祖庇佑。元統二年（1334）鄞縣靈濟廟重修竣，慶紹海運千戶所官員請太常博士程端學為撰文立碑，此文並收於程氏《積齋集》，題〈靈濟廟事蹟記〉[3]，全文從媽祖開始元祐元年（1068）建祠至元朝天歷二年（1329），其文所述宋朝媽祖靈蹟，大致與丁伯桂論述同，並補足宋末五十年靈應，元朝部分則完整記錄從元朝統治漢地建元神，至元統間記事。所載宋末記事如下：

一、嘉熙三年（1239），錢塘潮決隄，至艮山祠，若有限而退，封靈惠助順顯衛英烈嘉應妃。

二、寶祐二年（1254），旱，禱之雨。封靈惠助順嘉應英烈協正妃。寶祐之封，神之父母兄以及神佐，皆有錫命。

三、三年（1255）封靈惠助順嘉應助順嘉應英烈慈濟妃。

四、四年（1256）封靈惠協正嘉應慈濟妃。

五、是歲（四年，1256），又以浙江隄成，加封靈惠協正嘉應善慶妃。

---

[3] 程端學《積齋集》卷四，《四明叢書》，四明張氏約園刊本。程端學兩篇文章應為同一作品，〈靈慈廟記〉刻石故文簡，〈靈濟廟事蹟記〉收於文集，較完整，茲引事蹟記文為討論對象。

六、景定三年（1262）禱捕海寇，得反風，膠舟就擒，封靈惠
　　顯濟嘉應善慶妃。

元朝部分，也依紀事先後，條列如下：

一、皇元，至元十八年（1281），封護國明著天妃。
二、大德三年（1299）以漕運效靈，加封護國庇民明著天妃。
三、延祐元年（1314）封護國庇民廣濟明著天妃。
四、天歷二年（1328），漕運副萬戶巴克實監運舟至三沙，颶
　　風七日，遙呼於神，夜見神光四明，風恬浪靜，舟悉濟，
　　事畢，聞，加今封（護國庇民廣濟福惠明著天妃）及廟號。

　　程端學於元統二年（1334）任太常博士，且於同年去世，〈靈濟
廟事蹟記〉應撰於此年。至正元年（1341）浙江鄞縣靈慈廟重建，慶元
紹興千戶所及市舶司僚屬再請程端學之兄程端禮為撰碑，題：〈重修
靈慈廟記〉[4]，提及元朝重視媽祖信仰及鄞縣重建媽祖廟宇情形，謂：

　　國朝歲漕米三百萬石給京畿，千艘龍驤鯨波萬里，颶風或作，
　　視天若夢，號神求援，應捷枹鼓，靈光一燭，易危為安，捨我
　　護國庇民廣濟福惠明著天妃，其將誰賴？故歲時天子遣使致
　　祭，禮秩與嶽鎮海瀆等。……慶元紹興海運千戶所朱侯奉直蒞
　　事，謁廟，顧瞻咨嗟，念官無儲錢，首捐俸為倡，同僚、市舶
　　司官吏欣助，漕戶協力，鳩工庀材……興工於至元五年夏六
　　月，越三寒暑而畢。

　　程端禮為台州路儒學教授，經學家，只講經學大義，與其弟詳載
媽祖靈應事蹟文法不同，《天妃顯聖錄》元朝事蹟止於天歷二年，與
程端學〈靈濟廟事蹟記〉所述相同，可見林堯俞是以程端學廟記為史
源。丁、程二位作者都是長期擔任史官的官員出身，撰稿自有其依據，

---

[4]　程端禮《畏齋集》卷五，〈重修靈慈廟記〉。《四明叢書》，四明張氏約園刊本。

所以後世林堯俞編撰《天妃顯聖錄》就駕輕就熟，可以撰寫出經得起考證的著述了。

二、宋代媽祖靈應與信仰開展

　　《天妃顯聖錄》〈誕降本傳〉，是林堯俞以丁伯桂文章為底本補撰媽祖事蹟，所述靈應事蹟，大都與〈歷朝誥封〉事蹟重複，新增內容如：生於宋太祖建隆元年（960）、是莆田九牧林家的女兒，這應是林堯俞為將媽祖納入自家族系編出來的說法，但還持湄洲為媽祖信仰起源地的說法，而以顯夢闢地為媽祖信仰開展的第一則故事。〈誕降本傳〉故事與〈歷朝誥封〉情節互相參引，也可以說〈誕降本傳〉的故事是把〈歷朝誥封〉的主旨鋪演成一個完整故事，也就是一件事情會在兩個章節重複出現，為了保存全書的完整性，我們還是加以敘述，但重點會予以錯開，力求避免重複。

◈ 顯夢闢地

　　湄嶼初建廟宇，甚窄狹。有長者之子善信，居山之西，妃乃托之夢曰：「我廟宇卑隘，為我擴之，當昌爾後」。是夜夫婦協夢，清晨造廟拜答，願依神命。乃闢地購金，增厥式廓，廟貌啟而維新焉。

發現石雕處

丁伯桂〈順濟聖妃廟記〉講到「湄洲故家有祠」，關鍵字是「故家有祠」四個字。按，閩人大家族祠祀祖先，分成三個等級，最上層稱家廟，是整個家族春、冬祭祀及家族大事舉辦的場所，祀神以直系尊親屬中有高級官位且有政績者為主神，後世子孫，除了有同樣成就者，均不得入祀，家廟屬陽，建築物中軸線向外可以開大門，經常打開，接受族人祭拜，與一般廟宇相同。

第二層稱宗祠，是確立家族成員及安置家族人長生祿位、祖先神主、辦理喪事停靈等的場所，宗祠可因家族房頭（即開基祖先的嫡系兒子）依序排次，可以有若干個宗祠。家族成員成年結婚後即可在宗祠安置長生祿位以確認家族成員身分，夫妻中有一人死亡時，祿位以紅布半遮，夫妻皆亡則改為神主。宗祠屬陰，不可開放給一般人祭拜，祠宇建築中軸線不可開門，只能開側門進出，不可接受外人祭拜。各房在若干年則編修族譜時，即以宗祠資料為基礎編修，如有族人外出任官或在他鄉繁衍生根，編修族譜時也會派人前往抄錄以建構完整家族譜系。

第三層稱公媽廳，也是宗廟發展的基礎，提供安置祖先神主、春秋祭祀及婚喪喜慶場所。但大家族建有家廟、宗祠者，當丁口旺盛，宗祠、家廟不敷使用時，又反過來建公媽廳，替代家廟及宗祠使用，因為兼具家廟性質，公媽廳建築中軸線反而可以開中門路。

丁伯桂〈順濟聖妃廟記〉「故家有祠」一語，從字義上講，指湄洲嶼林家的宗祠安置有媽祖林默的神主牌，也就是媽祖死後神主安放在湄洲林家宗祠。等到媽祖信仰合法化、公開化後，湄洲才會單獨建廟祠祀。

〈顯夢闢地〉被《天妃顯聖錄》列為天妃成神後的第一個靈應神蹟，也是第一座天妃廟建立在湄洲嶼的記事，主要目標是確立湄洲嶼是媽祖故鄉及天妃信仰的標桿，有宗教上的聖地意義。因為這座廟是在強調媽祖信仰主權的象徵，但又沒有建立年代及歷史依據，所以作者用「甚窄狹」的詞句來形容，應是以莆田泗洲文佛祠[5]為範例來描述。

---

5 單間小祠，開二扇門，面積約十餘平方米大小。

這則故事內容是在定位媽祖信仰的發源地，但因清朝官方重視天妃信仰，對家族人會多予以照顧，遂引起地方豪族依附，雍正五年（1726），莆田舉人林清標將《天妃顯聖錄》改編為《天后顯聖錄》時就此則故事刪除，並以林清標家族所在的賢良港為媽祖故家。爭奪媽祖出生地、媽祖故家及首座廟宇在何處，看來從明朝末年就已開始，今天臺灣媽祖信仰的競爭，也是其來有自了。

◇ 禱神起碇

> 季春有商三寶者，滿裝異貨，要通外國，舟泊洲前。臨發碇，膠弗起，舟人入水，見一怪坐碇不動。急報客，大驚。登岸詢洲人：「此方何神最靈」？或曰：「本山靈女極稱顯應」。遂詣祠拜禱。恍見神女優游碇上，鬼怪鬪易，其碇立起。乃插香一瓣於祠前石間，祝曰：「神有靈，此香為證：願顯示征應，俾水道安康，大獲貲利，歸即大立規模，以答神功」。迨泛舟海上，或遇風濤危急，拈香仰祝，咸昭然護庇。越三載，回航全安。復造祠，見前所插瓣香，悉盤根萌芽，化成三樹。正值三月二十三日神誕，枝葉叢茂，香氣鬱鬱繽紛。商人奇其感應，捐金創建廟宇，煥乎改觀。及宋仁宗天聖中，神光屢現，善信者復感靈異，廣大其地，廊廡益增巍峨。

這則故事未見於丁伯桂廟記，未書年代，這篇文章與首篇相呼應，是在鞏固湄洲媽祖首廟的地位。文中倒數第二行，提及宋仁宗天聖（1023-1032）中廣大其地，應該是指媽祖廟的第二次擴大規模。依閩南廟宇建築使用慣例，約三十年即需大修，則此神蹟可能發生在宋真宗初年。此應是《天妃顯聖錄》編者希望填補媽祖去世至聖墩建廟的時間空檔而編入；商人取名三寶，應是受三寶太監下西洋故事影響。

◇ 枯槎顯聖

> 宋哲宗元祐元年丙寅（1086），莆海東有高墩，去湄百里許，常有光氣夜現。漁者疑為異寶，伺而視之，乃水漂一枯槎發燄，

漁人拾置諸家。次晨視之，槎已自還故處。再試復然。當夕托夢於寧海墩鄉人曰：「我湄洲神女，其枯槎實所憑也，宜祀我，當錫爾福」。父老異之，告於制乾李公。公曰：「此神所棲也。吾聞湄有神姑，顯跡久矣。今靈光發見昭格，必為吾鄉一方福。叩神之庇，其在斯手」！遂募眾營基建廟，塑像崇祀，號曰「聖墩」，禱應如響。

　　枯槎顯聖是第一篇有時間、有地點、有真實人物、從歷史文獻可查考的記事，具有史學研究的價值。媽祖生於湄洲，但這座廟卻建在莆田，且稱為聖墩祖廟，可見聖墩廟在媽祖信仰發展的重要性，也是媽祖信仰從湄洲島向內陸發展的重要里程碑。這則故事初見於丁伯桂的廟記，云：「神莆陽湄洲林氏女，少能言人禍福。歿，廟祀之，號通賢神女，或曰龍女也，莆寧海有堆。元祐丙寅（元年，1086），夜現光氣，環堆之人，一夕同夢，曰：「我湄洲神女也，宜館我。」于是有祠，曰：聖堆。」

　　丁伯桂在宋代稱這座廟為「聖堆」，《天妃顯聖錄》稱為「聖墩」，而「堆」、「墩」都是指墳墓，加上「聖」字，則指宗教聖者（宗師或神職人員）的墓群，易言之，這裡是媽祖去世後埋葬的地方，也是埋葬媽祖宗派聖者（白衣大士神職人員）的墓群，所以紹興二十年李富為聖墩祖廟正序位時，還有王與郎的其他二位神。程端學〈靈濟廟事蹟記〉即將莆田人開始建廟奉祀媽祖即定於此年。謂：

　　神姓林，興化莆田都巡君之季女，生而神異，力能拯人患難，居室未三十年而卒，宋元祐間邑人祠之。水旱癘疫，舟航危急，禱輒應。

　　易言之，丁伯桂與程端學二人提出北宋元祐年間莆田人始開啟祠祀媽祖的說法。也就是說杭州（丁伯桂）與鄞縣（程端學）二座媽祖廟的歷史敘述類同，元祐元年（1086）是媽祖信仰開始發展的年代。

　　根據這則故事，可以推測從元祐元年至紹興三十年白湖廟建立期間，聖墩廟是媽祖信仰的重心，而且是其他廟宇分香建廟的源頭。程

端學〈靈濟廟事蹟記〉提到靈濟廟創建於南宋紹興三年（1133），而其香火來自興化，而引進者為市舶司的北舶舟長沈法詢：

> 鄞之有廟，自宋紹興三年，來遠亭北舶舟長沈法詢往海南遇風，神降於舟，以濟。遂詣興化分爐香以歸。見紅光異香滿室，乃捨宅為廟址，也是益以官地，捐資募眾創殿，庭像設畢，俾沈氏世掌之。皇慶元年（1314），海運千戶花忠暨漕戶倪天澤等復建後殿、廊廡、齋宿所，造祭器。

　　鄞縣就是宋代明州州治所在地，明州是南宋三大市舶司所在之一，市舶司專司招徠、管理外國遠洋船舶貿，抽取關稅收入。三大市舶司，廣州、主要負責中東阿拉伯、南亞及印度等國，泉州則兼南洋及東洋貿，明州則負責北亞朝鮮朝鮮、東亞日本及來自福建的東南亞海舶，三市舶司收入佔南宋全國稅收近半。紹興三年距宣和四年媽祖信仰取得合法地位僅十二年，《天妃顯聖錄》所記紹興三年以前建立的媽祖廟，只有湄洲、聖墩、楓亭、江口四座，靈濟廟是第五座廟宇，也是第一座在福建省外建立的廟宇，而它的香火載明是從興化分香而來的。當時湄洲，楓亭及江口尚未具盛名，鄞縣廟香火來源似是元祐元年創建的聖墩祖廟。

　　此因聖墩祖廟建後一直由白塘李氏經營，宣和四年路允迪出使高麗，從福建僱募客舟，被選上的客舟主人就是建立聖墩祖廟者李富的堂弟李振；媽祖並在此次奉使高麗護航顯露威名。建廟人沈法詢，為明州市舶司北舶主管，應認識經營北方貿易的白塘李振。聖墩祖廟在元朝時期香火鼎盛，黃四如的〈聖墩祖廟新建蕃釐殿記〉，謂聖墩祖廟有殿有寢，有香積厨、僧房等，規模詳備，沈法詢主管北舶，建廟時香火取源聖墩，就很自然。

　　明朝永樂年間北京派來太監與宦官，擬整合媽祖入道教系統，而聖墩祖廟雖然盛極一時，但其背後主法人員是道佛教系統，當然無法整合，因而珍貴文物被盜取一空[6]，李家在明朝時期仍有人在朝當

---

[6] 白塘李氏家譜記載。

官，了解政府政策方向，遂任聖墩祖廟廢毀，轉以李富於紹興年間所建一浮嶼天妃廟維持媽祖信仰，未重建聖墩祖廟。

◈ 銅爐溯流

> 宋哲宗元符（1098-1100）初，莆南六十里地名曰楓亭，其溪達海，系南北通津。戊寅，潮長時，水漂一銅爐，寶色燁然，溯流而至。鄉人觀者如堵，咸嘖嘖稱奇。眾下水取而藏之，是夕，楓人同得夢云：「我湄神也，欲為爾一鄉造福」。相傳異其事，爰備香花奉銅爐至錦屏山下，草構數椽祀焉。凡禱祝者無不應驗。里人林文可感神靈默祐，割田與眾募建以廣之。

本則故事雖未見於丁伯桂廟記，但卻取材於元朝時仙遊人劉克莊所撰〈楓亭新建妃廟記〉，所述林文可君亦同見於劉文。楓亭位於莆田南方，屬仙遊縣，仙遊開發年代早於莆田，北宋時人才輩出，如蔡襄、蔡京、劉克莊等皆是，其重要性在莆田之上，故《天妃顯聖錄》編者加以補入，以顯示媽祖信仰由湄洲而莆田，再發展至仙遊的過程。而從這幾座媽祖廟建立地點觀察，湄洲、白塘、楓亭都在近海河港市集，可知媽祖信仰的發展是以海上商業信徒為基礎。

◈ 朱衣著靈

> 宋徽宗宣和四年壬寅（1122），給事中允迪路公奉命使高麗，道東海，值大風震動，八舟溺七，獨公舟危蕩未覆。急祝天庇護，見一神女現桅竿，朱衣端坐。公叩頭求庇。倉皇間風波驟息，藉以安。及自高麗歸，語於眾。保義郎李振素及墩人備述神妃顯應。路公曰：「世間惟生我者恩罔極，我等飄泊大江，身瀕於死，雖父母愛育至情，莫或助之，而神姑呼吸可通，則此日實再生之賜也」。復命於朝，奏神顯應。奉旨賜「順濟」為廟額，蠲祭田稅，立廟祀於江口。

此則記載出自丁伯桂〈順濟聖妃廟記〉，所述路允迪於宣和四年出使高麗，朝廷賜廟額順濟，是媽祖信仰由民間私祀轉為公開信仰的

關鍵，考證具見於前章。此處要特別提及的是在莆田江口又建立一座媽祖廟，江口所指之地，應是莆田三江口，為河海匯流處，至今仍有貨輪進出，但當地已無媽祖廟留存。

◇ 聖泉救疫

> 宋高宗紹興二十五年（1155）春，郡大疫。神降於白湖旁居民李本家曰：「瘟氣流行，我為郡請命於帝；去湖丈許有甘泉，飲此疾可瘳」。境內羅拜神賜。但此地斥鹵，疑無清流，以神命鑿之，及深猶不見泉。咸云此系神賜，勉加數鋤，忽清泉沸出，人競取飲之，其冷若醴。汲者絡繹於路，至相爭攘。朝飲夕瘳，人皆騰躍拜謝曰：「清泉活人，何啻甘露，真有回生之功」！乃甃為井，號曰「聖泉」。郡使者奏於朝，詔封「崇福夫人」。

這則故事發生在莆田的白湖，白湖與前此建朝地點類似，是一個海舶會集之所，把媽祖信仰引進的人名李本。莆田白塘李氏是唐朝宗室，武則天朝避禍來莆田，成為一方望族。李家信奉媽祖，李本在紹興後期也把媽祖的訊息傳入白湖。

◇ 托夢建廟

> 紹興二十六年丙子（1156），以郊典特封為靈惠夫人。紹興二十七年（1157），莆城東五里許有水市，諸舶所集曰「白湖」。歲之秋，神來相宅於茲。章氏、邵氏二族人共夢神指立廟之地。丞相俊卿陳公聞之，驗其地果吉，因以奉神。歲戊寅（1158），廟成。三十年（1160），流寇劉巨興等嘯聚，直抵江口。居民虔禱於廟，忽狂風大震，煙浪滔天，晦冥不見，神靈現出空中。賊懼而退。既而復犯海口，神又示靈威，賊遂為官軍所獲。奏聞，天子詔加封「靈惠、昭應夫人」。

這則故事承接上一則，是白湖正式建廟的故事。白湖不僅是海舶會集的港市，也是南宋宰相陳俊卿家族所在地。紹興二十六年，白湖

既有聖泉，莆田已有聖墩、江口等媽祖廟成立，還組義軍協助政府，白湖尚未有廟，陳俊卿既聞家鄉父老擬建廟，乃捐地倡導建廟，白湖廟更廟以人貴，以後起之秀，與聖墩並駕為香火最盛媽祖廟。

丁伯桂〈順濟聖妃廟記〉，敘述陳俊卿創建白湖廟云：

> 紹興丙子（二十六年），以郊典封「靈惠夫人」，逾年，江口又有祠；祠立二年，海寇憑陵，效靈空中，風撃而去；州上厥事，加封「昭應」。其年，白湖童邵，一夕夢神指為祠處。丞相正獻陳公俊卿聞之，乃以地券奉神立祠，於是白湖又有祠。

白湖廟建立後，媽祖信仰始銳不可當，陳俊卿之子陳宓，於六十年後撰〈白湖順濟廟重建寢殿上梁文〉云：「今仰白湖香火，幾半天下。」；南宋政府敕封媽祖，也以白湖廟為主，如慶元四年（1198），加「助順」詔云：「靈惠妃宅於白湖，福此閩粵，雨暘稍愆，靡所不用。」；樓鑰〈敕興化軍莆田縣順濟廟靈惠昭應崇福善利夫人封靈惠妃誥〉云：「居白湖而鎮鯨海之濱，服朱衣而護雞林之使。」皆是其證。

陳俊卿以宰相之尊建媽祖廟，對莆田籍仕宦也有啟發誘導作用，丁伯桂於臨安知府任內修建順濟靈惠妃廟，云：

> 京畿艮山之祠，舊傳監丞商公份尉，崇德日感夢而建，…… 開禧年間，始建殿閣，地偏且陋，觀瞻未稱。歲在丁亥（寶慶三年，1227），某調郡陛辭，偶叨留行；因白夕郎陳公卓，割食錢為倡，貽書鄉之持麾節者，咸遣助。鄉之士友與都人知敬神者，竭力效奔走。[7]

可以看出莆田仕宦階層都崇信媽祖的情形。

◈ 溫臺剿寇

宋孝宗淳熙十年癸卯（1183），福建都巡檢羌特立奉命征剿溫

---

[7] 咸淳《臨安志》，卷七十三，〈祠祀・順濟聖妃廟〉。

州、臺州二府草寇。官舟既集，賊船蟻水面，眾甚懼。方相持之際，咸祝曰：「海谷神靈，惟神女夫人威靈顯赫，乞垂庇護」。隱隱見神立雲端，軺蓋輝煌，旗幡飛飆，儼然閃電流虹。賊大駭。俄而我師乘風騰流，賊舟在右，急撥棹衝擊之，獲賊首，並擒其黨，餘艘四散奔潰，奏凱而歸。列神陰相之功，奏於朝，奉旨加封「靈慈、昭應、崇善、福利夫人」。

此則故事仍取材於丁伯桂〈順濟聖妃廟記〉，年代為紹興三十年（1160）之後十九年，為宋孝宗淳熙六年（1179）。媽祖信仰在南宋紹興初期已因鄞縣明州市舶司北舶亭長沈法詢從化引媽祖香火建廟，此則故事則反映閩兵藉討伐浙江溫州、台州海盜之機將媽祖信仰引至浙江南部的溫州、台州。

◈ 救旱進爵

宋光宗紹熙元年庚戌（1190）夏，大旱，萬姓號呼載道。神示夢於郡邑長曰：「旱魃為虐，我為君為民請命於天，某日甲子當雨」。及期，果銀竹紛飛，金飆噴澍，焦林起潤，暵谷生春。郡邑交章條奏，天子詔神福民殊勳，應襃封進爵，頒詔進封「靈惠妃」以彰聖靈。

據丁伯桂〈順濟聖妃廟記〉，「淳熙甲辰，民災，葛侯郛禱之；丁未旱，朱侯端學禱之；庚戌夏旱，趙侯彥勵禱之，隨禱隨答，累其狀聞於兩朝，易爵以妃，號靈惠。」媽祖爵位由夫人晉升為靈惠妃，是宋孝宗朝累積甲辰（十一年）、丁未（十四年）、庚戌（光宗紹熙元年）三次祐民神蹟，由三位知軍陳報朝廷後加封而來。本則記載略去前二則故事及當事官員姓名，而此三位官員姓名在《莆田縣志》卷七職官志中均可考，且於莆田任職年分符合，趙彥勵更有傳，於此可見丁伯桂〈順濟聖妃廟記〉可信度很高。

◈ 甌閩救潦

宋寧宗慶元四年戊午（1198），甌閩苦雨，滂沱不止，漂屋蕩

崖，宋寧宗慶元四年戊午（1198），甌閩苦雨，滂沱不止，漂屋蕩崖，春夏倉廩告匱，民不聊生。有司請蠲議賑。莆人虔禱於神。夜夢神示之曰：「人多不道，厥罰常陰，故上天困此一方人。今爾眾虔恭，我為爾奏於帝，帝矜之，越三日當大霽，且錫有秋之貺」。至期，果見扶桑破曉，暘谷春生，早禾得水而籸，西成大熟。省官奏聞，奉旨加封「助順」，以報厥功。

此則故事仍取材於丁伯桂〈順濟聖妃廟記〉，慶元四年加封媽祖助順二字為正確年代，此時媽祖封號為靈惠助順妃。

◇ 平大奚寇

戊午秋，大奚寇作亂，調發閩省舟師討之，舳艫相接，將士枕戈。島寇巨艦銜尾而至，銳不可當。眾懼，各請神，香火以行。與賊遇於中流，彼居上風，難以取勝。眾禱於神曰：「願藉神力掃妖氛，上慰天子討叛之心，下救萬民踩躪之苦」。頃刻間昏霧四塞，返風旋波，神光赫濯顯現。遂衝突無前，渠魁就擒，餘凶或溺或潰，掃蕩無遺。凱奏，具陳神陰佑大勳，奉旨詔神為國家討賊，其議加封號以答神庥。

此則故事仍取材於丁伯桂〈順濟聖妃廟記〉，但廟記將本則故事與慶元四年合併，《敕封天后志》將之分為二則，年代改為慶元六年，有誤。而加封媽祖助順二字，並未追封先世及兄姐。

◇ 一家榮封

慶元六年（1200），朝廷以神妃護國庇民，功參玄造，人本乎親，慶自先貽，於是頒詔封妃父為「楨慶侯」，又改封「威靈侯」，又以顯赫有裨民社，加封為「靈感嘉祐侯」；母王氏封「顯慶夫人」；兄封「靈應仙官」；神姊封為「慈惠夫人」，佐神。

◇ 紫金山助戰

> 宋寧宗開禧改元乙丑（1205）冬，金人僕散揆從八疊灘潛渡
> 淮，聚哨淮甸，王師啟行北伐，人心洶湧，求庇於神。至直隸
> 安豐，戎馮戒嚴。神示夢於將領異再遇等曰：「金人犯順，北
> 顧貽憂，若等銳志克敵，吾當助威以佐天子」。初戰於花靨鎮，
> 神現靈雲端。眾望空中若有萬馬馳騁狀，知為神力呵護，賈
> 勇向前，大砲碎其酋長；賊遂卻。又會戰於柴金山，賊甚猖獗。
> 臨陣時，復見旌旗閃空，將領嚴令督戰，兵士擁楯而進，敵乃
> 披靡，獲馬百餘匹，斬馘數百人。賊復大聚合肥，聞雲端鏘鏘
> 有劍戟聲，賊益懼，且戰且退，遂解合肥之圍。全師返斾，人
> 唱鐃歌。天子聞神兵陰助，有護國大功，加封「顯衛」，以答
> 神庥。

　　此則故事仍取材於丁伯桂〈順濟聖妃廟記〉，但丁伯桂所書年分
為開禧丙寅（二年 1206），較本文晚一年。而顯衛封號是在嘉定元
年（1208）累積數神績加封，並非在此時加封。但元朝太常博士程端
學所撰〈靈濟廟事蹟記〉卻將金山助戰三役置於嘉定元年，並封媽祖
為靈惠助順顯衛妃。

　　宋朝政府南渡，有助媽祖信仰圈的擴大；因淮水以北地區不再歸
宋朝政府管轄，為了抵抗來自北方的侵略者，政府只能從浙、閩、粵
等地區抽調兵源。如白塘聖墩廟的李富，就曾募集三千名莆田壯丁參
與抵抗金兵入侵的戰役，讓莆田人走入軍中，後來也培養出水師傑出
將領李寶。《宋史》卷三十二，〈高宗本紀〉紹興三十一年，載金主
完顏亮南侵，高宗詔起江、浙、福建諸州強丁赴江上諸軍效力。

　　宮兆麟《興化府莆田縣志》，卷四，〈建置・顯濟廟〉條所載朱
默顯靈助戰事，也發生高宗渡江以後，丁伯桂〈順濟聖妃廟記〉載開
禧年間莆田兵戴媽祖香火上戰場事，云：

> （寧宗）開禧丙寅（二年，1206）金寇淮甸，郡遣戍兵戴神香
> 火以行，一戰花靨鎮，再戰紫金山，三戰解合肥之圍，神以身

現雲中，著旗幟，軍士勇張，凱歌以還。[8]

金國皇帝完顏亮率兵攻打淮水、長江，企圖消滅南宋，莆田兵戴著媽祖香火上戰場，勇氣高張，凱歌以旋，解除國家滅亡的危機，這種情形好像臺灣充員兵入伍戴著媽祖香火上前線。打勝仗之後，媽祖威靈也隨著莆田軍士征戰的足痕向外傳佈，朝廷三度誥封，終於奠定媽祖在官民信仰中的地位。

◈ 助擒周六四

嘉定改元戊辰（1208）秋，草寇周六四哨聚犯境，舟艦不可勝計。時久旱後，人窮無賴者多，既困赤地，遂入綠林，乘亂劫掠，廬舍寥落。閭邑哀禱於神。神示之夢曰：「六四罪已貫盈，特釜中游魚耳；當為爾殲之」。越四日入境，喊聲動地，忽望空中有劍戟旗幟之形，各相驚疑，退下舟，遽衝礁閣淺。尉司駕艇追之，獲其首，餘凶悉就俘。寇平，境內悉安。奏上天子，奉旨加封「護國、助順、嘉應、英烈妃」。

本則故事繫於嘉定元年，丁伯桂〈順濟聖妃廟記〉有「嘉定元年（1208）加顯衛之號」的記載，但卻無顯靈事蹟；〈靈濟廟事蹟記〉雖有嘉定元年誥封，但來由為金山助戰三役，與本則故事無關。故事來源雖不明，但此為發生於莆田之事，主旨是外賊入侵，土盜也起而應和，致地方生靈塗炭。媽祖既屢護外邦，對本鄉亦有照顧護佑以示公允。

◈ 錢塘助堤

宋理宗嘉熙元年（1237），浙省錢塘潮翻，江堤橫潰，大為都省患。波湧浩蕩，版築難施。都人號祝於神妃。忽望水波洶湧，時濤頭上艮山祠，若有所限拒而水勢倒流不前者，因之水不衝溢，堤障得成，永無氾圮之患。眾咸稱神力捍禦。有司特奏於朝，奉旨神功赫濯，大有裨於朝家，議加封號，以答靈感。

---

[8] 同註11。

按此則故事出自咸淳《臨安志》，理宋理宗嘉熙元年為西元
1237年，已在丁伯桂撰寫〈順濟聖妃廟記〉八年之後，故丁文無此
則記錄。但此則錢塘助隄故事中的艮山祠與丁伯桂有密切關係，因丁
伯桂在理宗寶慶三年（1227）出任臨安知府，發起重修艮山順濟廟，
至紹定二年（1229）廟成。丁伯桂卸任回朝後，因直言極諫，帝不悅，
故此次奏請誥封朝廷未予回報。但程端學所撰〈靈濟廟事蹟記〉卻記
有「嘉熙三年，以錢塘潮決隄至艮山祠，若有限而退，封靈惠助順嘉
應英烈妃」的記載，似可反映河隄工程浩大，經年餘始合龍竣工。

◈ 拯興泉饑

> 寶祐改元（1253），莆與泉大旱，谷值騰湧，饑困弗支，老幼
> 朝夕向祠前拜禱。夢神夜告曰：「若無憂，米艘即至矣」。初，
> 廣地賈客挺裝米上浙越，偶一夜神示夢曰：「興泉若饑，米貴，
> 速往可得利」。客竊而喜謂神示必獲利滋倍，遂載入興、入泉。
> 南艘輻輳，民藉以不饑，米價反平。郡人頗矜天幸，商人怏怏，
> 言神夢不驗。詢其得夢之由，方悟神為二郡拯饑。又思前夕米
> 艘即至之夢，果屬不虛。咸嘆再造神功，焚香拜謝。天子聞之，
> 詔褒封「助順、嘉應、英烈、協正妃」。三年（1255），又以
> 顯靈加封「靈惠、助順、嘉應、慈濟妃」。四年丙辰（1256），
> 以浙江堤岸告成，加封「靈惠、協正、嘉應、善慶妃」。

濟興泉饑之事，見於丁伯桂〈順濟聖妃廟記〉，意函與〈助擒周
六四〉同，更把照顧鄉民的範圍擴及泉州，而海商也有「商販者不問
食貨之低昂，惟神之聽。」之句，可證媽祖感化商人，不可唯利是圖。

◈ 火燒陳長五

> 開慶改元，歲在己未（1259），陳長五兄弟縱橫海上，去來於
> 興、泉、漳之間，殺掠逞凶，家無安堵，三郡困。請命於神。
> 郡守徐公夢神示之曰：「當殄此賊，以靖地方」。徐公素敬信
> 神妃，即率寨官石玉等勵兵備之。朝廷督王憲使鎔克期剿賊。
> 越八月，賊三舟入湄島，將屠掠蓼禧，禱於神，弗允，解衣倨

臥廊廡下，悖慢不敬。俄有火焚其身，肉綻皮爛，痛楚哀呼。賊大懼，退遁舟中。神起順風，誘之出港，忽天日晦冥，大雨驟至。及開霽，賊三舟已在沙埔上膠淺不動，憲使王鎔曰：「此神授也，逆賊當殲滅矣」！揮兵急擊，賊奔潰，先擒長五。郭敬叔等帥兵追至莆禧，擒長六。長七乘潮退遁，後追至福清，並俘之，磔於市，脅從者罔治。徐公具陳神妃庇助之功，憲使奏上天子，勑議典禮，進封「顯濟妃」，兩司捐萬楮助修宮殿，以報神貺。

程端學〈靈濟廟事蹟記〉景定三年（1262）「禱捕海寇，得反風，膠舟就擒，封靈惠顯濟嘉應善慶妃。」的記載與本則故事雷同，所指應為同一事。

三、元代封媽祖為海神

媽祖信仰雖然與朝廷祀神制度密不可分，但究竟實際操作廟宇日常儀式的還是佛教的臨濟宗、華嚴宗僧人做主，元朝以後皇室的宗教信仰取向就會影響媽祖信仰的榮枯。元朝皇室信仰密宗，對媽祖信仰相當支持，常遣官致祭而較少誥封。《天妃顯聖錄》所載靈應事蹟僅有一則，而分二年紀事。

一、怒濤濟溺

天曆元年（1328）夏，備海道萬戶府分司運糧，至大海，遭颶風驟起，巨浪連天，七日夜不息，人困力疲，運艘幾於翻覆。舟人哀號，仰禱神妃求佑。會日暮，有形從空而下，掩映舟中，輝耀如晝，宛見神靈陟降。少頃，怒濤頓平。船上覺異香繽鬱。自此水道無虞，徑抵直沽都省。奏聞，奉旨差翰林國史院學士普顏實理欽御香，馳驛致祭。

二年（1329），漕運復藉神妃默庇無失，加封「護國、輔聖、庇民、顯祐、廣濟、靈感、助順、福惠、徽烈、明著天妃」，遣官黃份等馳傳具禮，專詣湄洲特祭，並致祭淮、浙、閩海等

處各神廟，共祭一十八所。

二、神助漕運

　　至順元年庚午（1330）春，糧船七百八十只，自太平江路太倉劉家港開洋，遇大風突起，波撼星辰，桅檣飄蕩，數千人戰慄哀號。官吏懇禱於神妃，言未已，倐陰雲掩靄，恍見空中有朱衣擁翠蓋，佇立舟前，旋有火照竿頭，晶光如虹。舟人且驚且喜。無何，風平浪息，七百餘艘飄流四散，正集合整理篷槳解纜而進，又聞空中有語云：「可向東南孤島暫泊」，眾郎撐舟依孤島旁。方拋碇，江上狂飆迅發，暴雨倒峽。舟人相慰曰：「非神靈指示，我等皆在黿宮蛟窟矣」！次日晴霽，遂達直沽交卸。中書奏神護相之功，奉旨賜額曰「靈慈」。

〈靈濟廟事蹟記〉就是因為漕運官員感神恩修建廟宇而作，致於元朝中央政府遣官致祭天妃，《元史》本紀內也可找到不少記載：

一、英宗至治元年（1321）五月辛卯：

　　海漕糧至直沽，遣使祀海神天妃，作行殿于繢山流杯池。

元至元十九年（1282）海漕開通，直沽成為漕運樞紐，在大直沽設置接運廳和臨清萬戶府；並修建了直沽廣通倉等糧倉。至元年間（1264-1294）還在大直沽、三岔口分別建了天妃宮東、西二廟。至治元年由朝廷在繢山（今北京市延慶縣）設立天妃行宮，可見當時漕船上已有專官奉祀天妃媽祖。

二、至治三年（1323）二月辛卯：

　　海漕糧至直沽，遣使祀海神天妃。

三、泰定帝泰定二年（1325）九月癸丑：

車駕至大都，遣使祀海神天妃。

四、泰定三年（1326）七月甲辰：

車駕發上都，……遣使祀海神天妃。

五、泰定三年八月辛丑：

作天妃宮于海津鎮。

海津鎮是元朝延知三年（1316）在直估設置，命副都指揮使伯顏鎮守，是一個軍事單位，可證海上漕運的重要性，並在此建立天妃宮。

六、泰定四年（1327）秋七月乙丑：

遣使祀海神天妃。

七、致和元年（1328）春六月甲申：

遣使祀海神天妃。

八、文宗天曆二年（1329）冬十一月戊午：

遣使代祀天妃。

天曆二年元朝政府並遣使由北而南逐一祭祀直沽（天津）、淮安（江蘇）、平江（江蘇）、崑山（江蘇）、露漕、杭州（浙江杭州）、越（浙江紹興）、慶元（浙江寧波）、台州（浙江）、永嘉（浙江）、延平（福建南平）、閩宮（福建福州）、白湖（福建莆田）、湄洲（福建莆田）、泉州（福建泉州）等廟，並為例。從上述元朝政府致祭、創建天妃廟宇來看，媽祖信仰在元代因漕運發展，深獲官方支持，當

時中國東南沿海各省主要海港城市都已普遍建立天妃廟，媽祖為國家海神的地位已屹立不搖。

四、明代靈應

元朝末年，漢人以民族主義發動反元戰爭，宗教人士也在當中推波助瀾，中國本土產生的道教也扮演了重要角色，尤其是信仰北極玄天上帝的武當山派。明太祖朱元璋在與陳友諒鄱陽湖之戰以寡擊眾，情勢危殆，朱元璋目睹玄天上帝的靈獸龜、蛇浮現船柁之上，軍心大振，終於反敗為勝成為反元軍的盟主。其次，明成祖靖難之役，以玄天上帝降乩作法後出兵直取南京，其主要參謀都是道教徒。取南京後即命張三丰尋找惠帝，其後並以武當山為太嶽太和，建三十六座宮殿，置專官守護。比起元朝，媽祖信仰算是較未受政府關注。

◈ 明太祖時期

明代靈應，發生在洪武年間的有一、二兩則三項靈蹟，都是地方性的事蹟。明朝建立後，鑒於元朝亡於對外戰爭，尤其是海外對日本的戰爭，建國以後，立下不向海外發動戰爭的原則，洪武七年（1374年）正月，罷福建（泉州）市舶司，嚴海禁以防倭寇。洪武二十年（1387），明廷命江夏侯周德興到福建沿海福、興、漳、泉四府經略海防。至洪武三十一年，在泉州沿海先後增設：永甯衛，福全、崇武、中左、金門、高浦 5 個守禦千戶所，巡檢司 45 個，築衛所司城 16 座，以加強海防。所以明初所見媽祖靈蹟多與海防及相關官員有關。

（一）擁浪濟舟

洪武七年甲寅（1374），泉州衛指揮周坐領戰船哨捕，忽遇颶風大作，衝泊閣礁。舟人環泣稽首，呼神妃求庇。黑夜間倏見神火懸空畢照，桅檣皆現。周喜曰：「吾聞海上危急時，得神火照耀，雖危亦安。神其佑我乎」！俄而巨浪躍起，將船蕩浮，從磻隙真逾磯北，順流駛至岸邊。時天欲曙，差認港跡，始得無恙。歸至泉，立廟奉祀。仍運木赴湄嶼，修整宮殿。其

杉木未載者，浮水面自飄流到湄，木頭各有「天妃」二字，眾皆奇之。自是重建寢殿及香亭、鼓樓、山門，復塑聖像，制旗鼓，沿途鼓欲，送至祖廟。

時又有張指揮領兵出海，默祝神妃保佑，果得顯應，由泉裝載大料來湄洲，構一閣於正殿之左，名曰「朝天閣」。

〈擁浪濟舟〉第一則故事，發生在洪武七年，也是明朝開始海禁之年，泉州衛指揮官周某因受媽祖庇佑，在泉州衛建廟，又重修湄洲天妃宮，顯示明初海軍沿元朝舊俗，仍奉媽祖為海神。第二則故事也是洪武年間事，泉州衛指揮官張某受媽祖護佑，於湄洲天妃宮建朝天閣，是朝天閣見於文獻之始。

（二）藥救呂德

洪武十八年（1385），興化衛官呂德出海守鎮，得病甚危篤，求禱於神。夢寐間見一神女儼然降臨，命侍鬼持丸藥，輝瑩若晶珀，示之曰：「服此當去二豎」。正接而吞之，遽寢，香氣猶藹藹未散。口渴甚，取湯飲，嘔出二塊物，頓覺神氣爽豁，宿病皆除，遂平復如初。是夕夢神云：「疇昔之夜，持藥而救爾者，乃慈悲觀音菩薩示現也，當敬奉大士」。呂德感神靈赫奕，遂捐金創建觀音堂於湄嶼。

此則故事發生於興化衛指揮官呂德身上，算是官員個人的事。最特別的是，故事把真正救呂德的功勞轉給觀音菩薩，讓呂德於湄洲建觀音堂，把媽祖背後的上源神觀音正式帶進湄洲天妃宮。

◇ 鄭和下西洋有關靈蹟

鄭和七度下西洋為明朝永樂、宣德間盛事，下西洋一趟來回約三年，所以全部活動橫跨二朝近二十多年。因明太祖有禁海令，沒有皇帝支持，海外貿易無法推動，宣宗以後沒有海上貿易，媽祖靈應就無法彰顯，所以明代天妃媽祖靈應故事，多集中在永樂、宣德年間。

（一）廣州救太監鄭和

永樂元年（1403），欽差太監鄭和等往暹邏國。至廣州大星洋遭風，舟將覆。舟工請禱於天妃。和祝曰：「和奉命出使外邦，忽遭風濤危險，身固不足惜，恐無以報天子，且數百人之命懸呼吸，望神妃救之」！俄聞喧然鼓吹聲，一陣香風颯颯飄來，宛見神妃立於桅端。自此風恬浪靜，往返無虞。歸朝復命，奏上，奉旨遣官整理祖廟。和自備寶鈔五百貫，親到湄嶼致祭。

鄭和下西洋是國家大事，第一次首航由鄭和帶隊，而往暹邏國是首站，航前鄭和還至福建長樂玫祭於天妃宮，並立碑紀念，據《鄭和下西洋演義》故事描述，鄭和舟中還有二位宗教修為造詣均高的龍虎山道長及西域來的僧人金碧峰[9]隨行，事後明成祖也在南京建廟立碑，此為當時大事。以下二則同為鄭和下西洋靈應故事，不復詳述。

（二）舊港戮寇

永樂三年（1405），欽差太監等官往西洋，舟至舊港，遇崔符截劫，順流連艦而至，勢甚危急。眾望空羅拜，懇禱天妃。忽見空中旌旗旆雲巔，影耀滄溟，突而江流激浪，幟轉帆翻，賊艘逆潮不前。官兵忽蕩進上流，乘潮揮戈逐之，一擊而魁首就俘，再擊而餘孽遠潰。自此往返平靜。回京奏神功廣大，奉旨著福建守鎮官整蓋廟宇以答神庥。

（三）夢示陳指揮全勝

永樂七年（1409），欽差太監統領指揮陳慶等往西洋，賊覘知，垂涎寶貨，率數十艘於中流截劫。正值上風，奔流如飛，我舟被困，眾俱股慄。陳慶曰：「奉君命到此，數百人在茫茫大海中，須決雌雄，尚可生還。騎虎之勢，安可中下？兵法謂置之死地而後生，正在今日」！眾曰：「不若拜禱天妃」。慶

---

[9] 鄭和是中東回教徒，金碧峰似為波斯人，後來於普陀山開創普濟寺。

從之。是宵，陳慶夢神語曰：「今夜風急，可乘昏霧，溯流而上，翌日佐爾一帆風，殲此醜類」！慶以告內使，□棹向前。比曉，已居上流。賊逆風不得進。我舟離賊已遠。眾欲遠遁。慶復曰：「長江萬里，西國迢遙，回首不見家山。彼狡爾鯨鯤，豈能忘情於我？若飄泊偷安，恐賊黨出沒煙波，終入其網。今風信順便，殆神授也，急擊勿失」！遂勵兵奔衝而下。遠望神儼現空中，閃爍如虹如電。賊駭愕。風急舟騁，賊篷被官桅倒插破裂。陳慶揮刃越舟，賊首投水，鉤而俘之，餘悉就擒，獲貨物軍器無算。內使及陳指揮率眾叩謝神妃曰：「反敗為功，轉禍為福，再造之德，山高水深」。復命奏上，奉旨褒嘉，委官重置廟中器皿，親賚詣廟致祭。

（四）助戰破蠻

　　永樂十八年（1420）正月，倭寇哨兵渡海，欽差都指揮張翥統領浙江定海衛水軍防禦，距海相持。日本慣習水戰，分舟師據海口。我師樵汲道絕，兵士困甚，同叩禱天妃，拜請水仙。忽波心撼激，賊舟蕩漾浪中，撐東湧西，我舟與賊船首尾相擊。半晷間，賊篷綍繩斷，我舟中一兵披髮跳躍大呼曰：「速越舟破賊」！翥發令曰：「此神所命，先登者重賞」！遂奮勇衝殺，擒獲甚多，其投水死者不計其數；全收破蠻之功。事聞於上，奉旨遣御史劉麟、內官孔用、唐貞詣廟致祭，送長生鹿二對。

　　元朝末年出兵征日本，在對馬海峽遭日軍擊潰，明太祖引為戒，自此日本倭寇不斷向外進擊。永樂年間明朝海軍尚強，擊敗倭寇捍衛海權，直至嘉靖年間倭寇始再侵擾中國沿海，海權對中國的重要性於此可見。

（五）東海護內使張源

　　永樂十九年（1421），欽差內使張源往榜葛剌國。於鎮東海洋中，官舟遭大風，掀翻欲溺。舟中喧泣。源急叩天妃求佑。言未畢，忽見狂風旋舞，中有赤旆飛揚。眾疑其不祥。須臾，

風息浪平，舟人踴躍歡忻，皆曰：「頃赤旆飛揚，實神靈返颶之力」。及自外國還，特製袍幡詣廟拜謝。

本年，太監王貴通等又奉命往西洋，禱祝顯應。奏上，遣內官修整祖廟，備禮致祭。

（六）琉球救太監柴山

洪熙元年（1425）四月，欽差內官柴山往琉球，載神香火以行。至外洋，一夕，雲霧晦冥，山方假寐，夢神撫其几曰：「若輩有水厄，當慎之！吾將為汝解」。及寤，不敢明言，只嚴戒舵工加謹。正揚帆而進，突陰霾蔽天，濤翻浪滾，咫尺不相辨，孤舟飄泊於洪波之中，桅檣顛倒，舟中墜水者數人。舵工急取大板亂擲水中，數人攀木而浮，隨波上下，呼天求救，哀聲震天。迨薄暮，見燈光自天而來，風倏靜，浪倏平，舵工函撥棹力救，墮水者爭攀附登舟，感慶再生之賜。回京奏上，奉旨遣官致祭，拜答神功。

明朝建國後，琉球國王請以中國為宗主國，新王即位皆請遣使誥封。洪武二十五年更以閩人三十六姓百工移居琉球，此為當年赴琉球誥封事，至清末日本佔琉球始止，累積媽祖靈應故事甚多，此為其濫觴。

（七）庇太監楊洪使諸番八國

宣德五年庚戌（1430）二月，欽差太監楊洪統領指揮千百戶及隨從人等，駕船大小三十只，裝載彩幣，賞賜阿丹、暹羅、爪哇、滿剌加、蘇門答剌、木骨都束、卜剌哇、竹步八國，虔恭奉祀神妃，朝夕拜禱保佑。一日，舟至中流，天日清霽，遠望大嶼橫峙海中，上多怪石，錯生海物。眾曰：「舟中沉鬱已久，盍登岸少舒」。各奮礄而上。又見旁有小磯，一女子攜筐採螺蜃，競赴磯迫視之。洪恐其肆慢，趨前呵止。女子忽不見。回首大嶼已沒，方知前所登嶼，即巨鰲浮現，其美女乃天妃現身救此數十人也。各叩首謝。歸奏上，奉旨賚御香致祭。

◈ 明末靈應

（一）托夢除奸

　　嘉靖中，奸臣嚴嵩當權，殘害忠義。御史林公諱潤，擬附本糾之。夜間草稿未畢，乃曰：「似此必無兩靜，但含默非吾初志」。假寐几上，夢神妃語之曰：「權奸蠹國，公報主忠誠，必俞所奏，當不負厥梗直」。寤而嘆曰：「奸臣播虐忠良，神人共憤，天妃乃有除奸之靈！若此本得旨，當廟祀血食春秋」。果章奏而帝俞允，遂建廟於涵江東卓地面，以答英光。

　　故事主角林潤（1531-1570），為莆田九牧林家人，林潤任御史糾彈嚴嵩事，是明嘉靖朝大事。《明史》卷二百一十，〈林潤〉云：

> 字若雨，莆田人。嘉靖三十五年進士。授臨川知縣。以事之南豐，寇猝至，為畫計卻之。徵授南京御史。嚴世蕃置酒召潤，潤談辨風生，世蕃心憚之。既罷，屬客謂之曰：「嚴侍郎謝君，無刺當世事。」潤到官，首論祭酒沈坤擅殺人，置之理。已，劾副都御史鄢懋卿五罪，嚴嵩庇之，不問。……會帝用鄒應龍言，戍世蕃雷州、其黨羅龍文潯州。世蕃留家不赴。龍文一詣戍所，即逃還徽州，數往來江西，與世蕃計事。四十三年冬，潤按視江防，廉得其狀，馳疏言：「臣巡視上江，備訪江洋群盜，悉竄入逃軍羅龍文、嚴世蕃家。龍文卜築深山，乘軒衣蟒，有負險不臣之心。而世蕃日夜與龍文誹謗時政，搖惑人心。近假名治第，招集勇士至四千餘人。道路恟懼，咸謂變且不測。乞早正刑章，以絕禍本。」帝大怒，即詔潤逮捕送京師。……遂盡按二人諸不法事，二人竟伏誅。潤尋擢南京通政司參議，歷太常寺少卿。隆慶元年以右僉都御史巡撫應天諸府。……居三年，卒官。年甫四十。

　　嚴嵩是一代權臣，林潤有浩然正氣始敢糾彈其子，也因事涉謀逆，觸犯明朝政治忌諱皇帝始予懲治。這則故事是《天妃顯聖錄》記

載媽祖協助伸張官場正義的記載，而此故事中也提到林潤因而在莆田涵江東卓建立天妃廟。

（二）妝樓謝過

天啟乙丑（1625）、（崇禎）戊辰（1628）間，崔符草寇李魁奇出沒南溟，結夥入吉了抄掠，復地運到賢良港。港人擁神像江頭，示以神靈梓鄉，冀免擾害。神乃顯夢於首長曰：「而焚掠了城，為禍酷烈，今尚欲困吾父母之邦，若不速退，將殲爾類」！仍嘯聚弗去。俄而狂飆躍浪，蕩散其舟，大舡沉溺，餘者淪落波中。自是悔罪乞宥，風且不靜。願起蓋梳妝樓一座，並塑聖像以謝過，乃得風靖。遂移舟出港，備牲醴、香花到湄，買置木料，裝運前來建造，俯伏叩拜。

天啟乙丑年為天啟五年，戊辰年為崇禎元年，李魁奇為閩人，有眾萬人，是橫行閩、粵著名洋盜，福建官方一直無法討平，崇禎元年福建巡撫蔡善繼招撫鄭芝龍，責以討平李魁奇重任，數年後鄭芝龍擊殺李魁奇，閩海平。因為林堯俞卒於崇禎元年，看不到鄭芝龍事蹟，所以留下這則媽祖教訓海盜，致盜首捐款增修廟宇建築，塑神像的記錄。

五、清代靈應

《天妃顯聖錄》記載媽祖誥封只有康熙十九年和二十三年二則，但媽祖靈應事蹟卻有六則，因為康熙十九年至二十三年是清朝打敗臺灣的鄭經，將臺灣納入版圖的重要年代，而媽祖在臺灣戰役中扮演重要角色。康熙二十三年《天妃顯聖錄》改版重刊時，參與戰役將領尚在位，故大書特書，留下歷史記錄。

◈ 與萬正色姚啟聖有關靈應

（一）清朝助順加封

康熙庚申年（1680）二月十九日，舟師征剿，駐崇武，與敵對壘。夜夢天妃告之曰：「吾佐一航北汛，上風取捷，隨使

其遠遁」。次日，果得北風驟起，敵遂披靡，大敗而退。至二十六日舍廈門入臺灣。內地海宇，自是清寧。萬將軍大感神助，立即具本奏神保佑之力。聖上甚慰陰功，欽賜御香、御帛，差官士賚詔到湄廟加封致祭。

萬正色之奏摺未見載錄，按康熙十八年（1679）底，清廷挾平定三藩軍事之餘威，擬與荷蘭東印度公司聯軍，澈底摧毀明鄭武力。然時值冬季，臺灣海峽東北季風盛行，荷人舟師無法由巴達維亞前來會師。延至次年二月，萬正色在福州催造船隻完畢，即遣人於漳、泉州，知會清將喇哈達、賴塔、姚啟聖、楊捷、吳興祚等人，分從水、陸進攻明鄭軍各據點。

康熙十九年（1680）正月，清水師提督萬正色入海壇，清軍大船二艘被明鄭水師左都督朱天貴所部擊沈，清軍稍怯。二月，明鄭水師總督林陞與萬正色戰於崇武，突海風大作，萬正色收泊泉州港，吳興祚則督陸師沿海放砲。林陞等船無所取水，欲退泊金門遼羅灣。朱天貴等將領恐因退師而動搖人心，勸其進泊海壇。林陞不聽，下令全部退泊遼羅灣。

林陞退泊遼羅灣，鄭經於思明接報，疑其師敗北，遂將陸軍主帥劉國軒及所部，自觀音山調回防守思明。劉國軒師既撤，明鄭陸路各軍亦隨之動搖。清將喇哈達、賴塔、姚啟聖、楊捷等乘機統漢、滿騎兵進攻。明將康騰龍首獻□州，清軍接著於二月二十六、七兩日，分道克陳州、玉州、觀音山等十九寨及海澄縣。至此，思明州人心渙散，百姓各攜家眷逃逸，莫能禁遏。鄭經不得已於二十七日率劉國軒及文武各官撤離思明，退歸澎湖。

檢討康熙十九年明、清戰役，明鄭軍隊最後雖敗退東都，但水師並未遭到重挫。而明鄭由小勝轉至敗退之關鍵，則在林陞與萬正色崇武之戰時突發之海風。萬正色並將之歸功為媽祖之顯靈庇佑，奏請清廷誥封、致祭。清廷亦立即頒詔誥，並遣禮部員外郎辛保等，賚香帛赴福建莆田湄洲天妃宮致祭。媽祖助清軍之消息，經此大肆宣揚，對原本信奉媽祖者之意向，發生莫大影響。莆田籍之水師副總督朱天貴，於明鄭軍隊撤回東都時，即率所部水師眾二萬人，戰船三百餘艘

降清。《清史》朱天貴傳云：「朱天貴，福建莆田人，初為鄭經將。康熙十九年，師下海壇，以所部二萬人，舟三百來降。授平陽總兵官。」[10]康熙二十二年（1683）施琅再率朱天貴及其人船攻打澎湖，逼鄭克塽降清，其影響之大可以想見。

（二）起蓋鐘鼓樓及山門

大總督姚奉命征剿，以海道艱虞，風波險阻，不易報效，中心懇摯，極力圖維，素信神靈赫濯，禱應如響，懇祈陰光默佑，協順破逆。於康熙二十一年（1682）差官到湄洲祖廟，就神前致祝許願，俾不負征剿上命，即重修宮殿，答謝鴻庥。乃於二十二年（1683）三月二十三日天妃悅旦，特委興化府正堂蘇到湄廟設醮致祭，隨帶各匠估置木料，擇吉起蓋鐘鼓二樓及山門一座；宮宇由是壯觀。

清朝攻臺策略最初是以招降為主，而主政者是福建總督姚啟聖。康熙十九年朱天貴及莆田籍將士的降清，給了姚啟聖很大的鼓舞，為了答謝媽祖，所以特別重修宮殿，計劃起蓋鐘鼓樓及山門。

（三）大闢宮殿

大總督姚時議征剿，雖不辭責重任大之艱，而逾塹越滄，不無風波飄蕩之慮。一片忠誠爭格，惟恃神靈默相。以故天威一震，寰服人心，於康熙二十二年七月初旬，臺灣果傾心向化，舉島輸誠。總督捧頒恩敕前至臺灣，因少西北正風，又恐逗留詔命，自福省放舟，於八月二十三日親到湄洲，詣廟具疏神前，虔祝順風，願大闢殿宇，以報神功。於是神前拈；。準將東邊朝天閣改為正殿。舟尚未開，二十五夜見船上放光，深感神明有赫，即捐金付興防廳張同、同知林昇估價置買木料，乃邊朝天閣另為起蓋。遂擇吉建造正殿，已經安基豎樑，緣興防廳張丁艱謝事。

---

[10] 張其昀纂，《清史》，卷261，朱天貴傳。民國60年，臺北，成文出版社印行。

（四）托夢護舟

隨征同知林昇同總兵官遊澎奉委往撫臺灣，於康熙二十二年九月初五日由湄洲放洋，初六晚至臺灣。十五日自彼開駕，而十八夜夢天妃在船；有四人戴紅帽從水仙門而上，問其所來，答曰：「舟船有厄，將為爾護」。十九早，舟過柑桔嶼，舟次擱淺，舵折四尺，將溺，眾驚懼，投拜神前，懇求庇佑。倏見天妃現身降靈保護，乃得平穩。十九晚收進八罩，報復成功。總督慰甚。同知林昇到家虔誠答謝。

姚啟聖在清朝攻臺期間，親駐廈門，督饋餉，設修來館，散金錢以離間明鄭主臣，使眾叛親離。朱天貴降清，亦為朱天貴叔父策動，施琅得以逼鄭克塽降清，姚啟聖也有功勞。鄭克塽降表送出，姚啟聖派隨征同知林昇、總兵官游澎往撫臺灣，另派員從陸路京師報捷。施琅則派員由海路直接放舟北上，八月十五夜施琅特使即抵北京，康熙龍心大悅，封施琅為世襲罔替靖海侯，平臺功績遂為施琅一人獨佔。姚啟聖使者晚到數日，勳賞功因而不及姚啟聖。姚啟聖多年努力付之流水，還福州後未幾病卒，[11] 其已許於湄洲天妃宮大闢宮殿事，亦為停頓。康熙二十三年林麟焻重刊《天妃顯聖錄》，仍以姚啟聖功績置於施琅前以示尊重。

◈ 施琅攻臺有關靈應

（一）湧泉給師

靖海將軍侯施於康熙二十一年十月奉命征剿，大師雲屯於平海。此地斥鹵，樵汲維艱。只有神宮前小井一口，甚淺，當炎天旱候，尤為枯竭；數萬軍取給炊爨，弗繼。將軍侯乃祝諸神，以大師札住，願藉神力，俾源源可足軍需。禱畢，而泉水湧溢，真不異耿恭拜井之奇。因是千萬軍取用不竭。爰額之曰「師泉井」，作師泉誌以著神庥。

---

[11] 《清史》，卷 261，姚啟聖傳。

（二）燈光引護舟人

　　將軍侯施於康熙二十一年十月舟次平海。因謀進取，於十二月二十六夜開船。一宵一日，僅到烏坵洋，因無風不得行，令駕回平海。未到澳而大風倏起，浪湧滔天，戰艦上下，隨濤浮漾外洋，天水森茫，十無一存之勢。次早風定，差船尋覓。及到湄州澳中，見人船無恙。且喜且駭曰：「似此風波，安得兩全」？答曰：「昨夜波浪中，我意為魚腹中物矣！不意昏暗之中，恍見船頭有燈籠，火光晶晶，似人挽厥纜而徑流至此」。眾曰：「此皆天妃默佑」！即棹回報上。將軍侯因於康熙二十二年正月初四早，率各鎮營將領赴湄致謝，遍觀廟宇，捐金調各匠估價買料，重興梳妝樓、朝天閣，以顯靈惠。

　　施琅泉州晉江人，自其祖父施玉溪即虔信海神北極玄天上帝，與其叔施天福同為鄭芝龍部將。鄭芝龍被清兵挾持北上，鄭成功在南澳募兵，又往投成功為部將。後與成功不和降清，康熙二十年鄭經亡，二十一年康熙命施琅專征臺灣。施琅率領朱天貴等莆田籍降清水師為主力，轉隨莆田人信仰媽祖。標題三則，但故事內容四則，〈湧泉給師〉與〈燈光引護舟人〉都是在施琅於莆田平海誓師討伐臺灣初期，暗示莆田人信仰的媽祖還是會庇佑施琅為主帥，宣示意味濃厚。

（三）澎湖神助得捷

　　康熙二十二年六月內，將軍侯奉命征剿臺灣。澎湖系臺灣中道之衝，萑苻竊踞，出沒要津，難以徑渡。侯於是整奮大師，嚴飭號令。士卒舟中，咸謂恍見神妃如在左右，遂皆賈勇前進。敵大發火砲，我舟中亦發大砲，喊聲震天，煙霧迷海。戰艦銜尾而進，左衝右突，凜凜神威震懾，一戰而殺傷彼眾，並淹沒者不計其數。其頭目尚踞別嶼，我舟放砲攻擊，遂伏小舟而遁。澎湖自是肅清。

　　先是，未克澎湖之時，署左營千總劉春夢天妃告之曰：「二十一日必得澎湖，七月可得臺灣」。果於二十二日澎湖克捷，其應如響。又是日方進戰之頃，平海鄉人入天妃宮，咸見

天妃衣袍透濕，其左右二神將兩手起泡，觀者如市。及報是日澎湖得捷，方知此時即神靈陰中默助之功。將軍侯因大感神力默相，奏請敕封，並議加封。奉旨：神妃已經敕封，即差禮部郎中雅虎等賫御香、御帛到湄，詣廟致祭。時將軍侯到湄陪祭，見佛殿僧房尚未克竣，隨即捐金二百兩湊起。

　　康熙二十二年六月十六、二十二等日，臣在澎湖破敵，將士咸謂恍見天妃，如在其上，如在其左右。而平海之人，俱見天妃神像是日衣袍透濕，與左右二神將兩手起泡。觀者如市，知為天妃助戰致然也。又先於六月十八夜，臣標署左營千總劉春，夢天妃告之曰：「二十一日必得澎湖，七月可得臺灣。」果於二十二日澎湖克捷，七月初旬內，臺灣遂傾島投誠，其應如響。當施琅大肆運用媽祖為心理戰之時，福建總督姚啟聖亦遣官至莆田湄洲天妃宮致祝許願，懇請協助。

◇ 琉球陰護冊使

　　康熙二十二年，欽差冊封琉球，賜蟒玉正一品汪、林等官時在福省，於六月二十日諭祭天妃於怡山院。是時東風正猛，不意行禮甫畢，旗幟忽皆北向，遂解纜而行。所有應曆水程，悉若飛渡而下，才二晝夜即到馬齒山，遽至那霸港，直達迎恩亭前。琉球之人皆謂從來封駕未有若此飛渡而來。迨夫典禮告竣，開駕而回，狂濤震撼，巨浪滔天。舟中人皆顛覆，煙灶等物盡委逝波，茫無彼岸，誠萬難獲全。天使官肅將簡命，共籲神妃求佑：「返節無恙，當為奏請春秋祀典，永荷神庥」！虔禱方終，神應如響。黑夜中漂泊，眾見舟竿上有二燈籠光焰在前。時束桅鐵箍已斷十三，桅應散而尚全；系篷之頂繩斷不可續，篷宜墮而猶懸；桅拴裂逾尺，桅應倒而仍柱。船不及壞，因急駛徑歸閩海港。中使官深叨神功，復命，奏請春秋祀典。朝廷即差官奉敕到湄致祭答謝。

　　施琅於康熙二十二年八月，偕陸師提督吳英入臺，並由劉國軒陪同，赴南北各處查看。是冬，清廷冊封琉球使節汪楫、林麟焻等返閩，

以〈聖德與神庥等事〉，具題請朝廷誥封媽祖。施琅聞知，亦立刻奏上〈為神靈顯助破逆請乞皇恩崇加封事〉摺子，詳述其攻臺前後媽祖顯靈協助清軍事蹟請清廷頒誥封、致祭。奏上，康熙批交禮部議奏。禮部題：遣官獻香帛，讀文致祭。祭文由翰林院撰擬，香帛由太常寺備辦。臣部派出司官一員前往致祭。[12]康熙二十三年八月二十四日，奉旨，依議。欽差禮部郎中雅虎賚香帛至湄洲，詣廟致祭，清軍運用媽祖信仰，對明鄭發動之心理戰，至此大告功成。康熙二十三年八月，清朝雖未加封媽祖，但是年稍後康熙於湄洲敕建天妃神祠，隨後加封為天后。據雍正三年（1725）九月九日巡臺御史禪濟布奏為海神効靈乞天嘉賚事摺云：

> 臣等聞前海將軍臣施琅征服臺灣之時，舟師戰於澎湖⋯⋯經臣施琅恭疏具題。聖祖仁皇帝勅建天妃神祠於其原籍興化府莆田縣湄洲，勒有勅文以紀功德。隨又加封天后。

摺中提及康熙二十三年加封天妃為天后事，《欽定大清會典事例》錄有：

> （康熙）二十三年，加封天妃為天后。

《欽定大清會典事例》雖未說明加封天后之日期及原因，但可佐證禪濟布所述應非杜撰。但可能因為清廷加封天妃為天后，非於林麟焻、施琅奏請後之第一時間，遂未廣為各界所知，故其後許多官文書如康熙年間臺灣府所修各府、縣志仍稱媽祖為天妃；雍正四年（1726）福建水師提督藍廷珍奏請雍正御書匾額仍稱媽祖為天妃，皆其例。

---

[12] 《天妃顯聖錄》，歷朝褒封致祭詔誥。

第十二章：天妃信仰的
宗教本質

　　媽祖信仰的宗教屬性眾說紛紜，一般人常將媽祖信仰視為道教，中華民國政府也通函各廟宇加入道教會。但從信仰實庇觀察，多數媽祖廟有僧人住持，這種有僧人住持的媽祖廟擬加入中國佛教會，但卻被佛教會謝絕。媽祖信仰有道佛混雜的情形是多年歷史發展下逐漸形成的。

　　從史籍《天妃顯聖錄》的記載，媽祖是白衣大士的化身，從媽祖信仰實況觀察，媽祖信仰的上游神為觀音菩薩，帶有佛教因素，而護持媽祖廟香火的僧侶則以臨濟宗的法脈為主。但因媽祖降生前適逢周世宗毀佛，媽祖獲宋朝賜廟額則為宋徽宗強迫佛教道教化的關鍵時刻，政局的影響，也讓道教在媽祖傳說中留下痕跡。明朝道教於編修道《道藏》時，增編《太上老君說天妃救苦靈驗經》，將天妃納入道教神仙譜系，其後發現媽祖信仰已是佛教的禁臠，遂放棄對媽祖信仰的經營。民國以後，政府已無祀典，住持僧侶退出管理行列，民國四十六年政府為方便管理民間信仰，通令各廟宇加入道教會，僧尼住持之寺院則加入佛教會，媽祖信仰已無宗教教化之實，喪失宗教本質。

一、前言

　　媽祖林默是五代莆田湄洲人，自北宋徽宗宣和五年（1123）朝廷賜「順濟」廟額，官民得公開崇祀迄今已 886 年，信仰者遍佈世界各地有華人之所在，是華人信仰人口最多的神祇。歷代政府對其誥封，自南宋高宗紹興二十六年（1156）郊典，封靈惠夫人，迄清朝咸豐七年（1857）累積封號為：「護國庇民、妙靈昭應、宏仁普濟、福佑群生、誠感咸孚、顯神贊順、垂慈篤祜、安瀾利運、澤覃海宇、恬波宣惠、導流衍慶、靖洋錫祉、恩周德溥、衛漕保泰、振武綏疆天后」，共六十二字，一般簡稱天后或天上聖母。

從官方的角度看，媽祖是政府祀典體系的一環，對其信仰的認同與支持是毫無疑問的。但是除了地方官員主祭的春秋二祭外，媽祖廟還有僧侶住持，有各種遶境、進香、刈火等宗教儀式，媽祖信仰的宗教本質是什麼？有許多人弄不清礎，尤其近年從事地區性媽祖研究的學者常問筆者，為何臺灣大型媽祖廟正殿後的寢殿會奉祀觀音？為何媽祖廟中會有臨濟宗僧侶的神主牌位？這個現象，在臺南大天后宮、北港朝天宮、宜蘭昭應宮等媽祖廟皆可看到，足證媽祖信仰的內涵尚有佛教的因素存在。本文希望從媽祖相關史料及媽祖信仰實況來解析媽祖信仰的宗教本質。

北港朝天宮鎮殿媽祖及香花女

媽祖是清代官方祀典代表政府治權

二、媽祖與觀音大士

（一）媽祖是龍女

　　《天妃顯聖錄》從明朝萬曆年間開始編輯，至康熙十六年至十九年間鄭經佔領莆田期間定稿刊印，是後世論述媽祖史傳的主要依據。該書目次刻有：「住持僧照乘發心刊佈，徒普日，徒孫通峻薰沐重脩。」等字，因湄洲天妃宮文革時被毀，照乘等僧人的神位、史料均已亡失，無從瞭解其詳細事蹟，但從《莆田縣志》記載照乘在康熙二十年（1681）重修莆田九峰寺[1]，可知其雖為天妃宮住持，但仍虔信佛教。九峰寺雖為曹洞宗開山祖本寂[2]（840-901）創建，但照乘及其徒弟普日，徒孫通峻三人法號字輩則與臨濟宗智廣（於仙游創九座寺）所傳臨濟法脈的第十四、十五、十六代字輩相同[3]，所以湄洲天妃宮應是臨濟宗法脈的僧侶在護持。

宋代文獻説媽祖是龍女

1　見《莆田縣志》卷四，寺觀，九峰寺。筆者於民國九十四年七月間，在蔣維錟、周金琰二位先生引領下前往訪查，見該寺早已荒廢，僅留部分基址，有一女尼維持香火。
2　本寂俗姓黃，名崇精，莆田涵江黃巷（今國歡黃霞村）人，唐文宗開成五年（840年）生，其兄名文矩，法號妙應，曾莆田創建國歡寺、囊山寺，為一神僧。
3　該派前三十二輩法號字韻為：「智.慧.清.靜，道.德.圓.明，真.如.性.海，寂.照.普.通，悟.本.正.覺，繼.祖.紹.宗，廣.開.心.運，宏.定.寬.融。」參見羅炤《天地會溯源》。

《天妃顯聖錄》篇首，由明神宗朝禮部尚書林堯俞（莆田籍）所撰序文談到媽祖的宗教淵源，云：「天妃，吾宗都巡愿公之女也。……相傳謂大士轉身，其救世利人，扶危濟險之靈，與慈航寶筏，度一切苦厄，均屬慈悲至性，得無大士之遞變遞現於人間乎？」[4]林堯俞直指媽祖是大士轉身。同書，〈天妃誕降本傳〉記載媽祖降生背景謂：

> 二人（媽祖父母）陰行善、樂施濟，敬祀觀音大士。父年四旬餘，每念一子單弱，朝夕焚香祝天，願得哲胤為宗支慶。歲己未夏六月望日，齋戒慶讚大士，當空禱拜曰：「某夫婦兢兢自持，修德好施，非敢有妄求，惟冀上天鑒茲至誠，早錫佳兒以光宗祧。」是夜，王氏夢大士告之曰：「爾家世敦善行，上帝式佑。」乃出丸藥示之，云：「服此，當得慈濟之貺。」既寤，歆歆然如有所感，遂娠。二人私喜曰：「天必錫我賢嗣矣。」[5]

　　這篇記載媽祖誕生因緣的短文，竟三次提到觀音大士，一敘媽祖父母敬祀大士，一敘六月十五齋戒慶讚大士，一敘媽祖母親王氏夢大士賜丸藥而娠；可確認媽祖家族是大士的虔誠信仰者。觀音大士是佛教臨濟宗、華嚴宗二派主要信仰神，易言之，《天妃顯聖錄》直指媽祖信仰的宗教源頭溯及佛教的二大支派。

（二）觀音與阿彌陀佛是媽祖的上游神

　　湄洲為媽祖誕生地，理應保留有最元始媽祖信仰實況，但因文革期間嚴重破壞，現廟宇雖已恢復宏偉格局，但宗教傳承卻為現代人的回憶拼湊而成，媽祖信仰的傳承反而由臺灣繼承主流，臺灣廟宇則以北港朝天宮最具代表性。以朝天宮建築格局及祀神配置為例，朝天宮為七門五進格局，第一進為三川殿，為香客進出、鑾轎停駐之所，其次拜殿，為春秋二祭典禮舉行之所，第三進為正殿，與拜殿相連，中祀媽祖及其配祀神，正殿後第四進為寢殿，通稱為觀音殿，祀觀音及三寶佛（釋迦牟尼、阿彌陀佛、彌勒佛）十八羅漢，第五進為聖父母

---

[4]　《天妃顯聖錄》林堯俞，序。
[5]　《天妃顯聖錄》誕降本傳。

《天妃顯聖錄》謂王氏夢食大士所授丸藥而生林默

殿，祀媽祖父母及兄、姐，各殿間均有天井置放香爐。主軸線拜殿左側祀註生娘娘，右側祀福德正神及境主公。寢殿左側為三官殿，祀天、地、水三官，右側為五文昌殿，祀五文昌夫子；從建築格局看，觀音殿適在整體建築中心點，三官殿及五文昌殿在其兩側，可知觀音在朝天宮祀神中的重要性超過三官大帝。

　　類似朝天宮，臺灣許多媽祖廟都有正殿奉祀媽祖，寢殿奉祀觀音的祀神佈局，如彰化南瑤宮、宜蘭昭應宮（白衣大士）、新竹長和宮、八里天后宮（清水觀音）等；至於建築佈局無寢殿者，則會在側殿奉祀觀音，如臺北關渡宮等皆是。在福建媽祖的家鄉湄洲，明版《天妃顯聖錄》湄洲圖在天后宮旁繪有「觀音堂」，當前湄洲嶼媽祖故鄉的上林宮（一進單殿式）則在正殿神龕奉祀白衣大士（觀音），可見媽祖與觀音共祀一廟是媽祖廟普遍的現象。

　　媽祖遶境行列，也可以反映背後的宗教意涵，朝天宮每年農曆正月十五及三月十九、二十日分別舉行的遶境行列，也可看出媽祖與觀音及阿彌陀佛的關連性。朝天宮遶境行列除了前導的陣頭外，神轎行列排列次序如下：

　　　1 聖震聲（哨角）、2 震威團、3 靜肅牌、4 鑾駕牌、5 閭山堂神童團、6 太子爺、7 虎爺、8 笨港境主、土地公、9 註生娘娘、10.金精將軍（千里眼）、水精將軍（順風耳）、11 六媽、12

湄洲天后宮（1990 年代建）

　　五媽、13 四媽、14 三媽、15 二媽、16 祖媽、17 觀音佛祖（碧水寺）、18 阿彌陀公（彌陀寺）。[6]

　　從朝天宮的遶境行列表，其遶境神輿的安排非常特殊，並非所有朝天宮的祀神全被安排遶境，如三官殿的三官大帝、五文昌殿的五文昌夫子、聖父母殿的聖父母均是。其次，北港街區非與佛教相關廟宇也不得參加遶境行列。如位於公民里乾隆年間創建的陳聖王廟，賜福里、西勢里二座王爺廟並未參加，僅阿彌陀街的阿彌陀公及新街里北壇碧水寺觀音佛祖加入，顯示媽祖信仰的親佛不親道特性。

　　朝天宮的遶境行列先後次序是以神格高低依次排序，神格越高，行列次序越後，故二尊護衛將軍步行開路，其後依序由輩分最低的六媽、五媽至最後的祖媽（開基媽）。祖媽神輿之後則為觀音佛祖與阿彌陀公。在佛教中，阿彌陀佛是西極樂世界的主宰，觀音則為渡人至極樂世界的菩薩，故祀阿彌陀佛的寺院主尊為阿彌陀佛，其脇士則為觀世音與大勢至菩薩。如果沒有錯誤，可推測朝天宮的媽祖遶境活動是早年朝天宮住持僧侶們規劃創造出來的宗教活動，藉媽祖的慶典，讓信徒進一步親近媽祖上游神的觀音、彌勒及阿彌陀佛。

---

[6]　見民國七十七年（1988 戊辰）北港朝天宮天上聖母遶境行列順序表。

朝天宮媽祖遶境時的觀音媽

朝天宮媽祖遶境時的阿彌陀公

（三）媽祖與龍女

　　媽祖是觀音大士轉身，但其生存時究竟扮演何種角色？莆田籍
進士丁伯桂在南宋臨安府知府任內曾重建艮山順濟廟，宋理宗紹定
元年（1228）廟成，他撰寫了一篇〈順濟聖妃廟記〉，提到媽祖其
人，謂：

> 神莆陽湄洲林氏女，少能言人禍福，歿，廟祀之，號通賢神女，
> 或曰龍女也。莆寧海有堆。元祐丙寅，夜現光氣，環堆之人，
> 一夕同夢，曰：「我湄洲神女也，宜館我。」於是有祠，曰：

聖堆。[7]

　　南宋莆田籍讀書人信媽祖者頗多，尤其陳俊卿以宰相之尊建白湖廟後，更將媽祖信仰提升至國家層級，丁伯桂年代雖較陳俊卿晚，但卻出身莆田望族，其祖父丁彥先進士出身，丁家書香綿延，故其文章不但具體指出媽祖是湄洲林氏女，其墳墓在莆田寧海，並稱媽祖為通賢（玄）神女，或龍女，即媽祖生前是一個宗教人物。龍女，是觀音大士二位脇士（侍）之一，另一為善財。也就是說在宋代文獻即可找到媽祖與觀音大士的連結。

　　元初太學博士黃四如在莆田白塘順濟祖廟重建落成時撰寫了一篇〈聖墩祖廟新建蕃釐殿記〉，提到媽祖成年後的形象，謂：「他所謂神者，以死生禍福恐嚇人，唯妃（媽祖）生人、福人，不以死與禍恐之，故人人事妃，愛敬如母。」[8] 說明媽祖同時代的宗教人物常以死生、禍福恐嚇人，只有媽祖能生人（指點信徒新的生命道路），能造福信徒，故深受信徒敬愛，事之如母。這段文字不但印證媽祖真有其人，她更是一個慈悲的宗教家。

　　《華嚴經》中，善財是一個好學的宗教家，知道那裡有大菩薩善知識即前往參訪請益；龍女則是佛講經時佈放法雲的使者，是一個引導眾生接受佛法開示的中介者。但民間祠祀的善財、龍女，則是觀音菩薩的二個脇士，丁伯桂指媽祖為龍女，應是指媽祖生前曾扮演類似龍女的角色，也就是為觀音散佈法雲接引眾生的使者。

三、媽祖上游神觀音大士

（一）觀音大士名象多變

　　媽祖信仰源頭是觀音大士，但觀音名目眾多，到底是那位觀音是媽祖的上游神，必須先釐清。觀音普遍被稱為觀世音，或觀自在。佛教經典所見觀音，有：六觀音、七觀音、三十三觀音等類，而最常見的六觀音，一說是：大悲觀音、大慈觀音、獅子無畏觀音、大光普照

---

[7] 潛日友，《咸淳臨安志》卷73，外郡行祠，丁伯桂〈順濟聖妃廟記〉。
[8] 黃仲元，《莆陽黃仲元四如先生文稿》，商務四部叢刊三編集部。

觀音、天人丈夫觀音、大梵深遠觀音；另一說是：千手觀音、聖觀音、馬頭觀音、十一面觀音、准胝觀音、如意輪觀音。

觀音在佛教扮演之角色，顯教謂：觀音乃阿彌陀佛之弟子；密教說觀音為阿彌陀佛之化身。而佛教寺院之塑像或繪像，多把觀音菩薩與大勢至菩薩列在阿彌陀佛左右，觀音居左，大勢至居右，謂為阿彌陀佛之二脇士，襄贊阿彌陀佛宣揚教化。不論顯教或密教，觀音上層高一級的上游神，均為阿彌陀佛。

觀音造像原為男性，宋代蔣之奇曾撰〈大悲菩薩傳〉略謂：觀音為妙莊王第三公主妙善者，因不願遵父命嫁人，離家修行，後妙莊王病，需取無瞋心的人的眼、手為藥始能治癒。而妙善為全國唯一無瞋心的人，當國王使者找到妙善，說明來意；妙善毫不猶豫將眼、手奉獻給妙莊王。此時神蹟顯現，妙善的眼與手都重生出來。

這個故事被元人改編為《觀音得道》一書，增補為：慈航尊者（觀音），在大羅天宮，逍遙自在，一日在八寶金蓮展開慧眼遙望東土，見眾生耽溺酒色，爭名奪利，過著罪惡生活，乃大發慈悲，並獲瑤池金母、無極天尊之恩許，降生為興林國妙莊王第三公主。妙莊王育有三女，大公主妙音愛文，而招一文駙馬。二公主妙元愛武，而招一武駙馬。獨三公主妙善，酷愛修行學佛，立志不婚，至白雀寺出家，致犯父怒，將其處死。其魂周遊地府，不久回陽，潛至大香山苦心修煉而成正果，回去濟度父母。書中情節動人，深入民間，以致後世將妙善當作觀音，觀音也就被女性化。

（二）湄洲「八百年元朝媽祖元始金身」也是觀音

觀音在佛教信仰中居於崇高地位，但觀音給人的印象卻是模糊的，是不是真有其人？是什麼時代的人？其生時經歷又如何？這些問題困擾學界，一直無具體答案，直至西元 1990 年代兩岸開放宗教交流以後，筆者才偶然發現媽祖上游觀音的線索。民國八十六年（1997）1 月，湄洲媽祖廟迎「八百年元朝媽祖元始金身」石像到臺灣巡遊，因其造型類似蒙古婦女，而引發真、假媽祖爭議。主辦單位於印行《湄洲媽祖游臺灣紀念專刊》中〈湄洲媽祖游台三大寶物亮相〉的單元中，對「元朝石雕媽祖元始金身」描述謂：

元朝石雕媽祖金身

湄洲祖廟珍藏的這一尊媽祖石雕像，高29釐米，寬22釐米，青石質，圓雕，型制古樸，碩巾帕首，大襟廣袖，垂拱趺坐，頰頦豐實，具有唐宋婦女典型風格。它是八〇年代初祖廟寢殿修復時出土的，同時出土的還有一些宋代陶筒瓦、瓦當、青瓷片、石避邪等。……湄洲媽祖元始金身是元朝石雕，迄今已逾八百年歷史，大陸列為國家保護級文物，連一般前往湄洲媽祖廟進香的信徒都不易見到；此次是在大陸當局特准下，才得以出遊臺灣，可謂媽祖成道千年來之創舉。[9]

另吳鈴嬌撰〈湄洲媽祖廟牽動兩岸情〉「石頭媽圓臉蒜鼻」一文，也談到這尊「石頭媽」說：

媽祖是真人真事，塑像卻永遠是工藝師們心中的影像，因此，祖廟謁靈時，宮庭樓閣里的神像，造型大大不同於分靈的臺灣媽祖。不過，一位福建的對台辦官員說，媽祖是莆田人，大圓臉、蒜頭鼻比較接近典型，那尊「石頭媽」可信度自然高，只是，臺灣客烙在心頭的媽祖早已定型，要修改，難啊！[10]

---

[9] 《湄洲媽祖游臺灣紀念專刊》，〈湄洲媽祖游台三大寶物亮相〉。
[10] 同上註，吳鈴嬌〈湄洲媽祖廟牽動兩岸情〉。

由於學術界尚未研究出媽祖在各朝代、不同爵位的基本造型，所以無法說明來台石像是「元朝湄洲媽祖元始金身石雕」的理由，僅以石像是在湄洲掘出，其臉型與莆田人典型相同，即斷定為元代媽祖元始金身，而引發真假媽祖爭議。

事後，筆者數度赴福建莆田地區作田野調查，始發現湄洲出土「八百年元朝媽祖元始金身」石像是莆田民間普遍信仰的泗洲文佛，也就是宋元時代湄洲媽祖廟也奉祀有泗洲文佛，但其造型為較元始型，而非後世美化過的觀音。而泗洲文佛是唐朝由中亞何國來華傳教的僧侶「僧伽」（628-709），他來中國傳播觀音信仰，建立白衣大士信仰系統，他也是後世認知的觀音化身。

宋太宗朝僧贊甯撰《高僧傳》卷18〈唐泗洲普光王寺僧伽傳〉謂：

> 僧伽，蔥嶺北何國人，自言俗姓何氏，亦猶僧會本康居國人，時人因命名曰康僧會。然名乃梵音，姓為華語。考何國在碎葉國東北，當是碎葉附庸耳。伽在本土，少而出家，為僧後誓志游方，始至西涼府，次歷江淮，當龍朔初年也，登即隸名山陽龍興寺。初將弟子慧儼同至臨淮，就信義坊居人乞地。下標誌之，言決於此處建立伽藍。遂穴土，獲古碑，乃齊國香積寺也。得金像，衣葉刻普照王佛字。嘗臥賀跋氏家，身忽長其床榻各三尺許，莫不驚怪。次現十一（二）面觀音形，其家舉族欣慶，倍加信重，遂舍宅焉。……中宗孝和帝景龍二年，遣使詔赴內道場，帝禦法筵，言談造膝，占對休咎契若合符，乃褒飾其寺曰「普光王」。四年庚戌示疾，敕自內中往薦福寺安置，三月二日儼然坐亡，神彩猶生止瞑目耳。俗齡八十三，法臘周知，在本國三十年，化唐土五十三載。中宗敕恩度弟子三人：慧岸、慧儼、木叉，各賜衣盂令嗣香火。……帝以仰慕不忘，因問萬回曰：「彼僧伽何人也？」對曰：「觀音菩薩化身也。經可不云乎：「應以比丘身得渡者，即現沙門相也。」[11]

---

[11] 《大正新修大藏經》，贊甯《宋高僧傳》卷18〈唐泗洲普光王寺僧伽傳〉。

《三教搜神大全》的泗洲文佛

　　僧伽為中亞何國人，晚年為唐中宗迎入宮中奉為國師，死後被唐朝政府視為觀音化身。另明朝人李元嗣所刊《泗洲大聖明覺普照國師（僧伽）傳》也謂「僧伽大聖觀音化身」「白衣之開山」。僧伽就是「泗洲大聖」、「觀音化身」，是「白衣大士」的開山。

（三）白衣大士的教旨《六度經》

　　僧伽死後被視為觀音的化身及「白衣大士」的開山，是一位高僧，彼於去世前將其傳教宗旨濃縮為《僧伽和尚欲入涅盤說六度經》。英人斯坦因（Stein）攜回英國的敦煌經卷中即有一卷，後被編入日本《大正大藏經》中。其經文首段講他與彌勒尊佛同時下生救渡善緣，云：

> 　　吾自生閻浮，為大慈父教化眾生，輪回世間。經今無始曠劫分身萬億，救度眾生。為見閻浮提眾生多造惡業，不信佛法。惡業者多，吾不忍見，吾身便入涅盤。舍利形像遍於閻浮，引化眾生。以後像法世界滿，正法興時，吾與彌勒尊佛同時下生，共坐化城，救度善緣。

　　接著描述他輪迴東西方救渡善緣的過程，云：

元居本宅在於東海，是過去先世淨土緣。為眾生頑愚難化，不信佛法，多造惡業。吾離本處，身至西方，教化眾生，號為釋迦牟尼佛。東國遂被五百毒龍陷為大海，一切眾生沈在海中，化為黿鼉魚鱉。吾身已後卻從西方胡國中來生於閻浮，救度善緣、佛性種子。吾見閻浮眾生，遍境兇惡，自相吞食，不可開化。吾今遂入涅盤，舍利本骨願住泗州。已後若有善男子善女人，慈心孝順，敬吾形像，長齋菜食，念吾名字。如是之人散在閻浮，吾潛見惡世力兵競起，一切諸惡逼身，不得自在。

接著描述他與彌勒佛在中國建立化城救渡善緣云：

吾後與彌勒尊佛下生本國，足踏海水枯竭，遂使諸天龍神八部聖眾在於東海中心，修造化城，金銀為壁，琉璃為地，七寶為殿。吾後至閻浮，興流佛法，唯傳此經，教化善緣。六度弟子歸我化城，免在閻浮受其苦難，悉得安穩。衣食自然，長受極樂，天魔外道弱水隔之，不來為害。

接著描述他與彌勒佛要救渡的六種人，云：

吾當度六種之人：第一度者，孝順父母敬重三寶；第二度者，不殺眾生；第三度者，不飲酒食肉；第四度者，平等好心不為偷盜；第五度者，頭陀苦行，好修橋樑並諸功德；第六度者，憐貧念病，佈施衣食，極濟窮無。
如此善道六度之人，吾先使百童子領上寶船，載過弱水，免使沈溺，得入化城。

最後描述不信的人會受報應，傳書此經者的福報，云：

若不是吾六度之人，見吾此經，心不信受，譭謗正法，當知此人宿世罪根，身受惡報，或逢盜賊兵瘴而死，或被水火焚漂，或被時行惡病，遭官落獄。不善眾生皆受無量苦惱，死入

地獄，無有出期，萬劫不復人道。

　　善男子善女人，書寫此經，志意受持，若逢劫水劫火，黑
風天暗，吾放無量光明照汝，因緣俱來佛國，同歸化城。悉得
解脫。[12]

　　《僧伽和尚欲入涅槃說六度經》與一般佛經不同，並未用「如是
我聞」的正統佛經方式來演繹釋迦牟尼理論，其特異點有：
　　（一）僧伽傳教，其上還有一「大慈父」。
　　（二）僧伽有輪迴轉世的觀念。他原居東方（中國），後轉世西
　　　　　方為釋迦牟尼佛，後又從西方胡國（中亞）降生人間，與
　　　　　彌勒佛同時來中國。
　　（三）提出化城（天堂）觀念。他與彌勒佛足踏海水使東海乾枯，
　　　　　並使諸天龍神八部聖眾於其中心造化城，金銀為壁，琉璃
　　　　　為地，七寶為殿，悉得安穩。衣食自然，長受極樂，天魔
　　　　　外道弱水隔之，不來為害，免在閻浮受其苦難。
　　（四）六度之人欲入化城，亦需由童子領上寶船，載過弱水，個
　　　　　人無法自渡。
　　（五）提到地獄觀。對於不信受，或譭謗正法者，會身受惡報，
　　　　　死入地獄，無有出期，萬劫不復人道。
　　原始佛教是追求涅槃，不入六道輪迴，但佛教傳入中亞後與當地
祆教（拜火教）溶合，教義已經有所轉變，其後更有揉合基督教、佛
教、祆教教義產生的摩尼教產生。
　　唐太宗時，玄奘、辯機合撰《大唐西域記》卷三，「僧訶補羅國」
記有一段描述白衣外道的記載：

　　有白衣外道本師悟所求理初說法處，今有封記。傍建天（祆）
　　祠。其徒苦行，晝夜精勤，不遑寧息。本師所說之法，多竊佛
　　經之義，隨類設法，擬則軌儀，大者為苾芻，小者稱沙彌，威
　　儀律行頗同僧法。惟留少髮，加之露形，或有所服，白色為異。

12　同上註，《大正新修大藏經》，《僧伽和尚欲入涅盤說六度經》。

福建泉州晉江草庵的摩尼光佛像

　　據斯流別，稍用區分。其天師像竊類如來，衣服為差，相好為異。[13]

　　僧訶補羅國位於西北印度，犍陀羅地方之東北、喜馬拉雅山山麓之古國，即漢朝時之罽賓，西元一至三世紀間，罽賓被貴霜帝國征服，發展成佛教中心之一。西元四世紀中葉至七世紀末，粟特人卡菲里斯坦重建罽賓王朝，唐顯慶三年（658），其王曷擷支稱臣于唐，唐以其地置修鮮都督府，其國人來唐者絡繹不絕，僧伽提婆、僧伽跋澄、佛陀耶舍、求那跋摩、佛陀多羅等來華譯經的名僧均出此國。《大集經》、《華嚴經》、《涅槃經》等大乘經典中皆可見到此地名，為大乘佛教之一大根據地。

　　唐貞觀年間（627-650），康國大首領康豔典來到隋末廢棄的蒲昌海（羅布泊）石城鎮開創摩尼教徒居住區，建築新城三座，已有許多粟特族人信仰摩尼教。僧伽亦為粟特人，玄奘至迦濕彌羅時（約西元六三○年）為僧伽（628-709）出生後二年，《大唐西域記》描述白衣外道：著白衣、蓄短髮的特徵都可在僧伽身上發現，晝夜精勤、不遑寧息，則為僧伽《六度經》所傳的白衣大士或許就是這個派別。

---

[13] 玄奘、辯機合撰，《大唐西域記》1955 年，上海，文學古籍刊行社出版。

僧伽弟子慧嚴曾在武周朝翻譯《華嚴經》時擔任審義重責，華嚴三祖法藏亦為粟特族人，華嚴宗也都奉祀觀音及僧伽。

四、媽祖信仰與道教

（一）宋代

媽祖誕生的時代，是一個南北軍事對峙，北方政府壓抑佛教的時代，媽祖降生的建隆元年（960），也是後周世宗的顯德七年，當時福建地區尚在留從效統治之下。後周世宗是中國佛教史上「三武一宗」法難的一宗。周世宗在位期間致力國家統一，向江南各國發動戰爭，需款孔急。大乘佛教因信眾長期財施供養，累積龐大財產，佛寺造像多為金屬鑄造，周世宗因而下令僧尼還俗，熔佛像以鑄兵器。福建則因主政者信奉，素有佛國之稱，成為不願還俗僧尼避難天堂，湄洲嶼更在莆田數十里外交通不便，人蹟罕至的海上，當時會避居其間的宗教人士，可能就是被北周政府迫害不願還俗而變裝的僧人，並挑選媽祖為其傳人。

〈誕降本傳〉描述媽祖習法過程：

> 幼而聰穎，不類諸女。甫八歲，從塾師訓讀，悉解文義。十餘歲，喜淨几焚香誦經禮佛，旦暮未嘗稍懈，婉孌季女，儼然窈窕儀型。十三歲時，有老道士玄通者往來其家，妃樂捨之。道士曰：「若具佛性，應得渡人正果。」乃授妃玄微秘法，妃受之，悉悟諸要典。十六歲窺井得符，遂靈通變化，驅邪救世，屢顯神異，常駕雲飛渡大海，眾號曰通賢靈女。

指媽祖十三歲時被老道士選為徒並授以秘法，媽祖十三歲時值北宋太祖開寶五年（972），宋太祖率兵攻打後蜀，位於江浙的南唐同時感受到戰爭威脅，遣使赴宋貢獻珍寶，上表請去南唐國號，印文改為江南國。〈誕降本傳〉中跑到湄洲傳授媽祖秘法的老道士玄通者，可能即為變裝的僧侶，才會說媽祖「若具佛性」的話，而且挑選傳人的做法，與華嚴宗初起的習慣相似。

《華嚴經傳記》〈唐終南山至相寺釋智儼〉傳云：

> 釋智儼，姓趙氏，天水人也。……母初夢梵僧執錫而謂曰：「速
> 宜齊戒淨爾身心。」遂驚覺，又聞異香有娠焉。及儼生數歲，
> 卓異凡童，或累塊為塔，或緝華成蓋，或率同輩為聽眾，而自
> 作法師。生智宿殖皆此類也。年十二，有神僧杜順，無何而輒
> 入其舍，撫儼頂，謂景曰：「此我兒，可還我來。」父母知其
> 有道，欣然不吝。順即以儼付上足達法師，令其順誨。曉夜誦
> 持，曾無再問。後屬二梵僧來遊至相，見儼精爽非常，遂授以
> 梵文，不日便熟。梵僧謂諸僧曰：「此童子當為弘法之匠也。」
> 年甫十四，即預緇衣。[14]

智儼是甘肅人，年十二，神僧杜順輒入其舍，徵得其父母同意，
將智儼引入佛教境界，再由二位梵僧授以梵文經典；十四歲，梵僧即
期許為弘法之匠。媽祖十三歲，老道士往來其家，授玄微另秘法，謂
媽祖若具佛性得渡人正果，三年後道成。兩位傳主幼學的習法過程如
出一轍，唯一差別者，授智儼梵文者為外國僧人，而媽祖因生長在反
佛的氣氛中，故需先從塾師訓讀經書，以象徵媽祖信仰包含儒家道統
在內。

其次，媽祖被推上歷史舞臺，也與宋代政府強制佛教道教化有
關。宋代開國君王本已崇道抑佛，仁宗朝以後更是外患頻仍，入侵的
遼、金、西夏都是信佛教，國內也有方臘藉宗教建國等事件，政府嚴
禁非法宗教。宋徽宗政和元年（1111）即嚴厲查禁淫祠，《宋史》〈徽
宗本紀〉，云：「政和元年春，壬申，毀京師淫祠一千三十八區。」[15]
政和7年（1117）四月庚申，由道籙院上章，徽宗冊封自己為「教主
道君皇帝」，雖僅止於教門章疏使用，但其偏執道教於此可見一斑，
宣和元年更強迫佛教道教化，《宋史》徽宗本紀，云：「宣和元年
（1119）春乙卯，詔：佛改號大覺金僊，餘為僊人、大士，僧為德士，

---

[14] 《華嚴經傳記》〈唐終南山至相寺釋智儼〉傳。
[15] 《宋史》，本紀第20，〈徽宗本紀〉。

易服飾，稱姓氏，寺為宮，院為觀，改女冠為女道，尼為女德。」[16]
宋人趙彥衛《雲麓漫抄》詳載其事云：

> 宣和元年（1119）佛寺改為宮，僧寺為觀，諸陵佛寺改為陵名
> 明真宮，臣庶墳等改兩字。合掌和尚不審，改作擎拳稽首，佛
> 賜天尊服，改塑菩薩、羅漢作道服冠簪，佛號大覺金仙，文殊
> 封安慧文靜大士，普賢封安樂妙靜大士，泗州大聖封巨濟大
> 士……菩薩稱仙人，羅漢稱無漏，金剛稱力士，僧伽稱修善。[17]

　　這波道教化運動中，釋迦牟尼佛被改稱大覺金仙，著天尊服；
菩薩稱仙人，羅漢稱無漏，著道服冠簪。趙彥衛《雲麓漫抄》並未提
及觀音菩薩被改名的事，但被視為觀音化身的泗洲大聖僧伽卻被易名
「巨濟大士」。
　　媽祖及佛教信仰都陷入政府壓迫的困境，適宣和四年（1122）路
允迪奉命使高麗，於福建徵募客舟隨行，莆田白塘李氏家族經營海
運，應募參與其事，旅途中遭遇颶風，桅斷柁折，危急萬分，經李振
向媽祖禱祈始轉危為安。丁伯桂〈順濟聖妃廟記〉記其事云：

> 宣和壬寅（1122），給事路公允迪載書使高麗，中流震風，八
> 舟沈溺，獨公所乘，神降於檣，獲安濟。明年，奏於朝，錫廟
> 額曰順濟。[18]

　　路允迪返國後向朝廷陳奏媽祖事蹟，奏請朝廷賜「順濟」廟額。
但當時正是宋朝下令佛教道教化的時期，為不牴觸政府法令，故於媽
祖降生故事稱觀音為「大士」，稱傳授媽祖法術者為「老道玄通者」。

（二）明代
　　明朝君王崇信道教，特重玄天上帝（真武大帝）。《明史》卷五

---

[16] 同上註。
[17] 趙彥衛《雲麓漫抄》，卷14，欽定四庫全書。
[18] 同註3，丁伯桂廟記。

十，禮四，〈南京神廟〉，將真武之祀列為十廟之首，同卷〈諸神祠〉引《國朝禦制碑文》，謂：「太祖平定天下，陰佑為多，嘗建廟南京崇祀。」[19]〈諸神祠〉又云：

> 北極佑聖真君者，乃元武七宿。後人以為真君，作龜蛇於其下。宋真宗避諱，改為真武；靖康初加號佑聖助順靈應真君。圖志云真武為淨樂王太於，修煉武當山，功成飛升，奉上帝命鎮北方，被髮跣足，建皂京元旗，此道家附會之說。

元武即玄武，本為天文上之鬥、牛、女、虛、危、室、壁等七星宿之總稱，《史記》卷 27 天官書所稱北宮玄武，後被視為北方之神或水神，其形為龜蛇合體。《後漢書》，〈王梁傳〉云：「赤伏符曰：王梁主衛作玄武。……玄武，水神之名。」[20] 至正二十三年（1363）朱元璋與陳友諒鄱陽湖之戰，為雙方興亡成敗關鍵戰役，朱元璋《御制西征記》，即提及真武神的龜、蛇默佑事，謂：

> 洪武癸卯（1363）秋，以巨舟千艘，載甲士十萬。是日天風東發，揚帆沂流，西征荊楚禓祺之後。纜解舟行，時兩岸諸山，墨雲靆靆，左雷右電，江湖洶湧，群鳥萬數，挾舟翅焉。少頃，有蛇自西北浮江趨柁，朕親視之。斯非神龍之化若是歟？果天不我舍。……次日，舟師抵采石，泊牛渚磯。未幾，一龜、一蛇浮擬柁後，略不畏人。[21]

明成祖靖難之役，真武神亦扮演了重要角色。《明史》〈諸神祠〉云：「成祖靖難，以神有顯相功，又於京城艮隅並武當山重建廟宇。兩京歲時朔望各遣官致祭，而武當山又專官督祀事。」燕王（成祖）靖難之役，都城陷，宮中火起，惠帝不知所終。中官雖曾出帝、后屍於火中，葬之，但或謂惠帝由地道出亡。成祖即位後遂分遣人員訪查，

---

19 《明史》卷 50，禮四，〈諸神祠〉。
20 《後漢書》，列傳卷 12，〈王梁傳〉。
21 朱元璋《御制西征記》。

海路方面，永樂三年（1405）六月，派中官鄭和帥舟師下西洋諸國，一以宣揚國威，同時暗訪惠帝下落。《明史》鄭和傳云：

> 鄭和，雲南人，世所謂三保太監者也。初事燕王於藩邸，從起兵，有功，累擢太監。成祖疑惠帝亡海外，欲蹤跡，且欲耀兵異域，示中國富強，永樂三年六月命和及其儕王景弘等通使西洋，將士卒二萬七千八百餘人，多齎金幣，造大舶，修四十四丈廣十八丈者六十二，自蘇州劉家港泛海至福建，復自福建五虎門揚帆首達占城，以次遍歷諸番國，宣天子詔，因給賜其君長，不服則以武慴之。[22]

鄭和於永樂三年（1405）六月出國，五年九月返國，返國後奏上媽祖護航神跡，成祖因於永樂七年（1409）封為護國庇民妙靈昭應宏仁普濟天妃，並於都城外建廟崇奉。明成祖〈禦制弘仁普濟天妃宮之碑〉云：

> 朕承鴻基。勉紹先志，罔敢或怠，撫輯內外，悉俾生遂，夙夜兢惕，惟恐弗逮，恒遣使敷教化於海外諸番國，導以禮義，變其夷習。其初，使者涉海洋，經浩淼，颶風黑雨，晦暝黯慘，雷電交作，洪濤巨浪，摧山倒岳，龍魚變怪，詭形異狀，紛雜出沒，驚心駭目，莫不錯愕。乃有神人飄飄云際，隱顯揮霍，上下左右，乍有忽無，以孚以侑。旋有紅光如日，煜煜流動，飛來舟，凝輝騰耀，遍燭諸舟，熇熇有聲。已而煙消霾霽，風浪貼息，海波澄鏡，萬里一碧，龍魚遁藏，百怪潛匿。張帆蕩艫，悠然順適，倏忽千里，雲駛星疾。咸曰：此天妃神顯靈應，默加佑相。歸日以聞，朕嘉乃績，特加封號「護國庇民靈應弘仁普濟天妃」，建廟於都城之外，龍江之上，祀神報貺。[23]

媽祖神威如此靈應，永樂十四年（1416）太監張國祥等新修《道

---

[22] 《明史》卷304，〈宦官，鄭和〉。
[23] 轉引自蔣維鍰《媽祖文獻資料》。

藏》，即將天妃納入道教神仙譜系。經文內容略謂：

> 太上老君於無極境，見大洋溟渤，四海九江五湖水澤，蛟蜃魚龍出沒變化，翻覆舟船，損人性命，危及商賈、使節、行人，捉生代死，怨怒上衝，合應救免。於是廣救真人白太上老君：妙行玉女修諸妙行，誓揚教化，廣救眾生，普令安樂。

> 太上老君乃令妙行玉女降生人間，於功果圓滿後，勅封為：輔斗昭孝純正靈應孚濟護國庇民妙靈昭應弘仁普濟天妃。天妃受勅後即發十五誓願：凡行商坐賈，農工伐藝，種作經營，行兵佈陣，產難不分等，只要誦持其經，即袪除災難。太上老君並賜天妃珠冠雲履，玉珮金圭，佩劍持印，前後導從，及千里眼，順風耳，宴公等部眾救護眾生。[24]

《太上老君說天妃救苦靈驗經》將媽祖說成是神仙虛構人物妙行玉女，雖曾降生人間修成正果，但全未提及媽祖父母家世及媽祖生平事蹟，可見道教人士對媽祖是陌生的，也就是此前道教並未經營過媽祖信仰。

同年十二月鄭和再度奉命出使西洋，朝廷為祈求海程順利，欽差太監及道士赴湄洲修設開洋清醮。《天妃顯聖錄》〈歷朝顯聖褒封致祭詔誥〉載：

> 永樂十五年，欽差內官王貴通、莫信、周福率領千戶彭佑、百戶韓翊並道士詣廟，修設開洋清醮。[25]

道士到湄洲舉行開洋清醮過程如何不得而知，但洪武年間湄洲天妃宮即已建立觀音堂，天妃宮是臨濟宗僧侶的地盤，道士在此舉辦大型祀典，過程可能不盡人意。認清了此事實，道教因而退出媽祖信仰的經營，永樂以後二百餘年間，朝廷即不再誥封媽祖，媽祖廟也繼續由臨濟宗僧人住持。

---

[24] 見《道藏》〈洞神部，本文類〉《太上老君說天妃救苦靈驗經》一卷。
[25] 同註3，〈歷朝顯聖褒封致祭詔誥〉。

五、從政府祀典到民間信仰

明朝崇信道教，吳真人、關羽等道教扶持的神不斷受誥封，媽祖信仰相對冷淡，清朝入主中原後，因滿洲人信奉佛教，加上媽祖信仰在清朝平定臺灣過程中發揮極大功用，讓媽祖信仰達到歷史高峰。康熙十三年（1674），駐福建的耿精忠反清，邀在臺灣的鄭經率兵西征，康熙十九年（1680）清廷有效壓制反抗軍，鄭經率水師撤回臺灣。撤軍之際，清將萬正色策動莆田籍水師副總督朱天貴率艦三百艘，軍士二萬餘人降清。因莆田水師都奉祀媽祖，清廷勅封媽祖為護國庇民妙靈昭應弘仁普濟天妃。次年鄭經去世，康熙二十二年（1683）清朝派降將施琅率這支降清水師逼降鄭克塽，清朝進一步勅封媽祖為天后。

康熙二十三年（1684）清朝在臺灣設一府三縣，施琅在臺灣建立天妃宮，並通令水師建立媽祖廟，廟宇都由僧侶住持。康熙六十年（1721）臺灣發生朱一貴建立中興王國，施琅六子施世驃奉命來台平亂，也運用媽祖靈佑傳說鼓舞士氣，事定後雍正皇帝賜「神昭海表」匾額給湄洲廈門及臺灣相關廟宇。雍正十一年（1733）清廷令沿江沿海各省建祠，此後乾隆、嘉慶、道光、咸豐、同治各朝都有誥封，光緒以後，以封誥全銜太長，遂不再誥封，改以賜匾取代。媽祖信仰為國家主要祀典後，春、秋二祭時地方文武官員親臨致祭，祭典展現媽祖之威儀，讓人心生敬仰，加上媽祖的各項靈應事蹟的一再傳播，媽祖就成為沿江沿海全民敬仰全能的神。

民國以後，政府祀典不再，媽祖信仰轉成民間信仰建立管理委員會組織，住持僧侶退出管理行列，佛、道教也在政府輔導下轉化成現代宗教組織，民國四十六年政府為方便管理民間信仰，通令各廟宇加入道教會，僧尼住持之寺院則加入佛教會，許多媽祖廟都加入道教會為會員，對原來媽祖信仰的本質漸行漸遠。

六、結語

　　考察媽祖信仰的文獻與信仰實況，可以發現媽祖為觀音的轉世或化身，即其背後宗教淵源為白衣大士（觀音）信仰，後世住持媽祖廟宇的僧侶皆為佛教臨濟宗或華嚴宗的僧侶，可知媽祖信仰的宗教本質是接近佛教的。媽祖本身因護國庇民而被歷代政府誥封，成為國家祀典，但就媽祖本身而言，我們在文獻上找不到她的教化宗旨，但其上游神觀音卻有《六度經》流傳教化眾生，所以媽祖的表象是政府祠祀，但內涵卻是佛教精義。

　　媽祖文獻中也可見與道教有關術語，究其因，乃是媽祖生於佛教被壓迫的時代，媽祖信仰被推進政府祠祀體系時更是宋徽宗強迫佛教道教化的年代，難免有些道教化痕蹟留存。明朝時政府因鄭和下西洋媽祖靈應而予以誥封，此舉振奮了道教徒，太監張國祥等在新修《道藏》時，增編《太上老君說天妃救苦靈驗經》一卷，將天妃納入道教神仙譜系。其後派太監及道士至湄洲舉辦開洋清醮，發現媽祖信仰已是佛教的禁臠，遂放棄對媽祖信仰的經營。

　　民國以後，政府已無祀典，媽祖信仰轉成民間宗教團體組織，住持僧侶退出管理行列，民國四十六年政府為方便管理民間信仰，通令各廟宇加入道教會，僧尼住持之寺院則加入佛教會，但徒具其名而無宗教教化之實，與媽祖信仰本質漸行漸遠。

附錄篇

一、《天妃顯聖錄》史事年表

宋朝（五代十國）

太祖　建隆元年　西元 960 年

　　　時為後周世宗顯德七年，恭帝嗣位，趙匡胤黃袍加身取代後
　　　周，建國號宋，為宋太祖，改元建隆。

　　　泉州（含莆田）屬北漢管轄，為天會四年。

　　　天妃誕生湄洲嶼，名林默。

太祖　乾德五年　西元 967 年

　　　天妃 8 歲，從塾師訓讀。

太祖　開寶三年　西元 970 年

　　　天妃 10 餘歲，喜淨几焚香誦經禮佛。

太祖　開寶五年　西元 972 年

　　　天妃十三歲，有老道玄通者往來林家，妃樂捨之。謂妃若具佛
　　　性應得度人正果，遂授予玄微秘法。

太祖　開寶八年　西元 975 年

　　　天妃 16 歲，在家與群女閒遊窺井得符，遂能通靈變化。

　　　秋九月，父、兄渡海北上，遇狂濤，天妃於織機上神遊救親。
　　　父存兄亡。

太宗　太平興國一至四年　西元 976-979 年

　　　宋太宗平北漢，宋朝統一南方，於莆田置興化縣。

　　　天妃二十歲。在湄洲荒烟斷沁間開闢菜仔嶼供鄉人自由採擷食
　　　用、供佛。

　　　在莆田門夾（今文甲）化草救商。

　　　天妃欲渡江，演掛蓆泛槎神通。

　　　天妃欲渡江，演鐵馬渡江神通。

太宗　太平興國五年　西元 980 年

　　　天妃 21 歲。應莆田縣尹之請禱雨濟民。

太宗　太平興國七年　西元 982 年

　　　天妃 23 歲。降伏西北金水二精，收為神將。

太宗　太平興國八年　西元 983 年

天妃 24 歲。誕日，東海龍王來朝，此後凡遇妃誕辰，水族會洲前慶賀。

收伏東溟海怪晏公，命為部下總管。

太宗　雍熙元年　西元 984 年

天妃 25 歲。靈符回生救莆田縣尹一家

太宗　雍熙二年　西元 985 年

天妃 26 歲。收伏莆田高里鬼木精。

閩浙霪雨，奏請上帝派金甲神鎖龍。

太宗　雍熙三年　西元 986 年

天妃 27 歲。演神通驅走莆田吉了寨石橋風怪二悖。

收伏嘉應、嘉祐二魔為將，列水闕 18 仙班。

太宗　雍熙四年　西元 987 年

天妃 28 歲。9 月 9 日天妃於湄嶼高峰升天。

哲宗　元祐元年　西元 1086 年

枯楂顯聖，莆田寧海聖堆建祠。

哲宗　元符元年　西元 1098 年

銅爐溯江，仙遊縣楓亭建祠。

徽宗　宣和四年　西元 1122 年

路允廸使高麗，天妃顯應救護。

徽宗　宣和五年　西元 1123 年

路允廸奏請賜「順濟」廟額，天妃成為政府認可祀神。

莆田江口建廟。

欽宗　靖康元年　西元 1126 年

金兵破開封，欽、徽二帝被擄，北宋亡。康王趙構逃往江南，為南宋。

南宋朝

高宗　紹興二十五年　西元 1156 年

莆田白湖聖泉救疫，封崇福夫人。

高宗　紹興二十六年　西元 1156 年

宋南政府首度舉辦郊天大典，天妃首度受封靈惠夫人。

高宗　紹興二十八年　西元 1158 年
宰相陳俊卿於家鄉莆田白湖建廟。

高宗　紹興三十年　西元 1160 年
劉巨興寇莆田江口，天妃顯靈助威。
封靈惠昭應夫人。

孝宗　乾道三年　西元 1167 年
封靈惠昭應崇福夫人。

孝宗　淳熙十年　西元 1183 年
助姜特立剿溫、台二州草寇，封靈惠昭應崇福善利夫人。

光宗　紹熙元年　西元 1190 年
以救旱大功，晉封靈惠妃。

寧宗　慶元四年　西元 1198 年
甌、閩苦雨，祈天妃，獲大霽，加封助順。
秋，助平大奚寇。

寧宗　慶元六年　西元 1200 年
一家榮封，妃父封積慶侯，又改威靈侯、靈感嘉祐侯。母封顯
慶夫人，兄封靈應仙官，姐封慈惠夫人。

寧宗　開禧元年　西元 1205 年
冬，金兵渡淮河，南宋政府派兵北上抵禦，莆田兵奉天妃香火
同行。

寧宗　開禧二年　西元 1206 年
天妃顯現雲端，助宋軍於花靨鎮敗金兵。

寧宗　開禧三年　西元 1207 年
宋、金會戰於紫金山，天妃旌旗閃空，金兵敗退。

寧宗　嘉定元年　西元 1208 年
宋、金第三次會戰，天妃神兵陰助，大敗金兵，解合肥之圍。
加封顯衛。
秋，助擒海寇周六四。

寧宗　嘉定十年　西元 1217 年
封英烈顯衛助順靈惠妃。

理宗　嘉熙元年　西元 1237 年
南宋首都臨安府修錢塘堤，艮山祠天妃陰佑，障堤得成，遂無
水患。

理宗　嘉熙三年　西元 1239 年
封嘉應英烈助順靈惠妃。

理宗　寶祐元年　西元 1253 年
泉州、莆田大旱，民禱於神，果南船都載米入泉、莆，解民困。

理宗　寶祐二年　西元 1254 年
封助順嘉應英烈協正妃。

理宗　寶祐三年　西元 1255 年
封靈惠助順嘉應慈濟妃。

理宗　寶祐四年　西元 1256 年
以浙江障堤告成，封靈惠協正嘉應善慶妃。

理宗　開慶元年　西元 1259 年
8 月，海寇陳長五兄弟三舟入湄嶼，將屠吉了、莆禧，禱於天
妃，不許。
俄有火焚其身，退出湄洲灣，後俱被官軍所捕。進封顯濟妃。

元朝

世祖　至元十六年　西元 1279 年
崖山之戰，宋軍敗，陸秀夫擁趙昺跳海自殺，未亡。
忽必烈統一中國，號大元。

世祖　至元十八年　西元 1281 年
世祖依漢人皇帝即位告天例郊天，封護國明著天妃。

世祖　至元二十六年 西元 1289 年
封護國明著顯佑天妃。

成宗　大德三年　西元 1299 年
封護國明著顯佑輔聖庇民天妃。

仁宗　延祐元年　西元 1314 年
封護國明著顯佑輔聖庇民廣濟天妃。

文宗　天曆元年　西元 1328 年
夏，護備海道萬戶府分司運糧，差官致祭。

文宗　天曆二年　西元 1329 年
護海道漕糧，封護國庇民廣濟福惠明著天妃。遣官赴湄洲等 18 所神廟致祭。

順帝　至順元年　西元 1330 年
江蘇太倉劉家港助漕運，賜廟額曰靈慈。

順帝　至正九年　西元 1349 年
加封天妃父種德積慶侯，母育聖顯慶夫人。

順帝　至正十五年　西元 1355 年
封護國明著靈惠協正善慶顯濟天妃。

順帝　至正二十五年　西元 1365 年
加封為廣祐天妃。

明朝

太祖　洪武五年　西元 1372 年
郊典，封昭孝德正靈應孚濟聖妃。

太祖　洪武七年　西元 1374 年
泉州衛周指揮重建湄嶼天妃廟。
泉州衛張指揮於湄嶼天妃廟正殿左建朝天閣。

太祖　洪武十八年　西元 1385 年
興化衛官呂德病，夢觀音賜九藥救命，捐金創建觀音堂於湄嶼。

成祖　永樂元年　西元 1403 年
欽差太監鄭和等下西洋，水程中遇風，獲天妃救護。

成祖　永樂七年　西元 1409 年
天妃於西洋海中遇盜，天妃助戰獲勝。
鄭和等返國，奏請加封為護國庇民妙靈昭應弘仁普濟天妃，賜祭器。

成祖　永樂十四年　西元 1416 年
道藏編《太上老君說天妃救苦靈驗經》，將天妃納入道教神仙譜系。

成祖　永樂十五年　西元 1417 年
欽差內官王貴通、千戶彭祐並道士於湄洲設開洋清醮。

成祖　永樂十九年　西元 1421 年
護欽差內官張源往榜葛剌國；太監王貴通往西洋。

成祖　洪熙元年　西元 1425 年
護欽差內官柴山往琉球國。

宣宗　宣德五年　西元 1430 年
護欽差太監楊洪往暹羅等 8 國。

世宗　嘉靖四十年　西元 1561 年
托夢林潤上疏論嚴嵩子世蕃大逆狀。

熹宗　天啟三年　西元 1623 年
林堯俞陞禮部尚書，返鄉祭祖，於家中見《顯聖錄》，發心蒐
集史料編輯《天妃顯聖錄》。

熹宗　天啟六年　西元 1626 年
顯靈驅除抄掠莆田吉了海寇李魁奇。
林堯俞交《天妃顯聖錄》稿予僧照乘。

思宗　崇禎十七年　西元 1644 年
李自成陷北京，崇禎皇帝自縊身亡。
明亡，南京馬士英等大臣擁福王朱由崧稱帝，年號弘光。

弘光　弘光二年　西元 1645 年
崇禎太子至南京，下獄。清兵至南京，弘光帝被殺。崇禎太子
被清兵送北京，以假冒太子之罪處死。

隆武　隆武元年　西元 1645 年
鄭芝龍擁唐王朱聿鍵即位福州，稱隆武帝。魯王朱以海於浙江
紹興稱監國。

隆武　隆武二年　西元 1646 年
隆武帝在汀州被清兵擄殺。

永曆　永曆元年　西元 1647 年
桂王朱由榔在廣西即位，年號永曆。

清朝

世祖　順治元年　西元 1644 年
吳三桂引清兵入關陷北京，國號大清，年號順治。

世祖　順治參年　西元 1646 年
清兵入福建莆田。

世祖　順治九年－十年　西元 1652-1653 年
魯王在湄洲嶼與前明勳鎮大會。

世祖　順治十八年　西元 1661 年
冬，清廷下遷界令，徙沿海 30 里居民於內地。

聖祖　康熙八年　西元 1669 年
清廷下詔，界外附近地各展 5 里，許民築室耕種。

聖祖　康熙十三年　西元 1674 年
耿精忠據福建省城，反清。

聖祖　康熙十五年　西元 1676 年
9 月，耿精忠降清。10 月，鄭經據興化府城。

聖祖　康熙十六年　西元 1676 年
2 月，鄭經軍撤守興化府城。

聖祖　康熙十九年　西元 1680 年
萬正色與鄭經水師戰於廈門，得天妃陰助，鄭經撤離福建。水
師副總督朱天貴率所部兵二萬餘，舟三百降清。奏上，封護國
庇民妙靈昭應弘仁普濟天妃。

聖祖　康熙二十一年　西元 1682 年
復界，許民返鄉居住耕種。
8 月福建總督姚啟聖於湄洲蓋鐘鼓樓及山門。
10 月，施琅奉命征臺，師駐莆田平海衛，天妃宮井湧泉給師。
12 月，施琅軍出海遭風，燈光引導致湄洲澳。

聖祖　康熙二十二年　西元 1683 年
6 月，施琅轄下署左營千總劉春夢天妃告之：21 曰得澎湖，7
月可得臺灣。
6 月 21 日兩軍交戰，平海鄉人入天妃宮，見天妃衣袍透濕，
其左右二神將兩手起泡。澎湖告捷，清廷遣官到湄致祭。
6 月 22 日，欽差汪楫、林麟焻冊封琉球，諭祭於福州怡山院
天妃。
8 月鄭克塽降清，姚啟聖於湄洲大闢宮殿。

9 月護隨征同知林昇、總兵官游澎往撫臺灣。

聖祖　康熙二十三年　西元 1684 年
4 月，清廷將臺灣納入版圖，設一府三縣。
護冊封琉球使節汪楫人船平安返國，奏請誥封，施琅亦以天妃
陰助平定臺灣奏請勅封天后。

世宗　雍正四年　西元 1726 年
平定臺灣朱一貴事件，頒「神昭海表」匾額予湄洲、廈門、臺
灣天妃廟。

世宗　雍正十一年　西元 1733 年
令各省省城舊有天后祠宇，皆一體致祭。未有祠宇者，以所屬
府州縣原建天后祠宇，擇規模宏敞者春秋致祭。

高宗　乾隆二年　西元 1737 年
封護國庇民妙靈昭應宏仁普濟福佑群生天后。

高宗　乾隆二十二年　西元 1757 年
封護國庇民妙靈昭應宏仁普濟福佑群生誠感咸孚天后。

高宗　乾隆五十三年　西元 1788 年
平臺灣林爽文事件，賜「海國安瀾」，加增顯神贊順四字。

仁宗　嘉慶五年　西元 1800 年
封護國庇民妙靈昭應宏仁普濟福佑群生誠感咸孚顯神贊順垂慈
篤祜天后。

仁宗　嘉慶六年　西元 1801 年
敕封天后之父為積慶公，母為積慶公夫人。

仁宗　嘉慶十七年　西元 1812 年
於御園建蓋祠宇，摹繪封號、神像，隨時瞻禮，為民祈福。

宣宗　道光六年　西元 1826 年
封護國庇民妙靈昭應宏仁普濟福佑群生誠感咸孚顯神贊順垂慈
篤祜安瀾利運天后。

宣宗　道光十九年　西元 1839 年
封護國庇民妙靈昭應宏仁普濟福佑群生誠感咸孚顯神贊順垂慈
篤祜安瀾利運澤覃海宇天后。

宣宗　道光二十一年　西元 1841 年

加封天后父為衍澤積慶公，母為衍澤積慶公夫人。

宣宗　道光二十八年　西元 1848 年

封護國庇民妙靈昭應宏仁普濟福佑群生誠感咸孚顯神贊順垂慈篤祜安瀾利運澤覃海宇恬波宣惠天后。

文宗　咸豐二年　西元 1852 年

封護國庇民妙靈昭應宏仁普濟福佑群生誠感咸孚顯神贊順垂慈篤祜安瀾利運澤覃海宇恬波宣惠導流衍慶天后。

文宗　咸豐三年　西元 1853 年

封護國庇民妙靈昭應宏仁普濟福佑群生誠感咸孚顯神贊順垂慈篤祜安瀾利運澤覃海宇恬波宣惠導流衍慶靖洋錫祉天后。

文宗　咸豐五年　西元 1855 年

封護國庇民妙靈昭應宏仁普濟福佑群生誠感咸孚顯神贊順垂慈篤祜安瀾利運澤覃海宇恬波宣惠導流衍慶靖洋錫祉恩周德溥天后。

封護國庇民妙靈昭應宏仁普濟福佑群生誠感咸孚顯神贊順垂慈篤祜安瀾利運澤覃海宇恬波宣惠導流衍慶靖洋錫祉恩周德溥衛漕保泰天后。

文宗　咸豐七年　西元 1857 年

封護國庇民妙靈昭應宏仁普濟福佑群生誠感咸孚顯神贊順垂慈篤祜安瀾利運澤覃海宇恬波宣惠導流衍慶靖洋錫祉恩周德溥衛漕保泰振武綏疆天后。

穆宗　同治八年　西元 1869 年

封天后右二神將為金將軍、柳將軍。

穆宗　同治十一年　西元 1872 年

以天后封號字數過多，定為四十字，以昭慎重。

二、《欽定大清會典事例》天妃（天后）誥封致祭史料

光緒十三年（1887）清德宗敕撰《欽定大清會典事例》，卷四百四十五、四百四十六〈禮部，群祀，諸神祠〉一、二兩卷，有關天妃、

天后祀典、誥封資料如下：

1. 康熙十九年（1680）

敕封護國庇民妙靈昭應宏仁普濟天妃，廟祀福建莆田縣。（註云：謹案神宋初林氏女，始封靈惠夫人，歷元明累封天妃。）

2. 康熙二十三年（1684）

加封天妃為天后。

3. 雍正十一年（1733）

題准：福建省城南臺天后廟，令該督撫春秋致祭。並各省省城舊有天后祠宇，皆一體致祭。如省城未曾建有祠宇者，查明所屬府州縣原建天后祠宇，擇規模宏敞之處，令地方官修葺，奉秋致祭。

4. 乾隆二年（1737）

封天后為護國庇民妙靈昭應宏仁普濟福佑群生天后。

5. 乾隆二十二年（1757）

封天后為護國庇民妙靈昭應宏仁普濟福佑群生誠感咸孚天后。

6. 乾隆五十三年（1788）

諭：據福康安等奏，凱旋官兵分起渡洋，內福州駐防一起官兵在鹿仔港更換大船候風放洋，有領催蘇楞額等乘坐哨船，已至港口未上大船，陡起風暴，飄至大洋，正在危急，忽有異鳥飛至船頭，船戶等謂得神佑必無可虞。適於黑水洋遇見他船兵丁等救護過船，見原坐船下有數丈大魚浮出水面，原船登時沈沒等語。此次派往臺灣剿捕官兵及運送錢糧鉛藥等項渡洋多獲平穩。前次福康安自崇武澳放洋，前抵鹿仔港，千里洋面，一晝夜即已遄達，皆仰賴天后助順靈應垂庥，實深欽感。茲福康安等奏福州駐防官兵內渡船隻在港口被風，遇危獲安，疊徵靈異，允宜增益鴻稱，褒封崇號，著於天后舊有封號上加增顯神贊順四字，用答神庥而隆妥侑。

又諭：沿海處所敕建天后神廟屢著靈應，而福建湄洲係神原籍，現在臺灣大功告成，官兵凱旋一路遄行安穩，仰賴神庥，

疊昭靈貺，允宜特著明禋，用彰崇報。著翰林院撰擬祭文發往，嗣後該督撫於天后本籍祠宇春秋二季，敬謹蠲潔讀文致祭，以隆祀事而答嘉庥。仍交該部載入祀典。

又諭：據李奉翰奏，清口惠濟祠天后神廟歲時報祭，未著祀典，請一體頒發祭文，於春秋二季致祭等語。前因派往臺灣官兵渡洋穩順，仰庇神庥，特於天后封號上加顯神贊順四字，並令在莆田湄洲本籍祠宇春秋致祭以彰靈感。今清口惠濟祠供奉天后神像，屢著靈應，本年河流順軌，運道深通，自應一體特著明禋以光祀典。著交翰林院撰擬祭文發往，於春秋二季，令地方官虔誠致祭，並著李奉翰將新加封號四字敬謹增入神牌，俾河工永慶安瀾，益昭靈貺。

7. 嘉慶五年（1800）

諭：沿海地方崇奉天后，仰承靈佑昭垂，歷徵顯應，現在各洋面巡緝兵船及商船往來，均賴神力庇佑。著該衙門再擬加增四字，並著翰林院衙門撰擬祭文，即交此次冊封琉球國正使趙文楷齎往福建，敬謹致祭。

又加封天后為護國庇民妙靈昭應宏仁普濟福佑群生誠感咸孚顯神贊順垂慈篤祐天后之神。

8. 嘉慶六年（1801）

議准崇祀天后父母。照雍正三年追封關帝先代之例，敕封天后之父為積慶公，母為積慶公夫人。由部行文福建巡撫、江南河道總督……於莆田湄洲及清口惠濟祠二處天后宮後殿製造牌位春秋致祭。

9. 嘉慶二十四年（1819）

諭：朕於嘉慶十七年六月間，因大內及御園向來供奉水府諸神，特命兩江總督百齡於祀典內所載天后、惠濟龍神封號、神像，敬謹繕錄摹繪，並將清江浦殿宇規制繪圖貼說進呈，於御圖仿照建蓋，以妥神靈，隨時瞻禮，為民祈福。

10. 道光六年（1826）

加封天后為護國庇民妙靈昭應宏仁普濟福佑群生誠感咸孚顯神贊順垂慈篤祐安瀾利運天后之神。

11. 道光十九年（1839）

加封天后為護國庇民妙靈昭應宏仁普濟福佑群生誠感咸孚顯神贊順垂慈篤祜安瀾利運澤覃海宇天后之神。

12. 道光二十一年（1841）

議加封天后父母封號。父為衍澤積慶公，母為衍澤積慶公夫人。

13. 道光二十八年（1848）

加封天后為護國庇民妙靈昭應宏仁普濟福佑群生誠感咸孚顯神贊順垂慈篤祜安瀾利運澤覃海宇恬波宣惠天后之神。

14. 咸豐二年（1852）

加封天后為護國庇民妙靈昭應宏仁普濟福佑群生誠感咸孚顯神贊順垂慈篤祜安瀾利運澤覃海宇恬波宣惠導流衍慶天后之神。

15. 咸豐三年（1853）

加封天后為護國庇民妙靈昭應宏仁普濟福佑群生誠感咸孚顯神贊順垂慈篤祜安瀾利運澤覃海宇恬波宣惠導流衍慶靖洋錫祉天后之神。

16. 咸豐五年（1855）

加封天后為護國庇民妙靈昭應宏仁普濟福佑群生誠感咸孚顯神贊順垂慈篤祜安瀾利運澤覃海宇恬波宣惠導流衍慶靖洋錫祉恩周德溥天后之神。

17. 咸豐五年（1855）

又加封天后為護國庇民妙靈昭應宏仁普濟福佑群生誠感咸孚顯神贊順垂慈篤祜安瀾利運澤覃海宇恬波宣惠導流衍慶靖洋錫祉恩周德溥衛漕保泰天后之神。

18. 咸豐七年（1857）

加封天后為護國庇民妙靈昭應宏仁普濟福佑群生誠感咸孚顯神贊順垂慈篤祜安瀾利運澤覃海宇恬波宣惠導流衍慶靖洋錫祉恩周德溥衛漕保泰振武綏疆天后之神。

19. 同治八年（1869）

以天后右二神將護運有功，勅封為金將軍、柳將軍。

20. 同治十一年（1872）

奏准：天后封號字數過多，前已定為四十字以昭慎重。惟本屆海運迅速抵津，江蘇巡撫復請加封。此次勅封之後，即永為限制，於各處天后神牌一體增入，嗣後續有顯應事蹟，由各該督撫另行酌辦。奉旨：加封天后嘉佑二字。

21. 光緒五年（1879）

奏准：貴州鎮遠府城地方建立天后祠宇，春秋致祭。

　　上述資料二十一則，可補《天妃顯聖錄》之〈歷朝顯聖褒封二十四命〉有綱目之不足。2003 年 10 月北京第一歷史檔案館等單位據清朝宮中檔、起居注等檔案資料於印行之《清代媽祖檔案史料匯編》所錄史料一百四十六則，恰可與《欽定大清會典事例》互相參證。清代誥封媽祖原因，約略可歸納為如下數類。

　　1. 與庇佑平定臺灣軍事有關。康熙十九年擊退鄭經、康熙二十三年擊敗鄭克塽、雍正四年平定朱一貴克復臺灣、乾隆五十三年平定林爽文、嘉慶十一年平定蔡牽，均為影響一方安危的大規模海上軍事活動，而媽祖屢次顯靈護佑軍事活動，奠定清朝君臣二百餘年虔誠奉祀媽祖的基礎。

　　2. 與冊封琉球使節有關者。康熙二十二年遣汪楫、林麟焻，乾隆二十二年全魁、周煌，嘉慶五年趙文楷、李鼎元，嘉慶十四年齊鯤等，道光十八年林源年、高人鑑，同治五年趙新、于光甲等六次冊封琉球國王，冊使出發前均赴天妃〈后〉祠宇致祭，返國後均依例請誥封致祭。

　　3. 與河海工程有關者。雍正七年浙江建天妃閣奉祀媽祖，乾隆五十三年祭江口惠濟祠，乾隆五十八年祭江南清黃交匯處天后宮，嘉慶十七年祭清江浦天后、龍神，於御圖仿照建蓋殿宇以妥神靈，隨時瞻禮祈福，嘉慶二十二年起每歲春秋派員於御園惠濟祠致祭，同治十三年塘工告峻頒發匾額等。因為將天后視為海神或水神，故不論海潮衝擊或黃河暴漲興修海河防工程，清朝皆求助於天后媽祖並回報，尤其御園惠濟祠列入春秋祀典後，皇帝例需派員代為致祭，天后媽祖的地位實已非地方諸神祠格局。

4. 與運送京師漕糧有關者。清初江南漕糧概由運河輸送，道光以後改由海運，航海風險增加，道光六年海運漕糧成功加天后封號，咸豐二年海運平穩加封，咸豐五年神佑海運加封、賜匾等，均與天后庇佑有關。

5. 其他。包含辦理海上防務、祈求雨、暘等。其中，與臺灣有關者有二則，其一為光緒七年（1881）十月十五日頒匾額給臺屬天后廟，云：

> 內閣奉上諭：何璟、岑毓英奏神靈顯應，請頒扁額等語。臺灣各屬天后廟素著靈應，本年六月暨閏七月間，臺灣沿海地方疊遭颱風、狂雨，勢甚危急，經官紳等詣廟虔禱，風雨頓止，居民田盧不致大有傷損，實深寅感。著南書房翰林恭書扁額一方交何璟等祗領，敬謹懸掛，以答神庥。

其二為光緒十三年（1887）二月二十四日頒匾額給笨港天后廟，云：

> 內閣奉上諭：劉銘傳奏神靈顯應，懇頒扁額一摺。福建嘉義縣城隍廟、龍神廟及笨港天后宮均著靈應，上年該縣地方自春徂夏，雨澤愆期，田禾枯槁，經該官紳等詣廟虔禱，甘霖立沛，歲獲有秋，實深寅感。著南書房翰林恭書扁額各一方交劉銘傳祗領，飭屬分詣懸掛，以答神庥。

綜而言之，清朝祀典中的天后媽祖雖仍未脫離海神、水神及救護神等性格，然而媽祖信仰已隨著華人移民而生根於海外。光緒五年晉、豫災荒，香港、安南、暹邏、新加坡、呂宋等南洋華商捐款三萬餘兩賑災，福建巡撫丁日昌為請頒御書匾額予潮州會館關帝及天后。光緒二十五年山東水災，新嘉坡潮商合捐銀六千兩，兩廣總督譚鍾麟為新嘉坡天后宮請得匾額一方均為其例。

參考書目

◇ 中文

1. 方鼎、朱升元:《晉江縣志》16卷,清乾隆三十年刊。民國56年,
   台北,成文出版社據乾隆洪通刻字,奎閣藏版本影印發行。
2. 王象之:《輿地紀勝》200卷,清咸豐五年,南海伍氏刊本,國立
   中央圖書館藏。
3. 不著撰人:《天妃顯聖錄》不分卷,國立中央圖書館臺灣分館藏,
   僧照乘刊、徒普日、徒孫通峻重修本。
4. 不著撰人:《昭應錄》2卷,雲林縣北港鎮朝天宮藏,清乾隆三十
   二年吳登培刊本。
5. 不著撰人:《台灣北港彰化天上聖母源流因果》。民國6年(大
   正6年),台北,保安堂抄錄印行。
6. 白塘李氏:《白塘李氏宗譜》,抄刻本。
7. 佚名:《至順鎮江志》,〈天妃廟〉,卷8,神廟,丹徒縣。民國
   69年,台北,中國地志研究會出版。
8. 沈定均:《漳州府志》50卷,清光緒四年刊。民國53年,台南,
   朱商羊據光緒刊本影印發行。
9. 吳堂:《同安縣志》30卷,清嘉慶三年修,光緒十二年重刊,國
   立中央圖書館臺灣分館藏,光緒刊本。
10. 阮元、陳昌齊等:《廣東通志》334卷,清道光二年刊,同治三年
    重刊。民國57年,台北,華文書局據同治刊本影印發行。
11. 周凱:《廈門志》16卷,清道光十九年刊。民國56年,台北,成
    文出版社據玉屏書院藏版,道光刊本影印發行。
12. 吳宜燮、黃惠等:《龍溪縣志》34卷,清乾隆二十七年修,光緒
    五年補刊。民國58年,台北,成文出版社據光緒霞文書院藏版,
    補刻本影印發行。
13. 周碩勳:《潮洲府志》42卷,清乾隆二十七年修,光緒十九年重刊。
    民國56年,台北,成文出版社,據光緒珠蘭書屋刊本影印發行。

14. 金鉉、鄭開極：《福建通志》64 卷，清康熙二十五年刊，日本東京，國會圖書館藏，康熙丁薰序刊本。

15. 林焜熿：《金門志》16 卷，清同治十三年修，國立中央圖書館藏，光緒刊本。

16. 林學增：《同安縣志》42 卷，民國 18 年修。民國 56 年，台北，成文出版社據民國 18 年鉛印本影印發行。

17. 洪邁：《夷堅志》80 卷。民國 55 年，台北，藝文印書館據清光緒陸心源校刊十萬卷樓叢書本影印發行。

18. 施琅：《靖海紀》不分卷，國立中央圖書館臺灣分館藏，清康熙三十七年諭祭富鴻基、李光地序刊本（六冊）。

19. 宮兆麟：《莆田縣志》36 卷，清乾隆二十三年修，民國 15 年文雅堂補刊。民國 52 年，台北，台北市莆仙同鄉會據文雅堂補刊本影印發行。

20. 徐兢：《宣和奉使高麗圖經》。民國 55 年，台北，藝文印書館出版。

21. 馬齊：《大清聖祖仁皇帝（康熙）實錄》300 卷。民國 53 年，台北，華文書局印行。

22. 徐松輯：《宋會要輯稿》。民國 66 年，台北，世界書局據民國 25 年國立北平圖書館輯印本影印發行。

23. 徐景熹：《福州府志》76 卷，清乾隆十九年刊。民國 56 年，台北，成文出版社據乾隆刊本影印發行。

24. 梁克家：《三山志》42 卷。民國 69 年，台北，中國地志研究會出版。

25. 陳棻：《南安續志》48 卷，民國 20 年刊。民國 63 年，台北，陳其志基金會據泉山書社刊本影印發行。

26. 張國祥校梓：《搜神記》6 卷，明萬曆三十五年刊。民國 69 年，台北，聯經出版公司據上海涵芬樓本影印發行。

27. 陳壽祺等重纂：《福建通志》278 卷，清道光九年修，同治十年重刊，國立中央圖書館臺灣分館藏，同治重刊本。

28. 陳興祚：《僊遊縣志》53 卷，清乾隆十四年修，同治十二年重刊。民國 52 年，台北，台北市莆仙同鄉會據同治重刊本影印發行。

29. 張廷玉：《明史》336 卷。民國 60 年，台北成文出版社據東海徐氏退耕堂刊本影印發行。

30. 張端義：《貴耳集》3 卷。民國 55 年，台北，藝文印書館據明崇禎毛晉校刊津逮秘書本影印發行。

31. 莊成：《安溪縣志》12 卷，清乾隆二十二年刊。民國 56 年，台北，安溪同鄉會據乾隆刊本影印發行。

32. 莊季裕：《雞肋編》3 卷。民國 56 年，台北，藝文印書館據清咸豐胡珽校刊，光緒董金鑑重刊琳琅秘室叢書本影印發行。

33. 周鐘瑄：《諸羅縣志》12 卷，清康熙 56 年修，國立中央圖書館臺灣分館藏。民國 9 年（大正九年），臺灣總督府圖書館據日本內閣文庫藏，康熙刊本謄寫本。

34. 陶宗儀：《輟耕錄》30 卷。民國 55 年，台北，藝文印書館據明崇禎毛晉校刊津逮秘書本影印發行。

35. 脫脫：《宋史》496 卷。民國 60 年，台北成文出版社據元杭州路刊本影印發行。

36. 黃淵：《黃四如集》，四庫全書、集部，國立故宮博物院藏本。

37. 黃仲元：《莆陽黃仲元四如先生文稿》5 卷，上海，商務印書館印行。

38. 黃公度：《知稼翁集》2 卷，四庫全書、集部、別集類，國立故宮博物院藏。

39. 陽思謙：《泉州府志》24 卷，明萬曆四十年刊，國立中央圖書館臺灣分館藏，萬曆刊本。

40. 趙翼：《陔餘叢考》35 卷。民國 64 年，台北，華世出版社據乾隆湛貽堂刻本影印發行。

41. 潛曰友：《咸淳臨安志》卷 73，丁伯桂〈順濟聖妃廟記〉。民國 69 年，台北，中國地志研究會出版。

42. 蔣維錟：《媽祖文獻資料》，1990 年，福州，福建人民出版社。

43. 鄭玄注：《禮記》63 卷。民國 66 年，台北大化書局據清嘉慶二十年阮元校勘宋本影印發行。

44. 劉昫：《舊唐書》200 卷。民國 60 年，台北，成文出版社據南宋紹興刊本配明聞人註重刊本影印發行。

45. 劉克莊：《後村先生大全集》200 卷，上海，商務印書館縮印賜硯堂抄本。

46.羅青霄：《漳州府志》33 卷，明萬曆元年刊，台北，學生書局據
　　萬曆刊本影印發行。

47.懷蔭布：《泉州府志》76 卷，清乾隆二十八年修，同治九年重刊。
　　民國 53 年，台南朱商羊據同治重刊本影印發行。

◎ 日文

1. 李獻璋：《媽祖信仰の研究》，昭和 54 年，日本東京，泰山文物
　　社印行。

Do歷史73　PA0084

《天妃顯聖錄》與媽祖信仰

作　　者／蔡相煇
責任編輯／洪仕翰
圖文排版／楊家齊
封面設計／葉力安

出版策劃／獨立作家
發 行 人／宋政坤
法律顧問／毛國樑　律師
製作發行／秀威資訊科技股份有限公司
　　　　　地址：114 台北市內湖區瑞光路76巷65號1樓
　　　　　電話：+886-2-2796-3638　傳真：+886-2-2796-1377
　　　　　服務信箱：service@showwe.com.tw
展售門市／國家書店【松江門市】
　　　　　地址：104 台北市中山區松江路209號1樓
　　　　　電話：+886-2-2518-0207　傳真：+886-2-2518-0778
網路訂購／秀威網路書店：https://store.showwe.tw
　　　　　國家網路書店：https://www.govbooks.com.tw

出版日期／2016年11月　BOD一版　定價／500元

|獨立|作家|
Independent Author

寫自己的故事，唱自己的歌

《天妃顯聖錄》與媽祖信仰 / 蔡相煇著. -- 一版.
-- 臺北市：獨立作家, 2016.11
　　面；　公分. -- (Do歷史；73)
　BOD版
　ISBN 978-986-93402-9-8(平裝)

　1. 媽祖　2. 民間信仰

272.71　　　　　　　　　　　　　105016761

國家圖書館出版品預行編目

讀者回函卡

感謝您購買本書，為提升服務品質，請填妥以下資料，將讀者回函卡直接寄回或傳真本公司，收到您的寶貴意見後，我們會收藏記錄及檢討，謝謝！如您需要了解本公司最新出版書目、購書優惠或企劃活動，歡迎您上網查詢或下載相關資料：http:// www.showwe.com.tw

您購買的書名：_____

出生日期：_____年_____月_____日

學歷：□高中 (含) 以下　　□大專　　□研究所 (含) 以上

職業：□製造業　□金融業　□資訊業　□軍警　□傳播業　□自由業
　　　□服務業　□公務員　□教職　　□學生　□家管　　□其它_____

購書地點：□網路書店　□實體書店　□書展　□郵購　□贈閱　□其他

您從何得知本書的消息？

　□網路書店　□實體書店　□網路搜尋　□電子報　□書訊　□雜誌

　□傳播媒體　□親友推薦　□網站推薦　□部落格　□其他_____

您對本書的評價：(請填代號　1.非常滿意　2.滿意　3.尚可　4.再改進)

　封面設計____　版面編排____　內容____　文／譯筆____　價格____

讀完書後您覺得：

　□很有收穫　□有收穫　□收穫不多　□沒收穫

對我們的建議：_____

_____

_____

_____

11466
台北市內湖區瑞光路 76 巷 65 號 1 樓
獨立作家讀者服務部　　　　收

....

（請沿線對折寄回，謝謝！）

姓　　名：＿＿＿＿＿＿＿＿　年齡：＿＿＿＿　性別：□女　□男

郵遞區號：□□□□□

地　　址：＿＿＿＿＿＿＿＿＿＿＿＿＿＿＿＿＿＿＿＿＿

聯絡電話：(日) ＿＿＿＿＿＿＿＿＿＿ (夜) ＿＿＿＿＿＿＿＿＿＿

E-mail：＿＿＿＿＿＿＿＿＿＿＿＿＿＿＿＿＿＿＿＿＿＿